厚德博學
經濟匡時

匡时 金融学系列

风险管理与保险

粟 芳 编著

上海财经大学出版社

图书在版编目(CIP)数据

风险管理与保险 / 粟芳编著. —上海：上海财经大学出版社，2019.9
(匡时·金融学系列)
ISBN 978－7－5642－3335－8/F·3335

Ⅰ.①风…　Ⅱ.①粟…　Ⅲ.①保险-风险管理-教材　Ⅳ.①F840.32

中国版本图书馆 CIP 数据核字(2019)第 157029 号

责任编辑：刘晓燕
封面设计：张克瑶
版式设计：朱静怡

风险管理与保险

著 作 者：粟芳　编著
出版发行：上海财经大学出版社有限公司
地　　址：上海市中山北一路 369 号(邮编 200083)
网　　址：http://www.sufep.com
经　　销：全国新华书店
印刷装订：上海华业装璜印刷厂
开　　本：787mm×1092mm　1/16
印　　张：25
字　　数：488 千字
版　　次：2019 年 9 月第 1 版
印　　次：2019 年 9 月第 1 次印刷
定　　价：50.00 元

前 言

近年来，保险市场日新月异，中国已经成为世界第二大保险市场。在保险市场上，除了保费收入节节攀高以外，保险主体不断增加，保险经营模式多种多样，保险产品更加丰富，保险监管层出不穷……更重要的是，消费者的保险意识也在逐渐增强，对保险的需求也更加清晰和确定。在业界迅速的变化下，保险监管和保险学界也发生了非常大的变化。

保险学界对于基础知识的认知共识度也不断增加。过去，由于保险是一个新鲜事物，不同学者对保险产品有不同的理解。甚至同样的保险产品，从英文翻译成中文以后也有不同的词语。近年来，随着保险理论的成熟、保险知识的普及，保险学界的学者们对于保险基本知识的共识度也越来越高。保险产品的名称、分类等日趋统一和标准。而且，保险监管发展迅速，监管法规更加规范。这些法律法规为本书的出版提供了标准和依据。诸多司法解释也填补了保险纠纷的空白，给出了最高的权威解释。本书依据这些权威的法律、法规和司法解释，采用了业界统一的称谓，介绍了风险管理与保险的相关知识。

本书的结构包括四个部分：

第一部分是风险与风险管理，主要介绍风险的概念以及风险管理的概念，让大家从理解风险的角度入手，理解风险管理的必要性，并进而理解保险在风险管理中的地位。

第二部分是保险的基本原理。这个部分是本书的重点。其中介绍了保险的基本概念、基本原则、各种相关术语、保险合同等。认真学习第二部分是理解保险的关键，并进而理解实务中保险的特殊做法和各种保险纠纷的处理。

第三部分是保险产品。包括财产保险产品和人寿保险产品两个部分。这部分比较简略，只是简单地介绍了各种保险产品。需要深入了解的同学可以继续学习《财产保险学》和《人身保险学》的相关知识。为了让大家活学活用，本书还介绍了人身保险规划的过程，让大家能懂得应当如何买保险。

第四部分是保险的经营与监管。从微观和宏观两个角度进行了介绍。微观部分主要介绍了保险公司的经营与管理，包括产品开发、营销、核保、投资、理赔等业务环节；宏观部分则介绍了保险市场与监管，主要是当下各种监管体系和监管制度。

本书是开启保险业大门的钥匙，是学习保险知识的入门书。本书的目标读者不但包括高等院校保险、精算专业的学生，使他们对保险学的基本知识有一个初步了解，便于以后的深入学习；也包括经济、管理、金融专业的学生，满足他们对在金融领域中具有重要角色的保险进行全面充分了解的需要。同时，对于保险从业人员而言，本书是他们深入正确地理解保险的工具书；对于广大的消费者而言，学习本书也能起到了解保险、掌握基本保险知识的作用。本书不仅仅是一本教材，还是走近保险的一本普及性通俗读物。

为了方便学习和阅读，在每章开始时设计了引语，以使读者对本章产生浓厚的兴趣。在各章中间还单独列出了许多案例以及保险学的一些最新发展情况。如果时间紧迫，在初次阅读时可以略过这些部分。这些案例对学生更好地理解保险知识有很大的帮助。但由于篇幅限制，无法增加太多的案例。为了更为深刻地理解保险学的各知识点，本书中普遍采用了比较学习法，把一些相关的知识进行比较与分析。除此之外，在各章结束时还对本章的内容进行了总结。本书作为慕课《风险管理与保险》的配套教材，相应的视频课程在中国大学慕课平台和智慧树平台同时上线，供全国的在校大学本科生、保险公司的入职员工选用。慕课平台上包含了所有的PPT讲义和习题库。

中国大学慕课平台：https://www.icourse163.org

智慧树平台：https://www.zhihuishu.com

保险学仍处于不断发展的过程，本书可能仍然有一叶障目、以偏概全之处。敬请各位读者批评指正！

粟　芳

2019年6月

目　录

第一章　风险

本章阐述了关于风险的若干基本概念，解释了风险的基本含义及特征，分析了风险的构成，并对风险进行了分类。风险等于不确定性，并且具有客观性、偶然性和损失性三个特征；任何风险的发生都具有风险暴露、风险因素、风险事故和损失四个环节；可以从多个角度对风险进行分类，但保险只能保障纯粹风险。通过本章的学习，你将全方位地认识风险，正确了解风险的发生过程，并多角度地理解风险的影响后果。你将会意识到风险的危害，而不再是一个“无畏”的人。

第一节　风险的定义及特征

一、风险的定义

“风险”一词的英文是“Risk”，来源于古意大利语“Riscare”，意思为“Todare”，即“敢”的意思。其是指利益相关者所采取的主动行为。当然，从不同的角度出发，风险有不同的意义。对风险的理解也是相对的，其可以是一个正面概念，与机会、概率、不测事件和随机性相结合；也可以是一个负面的概念，与危险、损失和破坏等相结合。众多学者从多个角度对风险进行了多种定义，时至今日，风险的定义仍是理论研究学者的一个重要的研究领域。但是，迄今为止，尚未出现一个得到学者们高度认同的风险定义。

学者们只能认同风险的基本含义是损失的不确定性（Uncertainty）。这个基本含义指出了两个方面，其一，风险是可能带来损失的；其二，风险具有不确定性。这种不确定性包括：风险发生的不确定性、风险发生时间的不确定性、风险导致损失的不确定性、风险损害对象的不确定性、风险发生状况的不确定性以及风险损害程度的不确定性等。换言之，与风险有关的一切均是不确定的。以地震为例，尽管目前的科技水平越来越高，但是仍然无法准确预测地震。在地震发生之前，究竟是否会发生地震是不确定的，发生地震的确切时间在几点几分是不确定的，地震中心在哪里是不确定的，地震的震级是多少也是不确定的，而且地震所导致的损失金额和伤亡情况是不确定的，究竟谁会在地震中死亡或伤残是不确定的，最终损害的程度也是不确定的……总而言之，在风险发生之前，有关风险的一切情况都具有不确定性，都无法准确预测、把握或知晓。

比如，在生活和工作中可能面临下列风险：房屋及其他家庭财产可能因火灾而受到损毁的风险；企业财产发生火灾、爆炸等意外事故而发生损失的风险；汽车被盗，或者在行驶时撞上大树而受损的风险；自己的车辆可能会撞坏另一车辆，从而要对受伤的被撞司机、被撞坏的汽车甚至受伤司机的收入损失都承担赔偿责任的风险；企业生产出来的产品质量有问题，并对消费者的人身造成伤害而应由企业依法承担赔偿责任的风险；家人可能生病而发生巨额的医疗费用的风险；可能发生交通事故等意外伤害而导致死亡或残疾的风险……

二、风险的特征

正确认识风险的特征有助于深入地了解风险。一般而言，风险具有客观性、偶然性和损失性等特征。

（一）客观性

风险的客观性是指风险的发生有其客观原因和规律，是不以人的主观意志或主观喜好而改变的。这也就是说，尽管谁都不喜欢风险，都希望风险不要发生，但是风险并不因为人们不喜欢它就不发生，它仍然按照自身的规律运转。其中，有些风险是人力无法抗拒的，例如人类的生、老、病、死、残，自然界的地震、台风、暴风雪等各种自然灾害。这些风险都是按照自有的规律而生生不息，人类迄今为止还无法控制它们。而有些风险则是由于人们对客观世界的认识不够所导致的，比如环境污染、全球气候变暖、对于某一种疾病的攻克等。相信随着科技的发展，人类会把控越来越多的风险。

（二）偶然性

偶然性是指风险的发生时间和损失程度具有偶然性。偶然性实际上与风险基本含义中的不确定性是一致的。以火灾为例，火灾对于任何家庭和企业而言都是巨大的灾难性风险。但是发生火灾必须具备一定的条件。比如根据燃烧的要件，燃烧必须具有易燃物、温度必须达到燃点、必须要有氧气等条件。当某个物品燃烧起来时，再增加一个“不被打断”这个条件，则会有越来越多的物品发生燃烧，从而就发生了火灾。但是火灾发生的具体时间具有一定的偶然性。倘若某个物品在燃烧的过程中被人发现而加以控制或打断，使火势不蔓延，则火灾可能就不会发生。而且在火灾发生时，火势会向哪个方向发展也是具有一定的偶然性的，哪些物品会被点燃也要根据当时的地理环境和气候来确定。

但是，风险的偶然性并不意味着我们就可以放任自流，不对风险进行任何把控。俗话说，“偶然之中有必然”“常在河边走，哪有不湿鞋”？如果对风险进行严格的把控，还是可以在一定程度上降低风险发生的损失概率和损失程度的。换一句话说，倘若不对风险进行严格把控，则迟早会爆发风险。正如2019年3月21日江苏天嘉宜化工有限公司发生的爆炸事故一样，初看起来，这次爆炸事故具有一定的偶然性。但是该企业在2016年7月至2018年7月的2年间曾经受到了4次行政处罚，被原国家安全监管总局督导组检查时通报存在13项安全隐患，但仍未引起企业的重视，仍不整改，放任自流，最终造成重大事故。所以面对风险时不能抱有侥幸的心理。经常在红线附近徘徊，终究会触及红线，引发风险。所以，“偶然之中有必然”的意思是指，还是需要注重日常工作中的风险管理，从而在一定程度上降低风险发生的概率和损失程度。

（三）损失性

损失性是指风险发生之后必然会造成一定的经济损失，或者会使人们产生特殊的经济需要。比如，江苏天嘉宜化工有限公司爆炸事故发生之后，造成了近50人死亡、上百人受伤，多少家庭因此而支离破碎；大片的厂房被烧毁，空气被污染，河流被污染……2019年美国对中国加增关税，影响了众多中国的出口企业的业务，企业经营不善而发生倒闭或裁员，员工因此而失业，家庭生活陷入困难；而美国的消费者也必须在购买中国产品时支付更高的价格，也是一笔巨额的经济损失……所以，风险发生之后必然会造成一定的经济损失。而且正是由于风险发生之后会带来损失，我们才会担心风险发生，害怕风险会发生，从而重视风险、管理风险和控制风险。

案例1-1　　巴黎圣母院的火灾[①]

巴黎圣母院耸立在塞纳河的西堤岛上，拥有850多年历史，始建于1163年，并在1345年完工。2013年圣母院庆祝兴建850周年。圣母院建筑总高度超过130米，是欧洲历史上第一座完全哥特式的教堂，具有划时代的意义，也是巴黎历史悠久、最具代表性的古迹，被联合国教科文组织列入世界遗产名录。其曾在法国大革命时期遭遇严重损坏，在19世纪被重新修建。

巴黎当地时间2019年4月15日下午6:50，正搭起脚手架进行维修的巴黎圣母院遭遇大火，滚滚浓烟遮蔽了塞纳河畔的天空。火势蔓延速度很快，难以控制。在紧张围观的人群的注视下，巴黎圣母院标志性的尖顶被烧断，坍塌倒下。直至2019年4月16日凌晨3时30分左右，火情才“全部得到有效控制，并已部分扑灭”。

---

① https://baike.sogou.com/v180825403.htm?fromTitle=巴黎圣母院火灾。

火灾发生时，巴黎圣母院正在进行一项耗资600万欧元的翻新工程，整个教堂被脚手架所包围。但幸运的是，正是由于翻新工程，教堂外部的多座雕像早已被取下，从而避免遇难。事故发生后，巴黎圣母院主体结构被“拯救”，主结构整体保存完整，但有着852年历史的中轴塔在火中坍塌。

损毁的财产包括尖顶、号称“森林”的木质屋架、尖顶之上的风向标与三件圣人遗物；幸存的财产包括古老的玫瑰花窗、三部管风琴、主入口大门、“幸运的”16尊铜像、三件基督教圣物和路易九世的一件长袍、祭坛，圣母院主体结构保存完整；未知是否受损的财产包括大型油画。没有人员死亡，只有两名警察和一名消防员受到轻伤。

这起事故充分表明了风险的客观性、偶然性和损失性。历史悠久的古建筑是木质建筑，发生火灾的可能性比较大；尽管其非常稀有和宝贵，但仍然发生了火灾，体现出风险存在的客观性。翻新工程即是罪魁祸首，也具有偶然性。倘若是由于其他原因导致的火灾，而未进行翻新工程，则教堂上面的16尊铜像和教堂内的诸多珍宝就不会被转移保存，从而可能会导致更高的损失。风险的损失性在这次事故中则表现得淋漓尽致了。当下的任务则是努力抢救储藏在教堂内的框架艺术品，从而将教堂中艺术品的损失减至最低。

第二节 风险的构成

在风险发生之后，都会回过头来分析风险的构成。一般而言，任何风险的产生过程都包括四个环节：风险暴露（Exposure）、风险因素（Hazard）、风险事故（Peril）和损失（Loss）。这四个环节存在因果的逻辑关系，按时间顺序发展而来。倘若中间缺少任何一个环节，则不会到达（发生）最终的损失。那么，为什么要在风险发生之后来分析风险的构成呢？分析风险构成的过程能明确揭示导致该风险发生的原因，揭示该风险传递和发展的路径，从而有助于了解风险发生的后果与损失情况，并为将来治理风险提供基本依据。有一种说法是，“每一条安全生产条例都来自血的教训”。其意思就是说在发生了惨烈的损失之后，痛定思痛，通过分析导致风险发生的原因，分析风险传递的路径，识别导致损失增加的风险因素和那些导致损失降低的风险因素，从而制定安全生产条例，防患于未然。这实际上就是指出了在损失发生之后分析风险构成的必要性。

一、风险暴露

风险暴露是指遭受损失的可能性。风险暴露实质上也是风险因素之一,但是最为重要的风险因素是影响到风险是否发生的风险因素。显然,具有风险暴露即具有较高的损失发生概率。比如,某人性格大大咧咧,不拘小节,从来不小心看管自己的财物,总是丢三落四,自己的财物经常被盗。此时,此人马虎的性格就是风险暴露,会给小偷提供许多可乘之机。显然,与其他具有小心谨慎性格的人相比而言,此人发生损失的概率明显偏高。

二、风险因素

风险因素是指引起或增加风险事故发生的机会,或增加损失严重程度的潜在条件。在风险暴露的情况下,再具备一些风险因素,就会导致风险事故发生。例如,漠视法规是风险暴露,某人漠视法规酒后驾车,此时仅存在风险暴露而已。因为并非所有的酒后驾车者必然会发生事故,只是他们发生事故的概率明显偏大。然后,可能还需要其他一些风险因素,比如道路崎岖、视线不好,或行人闯红灯,或他车野蛮变道等,在众多风险因素的共同作用下,才会发生风险事故。

在理解风险因素时需注意:首先,风险因素也有“好”与“坏”之分。并不是所有风险因素都是导致风险的损失概率增加或损失程度增加的“坏”因素,也存在着一些导致风险的损失概率减小或损失程度降低的“好”因素。实际上,“好”因素与“坏”因素共存并共同作用,相互抵消,形成最终的结果。其次,不同风险因素所发挥的效用是不同的,有些风险因素影响着损失概率,比如不同型号的汽车具有不同的性能,从而具有不同的发生损失概率;而有些风险因素影响着损失程度,比如汽车内设置的安全带,在发生交通事故时能有效控制驾驶员的身体位置,从而减小损失;但有些风险因素同时对损失概率和损失程度发挥着作用,比如驾驶员的驾驶技术和驾驶经验,具有丰富的驾驶经验时,不仅发生事故的概率较小,即使发生事故时,也能很好地反应和控制,使得最终的损失更小。分析各风险因素的影响路径、影响作用和影响结果,是有效控制风险的重要环节。

在对风险因素进行分类时,常见的分类是根据是否能用肉眼直接进行观察,而把风险因素分为有形风险因素和无形风险因素两种。

(一)有形风险因素

有形风险因素又称为实质性风险因素,是指引起或增加损失的发生概率,或增加损失严重程度的客观物质条件,而且这些客观情况是能够通过肉眼观察到的。例如,在判断某处建筑物有关火灾的风险因素时,该建筑物的建筑结构就是实质性风险因素。建筑结构中有木质结构和钢筋水泥结构等多种，显然，不同建筑结构的建筑物具有不同的火灾发生概率，木质结构的建筑物更容易发生火灾。而建筑物的建筑结构是可以用肉眼观察到的客观物质条件，故为实质性风险因素。除此之外，建筑物是否采用了防火材料、建筑物的用途、建筑物中是否堆放了易燃材料、建筑物所在的地理位置和地理环境，以及建筑物的高度等均是可以用肉眼直接观察的实质性风险因素。

（二）无形风险因素

无形风险因素是指观念、态度、文化、制度等与人有关的主观因素，而且这些主观因素是无法通过肉眼观察到的。比如，在判断某处建筑物有关火灾的风险因素时，除了前面所分析的那些有形风险因素之外，还有许多与人有关的主观因素。比如，是否制定了建筑物的消防管理条例，消防管理条例的实施情况究竟如何，建筑物内人员素质如何，安全意识如何，建筑物内各个公司的管理水平如何……这些无形风险因素是最难判断，并且也是最难控制的，而且有时可能还会抵消某些“好”的有形风险因素的作用。比如，建筑物内都严格安装了防火门，这显然是有形风险因素，能显著地控制火灾的传播，从而控制损失程度。但是倘若建筑物内虽然安装了防火门，但人们却嫌麻烦而从来不关闭防火门，则这一无形风险因素导致防火门形同虚设，根本没有发挥应有的作用。然而，很难判断其是否保持防火门关闭。所以，无形风险因素是更应引起大家重视的风险因素。

（三）保险业面临的无形风险因素

在保险公司的实务中，通常有三种无形风险因素最难处理，包括道德风险、心理风险和逆选择。倘若未认真处理和控制这三类无形风险因素，则可能导致保险经营最终失败。

1. 道德风险

道德风险是指当事人以不诚实、不良企图或欺诈行为故意使风险事故发生，或使已发生的风险事故所造成的损失进一步扩大的原因或条件，如欺诈、故意隐瞒等。道德风险的关键词是“不诚实”“故意”。实务中，常常有人会通过购买保险来骗取保险金，进行保险欺诈。没发生事故还谎称发生了事故，或者发生了保险事故之后夸大事故的损失，甚至为了保险金而故意谋害人命等。这些均是故意行为，是典型的道德风险，不但违反了道德准则，甚至已经触犯了法律。

但是除了这些明显违法的道德风险之外，还有一些虽尚未违法，但违背道德准则的不诚实行为。比如，某人在购买汽车保险前后的行为明显不同。在没有购买汽车保险之前，此人开车非常小心谨慎，小剐小蹭都心痛不已，停车也都会到正规停车场；但是在购买了汽车保险之后，开车的风格立马转变，经常变道、超车，还有“路怒症”，甚至还故意追尾。这说明这位驾驶员具有较大的道德风险，损失由他自己承担时小心翼翼，损失不由他自己承担而由保险公司承担时就粗心大意甚至故意为之。

然而，无论是触犯了法律的较为严重的道德风险，还是仅违背了道德准则的道德风险，保险公司在事前都很难防范和控制，即使通过法律惩罚来进行警示，根据不同人的教育水平、职业等来判断，都收效甚微。所以，保险公司必须在保单条款的设计过程中缜密思考，用有效的保单条款来防范道德风险。

2. 心理风险

心理风险因素是指人们由于马虎或者过于自信，忽视风险或存在侥幸心理，以致增加事故发生的机会和加大损失的那些非故意因素。心理风险因素的关键词是“马虎”“不小心”“过于自信”。例如，某人总是习惯闯黄灯，认为自己又没有闯红灯，不算违反交通法规；而且黄灯闪烁时，另一方向仍是红灯，不会有车开出来；同时过路口就一两秒钟，踩踩油门儿就过了，应该不会发生事故。但是倘若一方闯黄灯，而另一方的车子又比较着急，红灯变绿灯那一刹那就飞奔出来了，此时就会发生交通事故。

心理风险因素并没有违反法律，也没有违背道德准则，相对而言的严重程度比道德风险要轻一些，但是保险公司也非常难以防范。

3. 逆选择

逆选择是指投保人在选择买不买保险、买什么或买多少保险的时候，都是按照对己有利的原则作出决策的行为动机；这一行为动机对于个人而言虽然是正确的，但是加总之后就会出现与预期不同的结果。

比如，相对而言，患病的和亚健康的人群更倾向于购买保险，因为他们会觉得自己身体不好，发生疾病的概率更高，所以需要保险；而身体健康的人不倾向于购买保险，因为他们会觉得自己身体很好，不会生病，所以不需要保险。这种思维方式和决策对于每个人而言显然都是正确的，每个人在作出购买决策时当然会按照对自己有利的原则进行决策。但是如此推而广之，则购买保险的人群大多是患病和亚健康的人，他们的平均患病率明显高于整个社会的平均患病率。而保险公司的费率是基于整个社会的平均患病率来定价的，故会发生定价不足的现象，保险公司会发生亏损。因此，保险公司在设计产品时就会考虑逆选择的存在，不按整个社会的平均患病率定价，而是略微上浮，按较高一点的患病率定价。此时，在购买保险的人群中相对风险较小的人群就会觉得保险太贵了而退出保险，则实际购买人群的平均患病率继续上升，又高于保险公司的费率；保险公司继续提价、一部分相对风险较小的人群退出、患病率又上升、又亏损、又提价、又退出……如此周而复始，最终导致保险经营失败。

所以，逆选择虽然对于单个人来说是正常的正确决策，但推而广之就会出现与保险公司预期向左的现象。保险公司必须采取一些有效的控制机制，比如对投保人严格进行核保，拒保风险较大者，从而控制整体的平均风险；或者采取一些限制性合同条款，如两年的自杀条款、等待期条款等，从而限制逆选择发生，保证保险公司的正常经营。当然，逆选择是因为赋予了投保人有权选择是否购买保险的权利。也就是说，逆选择风险是因选择权的存在而产生的。倘若没有了选择权，则不会存在逆选择的问题。比如在团体保险中，被保险人没有选择权利，只能对号入座，则可以从根本上消除逆选择风险。

表1－1　　保险业面临的无形风险因素的比较分析

	道德风险	心理风险	逆选择
严重程度	违背了道德准则、甚至违反了法律	没有违背道德准则	个人的正确决策
主观意愿	故意、不诚实	非故意	个人的正确决策
防范措施	保险条款、核保		
是否根除	无法根除。可以通过限制选择权而根除逆选择风险		

三、风险事故

风险事故是指可能引起人身伤亡或财产损失的偶然事件。这是造成风险损失的直接原因，也是所有风险因素综合反应所诱发的直接结果。洪水、台风、海啸等都是风险事故。当然，风险事故是风险因素爆发的过程，也是形成损失的过程。比如，当温度、氧气、可燃物、不被打断等条件都满足时，火灾就发生了。风险事故是风险暴露、风险因素与损失之间的媒介，其发生具有随机性、偶然性。但是，偶然中也有必然性，所以对风险因素进行有效治理可以大大减少风险事故发生的概率。

四、损失

损失是指由于自然灾害或意外事故所造成的经济价值的减少、灭失以及额外费用的增加。损失通常包括直接损失、间接损失和费用损失。这些损失在风险事故发生之后基本上会发生。

（一）直接损失

直接损失是指与事故有必然因果关系的、在量上可以确认或界定的损失。比如，某个餐厅发生了火灾，火灾把餐厅烧得一塌糊涂，室内的装修全部损毁，家具也基本上损毁。这些在火灾结束后可以用眼睛观察到的损失就是直接损失。直接损失一般非常好界定和量化，可以根据财产的价值来进行判断。保险通常均只保障直接损失。

（二）间接损失

间接损失则是指事故的发生触发了新的事件，或改变了事物的既定状态而导致的损失。比如，餐厅起火之后，除了上述的直接损失之外，餐厅因火灾会停业整修，在停业期间因无法正常营业而导致营业利润损失，停业期间员工队伍会流失，客户也会流失，一些特许经营权也可能会被取消，从而带来更大的损失。间接损失是由于直接损失而产生的后续损失，除了极少数保险会提供保障之外，绝大多数的保险都不保障间接损失。其原因在于，间接损失比较难以确定和量化，而且间接损失通常都比较大。

（三）费用损失

费用损失是由于直接损失所产生的费用。比如在火灾发生过程中的一些施救费用等。为了鼓励大家积极施救，保险公司通常也会对费用损失提供保障。

众多风险因素影响着最终损失的大小。比如，灾害事故本身的影响力是有差别的，地震和火灾的影响力本身就不同，导致的最终损失也有明显差异。标的自身价值与对主体的重要性不同也会导致不同的损失，卫星本身的价值很高，因此一点点小事故都会导致巨额的损失。事件的独立性与相关性影响着损失的大小，显然，两个事件是相互独立的，则总损失会相对较小，而两个事件是相关的，则会导致较大的损失，建筑物内防火墙的设计使得房屋与房屋之间的风险相互独立，因此能有效降低损失；对灾害蔓延的控制措施也能有效降低损失，建筑物内安装的一些自动喷淋系统在发生火灾时能及时灭火，从而有效降低建筑物的损失。

每一次风险发生之后，都需进行上述分析，寻找其所蕴含的风险暴露、风险因素、风险事故和损失。如此在将来防范风险发生时，只需防范各个风险因素的发生即可。只要风险因素不完全具备，影响的因果链条中断了，那么风险事故就不会发生，损失也就不会产生了。

案例 1－2　　风险的构成

某个冬日的上午，在辽宁省大连市区内的某栋老式居民楼 8 楼的一户发生了火灾。房主是一位单身女性，一个人居住。该女性被火势逼得躲在 8 楼的窗户外，整个身子都悬在窗外。当时正值深冬，天气十分寒冷。被困女子只身着薄薄的内衣物，在寒风中瑟瑟发抖，时时都有坠落的风险。消防队员第一时间赶到后立即开展了救援。但是由于楼下障碍物较多，无法铺设救生气垫，也无法动用救火的机械设备，一时无法救下被困女子，情况非常危急。消防队员只能兵分两路，一路人员负责控制火势，一路人员负责破门救援。最终，消防队员击开了防盗门，从楼道中顺利地把被困女子救出。被困女子只是受了一些惊吓和受凉，没有大碍。事后分析起火原因是由于天气寒冷，被困女子在房间中用电取暖，不想与衣服距离太近，夜晚烘烤时间太长导致衣服起火。

在这起事故中,风险暴露是房主的疏忽大意。冬季用电取暖虽为常见现象,但夜间无人看管,一定要注意与其他易燃物的距离,防止发生火灾。被困女性自己不够小心谨慎,最终引发风险。显然,房主的疏忽大意属于心理风险因素。再由于时处冬季,天气寒冷,门窗紧闭;被困女性单身居住,没有室友的相互照顾;房间内又有诸多易燃物,从而酿成火灾。这些因素都是实质性风险因素。

然后,还有众多的风险因素影响着事件的发展。比如,起火的位置在8楼,比较高,增加了救援的难度;楼下堆满了障碍物,阻碍了救援的进程;同时,被困者是女性,体力比较欠缺,也增加了救援的紧迫性。而这些风险因素均是可能使损失增加的"不好"的风险因素,也都是实质性风险因素。当然,从物业的责任来看,任由楼下堆满杂物,这也是心理风险因素。除此之外,还有一些使损失下降的"好"的风险因素,比如,积极负责任、想方设法进行施救的消防队员。

在这个案例中,风险事故就是发生了火灾,一人被困窗外。

最终的损失则是被烧毁的房屋,所幸被困人员已经被成功救出,无人员伤亡。被烧毁的房屋装修和家具是直接损失。在此后一段时间内,该房屋不适宜居住,被困女子必须另外租房的租金则属于间接损失。

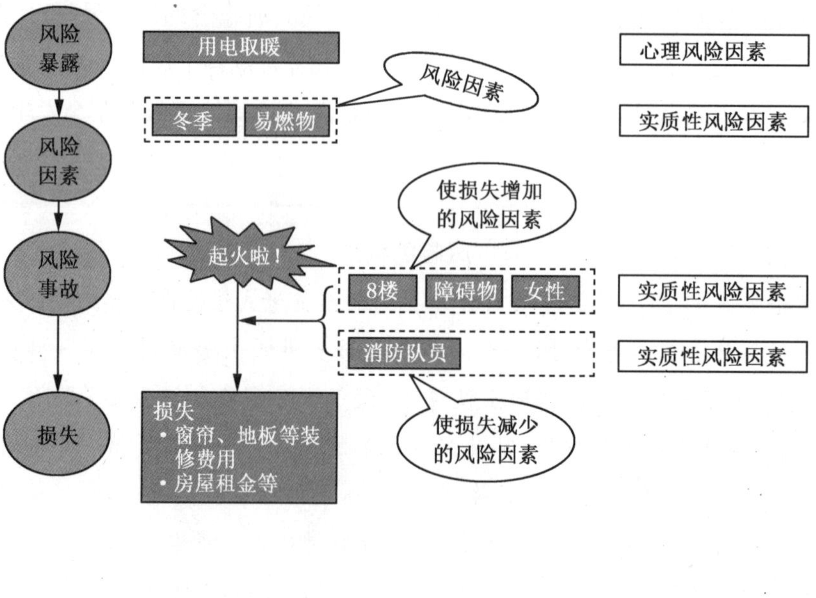

第三节 风险的分类

风险可从多种角度进行分类，每种角度的分类都是对风险的本质进行深入的理解。

一、按风险产生的原因分类

按风险产生的原因进行分类，风险可以分为自然风险、社会风险、政治风险、经济风险和技术风险。

自然风险是由于自然界的变化或意外事故所致损失的可能性，比如地震、干旱、洪水等自然界的各种自然灾害。人体内在的及受外界影响所致的疾病或伤害，也都是自然风险，与人类的主观行为无关。

社会风险是指伴随着人类社会行为的变化而产生的损害的可能性。如个人或小团体的反常或不可预料的行为所导致的抢劫、罢工、斗殴、杀人以及自杀等。这些大多是由于社会原因所导致的。

政治风险有时也被认为是社会风险的最高形式。政治风险通常发生在政体的选择、法律的更改、政权的更替、政令的颁布与实施等各种整治活动中，其表现形式有宗教或种族冲突、叛乱、战争、恐怖主义袭击等。

经济风险也是社会风险的一种特殊形态。经济风险是指在生产经营过程中，由于各种因素的变化或预测上的失误所造成的经济收入或价值的减少。经济风险广泛存在于社会经济生活的各个环节和各个方面，如经济结构的不合理、分配的严重失衡、人才流失、财务制度漏洞、物资供销脱节、产品质量低劣、市场供需失衡、通货膨胀等，都可能带来较大的经济风险。

技术风险是指伴随着科学技术的进步及由此而带来的生产、生活方式的改变而发生的风险。科技在给人类带来繁荣与发展的同时，由于相关工作的失误或副作用的结果，也会给人类带来巨大的风险，甚至威胁着人类的生存。比如，环境污染、职业病、核泄漏、核爆炸等都是科技进步所产生的风险。

二、按照风险的发生是否与人相关分类

根据风险的产生是否与人有关，可以把风险分为客观风险和主观风险。

客观风险即前文中所介绍的有形风险因素，是与人无关的客观存在的风险。这类风险可以用肉眼进行观察和分析，而且通常可以通过大量的观察而找寻规律，其更多

地体现为实际损失与预期损失之间的相对差异。根据统计学中的大数法则，随着观察的风险单位数的增加，实际损失与预计损失之间的相对差异会缩小。

主观风险即前文所介绍的无形风险因素，是与人有关的、一种由于人的精神和心理状态所引起的不确定性。主观风险很难进行预测或控制。

三、按照风险损害的对象分类

按风险损害的对象进行分类，风险可以分为财产风险、人身风险、责任风险和信用风险。

财产风险是指导致财产毁损、灭失和贬值的风险。如房屋、机器设备等财产遭受火灾、洪水等风险，机动车辆被盗的风险，都属于财产风险。

人身风险是指可能导致人身伤害或影响身体健康的风险，如生、老、病、死、残、失业、精神痛苦或失常等风险。

责任风险是指依法对他人所遭受的人身伤害或财产损失应承担法律赔偿责任或未履行合同而应承担的赔偿责任。如产品缺陷对消费者造成经济损失时，生产企业应该承担产品责任；还有职业责任风险、场地责任风险等。按照法律规定，如果一个人的过失行为造成他人伤亡和财产损失，过失人必须负有法律上的损害赔偿责任。责任风险是极端重要的，首先表现为其造成的损失金额没有上限；其次，如果没有责任保险或保险金额不足，个人或单位就要用自己的财产或将来的收入来支付法院判定的损害赔偿金。

信用风险是指在经济交往中，因为对方违约或不可抗力的发生，导致合同无法执行时所造成的经济损失的风险，如在国际贸易中，因买方到期不付款或不提货或对方破产等，给卖方造成的损失；或贷款方不及时还贷而给银行带来的损失等。

四、动态风险和静态风险

按风险产生的环境进行分类，风险可以分为动态风险和静态风险。

动态风险是与社会变动相联系的风险，是由于社会、政治、经济、技术等巨大变化而产生的风险，比如经济危机、股灾等。动态风险的发展变化与人的因素密切相关，羊群效应、从众效应等都可能会放大动态风险的影响，从而导致蝴蝶效应。因此，很难捕捉动态风险的发生规律，即使对过去的风险进行了深入的分析，但历史也难以完全重新上演。另外，动态风险的影响范围往往非常大，不但影响到整个国家，还有可能影响到整个世界。比如 2008 年的金融危机就是如此。

静态风险是一种在经济条件没有变化时一些不规则的自然行为和人们的失当行为造成损失的可能性，即在任何社会经济条件下都不可避免的风险。相对于动态风险而言，静态风险的影响范围比较小，而且比较具有规律性，可以通过大量的观察捕捉规律。比如，即使地震的影响很大，但与动态风险相比已是范围较小了；而且地震的发生规律更容易观察。

表 1－2　　动态风险与静态风险的区别

	动态风险	静态风险
影响范围	影响十分广泛，并经常产生一系列的连锁损失	相对而言只直接影响到少数人
发生特点	往往受人为因素及社会情绪的影响，具有不确定性	比较具有规律性
性质	总是投机性风险	大多数是纯粹风险

五、按照风险所造成的结果分类

根据风险所造成的结果进行分类，可以把风险分为纯粹风险和投机风险。

（一）纯粹风险

纯粹风险是指风险发生后只可能导致损失，而不可能导致任何收益的那些风险。纯粹风险的影响结果有“损失”和“无损失”两种可能。任何人都不可能在纯粹风险的发生过程中获取任何收益。纯粹风险的典型例子包括死亡风险、火灾、水管破裂、地震、瘟疫等。这些风险发生之后，人们或会死亡，或会残疾，或会发生经济损失……总而言之，任何人都不可能从中获取任何收益。

一般而言，所有的自然灾害、意外事故与疾病等都属于纯粹风险，比如地震、洪水，车祸、空难、矿难，生病、死亡等。没有人可以在这些风险发生的过程中获利。虽然人们都不喜欢纯粹风险，但都是被动地承受着纯粹风险的。正由于纯粹风险中不可能发生获利这一特征，保险只能为纯粹风险提供保障。

（二）投机风险

投机风险则是指风险发生后可能导致收益，也可能导致损失的那些风险。投机风险的影响结果有“损失”“获利”和“无损失”三种可能，例如汇率风险、利率风险、股市变动的风险等。例如，近年来，我国人民币与美元兑换的汇率持续走高，这是典型的汇率风险。汇率风险发生后，对于那些以人民币形式持有资产的人而言，他们从中得到了巨大的收益，他们的资产增值了，财富也增加了。但是对于那些以美元形式持有资产的人而言，他们因为人民币的升值而损失了，财产缩水了。但对于那些与中国和美国、与人民币和美元均没有任何联系的人而言，他们的资产和财富没有因人民币的汇率变化而发生任何变化。再比如，近年来我国许多城市的房地产价格持续上升，那些已经购买了住房的人非常高兴，他们的账面财产增加了；而那些还没有购买住房的人却伤心了，他们变穷了，他们需要用更多的钱才能改善居住条件；而对于那些与这个城市无关的人而言，他们会认为：那里的房价变化与我何干！

一般而言，与经济、政治、社会等有关的风险都是投机风险，比如，赌博、博彩、企业经营、通货膨胀、利率风险、汇率风险、股市与房市的价格变化、贸易战等。与纯粹风险的被动承受不同的是，投机风险总是蕴含在人们主动追求的行为之中。是否参与赌博或博彩，资产以何种形式存在，向哪个项目进行投资……都是人们主动追求的行为。

保险只能保障纯粹风险，而不能保障投机风险。因为倘若为投机风险提供了保障，则必然会导致道德风险，保险公司必然会亏损。以股票交易为例，人们在进行股票投资时都非常谨慎小心，会小心地判断大盘走势与行业走势、进行公司基本面分析等，因为购买股票的盈亏都由自己承担。倘若某家保险公司推出了一款针对股票投资风险的保险，并承诺假如股票投资亏损了，则由保险公司负责赔款，那么可想而知此时人们进行股票投资的行为：绝对是不假思索地乱买股票，因为反正有保险公司为亏损买单！此时就产生了强烈的道德风险。所以，一定不能对投机风险提供保障。投机风险只能通过金融衍生工具的对冲交易来进行保障。

传统保险仅指为纯粹风险提供的保险。随着风险管理理论的发展，管理风险的范围也不断扩展。现代的风险管理理论中都考虑纯粹风险和投机风险的综合应对，不但考虑用保险的方式应对纯粹风险，用金融衍生工具的方式应对投机风险，用内部控制的方式应对企业内部管理风险等，还会在多种方式中寻求某种组合，从而实现风险管理的目标。本书是从保险的角度来讨论风险管理，所以，本书所讨论的风险仅针对纯粹风险。

表 1－3　　纯粹风险与投机风险的区别

	纯粹风险	投机风险
损失结果	损失和无损失	损失、收益和无损失
损失原因	与自然、意外有关	与经济、社会有关
应对工具	保险	金融衍生工具
主/被动	被动承担	主动选择承担
风险管理的地位	狭义的风险管理对象	全面风险管理对象

六、重大风险和特定风险

根据风险影响的范围，保险可以分为重大风险和特定风险。

重大风险又称为巨灾，是指损失程度比较高的、涉及面比较广的风险，例如地震、台风、洪水等烈性的自然灾害，还有如双位数的通货膨胀、经济衰退、贸易管制等。重大风险的影响巨大，影响人数众多，有时甚至会跨越国界，影响整个世界，比如一路横扫多国的台风。因此，保险公司在重大风险面前往往显得微不足道，此时必须依靠政府的力量。比如，直接由政府实施的洪水保险计划，或给予商业保险公司以一定补助的政策性保险方式等。

特定风险是指只影响个人而不影响整个社会或国家的风险，如车祸、偷窃、个人的死亡风险等。相对于重大风险而言，特定风险的影响范围较小，影响后果也较小，都可以通过商业保险的方式进行保障，这也是商业保险保障的主要对象。

表 1－4　　　　重大风险与特定风险的区别

	重大风险	特定风险
影响范围	影响巨大，人数众多，甚至影响到其他国家	只影响极少数人或个别人
应对工具	政府必须参与，或提供社会保障，或为商业保险提供补助和支持	商业保险
规律特征	虽也符合大数法则，但需要在更为广阔的空间中或时间中进行分摊	符合大数法则，可以在不同的人之间分摊

案例 1－3　　　　2018 年的世界灾害

2018 年世界共发生 304 起灾害事件，与 2017 年持平，其中包括 181 起自然灾害（2017 年为 184 起）和 123 起人为灾难。

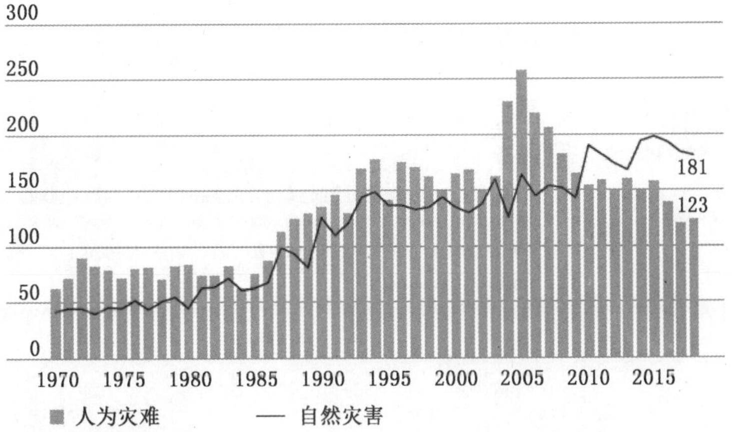

资料来源：瑞再研究院。

2018 年，全球范围内有超过 13 500 人在灾害事件中丧生或失踪，为 sigma 有记录以来遇难总人数最少的年份之一。自然灾害共造成 9 800 多人遇难，而人为灾难造成约 3 600 人丧生，高于 2017 年的约 3 000 人。

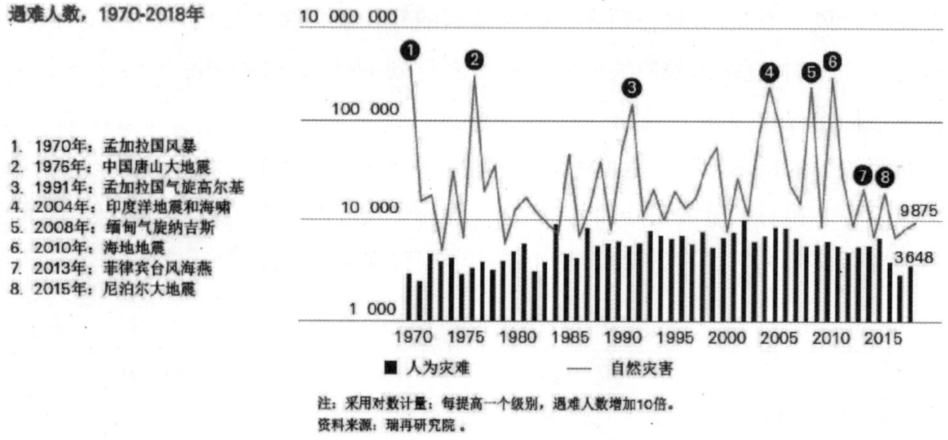

2018 年全球灾害造成的总经济损失估计达 1 650 亿美元，其中约 1 550 亿美元源于自然灾害，其余为人为灾难所致。该总额不到 2017 年的一半（3 500 亿美元），并低于过去 10 年的平均值 2 200 亿美元（扣除通胀因素）。去年的损失额较低，反映出去年未发生规模巨大的灾害。2018 年的灾害损失相当于全球国内生产总值（GDP）的 0.19%，低于 0.28%的 10 年平均水平。

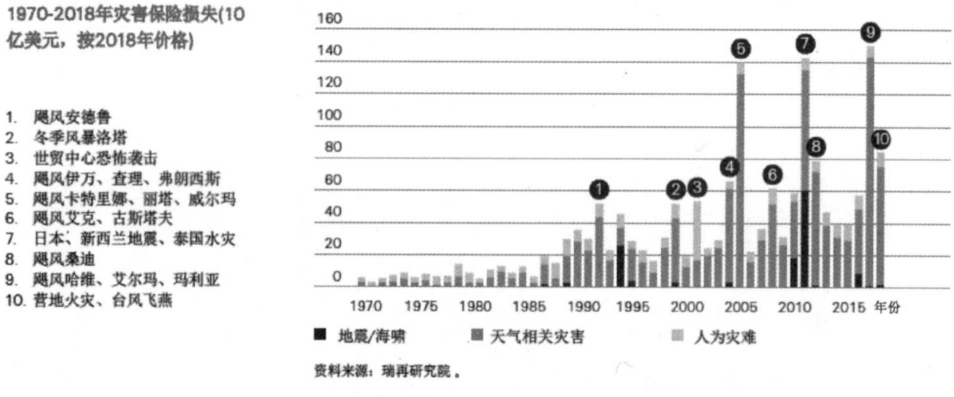

本章小结

- 风险的基本含义是损失的不确定性。
- 风险具有客观性、偶然性和损失性等特点。
- 风险的产生过程都包括四个环节：风险暴露、风险因素、风险事故和损失。

- 风险因素包括有形风险因素和无形风险因素。其中,保险业面临的无形风险因素包括道德风险、心理风险和逆选择。
- 损失则包括直接损失、间接损失和费用损失。
- 可从多种角度对风险进行分类。比如:人身风险、财产风险、责任风险和信用风险;动态风险和静态风险;纯粹风险和投机风险;重大风险和特定风险等。
- 保险只能应对纯粹风险。

第二章　风险管理

既然人生荆棘密布、风险环生，则风险管理必不可少。本章阐述了关于风险管理的若干基本概念，准确地解释了风险管理的定义和目标，从而有助于清楚地认识风险管理的含义和作用；详细地介绍了风险管理的步骤及应该注意的问题，有助于逻辑清晰地开展风险管理工作；全面介绍并比较了各种风险管理方法的含义、适用范围及各自的优缺点，有助于根据风险的特征选择恰当的风险管理方法。最后强调，保险是风险管理中的一种方法，是一种重要的方法，但并非唯一的方法。

第一节　风险管理概述

一、风险管理的定义

既然生活和工作中面临着各种各样的风险，那么我们应当如何使风险降到最小呢？如何使风险导致的损失降到最小呢？这就必须采用科学的方法进行分析，并选择恰当的风险管理方法进行应对。所谓风险管理（Risk Management），是指通过对风险的识别、衡量和分析，在具体的可选方法与可用资源条件下，采取最有效的措施，最大限度地预防事故的发生或控制损失的影响。在这个定义中，关键词是"可用资源""最有效""最大限度"，即风险管理的含义并非是从根本上杜绝风险的发生，而且实际上也无法做到；而是在一定资源的约束下使损失概率或损失程度降到最低。因此在进行风险管理时，必须要知道两个条件，其一是愿意或能够提供的资源，比如预算约束；其二是计划达到的目标。然后风险管理人员在这两个条件下寻求"最有效"的方案。

最初，风险管理的对象仅限于有关纯粹风险的管理和控制，而且大多采用保险的手段，实际上即为保险管理。但是随着经济的发展，风险因素越发多样和复杂，人们对风险的认识也越来越全面。风险管理逐渐从传统针对纯粹风险的管理扩展到包括投机风险的全面风险管理，不但扩大了风险管理的对象范围，还增加了风险管理的工具，提高了风险管理的最终目标，整体上也可以合理降低风险管理的成本。

案例 2-1　　风险管理学科的发展历程

风险管理是一门新兴的管理学科，从 20 世纪 30 年代开始萌芽，最早起源于美国。在 20 世纪 30 年代，由于受到 1929—1933 年的世界性经济危机的影响，美国约有 40%左右的银行和企业破产，经济倒退了约 20 年。为应对经营上的危机，美国许多大中型企业都在内部设立了保险管理部门，负责安排企业的各种保险项目。可见，当时的风险管理主要是依赖于保险手段。

1938 年以后，美国企业对风险管理开始采用科学的方法，并逐步积累了丰富的经验。随后发生了两起催生风险管理的标志性事件。1948 年，美国钢铁工人工会与厂方关于养老退休金和团体人身保险进行了谈判。由于厂方不接受工会所提出的条件，导致钢铁工人罢工达半年之久。这次罢工对美国经济产生了极为严重的影响。1953 年 8 月 12 日，美国通用汽车公司自动变速装置厂发生大火，直接经济损失达到了 3 000 万美元。由这场大火引起该公司汽车生产及其卫星厂的生产停顿了数月，导致间接经济损失达到 1 亿美元之巨。这两起大事件震动了美国学术界和实业界，民间研究机构和高等学府加强了对企业风险管理的学术研究，同时，各大中企业纷纷设立风险管理部门或风险经理，专门从事风险管理工作。所以，这两大事件推动了美国乃至全球的风险管理运动，催生了风险管理科学的诞生，风险管理逐渐发展成为一门学科。

20 世纪 70 年代以后，逐渐掀起了全球性的风险管理运动。随着企业面临的风险复杂多样和风险费用的增加，法国从美国引进了风险管理并在法国国内传播开来。与此同时，日本也开始了风险管理研究。后来，美国、英国、法国、德国、日本等国家先后建立起全国性和地区性的风险管理协会。1983 年，美国纽约召开了风险和保险管理协会年会，世界各国专家学者共同讨论并通过了“101 条风险管理准则”，它标志着风险管理的发展已进入了一个新的发展阶段。

1986 年，由欧洲 11 个国家共同成立的“欧洲风险研究会”将风险研究扩大到国际交流范围。1986 年 10 月，风险管理国际学术讨论会在新加坡召开，风险管理已经由环大西洋地区向亚洲太平洋地区发展。

中国对于风险管理的研究开始于 20 世纪 80 年代。一些学者将风险管理和安全系统工程理论引入中国。逐渐地，一些大型企业开始建立专门的风险管理机构，并且曾经设立过“风险管理师”等相关职业考试。但是，整体上而言，风险管理学科在中国仍主要处于学术研究层面。各行各业虽都提出各自不同的风险管理，企业的风险管理理念也不断加强，但是限于可用的工具或渠道的限制，实务操作仍然比较初级。

二、风险管理的目标

正如前文对风险管理定义中关键词的分析一样，风险管理的目标是以最小的成本获得最大的安全保障，或者将风险控制到最低的水平。即当预算成本确定时，获得最大的保障；或者当保障目标确定时，付出的成本最低。

除此之外，根据全面风险管理的含义，风险管理包括以赔偿为主的保险管理，所以关注点不仅局限于事后的赔偿，而且在事前、事中都有相应的策略和方法。所以，可以将风险管理的目标具体为事前防范、事中抑制和事后挽救。当然，每个阶段的目标还可进一步细化。

（一）损失发生前的目标

在损失发生前，风险管理的目标可以细化为节约成本、消除精神痛苦、履行社会义务等。其中，节约成本是指用最为经济且有效的手段来处置风险，降低损失概率和损失程度。消除精神痛苦是指通过教育、培训等方法减少人们的恐惧，使其从惧怕风险的阴影中解脱出来，正确对待风险，心情舒畅地投入社会生活和工作。履行社会义务是指风险管理应尽社会成员应尽之义务，比如配合社会防灾部门做好防洪、防火的检查工作，做好应急演练，增强处理突发事件的应急能力，保护周围环境等。

（二）损失发生中的目标

在损失发生中，风险管理的目标则可以细化为尽量将损失程度降到最低等。在损失发生的过程中，是对事前应急工作有效性的检验，也是对人员应急能力的检验。此时只能运用事前所准备的工具、方法、流程、策略，来尽可能地降低损失程度。一切之前未考虑到的漏洞或疏忽，都会导致损失程度进一步扩大；当然，快速的应急反应、较高的人员素质、及时的应急处置，往往也能在危难关头挽回一线生机。

（三）损失发生后的目标

在损失发生后，风险管理的目标则可以细化为维持生存、迅速恢复生产与生活、经济上实现稳定的收益并持续增长、履行社会责任等。维持生存即尽最大的努力使受灾者具备在财力、物力以及心理上保持继续生存的条件。这是风险发生后的最基本和最重要的目标。只有生存下去，才能恢复生产，才能重建企业和家园。所以在损失发生后，应该首先解决人们的吃、穿、住、医问题，并注重鼓励人们树立战胜灾害、重建家园的信心。这就要求平时做好灾后经济补偿的安排、相关教育以及心理疏导等工作，以便在灾后使人们具备生存条件。迅速恢复生产与生活即通过经济补偿和恢复生产设施，使生产和生活秩序得以复原。这是实现稳定收益、偿还债务，并实现收益持续增长的前提条件。经济上实现稳定的收益并持续增长，即通过经济补偿或注入新的资金，努力以最短的时间恢复原有的收入水平或使生产水平持续增长。履行社会责任即当企业恢复生产后，应当及时偿还债务或弥补因自身受灾而对他人产生的影响，如及时偿还贷款，补齐拖欠销售商的产品，补发职工工资等。

三、风险管理的意义

基于安全保障的需要和降低风险损失成本的愿望，人们必须对风险进行管理。事实上，有效的风险管理，对于经济单位个体乃至整个社会都有着十分重要的意义。

对于企业而言，首先，风险管理有利于维持企业生产经营的稳定。有效的风险管理可以使企业充分了解自己所面临的风险及其性质和严重程度，及时采取措施避免或减少风险损失，或者当风险损失发生时能得到及时补偿，从而保证企业生存并迅速恢复正常的生产经营活动。其次，风险管理有利于提高企业的经济效益。一方面，通过风险管理可以降低企业的费用，从而直接增加企业的经济效益；另一方面，有效的风险管理会使企业全体员工获得较大的安全感，并增强扩展业务的信心，增加领导层经营管理决策的正确性，降低企业现金流量的波动性。最后，风险管理有利于企业树立良好的社会形象。有效的风险管理有助于创造一个安全稳定的生产经营环境，激发劳动者的积极性和创造性，为企业更好地履行社会责任创造条件，帮助企业树立良好的社会形象。

对于个人与家庭而言，通过有效的风险管理，可以防范个人与家庭遭受经济损失，使个人与家庭在意外事件之后得以继续保持原有的生活方式和生活水平。一个家庭能否有效地预防家庭成员的死亡或疾病、家庭财产的损坏或丧失、责任诉讼等风险给家庭生活带来的困扰，直接决定了家庭成员能否从身心紧张或恐慌中解脱出来。他们所承担的身体上和精神上的压力减少了，就可以在其他活动中更加投入。

风险管理对于企业、个人和家庭以及其他任何经济单位都具有提高效益的功效，从而必然使整个社会的经济效益得到保证或增加。同时，风险管理可以使社会资源得到有效利用，使风险处理的社会成本下降，全社会的经济效益增加。

四、风险管理的步骤

为了实现风险管理的目标，通常要包括四个步骤：风险识别（Risk Identification）、风险评估（Risk Measurement）、风险管理方法的选择、就风险管理方案的结果进行实施、监控与调整等步骤（见图 2—1）。

（一）风险识别

风险识别是风险管理的第一步，是指系统、全面地发现所暴露的风险和各种风险因素，包括风险类别、形成原因及其影响。风险识别是风险管理中的前提和关键。如果根本没有对各种风险进行识别，或者没有详细、全面地识别，就谈不上进一步的风险

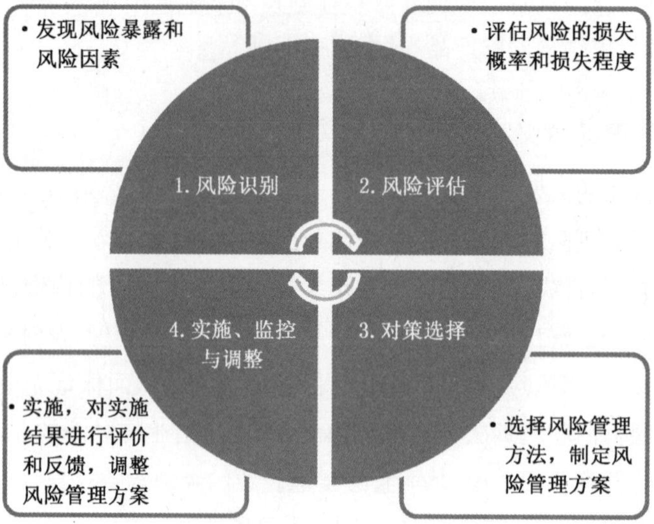

图 2－1 风险管理的步骤

评估、分析和治理。

一般而言，如果是企业进行风险识别，通常要依据企业的工作流程、财务报表与账册，或者进行实地考察，从而识别风险。而对于个人和家庭而言，则主要是根据历史的经验进行风险识别。例如留意一下自己的朋友以及其他家庭和个人发生了哪些风险，新闻中报道的一些灾难和事故等，引以为戒。在进行风险识别时，要注意的要点是：注意借鉴历史经验，并考虑现实情况的变化，不能忽视任何隐患。

通常在进行风险识别时，应该按照以下步骤（见图 2－2）进行：首先，分析各类风险的源头和载体。一般地，我们根据以往的经验，基本上已经了解了我们所面对的风险源头的类型。然后就应该从各种风险源头逐一进行识别。其次，考虑各个风险源所面对的特定风险，分析每一个风险源所面对的各种特定风险。最后，再考虑各种特定风险的具体风险因素。由于不同风险源所面对的特定风险不同，而导致这些特定风险发生的原因也是不同的，因此，必须逐一考虑特定风险的风险因素。

1. 风险源头和载体的识别

对于家庭而言，从风险源头和载体来分析，每个家庭都面临着三种纯粹风险：财产风险、责任风险和人身风险。比如家庭财产被盗窃的风险、家人发生意外伤害事故而残疾或死亡的风险、宠物狗咬人的风险等。这些风险或者给家庭造成财务困难，或者使将来的经济来源失去保障。当然，家庭还存在一些财务方面的投机风险。在识别到家庭所面对的风险为财产风险、责任风险和人身风险三大类之后，可以分别从这三个方面入手，分析各类风险的源头和载体。比如说，财产风险的载体是各种财产，只有拥

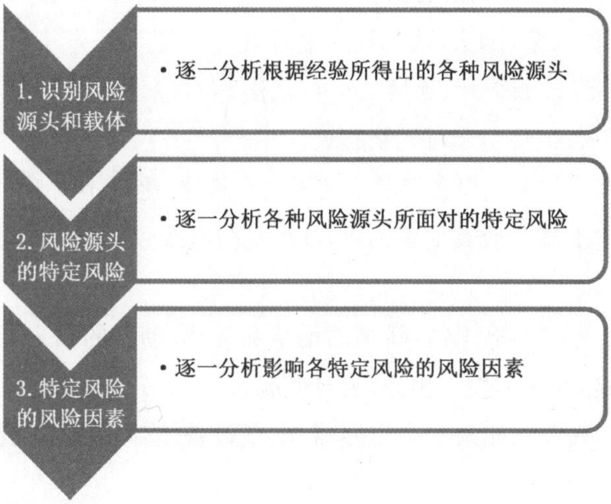

图 2－2 风险识别的步骤

有财产，才随之产生风险；责任风险的载体是各种财产和各个人；而人身风险的载体则是人。财务方面的投机风险就要看家庭资产的存在形式、投资渠道等等了。

对于企业而言，从风险源头和载体来分析，每个企业也都面临着财产风险、责任风险和人身风险三种纯粹风险。比如企业安全生产的风险、企业的产品伤害消费者的责任风险、员工的人身安全风险等。投机风险方面，主要体现为企业的经营风险和财务风险。企业的所有风险都是蕴含在企业的生产经营过程之中的，通常可以根据企业的生产流程环节、企业所拥有的财产种类、企业中不同工种的人员等逐一分析。

2. 风险源头的特定风险

在分析了风险源头之后，应该从各种风险源头的属性出发，考虑各种风险源所面对的特定风险。例如，房屋等处于静止状态的资产面临的风险有火灾、爆炸、雷击、空中坠物以及各种自然灾害的风险等；而室内的物品除了面对上述这些风险以外，还面对着盗窃、水浸等风险。而责任风险的种类主要根据当时的法律来界定，一般只要当事人有过错，就应当承担责任，比如产品责任、雇主责任、职业责任、公众责任等。而人的风险主要有“生、老、病、死、残”。投机风险也要根据不同的投资渠道和资产存在形式来确定。

3. 特定风险的风险因素

最后，要考虑各种特定风险的具体风险因素。比如，就火灾这一特定风险而言，要发生火灾，则必须具备燃烧的条件。而燃烧的条件则是要求可燃物质、助燃物质、点火能源必须同时存在，而且可燃物和助燃物还要满足一定的浓度和数量要求。例如，根据资料和数据的显示，火灾的主要原因有：

● 用火不慎。麻痹大意、消防安全意识淡薄，极易引发火灾。例如使用炉火、灯火不慎；乱丢未熄灭的火柴、烟头，因死灰复燃而引发火灾。

● 用火设备不良。如炉灶、火墙、火坑、烟囱等不符合防火要求，靠近可燃物或因年久失修、裂缝漏火，极易引起可燃物起火。

● 用电不规范。如电气设备及其安装不符合规格、绝缘不良、超负荷，可能发生电线短路。在电灯泡上罩纸或其他可燃物，乱接乱拉电线，忘记拉掉电闸或关闭电器等，都容易引发火灾。

● 自燃起火。浸油的棉织物，新割的稻草和谷草，潮湿的锯末、刨花、豆饼、棉籽、煤堆等如通风不良，积热散发不出去，易自燃起火。

● 爆炸引起的火灾。如某些受压容器、电气设备爆炸，往往造成重特大火灾和人身伤亡事故。

● 电器引起的火灾。如不正确或超负荷地使用电器，不正确地用水冲洗电器，或者电器旁有易燃物等。

（二）风险评估

风险评估是指对特定风险的损失概率和损失程度进行分析和评估。

风险的损失概率（Loss Probability）是指风险发生的可能性。损失概率越高，则损失发生的可能性越大。风险的损失程度则是指风险发生之后的损失情况。如果损失程度（Loss Degree）越高，则风险发生之后的损失金额或死亡人数就比较多。损失概率和损失程度是风险的两个完全不同的方面。以交通事故和空难来进行比较，很明显，发生交通事故的概率比较高，每天都有多起交通事故发生。然而交通事故的损失程度却不是非常大，大多数交通事故都是小碰擦，车毁人亡的这种恶性事件的次数相对而言还是比较少。就空难而言，尽管空难的发生概率比较低，然而一旦发生空难，基本上是机毁人亡，损失程度非常大。所以，损失概率和损失程度是两个完全不同的概念。当然，影响风险的损失概率和损失程度是完全不同的风险因素。

在评估风险事故发生的概率或可能性以及损失程度时，主要依据是以往的经验数据，在大数法则的基础上进行评估。当然，在这个环节中，应采用不同方法评估不同风险的损失概率和损失程度。随着风险管理科学的不断发展，越来越多的新方法也不断出现，目的都是为了尽可能准确地评估损失概率和损失程度。在评估损失程度时还需注意，不但要考虑损失的金额以及保护与施救的费用，还要考虑损失发生之后的直接损失与间接损失。

风险评估这个环节也非常重要，它为采取何种风险对策以及这些对策背后的资源分配提供了依据。在下一个步骤中，需要根据特定风险的损失概率和损失程度分别选择不同的风险管理对策。

(三)风险管理方法的选择

风险管理的方法有多种,需要在风险识别和风险评估的基础上,针对各企业或家庭所存在的风险暴露和风险因素积极采取控制措施,降低损失概率和损失程度,用最小的成本实现最大的保障。整体上,风险管理方法主要包括两大类:控制型方法(Risk Control)和财务型方法(Risk Financing)。

控制型方法是在风险识别和风险评估的基础上,针对各种风险因素,积极采用一些行为、手段、技术、设施等,以消除、减少风险因素或减少风险因素的危险性,从而降低损失概率和损失程度。运用控制性方法的过程中,在风险事故发生之前发挥作用,则可以降低风险的损失概率;在事故发生过程中和发生后发挥作用,则可以将损失降低到最低限度,具体包括风险回避(Risk Avoidance)和风险控制(Loss Control)两种方法。

财务型方法则是在财务上进行安排,通过财务计划或合同安排来筹措资金,从而对风险事故可能造成的损失进行补偿。控制型方法并不能消除风险,也不能降低损失发生的概率或损失程度。风险还是会发生并导致损失的。因此,财务型方法就是采用了一些融资措施,使得当事人在发生损失时能够迅速获取所需资金,为恢复正常经济活动提供财务基础。根据资金来源的不同,财务型方法包括风险自留(Risk Retention)和风险转移(Risk Aversion)两类。

控制型方法的重心在于降低损失概率和损失程度,而无法完全消除风险;财务型方法的重心则在于事后的财务补偿,而对损失概率和损失程度基本没有影响。而且,各种方法各有优劣,成本也各不相同。因此需要在多种方法中根据风险的特征进行选择,并将多种方法进行搭配,从而实现风险管理的目标。下一节将详细介绍各种风险管理方法的具体含义。

(四)风险管理的实施、监控与调整

在选择了风险管理的方法之后,应当进入具体实施的阶段。但是实际遇到的情况与原来预计的情况可能有所不同,可能外界环境发生了变化,可能我们产生了新情况并产生了新的需求,抑或外界技术水平发生了巨大变化……所以应该在监控风险管理方法实际进展情况的同时,再根据实际情况对原定计划进行修改与调整。例如,调整风险自留的金额、调整风险转移的金额等。

实际上,实施风险管理方案并对风险管理效果进行评价,然后重新开始风险识别、风险评估、风险管理方法的选择这一循环,周而复始。这也就是说,风险管理规划和风险管理方案不是一成不变的,而应当与时俱进,不断根据新情况、新事物和新变化进行调整,从而更好地实现风险管理的目标。

第二节 风险管理的方法

在选择风险管理的方法时，主要是针对已经识别出的风险暴露、风险因素和风险评估的结果，提前准备、选择和采取有效对策的过程。一般而言，风险管理的方法有四种，包括风险回避、风险控制、风险自留和风险转移。

一、风险回避

（一）风险回避的含义

风险回避就是不参与某时、某地的某一项行为，从而在根本上杜绝了其中隐藏的风险暴露，也回避了可能发生的损失。这是一种最简单、最常用和最彻底地处理风险的方法。例如，把车辆停放在无人管理的地方容易失窃，这种风险一旦发生，损失程度比较高。那么就不要这么做，而是把车辆停放在有人管理的正规停车场，从而从根本上规避了因无人管理而导致的车辆失窃的风险。又如，建立一家化工厂会给周围环境造成严重污染，那么取消建厂计划也就从根本上避免了发生污染的风险。风险回避通常有两种方法：其一是根本不从事可能产生某种特定风险的任何活动；其二则是中途放弃可能产生某种特定风险的活动。无论如何，都是在风险发生之前主动选择回避的，只不过一种是永久回避，一种是临时回避而已。

风险回避通常是在风险损失程度特别高而又没有有效转移途径，或风险所致损失与承担风险可能获益相比弊大于利的情况下采用的方法。对于一些发生可能性高，而且一旦发生又会造成重大损失的风险，首要考虑的是这些风险能否回避。

（二）风险回避的优缺点

风险回避的实质就是放弃和终止某项计划的实施，停止正在从事的风险活动，或者改变生产活动的性质，改变工作场所或方式。风险回避简单易行，而且非常全面彻底，能真正避免风险的发生，但其也具有非常明显的局限性。

首先，风险回避具有消极防御的性质。风险回避的同时也回避了从事这些活动可能带来的收益，也就是所谓的机会成本。比如，由于化工厂具有可能会造成环境污染的风险而取消了建厂计划，那么就失去了化工厂可能会带来的收益，感觉有些因噎废食。其次，并不是所有风险都能避免和应该避免的，风险回避这种办法的可行性是比较有限的，并不能适用于所有种类的风险。比如，人活着就不可避免地要面临着生、老、病、死、残各种风险，这些风险是根本无法回避的。实际上的情况是，人类为了生存而不得不承担风险。除此之外，由于风险的不确定性，在某些条件下，回避某一风险的同时可能会产生新的更大的风险。比如某人担心飞机不安全而不愿意乘飞机而改乘了汽车，结果却发生了交通事故导致了伤残。

二、风险控制

（一）风险控制的含义

风险控制是指通过合理的管理制度、技术和方法，对风险进行控制，尽可能地消除风险因素，从而降低损失概率、降低损失程度的方法。通常，风险控制分为两个阶段：防损和减损。防损旨在减少损失发生的概率；减损能减轻损失的危害程度。防损时主要采用纯预防性措施和保护性措施。纯预防性措施主要是消除造成损失的因素；而保护性措施则是要对已经处在危险之中的人或财产给予保护。例如，在储存易燃物的仓库内严禁吸烟等就是纯预防性措施；而为高速旋转的机器装上安全罩则属于保护性措施。减损主要是在灾后尽可能地保护人身安全和减少财产损失。例如建立自动喷淋装置，以便在发生火灾时迅速扑灭火势、降低火灾损失等。

风险隔离（Segregation）是常见的风险控制的方法。即将风险单位进行分割或者复制，尽量减少经济单位对某种特殊资产、设备或个人的依赖，从而减少因为个别设备或人员遭受意外事故而造成的总体上的损失。比如将现有资产或活动进行分散化的分割风险单位的行为，“不把鸡蛋放在一个篮子里”，从而避免了全部财产集中而毁于同一事故的可能性；或者增加风险单位的数量、准备备用的生产资料或设备的复制风险单位的行为，比如数据库的备份等。

（二）风险控制的优缺点

相对于其他方法，风险控制是比较积极、合理、有效的方法。它克服了风险回避的某些消极性，是主动采取的行为；而且相对于财务型方法的事后补偿，可以更有效地减少财产损失和人员伤亡。风险控制的关键在于对风险因素的识别和估计，从而运用这些规律，通过掐断因果链条而中断风险因素导致的风险事故。

但是风险控制也具有明显的不足。首先，风险控制通常受人们的知识水平和技术水平的限制。只有人们已经完全掌握了风险发生的规律，才有可能采取措施进行管理。当前，尽管有些风险已经为人所知，但产生这些风险的主要因素却仍然属于未知领域；或者人们虽然已经完全掌握了某些风险发生的规律，但还没有妥善的技术手段进行预防或者抑制。比如医学领域中的探索等，由于人类认知的限制，一些疾病仍然无法根治。所以才会产生将病人冷冻至未来，然后等有了相关医学技术时再解冻医治的科幻想法。其次，如果风险控制在技术上可行，但经济上不可行，这也会使风险控制难以实施。比如复制风险单位的成本可能比较高，而超出了企业或家庭的承受能力。

所以，从经济的角度来看，只有当风险的损失程度比较大时，才值得尝试去采用风险控制的手段降低损失概率和损失程度，这样的“性价比”可能会比较高。而当风险的损失程度比较小时，采用风险控制的方法就可能显得有些“劳神费力”“入不敷出”了。

案例 2－2　　汽车安全带的发明历史[①]

无论是乘坐飞机、大巴，还是私家车，系好安全带是我们在乘坐交通工具时听到的最多的安全提醒。安全带与我们的人身安全息息相关。

汽车安全带的诞生比汽车本身还早。1885 年为了防止乘客从马车上掉下去，安全带首次应用于马车上，1902 年 5 月 20 日在纽约举行的一场汽车比赛中，一名赛车手为防止在高速过弯时被甩出赛车，用几根皮带将自己和同伴捆在座位上。而恰巧他们驾驶的汽车意外冲入观众群，造成两人丧生，数十人受伤，但这两名赛车手却由于皮带的缘故死里逃生。所以这几根皮带也就成为汽车安全带的雏形。

从那时起，汽车厂商也开始使用两点式或者 Y 字形安全带来保护驾驶者和乘坐者的安全。但由于其结构不够科学，这些安全带都无法完美地将使用者固定在座位上。直到 1958 年沃尔沃的工程师尼尔斯·博霍林发明了一款三点式安全带，这种安全带能跨过腹部以下部位并横挎在肩部，从生理角度衡量是很理想的位置，它因而成了名副其实的安全带。自此，安全带的形态固定为三点式，并一直沿用至今。

虽然沃尔沃作为安全带的发明公司享有专利，但他们并没有将这项涉及人类安全的技术用于牟利，而是将该专利免费开放，并号召所有汽车制造商无偿使用。于是从 1968 年开始，美国规定轿车面向前方的座位必须配备安全带。

时至今日，全世界的所有汽车都配备了三点式安全带，这项发明使汽车撞击事故所造成的伤亡人数减少了 75%。据推算，自三点式安全带应用以来，至少挽救了 100 万人的生命。这个数据证明，三点式安全带是非常有效的汽车安全设备。当下，家用轿车的安全带虽然形态没有改变，但随着汽车技术的进步，安全带也演化出了很多科技配置。现在有不少车型都配备了更为高级的预紧式安全带，它可以在汽车发生突然的速度变化时将安全带收紧并锁止，防止乘客身体前倾，这个过程发生在汽车碰撞的瞬间，仅需要不到 0.01 秒，却能更有效地保护乘客的安全。

---

① http://www.sohu.com/a/164259657_538701.

三、风险自留

（一）风险自留的含义

风险自留即由自己承担风险的全部或部分损失。风险自留有主动和被动之分。主动风险自留是指在充分掌握风险发生规律的情况下，有意识、有计划地利用自己的财力补偿风险损失的方法，例如提存风险基金等方法。主动风险自留主要是出于下面几个方面的考虑，比如找不到其他更好的处置方法；或出于经济上节约的考虑；或者是因为损失程度不是非常大，不会影响自身的财务状况，而且自己也有相应的实力。被动风险自留则是一种消极的风险管理方法。试想，倘若不知道风险的存在，或者由于预测失误或忽略了风险的存在，当风险导致了损失时，则只有自己来承担后果。被动风险自留则大多由于下列情况而造成，比如不知道风险的存在，"无知就无畏"；或者虽然已经知道了风险的存在，但由于预测失误或忽略而导致风险发生并产生损失，自己种下的苦果子只有自己吃了。当然，作为风险管理对策的一种，风险自留是指主动风险自留。

（二）风险自留的优缺点

风险自留的优势在于，可以节约风险管理的费用支出，所提存的风险基金还具有储蓄的作用，必要时还可以灵活运用风险基金，使其产生更大的收益。

但是，风险自留有许多局限性。首先是风险自留时提取风险基金的额度比较难以确定，多了太浪费，少了又不够，主动风险自留最终变成了被动风险自留。其次，储备大量的风险基金本身也不现实，违背了资金运用的效率原则。再者，如何有效、安全地管理风险基金与企业的管理水平、技术水平等密切相关，也有自己管理基金却产生更高额费用的可能性。因此，从经济的角度来看，风险自留一般只适用于那些损失概率高而损失程度轻微的风险。而且风险自留这种风险管理的方法对企业提出了更高的要求，需要将风险控制和风险转移等其他风险管理方法配合起来使用，从而扬长避短，用最小的成本实现最大的收益。

案例 2－3　　自保与自保公司

企业采取风险自留时有两种方式：其一是成立风险基金，为将来的损失提供财务基础；其二是成立专业自保公司（Captive），为自己及其子公司提供保险。随着全球经济的发展，自保公司的数量越来越多。2016 年全球自保公司的数量已经超过了 7 000 多家。

毋庸置疑，自保公司具有下列优越性：首先能提高母公司风险管理能力：降低企业参加保险而可能引起的道德风险，母公司会主动监管风险管理方案；鼓励那些损失记录比较少、风险预防工作很好的部门。其次能提供更加广泛的保险保障：自保公司不用担心彼此之间会有不当得利，减少暗箱行为，提高效率；为跨国公司提供了统一的国际保险方案；提供范围更广、承保能力更强的保险保障。第三，能享受与保险公司同样的税收优惠：可以提留准备金以延期纳税。第四，能利用再保险将主要风险转嫁给再保险公司。第五，便于与保险公司讨价还价，降低经营成本。第六，能稳定母公司财务状况，获得更多的投资收益：使资金停留在母公司体内，并积极参加各种投资。

但自保公司具有潜在的缺陷。比如，某些企业集团把自保公司作为盈利的主要手段，加大了潜在风险；而且自保公司对于某些特殊风险承保的力量比较单薄；对小公司而言在创办初始资本的负担比较大；成立自保公司需要支付成本和费用；不恰当地利用自保公司可能会误入歧途。

当前，自保公司大致有以下几种类型：

1. 单一自保公司。单一自保公司是由一个商业组织拥有的自保公司。它的业务安排流程是：交保险费，母公司—自保公司—再保险公司；损失赔偿，再保险公司—自保公司—母公司。这样自保公司能充分运用风险自留和再保险，并能享受再保险的较低费率。

2. 联合自保公司(Association Captive)。或称集团自保公司(Group Captive)，是为多个彼此并不相关企业提供保险服务的自保公司。这些企业共出保费、共担风险。自保公司从这些多家企业收取保费，并为他们提供风险管理的服务和办理再保险。

3. 风险自留集团(Risk Retention Groups)。风险自留集团是产生于美国的一种特殊形式的联合自保公司，其母公司是许多专门承保某种特定责任风险的企业。与前者联合自保公司保障多家企业的所有风险不同，此处的风险自留集团只为多家企业提供某一种特定责任风险的服务。

4. 公共机构集团(Public Entity Pools)。这种集团从法律上讲只是“区际集团”而并非正式保险公司，因而这类机构不属于一般意义上的自保公司，但它确实是创新风险融通市场的一个主要部分。公共机构集团的兴起主要是由美国20世纪70年代中期和80年代中期在传统保险业发生的两次危机而造成的。

5. 租借式自保公司(Rent a Captive)。该公司向与之并不相关的组织提供保险和自营保险，并将承保收益和投资收益缴付给被保险人。他们通常是由一些保险中介、投资者和风险管理人创办的离岸保险公司，其目的是吸引那些缺乏资金的商业组织，或是吸引那些不愿意出资创办自保公司的商业组织。

中国的自保公司起步比较晚。由于还是一个新领域，故当下设立自保公司的门槛比较高，要求企业资产总额不低于人民币1 000亿元。截至2017年11月8日总共批准成立了7家自保公司，分别是广东粤电集团、中远海运集团、中国石油天然气集团公司、中国海洋石油总公司、中国石油化工集团公司、中国铁路总公司和中国广核集团有限公司。其中，广东粤电集团的自保公司设在广州，中远海运集团的自保公司设在上海，中国石油天然气集团公司的自保公司设在新疆克拉玛依，中国铁路总公司的自保公司设在北京，其他三家均设在香港。

四、风险转移

（一）风险转移的含义

风险转移即采用合同、套头交易、期货、金融衍生工具、保险等方式把风险转移给他人承担。当风险发生并导致损失时，损失则由他人承担了。

（二）直接转移与间接转移

根据转移风险的同时是否转移财产或业务，可以把风险转移分为直接转移和间接转移两种方式。直接转移是将与风险有关的业务或财产一同转移给他人的转移方式，例如转让、转包等。转让是将导致风险损失的财产卖给其他人，从而转嫁了财产风险；转包则是将蕴含风险的业务转包给其他人，从而也转移了业务经营过程中的风险。而间接转移是把与财产或业务有关的风险转移给他人，而并不同时转让财产和业务的一种方式。例如购买金融衍生工具、保险等方式。显然，直接转移中，将财产和业务转移出去的同时，风险虽然也转移了，但财产和业务所带来的收益也就转移了。所以，从风险管理的角度来讲，风险转移主要是指间接转移，即保留财产和业务，而只转移风险。

（三）保险转移与非保险转移

根据转移风险时是否用到保险，可以把风险转移分为保险转移和非保险转移两大类。

保险转移是目前普遍采用的风险转移工具，在风险管理中具有非常独特的地位和作用。保险转移是通过购买保险产品而把风险转移给保险人，一旦风险发生并导致损失，保险人就补偿被保险人的损失。保险人则通过销售保险产品而将所收取的保费建立保险基金，用于补偿被保险人的损失。保险转移是一种比较有效的风险管理方法。保险基于大数法则，将少数投保人遭受的损失为同险种的所有投保人所分摊；而且投保人和保险人事先有保险合同的约定，当发生了保险责任范围内的事故时，保险人肯定会履行赔偿责任。除此之外，保险是专业承接风险的公司，其在风险管理控制方面具有较为丰富的数据和经验。但是并非所有的风险都可以得到保险的保障，都可以采用保险转移的方法。所以保险转移有一定的局限性。而且，采用保险转移时必须缴纳保费，相对而言保费是比较昂贵的。实际上，根据数据统计，保险是风险管理方法中最贵的一种方法，但也是使用最为普遍的风险管理方法。只是需要我们正确地认识保险：保险并非万能，它仅仅是风险管理中风险转移的一种方法！

非保险转移即采用保险之外的方式进行转移，比如签署合同，购买期货、期权等金融衍生产品等。例如，在出租房屋时，房东可以在租房合同中与房客约定，将房屋在使用过程中因房屋导致的一切责任风险转移给房客承担。非保险转移具有灵活、费用比较低廉等特点，但是也具有明显的局限性。首先，在非保险转移中，由于不存在大量风险单位的集合，因而无法合理地均摊损失，特别是有关纯粹风险的转移时，时常会出现找不到交易对手的现象；并且由于接受风险者的承担能力有限，风险转移也具有不稳定性，保障程度也不高。其次，非保险转移具有一定的盲目性，可能使一些风险转移到损失控制能力更弱的企业，有时反而会使风险更大。除此之外，在非保险转移中，有时还会产生比保险费更高的诉讼费用。

五、风险管理方法的比较

风险管理的方法有两大类共四种方法，每种方法各自有不同的优缺点和适用情况。在选择时，应该根据特定风险的损失概率和损失程度，并考虑自己的经济实力，恰当地选择风险管理的方法。

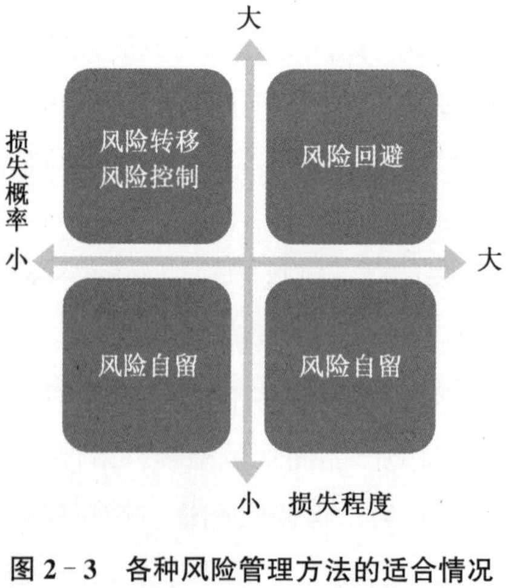

图 2-3　各种风险管理方法的适合情况

图 2 - 3 中显示了各种风险管理方法的适合情况。一般而言，对于损失概率比较大，而且损失程度也比较大的风险，首要采取风险回避的方法。比如说，在巴厘岛刚刚发生了恐怖主义，某宾馆被炸弹袭击，而我们又正好计划去巴厘岛旅游，此时则应当立刻采取风险回避，立即取消去巴厘岛的旅游。因为刚刚发生了恐怖主义袭击之后，再次发生袭击的可能性比较大，而且一旦发生，死亡的风险较大。而对于损失程度比较小的风险，无论其损失概率的大小，都可以采取风险自留的方式。比如自行车坏损的风险可以自留。因为即使自行车发生了损失，损失金额也比较小，在我们的承受能力之内。而对于损失程度比较大、损失概率比较小的风险，则应当采取风险自留、风险控制与风险转移并重的方式。在自留了一定的风险之后再转移风险，并同时努力做好风险控制，降低风险发生的概率和损失程度，并作好弥补损失的财务安排。

那么，如何判断损失概率和损失程度的大小呢？大与小通常是相对的概念。关于损失概率大小的比较显然是一个相对概念，需对两个风险进行比较。比如交通事故的损失概率大于空难，疾病的概率大于死亡等。但是判断损失程度的大小时是以什么为对比的对象呢？对于家庭而言，由于每个家庭的经济实力不同，经济承受能力不同，因此对于损失程度大小的感受也就明显有所不同。对于穷人家庭而言的大损失可能在富人家庭中不算损失。企业也有类似的现象。对于小企业而言的大损失可能在大企业中不算损失。所以，风险损失程度的大小是根据企业和家庭的财富来判断的。大企业或富有家庭的财富多，则不少损失在他们眼中都是小损失，应当风险自留。故而对于特定风险应当具体采取什么措施还应该因地制宜，应根据风险的特征及自己的承受能力合理选择风险管理的对策。

各种风险管理方法各有千秋，表 2 - 1 比较与分析了各种风险管理方法的优缺点。

表 2 - 1　　**风险管理方法的比较**

	优　点	缺　点
风险回避	从根本上彻底处理风险 成本比较低	具有局限性，不是所有风险都能回避 具有一定的机会成本 回避此风险的同时可能会引发彼风险
风险控制	事先采取措施控制损失 成本比较低	受到当时的技术水平和条件的限制，不是每种风险都有方法控制 即使有相应技术，可能经济上无法承受
风险自留	成本低廉 事先采取措施预测损失情况	可能存在损失比预期大的情况，风险仍然存在
保险转移	事先采取措施购买保险 将风险从根本上转移给保险公司	成本比较高 仍然承担保险金额以外的损失
非保险转移	事先采取措施达成协议 成本比较低	适用范围比较窄，具有局限性

六、树立正确的保险观念

前面分析过，保险是风险管理中风险转移的一种方法。保险不是万能的，不是所有风险都可以通过保险进行转移。同时，保险是所有风险管理方法中最贵的一种方法。因此，消费者应当正确认识保险，并树立正确的保险观念。

比如，在实务中存在两种对待保险的错误的极端态度：对待保险的极端态度之一就是认为保险没有作用，保险是骗人的，故而从来不购买保险；而另一个极端则是过分依赖保险，购买了大量的保险。要注意，保险是风险管理方法中最贵的一种！而且保险又不能吃又不能喝，所以，通常到了万不得已、没有其他办法可选时，再考虑购买保险！应根据风险管理的目标树立正确的保险消费观念，即从成本的角度考虑，选择用最低的成本来实现风险管理的目标。

一般而言，在考虑风险时，建议大家自问几个问题：该风险是否能够回避？如果该风险发生，我自己是否有能力自留？是否有什么方法来帮助我控制该风险？如果上述三个问题的答案都为“否”或者“并非非常有效”，此时才应该考虑去购买保险，这才是正确的保险消费观念。图 2－4 显示了风险管理方法选择过程中的思考逻辑。

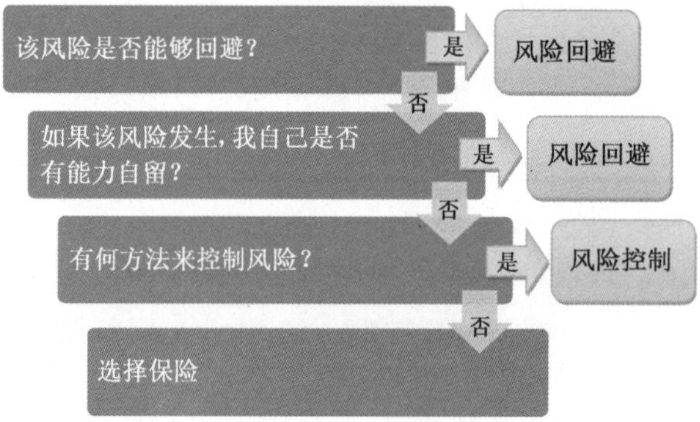

图 2－4 正确选择风险管理方法的程序

但是，由于诸多原因，尽管保险是风险管理中最贵的一种方法，全世界大概有80％的风险都是通过保险来进行转移的。其原因在于，人要生存下去，要继续工作，就不得不承担风险，不是所有风险都是可以回避的。其次，人们的经济承受能力是比较有限的，并非都是“富人”，因此自留风险的能力是有限的。再次，由于技术水平的限制，人们没有能力控制所有的风险。因此，由于这些原因的存在，尽管保险成本不菲，购买保险的人群依然比较庞大。

所以，保险一般针对的人群是中产阶级。因为对于低收入人群而言，尽管他们非常需要保险，然而缺乏购买保险的能力，不能称得上是“有效需求”，即“买不起”。而对于高收入人群而言他们非常富有，已经可以将所有风险完全自留，根本就不需要为了保险而另外产生花费，故他们一般不需要保险。所以只有对于中等收入人群而言，他们因存在风险而需要购买保险，并且也有能力承担保险的保费，是“有效需求”。

案例 2－4　　富人购买保险的原因

既然富人拥有很多财富，所有的损失在他们眼中都只是小损失，富人应当进行风险自留而不应该购买保险，那么在实务中为什么还有大量的富人购买大量的保险呢？的确，富人可以将一切风险自留，并不需要为了转移风险而购买保险。实际上，保险在富人的眼中不是转移风险的工具，而是具有融资、金融服务等其他功能的工具。富人通常由于下列原因而购买保险：

1. 合理避税。保险具有规避税收的作用，各国都为了鼓励消费者购买保险而设计了诸多税收优惠政策。比如可以规避所得税、遗产税和赠予税。富人正是看中了保险的这一避税功能而购买保险，特别是遗产税。

2. 融资服务。保险即根据保险合同的约定，当约定事故发生时进行赔偿或给付。因此保险可以看作是为损失进行的融资。在某些情况下，虽然损失不一定是大损失，自己完全有能力承担，但也会有现金流的压力。而保险金是百分百的现金，因此可以减缓当事人的现金压力，避免必须把资产变现的风险。特别是在遗产分配的过程中，可以很好地利用保险的融资服务。

3. 投资服务。许多保险产品具有比较鲜明的投资特征，同时保险公司也具有一定的投资能力，并且在投资渠道、投资风格等方面与一般金融公司也具有明显差异。因此，富人可以把保险作为一个投资的渠道，通过购买保险而享受投资的服务。

4. 获得高质量的医疗服务。特别是在许多健康保险中，针对高端客户都会提供许多健康管理方面的服务和医疗服务等。这些服务通常不是金钱可以买到的，或者需要耗费较多的人力才会实现，比如特需门诊、预约全球专家等。而保险公司的这一优势也吸引了一些富人购买医疗保险，其主要目的不是为了医疗保险中的保障，而是在于医疗服务。

当然，每个人的风险偏好程度不同，购买保险的原因也不完全一致。这里只是说的一般情况。那么，多么富有的人才可以算作是“富人”，而不需要在一般意义上购买保险呢？从理论上讲，倘若一个家庭完全实现了财务自由，就是“富人”，不必购买保险了。所谓财务自由，是指全家老小都不工作的情况下仍能保持原有的生活水平。当然，每个人对于物质的追求和欲望也不同，需要多少财富才能称得上实现了财务自由则因人而异，需要根据自己的财务需求进行计算。

倘若未能实现全部的财务自由，但仍然小有积蓄，则应充分运用风险自留和保险转移，在自留部分风险的同时购买保险，合理转移风险并降低保费负担。

第三节　风险管理与保险

一、风险与可保风险

保险是风险管理中风险转移的一种方法，适合于处理应采用风险转移方法进行管理的一部分风险，即损失概率小、损失程度大的风险，但仍并非一切风险都可以通过保险来进行管理。保险公司可以承保的风险称为可保风险（Insurable Risk），亦即投保人可以通过购买保险来转移的风险。可保风险要满足下列条件：

（一）可保风险只能是纯粹风险

能够通过保险进行转移的风险只能是纯粹风险。投机风险是无法通过保险来转移的。这是因为投机风险发生后可能会产生收益，因而倘若给投机风险提供了保险，由于人人都趋利的原因，非常容易引发道德风险。比如，从来没有为股票投资提供保障的保险产品，因此投资者在进行投资时都要三思而后行，认真谨慎地进行决策。倘若有专保股票投资失败的保险产品，即投资人购买股票发生亏损时由保险公司赔款，可想而知结果如何。投资者的道德风险必然被触发，反正有保险公司为亏损买单，所以可以不顾风险、任意投资了。所以，可保风险只能是纯粹风险，这是可保风险的首要条件。

（二）风险必须是大量独立存在的同质风险

大量独立存在的同质风险是可保风险的又一个重要前提条件。正如第三章中将介绍的大数法则一样，大量、独立、同质是计算风险发生概率和损失率的重要前提。其中，“同质”是指各风险单位遭遇风险事故并造成损失的概率和损失程度大体相近；所谓“独立”，则指某一风险单位是否发生风险事故及发生的损失程度如何，都与其他风险单位无关，即独立同分布的概念。而“大量”则指样本数要足够多，这样才能更为准确地度量风险。

（三）风险必须是可以测量的

保险运作必须以风险可测量为前提。首先，可保风险必须在时间、地点、原因、概率以及损失程度等方面都已经非常明确并且可以鉴定，保险人才能根据对风险的认知来设计保单条款，确定保险责任和除外责任，确定自己应该承担的赔偿或者给付；其次，保险人只有比较精确地预测损失的平均概率和损失程度，才能确定保险费率，才能给保险产品定价，才能完成某一保险产品的设计并推向市场。倘若这一切都是不可测量的，那么保险公司贸然以模糊定价的保险产品为未知风险提供保障，结果只有两种，或保险公司巨亏，或保险公司巨盈。无论哪种状况，都是保险产品价格不公平的表现。

(四)损失必须是偶然的、意外的

风险的偶然性是指风险既有发生的可能性，但是又无法事先确定何时、何地发生，也无法确定其是否有损失以及损失的程度。而意外则指风险是不能预料的，不是必然要发生的；并且风险不能是因被保险人故意行为所造成，不受被保险人所控制。如果故意制造的损失能得到赔偿，则道德风险也会被触发，保险赔偿的可能性就大大提高了，大数法则也就失灵了。从这个角度看，可保的风险主要应该是客观风险，主观风险中的道德风险是不可保的，但对心理风险还是在一定程度上给予保障。

(五)保险对象的大多数不能在同时遭受损失

风险事故造成的损失在时间或空间上应该具有较好的分散性。即不幸的人是少数，而幸运的人是多数，这样才能将不幸人的损失分摊到幸运的人身上。倘若不幸的人是多数，而幸运的人是少数，这样就失去了分摊的基础，保险公司也无力承担了。所以，首先能肯定的是，特定风险是属于可保风险，但重大风险就不一定都属于可保风险。洪水、飓风、地震等自然灾害经常造成巨灾损失，给保险公司带来非常大的挫伤。正是由于这个原因，在许多国家都是由政府资助保险公司，从而应对重大保险。

(六)保险费必须经济合理

保险费必须使被保险人在经济上能承担得起。唯有保险费经济合理，消费者的需求才会成为“有效需求”，保险公司才能成功地拓展业务，与投保人达成协议。倘若保险费都比较昂贵，则“有效需求”势必会很小。

所以，根据上面有关可保风险条件的分析，可保风险肯定是客观风险、纯粹风险、静态风险和特定风险，主观风险和重大风险的一部分是可保的，而投机风险和动态风险必定不可保。所以一般而言，人身风险、财产风险、责任风险和信用风险均能为保险公司承保，而市场风险、生产风险、财务风险、投资风险等经营性的风险一般不能为保险公司所承保。

二、风险管理与保险的关系

无论是从理论上还是在实践中，风险管理与保险都有着密切的关系(见图 2－5)。两者相互影响，共同成为处置风险的强有力的手段。

(一)保险和风险管理的对象相同

风险是保险和风险管理的共同对象。风险的存在是保险得以产生、存在和发展的客观原因与条件，并成为保险经营的对象。没有风险就不需要保险，也不需要进行风

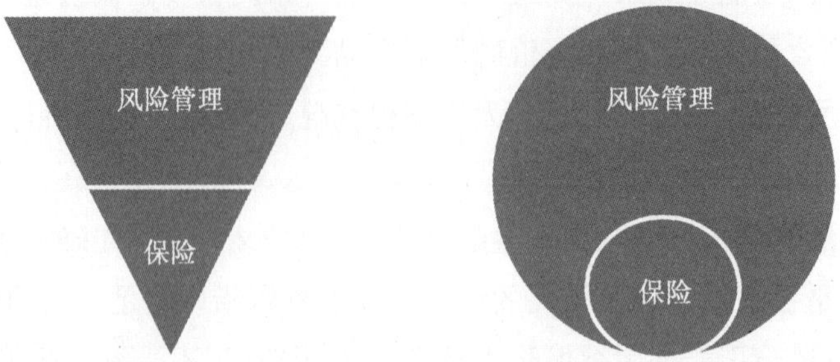

图 2-5　风险管理与保险的关系

险管理。但是，保险并不是处置风险的唯一方法，更不是对所有风险都可以进行保险。风险管理所管理的风险要比保险的范围更为广泛，其处理风险的手段也比保险多。保险只是风险管理的一种财务手段。它着眼于可保风险的分散、转嫁和风险损失发生后的经济补偿。而风险管理则侧重于风险发生前的预防、发生中的控制、发生后的补偿等综合治理。

（二）保险是风险管理的基础，风险管理又是保险经济效益的源泉

（1）风险管理源于保险管理。从风险管理的历史来看，最早形成系统理论并在实践中广泛应用的风险管理手段就是保险。在风险管理理论形成以前的相当长的一段时间里，人们主要通过保险的方法来管理企业和个人的风险。从 20 世纪 30 年代初期风险管理在美国兴起后，至 20 世纪 80 年代才形成了全球范围内的国际性风险管理运动，这期间保险一直是风险管理的主要工具，并越来越显示出其重要地位。

（2）保险为风险管理提供了丰富的经验和科学资料。由于保险的起步较早，涉及的业务范围广泛，保险业经过长期的经营活动积累了丰富的识别风险、预测与评估风险和防灾防损的经验和技术资料，掌握了许多风险发生的规律，制定了大量的预防和控制风险的有效措施——所有这些都为风险管理理论和实践的发展奠定了基础。诸多风险管理的方法与工具都是从保险业产生的，如汽车驾驶员的安全带就是保险公司的发明创造。

（3）风险管理是保险经济效益的源泉。保险公司是专门经营风险的企业，同样需要进行风险管理。它通过承保大量的同质风险，通过自身防灾、防损等管理活动，力求降低赔付率，从而获得预期的利润。一个卓越的保险公司并不是通过提高保险费率、惜赔等方法来增加利润的。作为经营风险的企业，拥有并运用风险管理技术为被保险人提供高水平的风险管理服务，是除展业、理赔、资金运用等环节之外最为重要的一环。而且随着保险市场的竞争越发激烈，保险公司需要将注意力从单纯的事后补偿往前移动，也关注事前防范和事中抑制，从而有效降低赔付率，提高自身的经济效益。

(三)保险是风险管理的一个重要方法

保险是经营风险的特殊行业,除了不断探索风险的内在规律,积极进行风险分散和经济补偿之外,保险业还造就了一大批熟悉风险的风险管理技术人才。他们为了提高保险公司的经济效益,还从事有效的防灾、减损工作,使大量的社会财富免遭损失。除此之外,保险公司还通过自身的经营活动和多种形式的宣传,培养国民的风险意识,提高社会的防灾水平。保险公司的风险管理职能,更多的是通过承保其他风险管理手段所无法处置的巨大风险来为社会提供风险管理服务的。世界上有80%以上的风险是通过保险来安排的。所以,保险是风险管理的一个重要方法。

案例 2-5　　2018 年的保险损失与未保险损失①

在 2018 年自然灾害和人为灾难造成的经济损失中,保险承担约一半比例(850 亿美元),年度总额在 sigma 报告记录中排在第四高年份。保险赔付较 2017 年的 1 500 亿美元有所降低,但高于过去 10 年的年均 710 亿美元(扣除通胀因素)的水平。在去年的保险损失中,自然灾害造成的理赔额为 760 亿美元,高于过去 10 年平均值 630 亿美元。人为灾难的保险理赔额从 2017 年的 70 亿美元,增长至接近 90 亿美元。2018 年自然灾害保险损失占全球 GDP 的 0.09%,占全球财产险直接保费收入(DPW)的 4.3%,分别高于相应 0.08%和 3.9%的 10 年平均值。自然灾害和人为灾难造成的合计保险损失分别占 GDP 的 0.1%或直接保费收入的 4.8%。

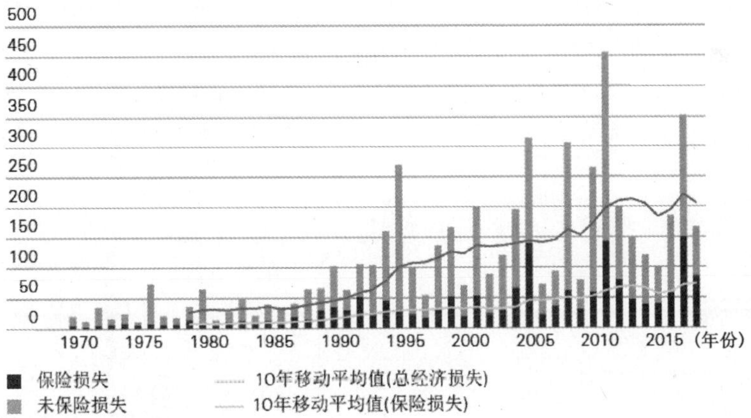

经济损失 = 保险损失+未保险损失
资料来源:瑞再研究院。

① 瑞士再保险 Sigma 报告,2019 年第 2 期,《2018 年的自然灾害与人为灾害:关注“次生”灾害》。

上图显示了1970－2018年经济损失与保险损失之间的差额，即保险保障缺口，也就是灾害造成的、但未受保险保障的财务损失。2018年全球保障缺口约为800亿美元，低于峰值损失年份2017年的1 990亿美元。在过去27年里，经济损失增速略高于保险损失增速。按照10年移动平均值计算，1992－2018年经济损失增长了5%，而保险损失增长了4.7%。

本章小结

● 风险管理是指各经济单位通过对风险的识别、衡量和分析，选择经济合理的方法，以最小成本实现最大安全保障的科学和方法。

● 风险管理的目标是以最小的成本获得最大的安全保障，或将风险控制到最低的水平。具体可以细化为事前防范、事中抑制和事后补救。

● 风险管理通常要包括四个步骤：风险识别、风险评估、风险管理方法的选择以及对风险管理方案的结果进行实施、监控与调整等行为。

● 风险管理的主要方法有控制型方法和财务型方法。其中，控制型方法包括风险回避和风险控制；财务型方法包括风险自留和风险转移。各种方法各有优劣，分别适合于不同的情况。

● 保险并非唯一的风险管理方法，其也存在诸多不足，故需要树立正确的保险消费观念。

● 可保风险要满足下列条件：纯粹风险、大量独立存在的同质风险、可以测量、损失必须是偶然和意外的、保险对象的大多数不能在同时遭受损失、保险费必须经济合理。

● 无论是从理论上还是在实践中，风险管理与保险都有着密切的关系：保险和风险管理的对象相同；保险是风险管理的基础，风险管理又是保险经济效益的源泉；保险是风险管理的一个重要方法。

第三章　保险概述

俗话说："无风险，无保险"。本章阐述关于风险和保险的若干基本概念，解释风险的基本含义及相关术语，并对风险进行了分类。在简要介绍了对付风险的主要方法后，分析了保险中可保风险必须满足的几个条件。本章还阐述了保险的定义，介绍历史上关于保险学说的三种流派，还把保险同与它相似的制度或行为进行了深入比较，以加深对保险特性的理解。最后阐述了概率论和大数法则在保险中的意义。

第一节　保险的定义与特点

一、保险的定义

"保险"一词是从英文"Assurance"或"Insurance"翻译而来。据考证，1805年，英国人在广州开设了中国第一家保险社后，当地人们根据英文的发音而音译为"燕梳"。而"保险"一词则先由日本人意译，后来中国也借用了这个译名，称为"保险"。

保险起初在英语中的含义是"Safeguard against Loss in return for regular payment"，即以缴付保费为代价来取得损失补偿。随着保险的发展，将这种说法作为保险的定义并不完整。后来，各国保险学者对保险下了各种定义，各国法律也都有不同的定义，但大多是从某个方面进行的定义，迄今尚无举世公认的保险定义。

（一）学术定义

现代保险学者一般从经济角度和法律角度两个方面来解释保险的定义。

从经济角度来说，保险是分摊意外损失的一种财务安排。正如在第二章中介绍的一样，保险是一种财务型方法。众多投保人通过购买保险，把被保险人的损失风险转移给了保险组织，保险组织因而集中了大量独立且同质的风险；保险组织则依据大数法则，尽可能地准确预见损失的发生金额，并据此厘定保险产品的费率，通过向所有投保方收取保险费的方式形成一笔保险基金，并用于补偿少数不幸的被保险人所遭受的意外损失。因此，概括地讲，通过购买保险，少数不幸的被保险人的损失由包括受损者在内的所有投保方分担。

从法律角度来说，保险是保险一方同意补偿被保险人一方特定损失的合同安排。在合同中，同意赔偿损失的一方是保险人，得到损失赔偿的另一方是被保险人。因此，保险是通过以保险单为主的保险合同而安排的，投保方通过购买保险单而将损失发生的风险转移给保险方。

（二）法律定义

《保险法》第二条规定："本法所称保险，是指投保人根据合同约定，向保险人支付保险费，保险人对于合同约定的可能发生的事故因其发生所造成的财产损失承担赔偿保险金责任，或者当被保险人死亡、伤残、疾病或者达到合同约定的年龄、期限等条件时承担给付保险金责任的商业保险行为。"这是我国有关保险的法律定义。在这个定义中，以"或者"为界，"或者"之前的语句描述的是财产保险，"或者"之后的语句则描述的是人身保险。

除此之外，《保险法》中给出的法律定义还从以下几个方面界定了保险：首先，保险必须根据"合同约定"。这与法律角度的保险意义一致，说明了保险合同的重要性。其次，"投保人支付保费""保险人承担赔偿或给付责任"。这描述了保险合同中各主体的主要权利和义务，投保人的主要义务是支付保费，保险人的主要义务是承担赔偿或给付责任；投保人的主要权利是得到赔款或给付，保险人的主要权利是收保费。第三，"合同约定的可能发生的事故"、"被保险人死亡、伤残、疾病或者达到合同约定的年龄、期限"。这说明保险并非保障一切风险或一切损失，在财产保险中，保险只赔偿"合同约定的可能发生的事故"；在人身保险中，保险赔偿"被保险人的死亡、伤残、疾病或生存"。因此，从保险公司的角度来讲，设计保险产品要严格地界定保险责任；从消费者的角度来讲，购买保险产品要密切关注保险责任。第四，"赔偿"与"给付"。财产保险中采用"赔偿"的词语，而人身保险中采用"给付"的词语。这充分表明了财产保险不能从中获利的原则，也表明了财产保险与人身保险是显著不同的两个保险领域。第五，"商业保险行为"。这说明《保险法》是针对商业保险进行监管的法律，社会保险不在其监管范围以内。而且，保险是"商业行为"，即保险公司是要盈利的，保险公司并非公益组织。

当然，这个定义虽然揭示了保险的诸多特征，但也并非完整。① 这个定义兼顾了财产保险和人身保险，但主要只是描述了保险产品的经营过程，强调了"支付保费——约定条件满足时赔款"这两个关键性动作，即核保与理赔。但是，该定义未能体现保险

① 粟芳：《"保险姓保"的理论探析与监管保障》，《保险理论与实践》，2017年第6期，16－34页。

产品的本质,未能突出“发生损失时可获得数倍于保费的赔偿”这一制度安排。比如,如果按照这个定义的标准,定期存款也可以视为保险产品。即定期存款是指投保人根据合同约定(即存款合同),向保险人支付保险费(即本金),保险人在合同约定期限承担给付保险金责任(即本利和)的商业行为。显然,这种解释是完全不合理的。当然,要对任何事物进行定义都是很难的事情,寥寥数语无法概括全貌。所以,关于保险的定义仍然在不断研讨之中。

案例 3-1　　名人谈保险①

胡适:保险的意义,只是今日做明日的准备,生时做死时的准备,父母做儿女的准备,儿女幼小时做儿女长大时准备,如此而已。今天预备明天,这是真稳健;生时预备死时,这是真旷达;父母预备儿女,这是真慈爱;不能做到这三步,不能算作现代人!

朱镕基:基本医疗保障只能是低水平的,“保”而不是“包”。“保”即有一个基本的保障,超出部分主要应通过商业保险解决。现在该是转变陈旧观念的时候了,应该明白,“健康投资,人人有责”,不能再完全依靠社会,社会的进步要求我们积极参加商业保险。

李嘉诚:别人都说我很富有,拥有很多的财富,其实真正属于我个人的财富是给自己和亲人买了充足的人寿保险。人寿保险可使人们心灵平静,同时也可减少贫穷,而且能够提供大量资本助长国家社会的经济发展,古今中外的名人名言验证了保险的作用。

周润发:一般人是看到才相信,而保险是相信才看到。

比尔·盖茨:把所有的风险转嫁给保险公司,这是21世纪家庭投资理财的最佳方式,同时也是送给自己和家人最切实际的礼物。到目前为止,我没有发现有哪一种方法比购买人寿保险能更有效地解决企业的医疗财务问题。

罗斯福:一个有责任感的人对父母、妻子、儿女真爱的表现在他对这个温馨、幸福的家庭有万全的准备,保持适当的寿险是一种道德责任,也是国民该负起的义务。

杜鲁门:我一直是人寿保险的信仰者,即使一个穷人,也可以用寿险来建立一笔资产,他可以感受到真正的满足。因为他知道,倘若有任何事件发生,他的家庭可以得到保障。

---

① http://www.sohu.com/a/213394316_651190.

赫鲁晓夫:我对资本主义向来没有好感,但保险制度却是资本主义唯一可取的地方。

艾森豪威尔:我国人民对这个国家现在及前途充满信心的最佳证据是:上千万的人民都拥有人寿保险。

巴菲特:世界上没有一种投资工具像人寿保险那样具有保证性结果;也没有一种投资工具像人寿保险一样,不仅能创造价值,还能百分之百地保全资产。投资保险不是花钱而是存钱,是累积财富、化解财务风险最有效、最可靠的方法。

丘吉尔:如果我办得到,我一定把"保险"这两个字写在家家户户的门上,每一个公务员的手册上,以及每个公司的章程上。因为我深信通过保险,每一个家庭,每一个公务员,每一个团体,只要付出微小的代价,就可以免遭万劫不复的代价。

里根:为了保存明天,我们今天必须行动;对于国家大事如此,保险行业亦是!

二、保险的学说

各国保险学者对保险的定义持有不同的见解,对于保险性质的表述方法也各有千秋。日本保险学者园乾治把历史上关于保险性质的学说归纳为三种流派:损失说、非损失说和二元说。[①] 了解有关保险性质的各种学说,有利于进一步理解保险的含义。

(一)损失说

损失说是以损失的概念为保险的核心。损失说又分为损失赔偿说、损失分担说和损失转移说三种。

1. 损失赔偿说。损失赔偿说以英国的马歇尔和德国的马修斯为代表。他们的基本观点可概括为:保险是赔偿损失的一种经济合同。这种观点显然与起初的保险业务比较局限于海上保险和火灾保险有关。但是当人寿保险业务发展起来之后,损失赔偿说的观点就显得有些狭隘了。因为有些人寿保险产品还具有了储蓄的性质,而且人的生命是无法用货币估值的,也不能称为赔偿。

2. 损失分担说。损失分担说强调了在损失赔偿中众人互助合作、共同分担损失的事实,并认为此说适用于各种保险。德国的华格纳首先提倡损失分担说,对后世具有很大的影响。许多当代美国保险学者也都强调保险具有分摊损失这一特殊的职能。华格纳从经济学角度阐明了保险的这种机制作用,被认为对保险学做出了一大贡献。但是学者们实际上对分担损失是否是保险最本质的属性仍有很大争议。

① [日]园乾治著:《保险总论》(中译本,第二章),中国金融出版社 1983 年 7 月第 1 版。

3. 损失转移说。损失转移说源于美国。魏兰脱和休勃纳等人强调损失赔偿是通过众多人把风险导致的损失转嫁给保险组织而实现的。换言之,保险是一种转移风险的方法。损失转移说着重阐述了保险组织在损失赔偿中的地位和作用,是对损失分担说的一种补充,但是也具有与损失分担说相同的缺陷。

(二)非损失说

支持非损失说的学者们则力图摆脱从损失概念的角度来解释保险的性质。非损失说主要有技术说、欲望满足说、相互金融机构说等。

1. 技术说。技术说主张以保险的技术特性作为保险的性质。意大利的商法学者费芳德根据保险基金是通过收取保险费而建立、而保险费的多少又是根据事件发生的概率来确定这一特征,便把保险的性质归结为这种技术要素。但是这种学说只重视了保险的数理基础,而没有考虑保险的经济价值和职能,是相当片面的。

2. 欲望满足说。欲望满足说认为,保险的性质是能满足经济的需要或金钱的欲望。被保险人以缴付少量的保险费为代价,从而在灾害事故发生后能取得全部或部分的损失补偿;保费缴付和损失赔偿的金额并不对等,充分体现了保险的经济保障作用。但是主张欲望满足说的戈比、马纳斯等人只是极其含糊地表达了上述见解,而且,采用“欲望”等词语显得充满了唯心主义和功利主义色彩。

3. 相互金融机构说。日本的米谷隆三是相互金融机构说的一个代表人物。他把保险视作在互助合作基础上的金融机构,与银行、信用社一样起着融通资金的作用。但是尽管保险机构是金融市场上的重要成员,保险的确具有融通资金和投资的职能,但这只是其中的一个职能而已,将保险性质等同于其某一个职能也是比较片面的。

(三)二元说

由于损失的概念不能准确阐明人寿保险的性质,有些学者甚至认为人寿保险不是保险,而是一种储蓄和投资,这种见解被称为“否认人寿保险说”。二元说又称为择一说。它并不同意“否认人寿保险说”的观点,而且确认人寿保险的确是保险,但是又认为财产保险和人寿保险不能进行统一的解释,而应该分别给予不同的定义。主张此学说的德国保险法学者爱伦贝堡认为,“保险合同不是损失赔偿的合同,就是以给付一定金额为目的的合同”,两者只能择其一。德国、日本、法国、瑞士等国家的保险合同法均分别对损失保险和人寿保险进行了不同的定义。但是也有很多学者认为,损失保险与人寿保险之间还是具有明显的共性,还是应该有一个统一的定义。

显然,上述各种保险学说都无法把保险的全貌进行高度的准确概括,均有顾此失彼的现象,但都从各个角度进行了描述。相比之下,损失说比较得到大家的肯定。当前,风险管理已成为一门管理科学,保险作为对付损失风险的重要对策早已经得到了公认。因而,以损失概念为核心来解释保险的性质能较为普遍地为人们所接受。虽然,目前保险学者对保险的定义和性质仍有争论,而且表述各异,但在认识上已逐渐趋向统一。将各个角度的众多学说结合起来理解,实际上就描绘出了有关保险性质的完整图画。

三、保险的特点

保险具有互助性、合同性和补偿性三个最基本特点。

1. 互助性

通过保险,所有投保人之间形成了一种经济互助关系。这种经济互助关系是通过保险人用多数投保人交纳保险费所建立的保险基金对少数遭受损失的被保险人提供补偿或给付而得以实现的。保险用保险基金分担了一定条件下企业和个人所不能承担的风险,而保险基金来自所有的投保人。保险人就是这一经济互助关系的中介、桥梁和纽带。“一人为众,众为一人”这个词语非常准确地描述了保险的互助性。每一个人所缴纳的保费都是为了众人,而当某一个人发生灾难时,众人的保费就会汇成一笔赔款,赔偿给这个不幸的人。

但是,需要注意的是,互助只是保险的手段或工具,而并非保险的目的。保险的目的是为了赔偿被保险人的损失,是通过互助的手段来实现这一目的。保险并非是为了互助。

2. 合同性

保险是一种合同行为,这是保险的法律性。保险是依法以合同的形式体现其一切的,包括产品形态、产品内容、产品价格、售后服务……保险双方当事人要建立保险关系,其形式是保险合同;保险双方要履行其权利和义务,也要依据保险合同。所以,保险合同在保险整个过程中非常重要。从消费者的角度来讲,购买保险一定要认真看懂保险合同。

3. 补偿性

保险是对灾害事故损失进行经济补偿,这是保险的根本目的,也是保险合同的主要内容。这也是保险的经济性,体现在保险活动的性质、保障对象、保障手段和保障目的等各个方面。保险保障活动是整个国民经济活动的一个有机组成部分,其保障对象即财产和人身是直接或间接属于社会生产中的生产资料和劳动力两大经济要素;其实现保障的手段,最终都必须采取支付货币的形式进行补偿或者给付;其保障的根本目的,无论是从宏观角度还是从企业微观的角度,都是为了有利于经济发展。

第二节　保险与相关概念的比较

为了加深对保险这种复杂金融产品的理解，把它同相似的其他制度和行为进行比较。

一、保险与赌博和投机

有人说，保险不就是赌博吗？投保方用保费赌未来是否发生风险，保费就是赌资。倘若未来发生了风险，则投保方得到保险公司的大量赔款，赌赢了；倘若没有发生风险，则投保方损失了保费，赌输了。的确，保险与赌博确有一点点相似之处，其一，投保方所缴付的保险费与可能得到的赔偿并不保持着等价交换的关系，如同赌资与获利的不等价交换一样；其二，是否能够得到赔偿的确具有不确定性，有赖于诸多偶然的因素，许多投保方长年缴付保险费却从未得到赔偿，而个别投保方刚缴付保费就得到了巨额赔偿，似乎碰了“好”运气，与赌博的射幸性活动特征一致，赌博的输赢也均与事件的随机性相联系。

但是，尽管保险与赌博都具有以小搏大及不确定性的特征，保险与赌博有着本质区别。首先，两者的目的不同，保险以发扬社会互助精神、谋求社会经济生活安定为目的，保险方和投保方在防损等风险管理方面有着共同的利益；而赌博是非生产性的，赌徒以欺诈贪婪之心图谋暴利，赢者以输者的损失为代价。其次，两者的手段不同，保险是以大数法则作为风险损失计算的数理基础，使风险得以分散；尽管一些赌徒也想在赌博的过程中利用大数法则，但实际上赌博纯粹是冒险，是凭借偶然和运气获得盈利。再者，两者的风险性质也不同，保险是对付纯粹风险的一种办法，是投保方为了转移风险而主动进行的行为，投保方在购买保险之后自己的风险就降低了；而赌博也是赌徒自发的主动行为，但赌徒在参与赌博之后产生了一种新的投机性风险，导致自己的风险增加了。

当然，投机就是赌博。但赌博这个词语通常是贬义的，而投机这个词语至少是中性的。但是同样，保险与投机也显然不同。保险是投保方感受到风险而主动转移风险，从而降低了自己的风险；投机是投机者感受到了机会而主动参与，通过承受更多的风险而得到未来可能的盈利。

二、保险与储蓄

也有人说，保险不就等同于存钱吗？把自己的钱交给保险公司和放在银行是一样的，银行存款也可以用于防范将来的疾病与养老问题呀。的确，保险与储蓄两者也具有非常明显的替代关系，但不能完全替代。

两者的相同之处在于，首先，保险与储蓄都体现了有备无患的思想。保险是为未来的风险提前准备的一项经济制度，从家庭来说是为了防范未来的生老病死；而储蓄也是为了将来的支出，将今日的钱留着解明日的燃眉之需。所以，保险与储蓄都具有以现在的积累解决以后的需要这一共同特点。其次，保险也具有一定的储蓄的特征。尤其是长期人寿保险具有非常突出的储蓄性质，而一些储蓄型保险或投资型保险则具有更为明显的储蓄特质。第三，保险和储蓄都是消费者或企业自身的主动行为，体现了他们都具有居安思危的风险意识。

尽管如此，保险和储蓄两者还属于不同的经济范畴。其一，两者的目的不同。保险的目的是为了对付风险导致的损失，主要是纯粹风险；储蓄虽然也可用于对付风险导致的不测事故，但储户还计划存款用于将来预计的费用支出方面，比如买房、婚丧嫁娶、出国旅游、购买大件物品等，而不仅仅是为了防范风险。其二，两者的基础不同。保险基于大数法则，以一定的群体即所有投保人为基础；而储蓄则是以个人或企业自身为基础。其三，两者的赔偿来源不同。保险是以众人所缴纳的保费来补偿少数人的损失，体现出互助合作的性质，是典型的以保险公司为中介的“互助”行为；而储户能拿到的本金加利息都只能来自储户自己的钱，每个储户都如此，是一种典型的“自助”行为。其四，两者的赔偿金额不同。保险中被保险人能够得到的赔偿金额受到保险合同的限制，也有可能会大于保费，即存在以小搏大的可能性；而储户能得到的赔偿金额则以自己存款的本利和为限，有多少是多少，不存在以小搏大的可能性。其五，保险与储蓄的受益期限不相同。保险的受益期限由保险合同规定，只要在保险期限内出险，被保险人均可以得到补偿；而储蓄的受益期限则受到本利和与补偿金额的水平限制，倘若本利和较大而补偿水平较低，则受益期限较长，反之则较短。

所以，非常明显的是，单纯的储蓄行为不属于保险范畴。储蓄不属于商业保险，然而保险与储蓄相结合的储蓄性保险则属于商业保险范畴。近年来，随着保险产品的创新，一些保险产品的储蓄性越来越强，与储蓄产品越来越相似，与银行的理财产品也越来越相似。那么，在上述分析的有关保险和储蓄的不同点中，究竟哪一点是两者的本质区别呢？本书认为，“保障”是区分保险产品和储蓄产品的本质区别。即在保险中存在“以小搏大”的可能性，以较小的保险获得较大的保障。保障倍数可以用保险金额除以年保费来表示，显然，保障倍数越大越好；而倘若以此理念计算储蓄产品的保障倍数，即等于本利和除以本金而已。所以，既然保险产品与储蓄是两个金融产品，监管机构就可以从保障倍数的监管入手，保障倍数达到一定标准的才能称为保险，而低于一定标准的不能作为保险产品对待，不能享受相关的税收优惠。如果能做到这样，保险与储蓄就更加泾渭分明了。

三、保险与互助保险

互助保险是指由一些具有共同要求和面临同样风险的人自愿组织起来，分摊会员的风险损失，可以采用预交费的形式，也可以采用承诺后交费的形式。这种互助形式曾存在于古今各种以经济补偿为目的的互助合作组织之中。如古埃及建造金字塔石匠中的互助基金组织、古罗马的丧葬互助会；中世纪的工匠行会、商人行会、宗教行会、村落行会等各种行会。保险与互助保险既有共同性，更有差异。

保险与互助保险的共同性主要表现为以下两点：其一，保险与互助保险均以一定范围的群体为条件。保险以投保人群为群体基础，而互助保险则以全体会员为群体基础。其二，保险与互助保险均具有“一人为众，众为一人”的互助性质，都是少数不幸人的损失由包括不幸人在内的所有投保人群和会员承担。保险与互助保险的差异主要表现为以下几点：其一，保险的互助是保险运用的手段和工具，是间接的后果而不是直接的目的；而互助保险的互助则是直接目的，会员们就是为了互助而集聚在一起的。其二，保险是按照商品经济的原则，是以盈利为目的而经营的商业保险行为；而互助保险则是以共济和互相帮助为目的的非商业活动。其三，保险基于大数法则的基础预测风险的损失概率和损失程度，大数法则是保险经营的基础；而互助保险则不考虑，也从不运用大数法则。其四，在保险中，幸运的投保方最多以自己所缴纳的保费为限承担不幸人的损失，倘若不幸人所发生的损失金额较大，超过了投保方所缴纳的保费之和，则损失由保险公司承担。而在互助保险中，在预交费制度且没有补足的规则下，投保方所承担的责任以自己所缴纳的保费为限，不幸的人所能得到的赔款则具有不确定性。倘若不幸的人很多，则每位不幸的人能够分到的赔款就杯水车薪了。在后交费制度或预缴费制度且有补足的规则下，投保方所承担的责任可能会无限大，特别在不幸的人特别多的情况下更是如此。其五，保险有严格的经营技术，在“核保”环节守好进口，控制道德风险与逆选择；在“理赔”环节守好出口，控制道德风险。保险公司在长期的经营过程中积累起了诸多的防范风险的经验，可努力做到帮助每一个根据保险合同需要帮助的人，同时防范欺诈之心。而互助保险这方面的经验还不成熟，缺乏稳定的技术队伍，控制风险的能力比较弱。显然，保险与互助保险是两种完全不同的事物，互助保险不属于商业保险范畴。

案例 3-2　　从“相互保”变身到“相互宝”[①]

在2018年10月16日，支付宝上线了一款堪称“现象级”的产品——“相互保”，这是一款保险类产品，鉴于支付宝曾经的理财类产品余额宝的巨额成功，让很多人对这款产品充满了期待，期待其能成为推动保险行业前行的“一条鲶鱼”！“相互保”一上线就得到了广大用户的追捧，上线第一天加入“相互保”的人数就突破了百万人次，上线第八天就突破了1 000万人次！

“相互保”在受到民众热捧的同时，也引起了众多保险行业专业人士的质疑，他们从专业的角度看出了这款产品的诸多风险，这也让银保监会介入这款创新型保险产品的调查！“相互保”是蚂蚁金服和信美人寿共同开发的一款大病互助保险，但是，银保监会却指出信美人寿在这款产品上涉嫌多项违规，比如销售过程中存在误导性宣传、信息披露不充分、没有按照规定使用经过备案的保险条款和费率等诸多问题。本着保护消费者合法权益的立场，银保监会责令信美人寿于11月27日起停止相互保这款产品的销售。

2018年11月27日上午11时许，支付宝在网上发布了关于“相互保”升级为“相互宝”的声明，支付宝在这份声明中洋洋洒洒写了六大点，但是核心的信息可以总结为以下三点：

1. 对于新的产品“相互宝”，支付宝明确了一个分摊费用的上限——188元。从2019年1月1日到12月31日，分摊到每个用户的总费用不超过188元，超过的部分蚂蚁金服承担。不知是有意还是无意，蚂蚁金服只是明确了未来一年的总分摊费用的上限，至于未来其他年份的情况，却并未给出相关的说明。

2. 蚂蚁金服收取的管理费用从10%下调到8%。本质上，这笔管理费用就是蚂蚁金服推出的这款产品的利润来源，虽说是下调了2%的比例，表面看是给消费者让利了，但不要忘了，其之前是和信美人寿合作的，这2%的比例是信美人寿该取得的那部分收益呢，还是真实的让利？无从知晓。

3. 对于这款产品的未来，蚂蚁金服给出了说明。当参与人数低于330万时，“相互宝”要考虑终结。但就算到了那个时候，蚂蚁金服愿意(哪怕自掏腰包)再给用户提供一年保障。支付宝的声明中给出了这些信息，可以看作是对已经参与进来的2 000万用户的权益保护，相信这也是监管层的相关要求。

然而，通过这则声明，“相互保”变身“相互宝”，虽然只有一字之差，但在这一字之差的背后，很多东西已经发生了本质的变化。对于用户而言，也许差别就是

① https://baijiahao.baidu.com/s?id=1618271712059069000&wfr=spider&for=pc.

一张保单的事情，然而，就是这一张保单，对“相互保”和“相互宝”两款产品的身份认定发生了质的变化。“相互保”是一款在银保监会备案的保险产品，而“相互宝”本质上不过是一款普通的网络互助产品。所有备案的保险产品都有一个特点：刚性兑付，也就是说，不管发售这款产品的平台未来怎么样了，一旦发生风险，保险公司承诺对保险产品刚性兑付，而网络互助产品完全没有这方面的保障。也就是说，一旦发生风险，产品能不能兑现，全看平台的“良心”了，任何一款保险产品的发售都是经过精算师做过风险控制的，在整体的风险把控上比网络互助产品能力更强。保险产品都由银保监会监管，各项条款都需要备案，更透明，而网络互助产品的条款往往缺失了监管这一环，条款最终的解释权在谁？

四、保险与社会保险

社会保险是社会保障的一个部分。社会保障是以国家或政府为主体，依据法律，通过国民收入的再分配，对公民在暂时或永久丧失劳动能力以及由于各种原因而导致生活困难时给予物质帮助，以保障其基本生活的制度。其本质是追求公平，责任主体是国家或政府，目标是满足公民基本生活水平的需要，同时必须以立法或法律为依据。中国的社会保障制度包括社会保险、社会救助、社会优抚和社会福利等诸多内容。社会保险则指“五险一金”制度，即养老保险、失业保险、工伤保险、生育保险、医疗保险和住房公积金。显然，保险与社会保险也是部分替代的关系。

保险与社会保险的共同之处在于：首先，两者的对象相同，都是以社会公众为对象。任何社会公众都可以通过购买保险而成为保险保障的对象；而任何社会公众也都可以参与社会保险，成为社会保险的保障对象。其次，两者均以缴纳一定的保险费为条件。无论是保险还是社会保险，都必须缴纳一定的保险费，交费都是得到保障的必要前提。

保险与社会保险的区别则主要在于：首先，保险的实施方式大多采取自愿的原则，即使是团体保险，也是各企业自主决策是否购买，而没有任何强制；而社会保险则是由法律或行政法规规定的强制性行为，要求企业必须为符合要求的员工购买社会保险，倘若企业未为符合要求的员工购买社会保险，还会受到劳动监察部门的处罚。其次，保险公司的经营以盈利为目的，保险是一种商业行为；而国家举办社会保险则是以社会安定为宗旨，是一种社会行为。其三，保险是以“公平公正”的费率为准则，要求风险与保费应当对等，对风险较大者应当收取较高的保费，而风险较低者则保费水平较低；而社会保险则是以“均一保费制”为主要缴费原则，所有社会公众的缴费大多与年龄相关，而与个人的风险状况没有任何关系。当然，正是由于社会保险采用了“均一保费制”,从根本上杜绝了逆选择风险。其四,保险以现代企业为经营主体,而社会保险则以事业单位为经办主体。社会保险不属于商业保险范畴。

显然,社会保险在一定程度上能够替代保险。倘若一个国家或地区的政府的社会保险水平非常高,民众的风险基本受到了保障,则民众自己也就不需要购买任何商业保险了。所以,商业保险是社会保险的有效补充,社会保险是商业保险的基石。消费者在购买商业保险时,一定要考虑自己已有的社会保险的情况。

五、保险与社会救助、社会公益

社会救助是指用金钱或物资帮助生活困难的人。各个国家或地区的政府为了保护自己的民众,都设计了各种救济制度。比如中国民政部的社会救助制度就包括了最低生活保障、特困人员供养、受灾人员救助、医疗救助、教育救助、住房救助、就业救助和临时救助多种救助,也鼓励各种社会力量的加入。但是,保险显然与社会救助不同。

先分析一下两者的相同点。首先,保险与社会救助都是补偿灾害事故损失的一种经济制度。保险高度体现了互助合作性质,许多面临类似损失风险的人联合起来分担灾害事故的损失后果,即使以赢利为目的的私营股份保险公司也在客观上起着相同的作用;社会救助也能减轻人们遭受灾害事故损失的负担,政府、团体、个人等所有社会力量都能实行社会救助。其次,两者都是以一定风险事故的发生对人们的生产或生活带来一定困难为条件的。在保险中,无损失不赔;在社会救助中,无困难不帮。

但是,保险与社会救助的根本性质是不同的。两者的区别在于:其一,保险需要赔偿的风险事故是以保险合同规定的风险范围为限,并非所有风险;而社会救助的风险事故则是以造成了民众的生产或生活困难为前提的,通常是对困难水平设限,而从未对风险设限。其二,被保险人所得到的保险补偿或保险金与投保人所交纳的保费具有直接关系,保险合同的生效是以投保人缴付保费为前提条件的,保险人承诺承担赔偿责任,而投保人和被保险人则要遵守合同条件,倘若投保人缴纳的保费水平较低,则可能会影响到被保险人能够得到的赔偿;而在社会救助下,个别人所得到的救助金额与其对社会的贡献没有任何的直接关系,社会救助是救助者的单方面行为,双方没有对价作为基础。其三,提供保险补偿的主体是商业保险公司,是一种市场行为;而社会救助以国家为主体,并吸引各种社会力量的加入,是一种社会行为。其四,保险是商业行为,而社会救助是社会行为。社会救助不属于商业保险范畴。其五,保险是一种合同行为,要受保险合同的约束;而社会救助是单方面的施舍行为,除政府所提供的社会救助需严格按照相关法律或《社会救助暂行办法》执行从而保证社会救助无歧视地全覆盖之外,救助方和被救助一方基本不受约束。

显然,保险与社会救助在一定程度上具有替代的关系。倘若一个国家或地区的政府在社会救助方面的工作非常出色，社会救助的水平非常高，基本上民众的所有困难都能在救助范围以内，则民众未来的风险就有政府托底了，自己也就不需要购买任何的商业保险了。

社会公益可以看作是一种来自民间各种社会力量的社会救助，其与保险的异同等同于社会救助与保险的异同，其与保险的关系也等同于社会救助与保险的关系。

六、保险与社会福利

社会福利是指提高广大社会成员生活水平的各种政策和社会服务，旨在解决广大社会成员在各个方面的福利待遇问题。比如对生活能力较弱的儿童、老人、母子家庭、残疾人、慢性精神病人等的社会照顾和社会服务。社会福利所包括的内容十分广泛，不仅包括生活、教育、医疗方面的福利待遇，而且包括交通、文娱、体育、欣赏等方面的待遇。社会福利是一种服务政策和服务措施，其目的在于提高广大社会成员的物质和精神生活水平，使之得到更多的享受。同时，社会福利也是一种职责，是在社会保障的基础上保护和延续有机体生命力的一种社会功能。

保险与社会福利都有利于对社会经济生活的安定，帮助有困难群体能正常地生活下去。然而，保险与社会福利之间的差异也是十分显著的。首先，保险以商业保险公司为提供保障的主体，而社会福利则以社会为提供保障的主体。其次，保险是以投保人缴纳保险费为享受保障的前提，而社会福利则不以个人缴费为前提，大多是针对本国国民无歧视地提供。第三，保险是以损失或收入的减少为赔偿和受益的条件，而社会福利则无此限制，以国家规定的某些条件为依据，比如生活困难的标准等。第四，两者的目的不同，保险以补偿损失为主要目的，而社会福利则以改善和提高公民的生活为宗旨。显然，社会福利和保险明显是两个概念，但社会福利也有部分替代保险的作用。

第三节　保险的分类

保险产品众多，各种经营保险的组织也较多，因此有不同层面的保险产品。有关保险产品的分类，可以从诸多角度进行。

一、按实施形式分类

（一）法定保险和自愿保险

法定保险（Statutory Insurance）又称强制性保险（Compulsory Insurance），是国家

针对特定风险、特定对象，以法律、法令或条例的形式规定必须投保的一种保险形式。法定保险的保险关系不是产生于投保人与保险人之间的合同行为，而是产生于国家或政府的法律规定，一切有关法定保险的运作和处理都必须按照法律的规定执行，即都是统一条款、统一费率、统一制度。故法定保险具有全面性与统一性的特征。法定保险的范围可以是全国性的，也可以是地方性的。一般而言，全国性的法定保险是通过法律的形式确定的，而地方性的法定保险是通过行政命令的方式确定的，其“法定”的效力不如全国性法定保险那么高。一般而言，法定保险的实施方式有两种选择：或保险对象与保险人均由法律限定；或保险对象由法律限定，但投保人可以自由选择保险人。但是，无论哪种形式，法定保险均体现为“强买强卖”，即所有符合条件的对象必须向保险公司购买相关保险，而且保险公司不得拒保。比如，简称为“交强险”的机动车交通事故责任强制保险就是全国性的法定保险。

自愿保险(Voluntary Insurance)也称任意保险，是指保险双方当事人通过签订保险合同，或是需要保险保障的人自愿组合、实施的一种保险。自愿保险的保险关系是当事人之间自由谈判、自由决定所成立的合同关系。投保人可以自行决定是否投保、向谁投保、中途退保等，也可以自由选择保障范围、保障程度和保险期限等。保险人也可以根据情况自愿决定是否承保、怎样承保，并且自由选择保险标的，选择设定投保条件等。

(二)社会保险和商业保险

社会保险(Social Insurance)是社会保障的一个方面，是指国家或政府通过立法形式，采取强制手段对全体公民或劳动者因遭遇年老、疾病、生育、伤残、失业和死亡等社会特定风险而暂时或永久失去劳动能力、失去生活来源或中断劳动收入时，为满足基本生活需要而提供经济保障的一种制度。社会保险是社会保障体系的重要组成部分，对参加社会保险者在年老、患病、失业、灾难和丧失劳动能力等情况下给予物质帮助。其主要项目包括养老保险、医疗保险、失业保险、生育保险、失能收入保险和工伤保险等，社会保险属于法定保险的范畴，也具有“强买强卖”、统一制度、统一费率、统一条款的特征，但法定保险并不局限于社会保险。并且社会保险仅提供基本保障，以社会共济为目的。同时，参加社会保险是公民的一种法定权利。社会保险的资金来源于员工和单位缴付的保费以及社会保险基金所产生的投资收入。社会保险在财务上要收支平稳，除非特殊情况，政府一般不会向社会保险提供资金。社会保险通常由政府机构(在我国是社会保障局)来经营和管理，商业保险公司一般不得涉足。

商业保险(Commercial Insurance)就是通常意义上所指的由商业保险公司所提供的保险，以盈利为目的。

(三)政策性保险和普通保险

政策性保险(Policy-based Insurance)是政府出于某项政策的目的,扶持需要大力发展的领域,贯彻国家政策而运用保险技术开办的一种保险。国家和政府通常都会为政策性保险提供某种支持,比如分担保费或分担经营费用等。政策性保险的种类包括社会政策性保险和经济政策性保险两大类。前面所述的社会保险也可以看作社会政策性保险。一般而言,政策性保险都指经济政策性保险,比如,农业保险、投资保险、进出口信用保险等。其中,国家和各级政府为农业保险提供了各种水平的保费补贴。投资保险和进出口信用保险则专门由政策性保险公司即中国信用保险公司提供保障。国家给中国信用保险公司提供了诸多税收优惠和费用支持。

普通保险(Ordinary Insurance)则是指基于个人或经济单位风险保障的需要,经过自由选择而形成保险关系的一种保险。普通保险的保险关系纯粹出于商业目的,不含有执行国家政策的任何成分。

按实施方式的保险分类如图 3—1 所示。

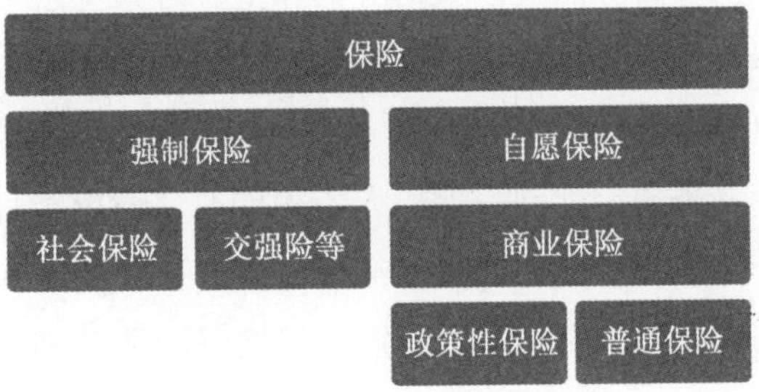

图 3-1 按实施方式的保险分类

二、按保险标的分类

根据不同的保险标的对保险进行分类是一种最为常见的分类方法。不同保险标的具有不同的风险特征,因此需要不同的保险产品。

(一)财产保险

财产保险(Property Insurance)的对象是被保险人的财产,它以灾害事故造成的财产损失为保险标的。当然,还可以根据被保险财产进行进一步分类,比如有形财产和无形财产两种,前者如厂房、设备、运输工具和货物,后者如专利、版权、预期利润等。进而继续根据不同的有形财产和无形财产的种类进行分类。比如企业财产保险、机动车辆保险、营业中断保险、信用保险、保证保险等。

(二)责任保险

责任保险(Liability Insurance)是以被保险人依法应当承担的民事损害赔偿责任

为保险标的的保险。赔偿责任包括侵权责任与违约责任,保障因被保险人的过失对他人的人身和财产造成的损害。根据法律中规定的不同责任有相应的保险,比如公众责任保险、产品责任保险、职业责任保险和雇主责任保险等。

(三)人身保险

人身保险(Life Insurance)是以人的生命和身体为保险标的的保险。当被保险人遭受残疾、死亡或疾病,或者生存到保险期满之后,保险人承担给付保险金的责任。包括保障死亡的人寿保险,保障养老的年金保险,保障由于意外伤害导致的死亡或残疾的意外伤害保险,以及保障疾病的健康保险。

三、按法律分类

我国《保险法》把保险公司的业务分为财产保险(Non-life Insurance)和人身保险(Life Insurance)两大类。财产保险是以有形财产及其相关利益为保险标的的保险,包括财产损失保险、责任保险、信用保险等保险业务,由财产保险公司经营。通常又把财产保险称为非寿险。人身保险是以人的身体和生命为保险标的的保险,包括人寿保险、年金保险、健康保险和意外伤害保险等保险业务,由人寿保险公司经营。所以,我国目前采用的是分业经营的模式。

《保险法》第九十五条规定:"同一保险人不得同时兼营财产保险业务和人身保险业务;但是,经营财产保险业务的保险公司经保险监督管理机构核定,可以经营短期健康保险业务和意外伤害保险业务。"其中,短期健康保险业务和意外伤害保险业务是指保险期限小于等于一年且不含有保证续保条款的保单。

按法律的保险分类如图 3－2 所示。

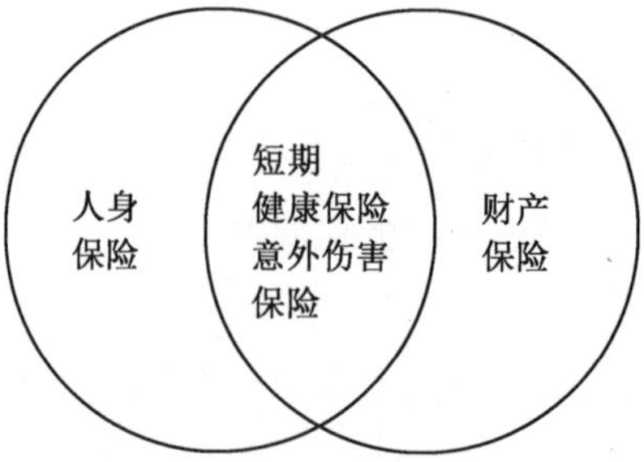

图 3－2　按法律的保险分类

四、按保障对象分类

按保障对象分类,可以把保险分为企业保险(Business Insurance)和私人保险

(Private Insurance)。其中,企业保险是以企业作为保障对象,为企业服务,保障企业在生产经营过程中的各种风险。比如,企业除了面临生产和经营过程中的各种风险之外,还面临着各种财产风险、营业中断风险、责任风险和人员损失风险等,需要各种保险来保障。企业保险包括企业财产保险、公众责任险、产品责任险等。

私人保险则是以家庭和个人为保障对象,为家庭生活过程中的风险提供各种保障的保险,例如家庭财产保险、机动车辆保险和人寿保险、年金保险、意外伤害保险、健康保险等。

企业和家庭比较而言,除了风险的特征明显不同之外,两者的财力也不相同,风险自留的能力也不同,而且对于保险的目的也不同。因此,在诸多国家的保险市场上都是分别为企业和家庭设计不同的保险产品,即使企业和家庭都拥有这一类财产。比如机动车辆保险,一些国家专门有针对企业的商业汽车保险和针对家庭的私人汽车保险,两者在保单条款、保险费率方面完全不同。

五、按被保险人数分类

按被保险人数可以分为团体保险(Group Insurance)和个人保险(Individual Insurance)。团体保险是保险的一种销售方式,一般用于人身保险,由企事业单位统一购买,保障对象是企事业单位的全体员工。团体保险中使用一份总合同向团体的许多成员提供保险,每个成员均有一份保险凭证。团体人身保险的种类也很多,如团体人寿保险、团体健康保险、团体养老保险、团体年金。个人保险则是指单个人为满足自己和家庭需要而购买的人身保险。一张保单中只能保障一个被保险人。联合寿险中可能有两个被保险人。

团体保险与个人保险都是保险,都要遵守保险的基本原理。但是,两者的区别不仅仅在于保险合同中被保险人的人数不同,以及所导致的规模效应不同。除此之外还有诸多经营、处理、风险控制方面的不同。比如,团体保险中,通常不要求体检,但对参保比例通常有要求,保费必须至少由雇主承担一部分,而且大多只能对号入座,而不能自由选择。由于团体保险中被保险人大多不能选择的特征,因此团体保险可以在一定程度上消除个人保险中所无法根除的逆选择问题。而且由于规模效应等诸多原因,团体保险的费率均低于个人保险。有关团体保险,将在后文第十一章具体介绍。

六、按保险合同双方分类

按保险合同双方分类,可以分为原保险(Original Insurance)与再保险(Reinsurance),如图3—3所示。原保险是指投保人与保险人直接签订保险合同而建立保险关系的一种保险。这里的投保人都是企业、个人或家庭。原保险可以视为保险的“零售”层面，是消费者将自己的风险进行转移的层面。在原保险关系中，保险需求者将其风险转嫁给保险人，当保险标的遭受保险责任范围内的损失时，保险人直接对被保险人承担损失赔偿责任。

再保险是指保险人把自己所承保的部分或全部保险转让给另外一个保险人。再保险中的投保人都是保险公司。《保险法》第二十八条规定：“保险人将其承担的保险业务以分保形式部分转移给其他保险人的，为再保险。应再保险接受人的要求，再保险分出人应当将其自负责任及原保险的有关情况书面告知再保险接受人”。

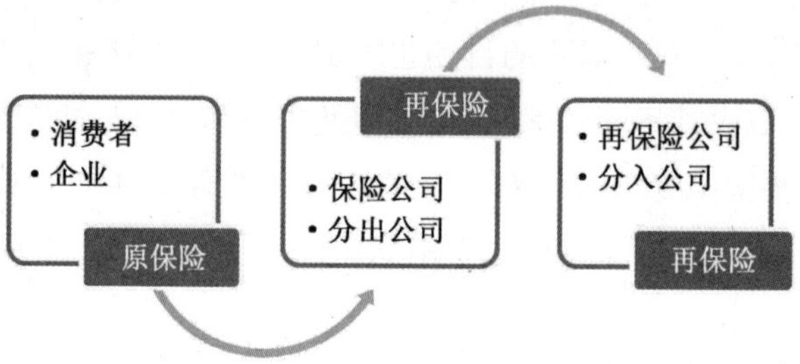

图 3-3 原保险与再保险

再保险可以视为保险的“批发”层面。只是与有形商品销售过程中的零售和批发不同，有形商品的销售过程是先批发再零售；而保险市场的销售过程是先“零售”承接风险，再“批发”转让风险。再保险业务过程中，最初承保业务即“零售”层面承接风险的保险公司称作分出公司或原保险人；再保险环节即“批发”层面接受分出公司保险的保险公司称作分入公司或再保险人。

原保险是风险的第一次转移；再保险是风险的第二次转移。两者都是保险，都会用到保险的基本原理和定价方法等。但是再保险在一些细节方面的处理与原保险并不一样。而且再保险与原保险并非一一对应的关系，而是将原保险所承接的风险进行打包后，将超出原保险公司承接能力的部分再转移给再保险公司。所以，消费者是不可以跨过原保险公司而直接向再保险公司索赔的，再保险公司仅对分出公司负责。当然，再保险公司还可以将自己所承接的业务继续办理再保险。《保险法》第二十九条规定：“再保险接受人不得向原保险的投保人要求支付保险费。原保险的被保险人或者受益人不得向再保险接受人提出赔偿或者给付保险金的请求。再保险分出人不得以再保险接受人未履行再保险责任为由，拒绝履行或者迟延履行其原保险责任。”

七、按保险人的关系分类

按保险人的关系分类，可以分为重复保险、共同保险和分层保险等。这实际上是当多家保险公司承保同一保险标的时出现的关系。

(一)重复保险

重复保险(Double Insurance)是指数家保险公司承保了被保险人的相同保险利益,或者说一个保险标的有几份保险单或被保险人的几份保险单有同一保险责任,并且各家保险公司的保险金额之和超过了保险标的的价值。在重复保险中有以下几个要点:同一保险标的、同一保险利益、同一保险事故、保险金额与免赔额之和大于保险价值。重复保险是禁止的行为,倘若投保人故意构成重复保险,则可能存在保险欺诈的嫌疑。倘若投保人是无意构成重复保险,则需要根据第七章中的重复保险的比例分摊原则,将损失分摊到每一个保险人,而保险人的赔偿金额之和不得大于被保险人的损失金额。

(二)共同保险

共同保险(Co-insurance)有两种含义,其一是指保险人之间的共同保险,简称"共保";其二是指保险人与被保险人之间的共同保险条款。这里讨论保险人之间的共同保险即共保。保险人与被保险人之间的共同保险条款将在后文第八章财产保险部分介绍。

保险人之间的共同保险是指几个保险人就同一保险利益和同一风险共同缔结保险合同的一种保险,但保险金额与免赔额之和小于或等于保险标的的价值。共同保险是投保人与数个保险人之间就同一保险利益、同一风险共同订立一个保险合同。共同保险中,各保险公司承保的总金额不得超过保险标的的实际价值。共同保险的保险费率、保险期限、保险责任等都是由各保险人与投保人共同商订,即各保险人所承担的保险费率、保险期限和保险责任均是相同的。各保险人一起与投保人签署一份保单即可。当保险标的发生损失时,各保险人按保险合同中各自承保的比例承担损失赔偿责任。共同保险中,虽然在保险实务上投保人仅须与一个保险人接洽,而不是与所有的保险人;但在法律上,投保人仍然与所有的保险人直接发生关系。比如在卫星保险中,由于保险标的物的价值较高,因此常常由多家保险公司共同承保一个卫星的损失。当然,无论是原保险环节抑或是再保险环节,都可能采用共同保险的方式。

重复保险与共同保险的相同点在于两者都是同一保险标的、同一保险利益和同一保险事故。但区别在于,重复保险中的各保险公司的保险金额与免赔额之和大于保险价值,共同保险中的各保险公司的保险金额与免赔额之和小于或等于保险价值,如图3—4所示。重复保险是法律严禁的行为,可能会涉及保险欺诈;而共同保险是合法行为,是风险共担的一种方式。

(三)分层保险

分层保险(Layered Insurance)中,也是多家保险公司共同承保同一保险标的,并各自在自己的保险金额以内承担赔偿责任。但是与共同保险所不同的是,分层保险中

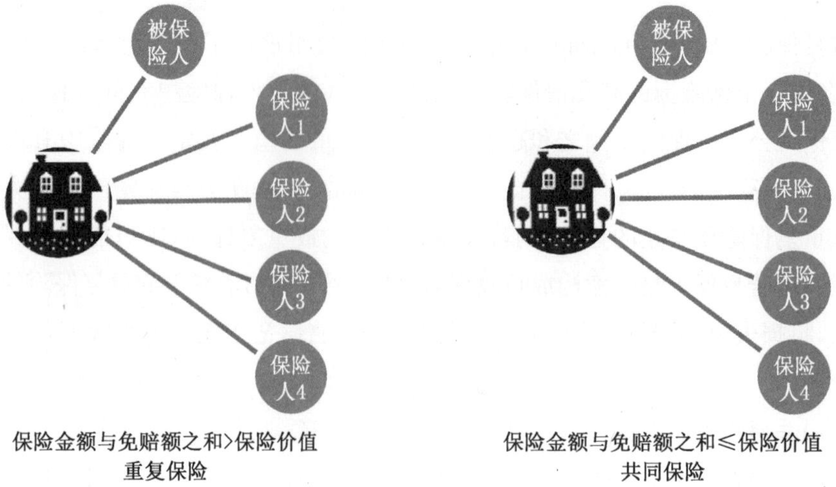

图 3-4　重复保险与共同保险

是将保险标的的保障分为几个层次(见图 3—5),每个层次由不同的保险公司承保,各保险公司处在不同的层次。当然,可能在某一层次上,由于保险金额较大,也会出现多家保险公司共同承保的情况。

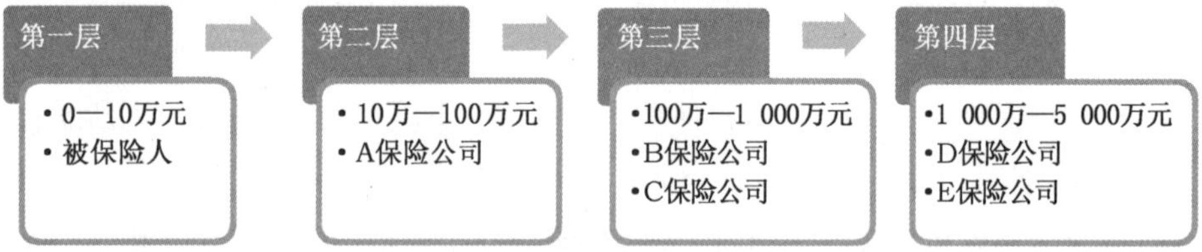

图 3-5　分层保险的示意

分层保险和共同保险都是用于保险价值较大的保险标的,保险条件的设计包括保险费率的厘定会较为复杂,通常需要专业的保险经纪人进行设计。

上述各个词语的含义区别是非常显然的。重复保险是法律所禁止的行为;共同保险和分层保险是合法的正常分摊风险的行为。再保险是风险在纵向的分摊;共同保险是风险在横向的分摊。分层保险也是风险在纵向的分摊,只是都属于原保险层面。或者说,再保险是保险公司就自己接受的风险进行的纵向分摊;分层保险是被保险人(可以是消费者、企业或保险公司)的主动分层。无论是原保险层次还是再保险层次,都可能存在共同保险或者分层保险的情况。当然,分层保险的每个层次中,也都可能存在共同保险。

八、按损失补偿方式分类

根据损失补偿方式分类，可以分为定额给付型保险（Fixed Insurance）与损失补偿型保险（Compensatory Insurance），如图 3－6 所示。

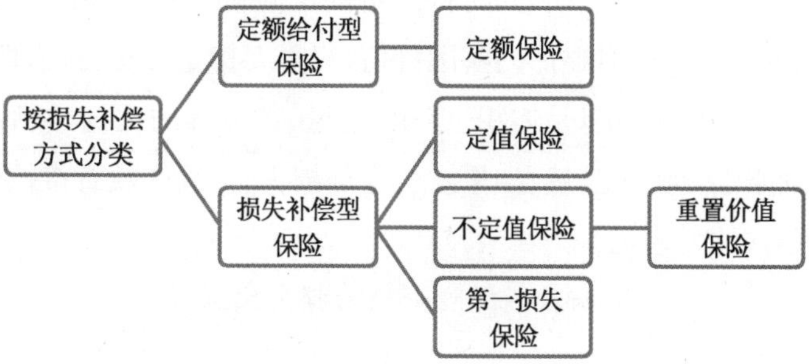

图 3－6 按损失补偿方式的分类

（一）定额给付型保险

定额给付型保险（Fixed-sum Insurance）又称为津贴型保险，是指投保时投保人与保险公司约定保险金额，当约定的事故发生时，保险公司按照约定的保险金额给付。定额保险常用于人身保险。由于人的身体和生命是无价的，比如在人寿保险中，在发生约定的死亡保险事故时，保险公司无法确定究竟应该向受益人给付多少保险金，因此在投保时投保人需先与保险公司约定保险金额。而且，由于人的身体和生命无价，所约定的保险金额为多少都不为过。这主要由投保人自身的财务实力所决定，看其能否承担高保险金额所对应的高保费。意外伤害保险也采用定额给付型保险。除此之外，健康保险中也有定额给付型保险，比如重大疾病保险、失能收入损失保险、长期护理保险，以及采用津贴方式给付的住院医疗费用保险等。这些保险中均是当约定事故发生时即按约定保险金额给付，而与实际发生的医疗费用没有任何关系。

定额给付型保险与损失补偿型保险的最大区别在于，定额给付型不需要也无法判断被保险人或受益人是否从保险赔偿中获利，而损失补偿型保险可以判断但也严禁被保险人从保险赔偿中获利。所以，两者通常用于不同保险标的物的保险。

（二）损失补偿型保险

损失补偿型保险又称补偿性保险，是指在保险事故发生后，由保险人根据保险标的实际损失额和保险金额中的较小者而支付保险金的一种保险。损失补偿型保险要遵守补偿性原则，任何人不得从保险赔偿中获利。损失补偿型保险一般适用于财产保险，损失补偿型保险还分为定值保险（Valued Insurance）、不定值保险（Unvalued

Insurance)和第一损失保险(First-Loss Insurance),其中不定值保险还包括一种特殊的重置价值保险(Replacement Value Insurance)。

1. 定值保险

在定值保险中,投保时保险合同当事人双方事先要约定保险标的的价值(即保险价值),并在保险合同中明确列明,同时将约定的保险价值作为保险金额;当损失发生时,保险人不考虑损失发生时财产的实际价值,只需要确定损失比例,即受损财产与全部财产的比例。这个比例可以是体积、容积、重量、数量等的比例,然后用损失比例乘以保险金额得到赔偿金额。当然,如果发生全部损失,保险人就直接按保险金额赔偿。定值保险计算赔款的公式是:

赔款=保险金额×损失比例

案例 3-3　　定值保险赔款计算示例

某公司从哈尔滨购买了100吨大米运至上海。购买时,哈尔滨的大米为6元/kg,上海的大米为10元/kg。投保人与保险人约定大米价值为8元/kg,并购买了保险金额为80万元的货物运输保险。当这批大米运送至徐州附近时不幸发生了火灾,导致80吨大米受损。在损失发生时,哈尔滨的大米为4元/kg,上海的大米为8元/kg,徐州的大米为7元/kg。此时保险公司的赔款计算应该为:

80万×(80吨/100吨)=64万元

倘若在损失发生时,哈尔滨的大米为8元/kg,上海的大米为15元/kg,徐州的大米为10元/kg。此时保险公司的赔款计算仍然应该为:

80万×(80吨/100吨)=64万元

这是因为定值保险中只要约定好保险价值之后,均按照约定的保险价值来计算赔款,与投保后保险标的的价值变化无关。但值得注意的是,在本例中,投保人投保时与保险公司约定的保险价值只能介于当时的买价与卖价之间,即6-10元/kg。倘若低于6元/kg,则保障不充分;而高于10元/kg,则可能因存在过度估值而引起道德风险。除此之外,定值保险中确定保险价值时最好是确定单价,这样方便赔款的计算;确定损失比例时,则最好是基于体积、重量、容积、数量等进行计算。

定值保险比较适合于保险价值波动比较大的保险标的,比如货物运输保险中的货物,有买价、卖价等多个价值。此时必须采取定值保险,投保时就约定好价值。除此之外,财产保险中一些难以固定价值的标的物,如高档工艺品、名贵书画、古玩、文物等,往往也使用定值保险承保。有时当保险标的物的市场价格迅速下降时,保险公司仍然按原来的定值进行赔偿,甚至高于其实际的市场价格。这虽然看上去违反了补偿性原则，但仍然是合理可行的。因为保险标的物的市场价格有涨也有跌，风险是对称的。

2. 不定值保险

在不定值保险中，投保时，投保人和保险公司在保险单上不明确列明保险标的的保险价值，只列明保险金额；在损失发生时再确定保险标的的保险价值，并将保险金额与保险价值进行比较。此时有三种情况：

(1)足额保险(Full Insurance)：保险金额等于保险价值，按实际损失进行赔偿；

(2)不足额保险(Under Insurance)：保险金额小于保险价值，按投保比例进行赔偿，即：赔款＝实际损失×投保比例＝实际损失×(保险金额/保险价值)；

(3)超额保险(Over Insurance)：保险金额大于保险价值，超额部分无效，仍然按实际损失进行赔偿。

不定值保险适用于市场价值变化不大的财产，如企业财产保险等。

案例 3－4　　不定值保险赔款计算示例

某企业将企业财产向保险公司投保了企业财产保险，保险金额为 100 万元。保险期间由于火灾造成企业财产遭受了一定的损失。经过鉴定，企业财产的损失金额为 30 万元。请问在下列三种情况下保险公司分别应该赔偿多少？

● 在发生保险事故时，企业财产的实际价值是 90 万元：

由于企业财产的保险价值为 90 万元，低于保险金额 100 万元，属于超额保险。则超额部分无效，保险公司按实际损失 30 万元进行赔偿。

● 在发生保险事故时，企业财产的实际价值是 100 万元：

由于企业财产的保险价值 100 万元等于保险金额，属于足额保险。则按照实际损失 30 万元进行赔偿。

● 在发生保险事故时，企业财产的实际价值是 120 万元：

由于企业财产的保险价值为 120 万元，高于保险金额 100 万元，属于不足额保险，则按投保比例进行赔偿，赔偿金额＝30 万元×(100 万元/120 万元)＝25 万元。

不定值保险中，对于足额、不足额和超额保险的处理方式是符合补偿性原则的。根据补偿性原则，任何人不能从保险赔偿中获利，故超额保险时不能获得超过实际损失的赔款；否则投保人会故意做出超额投保，并有可能获得远超过实际损失的赔款金额，从而导致道德风险发生。同时，保险赔偿应该与保险金额相对应，一般而言保险金额越高，则赔偿金额越高；倘若不足额保险也要按实际损失全部赔偿，则对于足额投保的人而言不公平。

不定值保险中确定保险标的物的保险金额和保险价值时通常有三种方法：重置价值(Replacement Value)、实际价值(Real Value)和协商价值(Consultative Value)。其中，重置价值是指重新购置同类财产的市场价格，或以同一或类似的材料和质量重新换置的价值或费用。实际价值是指保险标的物实际的价值，是需考虑折旧之后的价值。通常可以理解为：实际价值等于重置价值减去折旧。协商价值是保险合同当事人经过协商而确定的价值，通常介于重置价值和实际价值之间。一般而言，投保时确定保险金额的方法应该和出险时确定保险价值以及损失金额的方法保持完全一致。倘若都采用重置价值来确定，则称为重置价值保险(Replacement Value Insurance)。所以，重置价值保险是不定值保险的一种，是指保险合同中的保险金额、保险标的物的保险价值以及发生损失时的实际损失金额均采用重置价值确定。

重置价值保险的存在是具有一定的原因的。由于通货膨胀、物价上涨等因素，即使建筑物等一些特殊的财产按照实际价值进行了足额投保，保险赔款也是按实际价值赔偿的，所赔偿的金额远不足以进行重建。所以，为了满足被保险人对受损财产进行重建的需要，允许投保人按重置价值投保，发生损失时则按重置价值赔偿。在有关机器设备的保险中，由于机器受损后修理时替换上去的零部件都是新的，这样做比用旧零部件替换更加方便可行。故有关机器的保险中也都采用重置价值保险。在重置价值保险中，当发生了保险责任范围内的损失，若保险金额高于或等于损失发生时保险标的的重置价值，保险人应按重置价值赔偿，并以损失发生时保险标的的重置价值为限；若保险金额低于损失发生时保险标的的重置价值，则为不足额投保，保险人仅负比例赔偿责任，赔偿的计算公式是：

赔款＝按重置价值确定的损失金额×(保险金额/重置价值)

显然，重置价值保险在一定程度上违反了补偿性原则。因为被保险人损失了一个旧物件，却得到了一个新物件。但是，其却具有较高的合理性，因为有时按旧物件赔偿反倒非常麻烦，而按新物件恢复原状则显得更加切实可行、方便简单。

3. 第一损失保险

定值保险和不定值保险都是保险中比较传统的损失补偿方式。定值保险源于水险，不定值保险则源于火险；两者都是比较专业的复杂条款。第一损失保险相对而言较为简单。

第一损失保险又称第一危险保险，投保人按照一次事故所能造成的最大损失金额来确定保险金额，而不要求保险金额必须等于保险价值；发生保险事故时，保险人按保险金额和损失金额的较小者进行赔偿。其中，最大损失金额应以最大可能损失(Probable Maximum Loss，PML)为判断基础。最大可能损失是指在普通保险事故发生时，所有保护系统失灵、相关应急处理人员及公共救灾机构无法提供任何有效救助的情况下，单一设施可能遭受的最大损失金额。虽然理论上最大可能损失最多就应该等于实际价值，但考虑到救灾行动的有效性，人们都会认为最大可能损失是低于实际价值的。

在第一损失保险中，从不考虑保险金额与财产实际价值之间的关系，无论是否足额投保，只要损失金额在保险金额以内，保险公司就按实际损失金额予以赔付，而超出保险金额的损失金额则由被保险人自己负责；倘若损失金额大于保险金额，则保险公司仅按保险金额赔偿。第一损失保险的特点在于操作简单，方便赔偿处理，也易于理解。如在家庭财产保险中的室内财产就使用的是第一损失保险。近年来，新开发的保险产品越来越多地都倾向于采取第一损失保险。责任保险中，保险公司的赔偿金额以保单中约定赔偿限额为限，也可以理解为是采用了第一损失保险。

案例 3-5　　第一损失保险赔款计算示例

李某将所居住房屋中的室内物品向保险公司投保了家庭财产保险。投保时，室内物品价值 30 万元，考虑到一次损失的最大损失金额可能为 10 万元，因此李某购买的保险金额为 10 万元。保险期间，由于火灾，造成室内物品也遭受了一定的损失。经过鉴定，室内物品损失金额为 7 万元。由于家庭财产保险的室内物品部分采取的是第一损失保险，因此，只要损失金额不超过保险金额，则按照实际损失金额赔偿。本案例中，损失金额为 7 万元，而保险金额为 10 万元，故保险公司赔偿 7 万元。

倘若损失金额是 12 万元，则由于损失金额 12 万元超过了保险金额 10 万元，则按照保险金额 10 万元进行赔偿。

九、按有效索赔的界定进行分类

由于各种保险事故具有不同的特征，事故的发生与发现之间的时间间隔时长时短，这给保险公司控制风险带来了较大的影响。因此，保险公司在保险期限的基础上设计了期内发生式(Occurrence Basis)和期内索赔式(Claims Made Basis)两种界定有效索赔的方式。

(一)期内发生式

期内发生式是指保险公司仅负责赔偿保险期限内发生的事故，而对于保险期限结束之后再发生的事故不给予赔偿。期内发生式多用于短尾巴风险(Short Tail)。所谓短尾巴风险，是指事故的发生与发现之间的时间间隔较短。比如火灾、车祸、空难等。

这是因为，短尾巴风险的发生与发现之间的时间间隔较短，基本上一旦发生事故，立刻可被人所知晓，很快就会向保险公司报案及索赔，保险公司即刻就可以着手理赔。因而在保险期限结束时，保险公司对该保单的责任也基本终了。即使有些是在期限结束的前夕发生，则因其短尾巴风险的特征也不会延迟许久。保险公司对该保单的责任很快就会真正终了。这样处理有利于保险公司控制自身潜在的风险。

（二）期内索赔式

期内索赔式是指：保险公司仅负责赔偿保险期限内提出索赔的事故，而对于保险期限结束之后再提出索赔的事故不给予赔偿。期内索赔式多用于长尾巴风险（Long Tail）。所谓长尾巴风险，是指事故的发生与发现之间的时间间隔较长，比如某些医疗事故、食品安全、员工忠诚等。倘若保险公司对于长尾巴风险仍然采用期内发生式，则当保险期限结束时，保险公司对于该保单的责任并未终了，并且也不知道要延迟到何时才会真正终了。即使保险公司计提了准备金，也是预估而已，可能会因准备金的不准确而给保险公司的经营带来不确定性。因此，保险公司对于长尾巴风险常常采用期内索赔式。这样，则当保险期限结束时，保险公司的责任就结束了，有效地解决了长尾巴风险发生与发现之间延迟较长而带来的风险。

当然，也可以对期内发生式进行改进，在保险期限结束之后设计了发现期，也称为索赔期。即只有在保险期限内发生，并且在发现期结束之前进行索赔的案件才是有效索赔。保险期限之前发生，或者发现期结束之后提出的索赔也均无效。在期内索赔式中在保险期限之前增加一个发生期，也称为追溯期。只有保险事故在发生期之后发生，并在保险期限内提出索赔的，才是有效索赔。发生期之前发生的事故，或者保险期限结束之后提出的索赔均无效。期内发生式和期内索赔式的区别见图 3－7。

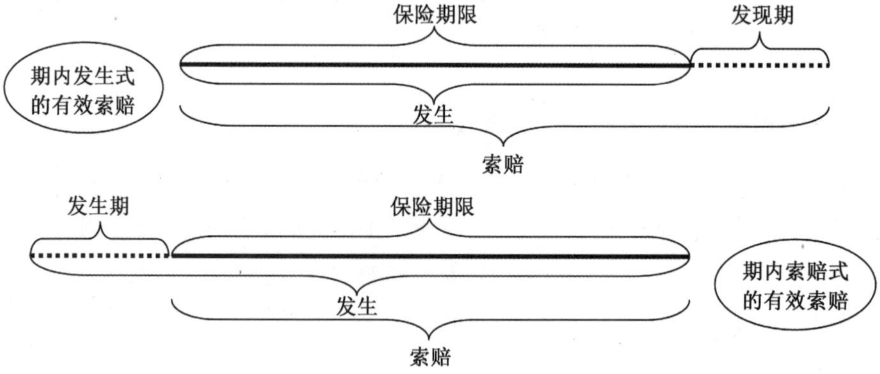

图 3－7　期内发生式与期内索赔式的有效索赔

第四节 保险与大数法则

一、保险与概率论

(一)随机事件

自然界中的现象通常有两种类型:必然现象和随机现象。例如,人总是会死的,这就是必然现象。而人何时会死,死于什么原因呢?这类现象就是随机现象。在有关统计学的教科书中,最具有代表性的随机现象就是抛硬币。当抛一枚硬币时,硬币有时是正面朝上,有时是反面朝上。这些都是具有一定偶然性,并且事先不能确定的现象,这类现象就称为随机现象。

正如前文对风险的随机现象在确定的条件下发生的结果是不确定的,即具有随机性,随机试验的每一个可能结果或某些结果的组合就称为一个随机事件。

(二)概率的概念

随机事件具有随机性,它在一次试验中是否发生,事先无法知道。但是在大量重复试验中会发现某些事件出现的可能性大一些,某些事件出现的可能性小一些,或各种事件出现的可能性相等。这种事件出现的可能性大小就是事件本身所固有的特性,是具有某种规律性的。可以用一个数字来描述这一随机事件发生的可能性大小,即概率。概率的含义就是某一个随机事件发生的可能性。例如,在抛硬币的试验中,当硬币的铸造均匀时,则理论上而言,正面朝上的概率应当为 50%。实务中,随着抛硬币的实验次数越多,则正面朝上的次数就越接近总次数的一半,也就是越接近于理论上 50%的概率。

(三)概率分布

概率分布是用来描述随机变量的取值及其对应概率的。由于每个随机变量的不同取值具有不同的概率,因此随机变量具有正态分布、泊松分布等不同的概率分布。在保险经营中,由于变量一般取有限个值,所以概率分布是离散型的,也可以用表或图表来进行说明。

(四)概率论在保险中的意义

保险费的单价是以费率表示,即每单位保险或损失风险的保险费数额,如人寿保险以每千元保险金额来报价,火灾保险和海上运输保险以每百元保险金额来报价。理论上讲,保险费率实际上就是风险期望损失的含义。因此,确定保险费率时需要用到过去的经验数据,并应用概率论中的技术得到期望损失金额,从而确定保险费率。因此，概率论是保险的基础。比如，在人寿保险中，将概率论应用到人类的死亡风险分析中，基于以往被保险人的死亡经验数据得出各年龄段死亡率，即生命表。而在火灾保险中，则是要把概率论的原理应用于以往火灾损失的经验数据中，从而厘定费率。损失概率通常以分数表示。在根据概率论基于以往的经验数据从而得到事件在将来发生的概率时，为了使结论可信，必须符合两个基本条件：首先，必须考虑足够大的样本数，才能得到一个可靠的平均数，而且，样本数越大，则平均数越发合理；其次，将来的条件要尽可能地保持与以往完全一致，当然，实际上将来的条件很少与过去的条件保持完全一致，因此必须对可能的变化进行一些调整。

二、保险与大数法则

（一）大数法则

概率论中，人们在长期的生活中发现，大量重复出现的随机现象中往往存在着几乎必然的某种规律。也就是说，倘若对某种随机现象进行长期观察，则可以发现随着随机现象的观察数不断增加，随机现象的实际结果与预期结果会越来越接近，或者说偏差越来越小。大数法则又称为大数定律，就揭示了随机现象的这一规律性。大数法则可分为数学意义的和统计学意义的两种概念。

数学意义上的大数法则又有贝努利大数法则、切比雪夫大数法则和普阿松大数法则等。贝努利大数法则是在贝努利试验中得出的规律。贝努利试验是指只有两个可能结果的试验，例如抛硬币就是只有正面朝上和反面朝上两种结果的试验。贝努利大数法则的意思是指，假设 μ 是 n 次贝努利试验中事件 A 的出现次数，而 p 是事件 A 在每次试验中出现的概率，则 μ/n 会随着 n 的增大而越来越接近于 p。贝努利大数法则对于保险经营中利用统计资料估计损失概率是极其重要的。在保险经营中，往往要假设某一类标的具有相同的损失概率；并且可以通过以往的经验数据来估计这个概率的具体数值，从而求出这类标的发生损失的概率。在观察次数越来越多或观察时间较长的情况下，理论的损失概率与实际的损失概率越来越接近。

统计学意义上的大数法则是指，集合的特性随观察集合内个体数量的增多而趋于稳定和规则化。其实际上与数学上的大数法则具有完全一致的含义。保险经营中的大数法则主要是指统计学意义上的大数法则。大数法则是保险经营的数理基础。其保险学的含义是：如果相似风险的不同载体大量地结合在一个集合里，那么结合的载体越多，在一定时期内损失的不确定性就越小，且越接近于理论的概率。例如，假定平均而言，每 10 000 人中平均每年会有 10 人死亡，则死亡概率是 1‰。然而，每年实际死亡的人数会有些变化，比如第一年死亡 7 人，第二年死亡 13 人，其变化范围是从 7

人到 13 人，与平均数的差距是 3 人，则风险的不确定性程度可以用$\frac{3}{10\ 000}$来表示。那么，假定有 100 万人投保，而死亡率仍是 1‰，此时死亡人数的变化范围会相对减少许多，可能只是从 970 到 1 030 人，变化的差距为 30 人，风险程度是$\frac{30}{1\ 000\ 000}$，不确定性明显减少。

根据大数法则的要求，保险人就是要集合大量的相似风险载体从而减少这种不确定性。当然，所谓“集合”不仅适用于保险标的的数量方面，也可以适用于时间方面。当然，这两者是一致的，都是通过时间或空间的积累，从而集合大量的相似风险载体。例如，在火灾保险中，某保险人承保了 10 万幢房屋，预计其中一部分房屋必将遭受损失。然而，火灾发生的次数与受损程度在任何一个月、任何一年中都是不完全相同的。但是随着观察年数的不断增加，平均每年发生火灾的次数及受损程度会逐渐趋于稳定。

（二）大数法则在保险中的意义

保险中，控制风险的主要目的是以减少风险的不确定性为主，以减少风险事件发生的概率为辅。因为如果雷击的损失概率是基于为数有限的损失风险单位而取得的，则由雷击造成的住宅损坏的概率可能会很小，但不确定性却很大，因而样本数太小而损失概率不可信。根据大数法则，当试验次数不断增加时，风险事件的发生概率会趋近并稳定于一个常数，并与常数的差额接近于零。保险的职能就是集合大量的损失风险单位从而减少风险的不确定性。也就是说，基于一组损失风险单位进行预测的结果，比基于单个损失风险单位的预测结果更加准确。所以，大数法则在保险中的重要意义就是，当保险公司集合的风险单位数量越多时，则实际损失的结果会越接近于基于无限风险单位数量所得出的预期损失结果。因此，保险公司可以使在保险期内所收取的保费尽可能地与保险期内所发生的损失赔偿或保险金给付保持平衡，尽可能地保证定价的充足性。

本章小结

- 从经济角度说，保险是分摊意外事故损失的一种财务安排，从法律意义上讲，保险是一方同意补偿另一方损失的合同安排。
- 有关保险性质的学说可以归纳为三种流派：损失说、非损失说和二元说。
- 保险的特点有：保险具有互助性质；保险是一种合同行为；保险是对灾害事故损失进行经济补偿，这是保险的目的，也是保险合同的主要内容。

● 保险与赌博和投机、储蓄、互助保险、社会保险、社会救助及社会福利等都有相似之处，都是部分替代的关系，但是也存在着非常明显的差别。

● 按保险的实施形式分类，可以分为强制性保险与自愿保险、社会保险和商业保险、政策性保险与普通保险。除此之外，还可以按保险标的进行分类，按法律分类，按保障对象分类，按被保险人的人数进行分类。这些分类主要是基于概念的分类。

● 在技术层面的分类，可以按保险合同双方，分为原保险与再保险；按保险人的关系，分为重复保险、共同保险和分层保险；根据损失补偿方式，分为定额给付型保险与损失补偿型保险；根据有效索赔的界定，分为期内发生式和期内索赔式。

● 大数法则是保险经营的重要基础，保险是根据风险发生的损失概率和损失程度得到期望损失，从而厘定保险产品的费率。大数法则的重要意义在于，当保险公司集合的风险单位数量越多时，则实际损失的结果会越接近于基于无限风险单位数量而得出的预期损失结果。据此，保险公司能使在保险期内所收取的保险费与所发生的损失赔偿或保险金给付尽可能地保持平衡。

第四章　保险的起源与发展

“以史为鉴，继往开来”。本章在阐述了中外古代保险思想和原始形态保险之后，概述了最古老险种海上保险及劳合社的起源与发展。此外，还介绍了历史较为悠久的火灾保险和人寿保险发展的历史。最后，分别从旧中国和新中国这两个历史阶段综述了我国现代保险制度产生和发展的200年历史。回顾历史有助于我们掌握保险产生和发展的规律，以科学的发展观开拓我国新兴的保险事业。

第一节　古代保险思想和原始形态保险

人类社会自始就遇到自然灾害和意外事故的侵扰，在古代社会就萌生了对付风险事故的保险思想和原始形态的保险方法，这在中外历史上均有记载。

一、我国古代保险思想和救济后备制度

远在公元前2000年，一些中国人在危险水域运输货物时就采用了分散风险的办法，即把每人的货分装在几条船上，以免货物装在一条船上有遭受全部损失的风险。这种分散风险的方法体现了风险管理的一些基本原理。

我国的《礼记·礼运》中有这样一段话：“大道之行也，天下为公；选贤与能，讲信修睦，故人不独亲其亲，不独子其子；使老有所终，壮有所用，幼有所长；矜(同鳏)、寡、孤、独、废疾者皆有所养。”这一记载足以证明我国古代早有谋求经济生活安定的强烈愿望，实为最古老的社会保险思想。

我国历代有着储粮备荒以赈济灾民的传统制度，如春秋战国时代的“委积”制度、汉朝的“常平仓”制度、隋唐的“义仓”制度。这些都是实物形式的救济后备制度，由政府统筹，带有强制性质。此外，宋朝和明朝还出现了民间的“社仓”制度，它属于相互保险形式；在宋朝还有专门赡养老幼贫病等不能自我生存者的“广惠仓”，这可以说是原始形态的人身救济后备制度。

尽管我国保险思想和救济后备制度产生很早，但因中央集权的封建制度和重农抑商的传统观念，商品经济发展缓慢，缺乏经常性的海上贸易。所以，在中国古代社会没有产生商业性的保险。

二、外国古代保险思想和原始形态保险

国外最早产生保险思想的并不是现代保险业发达的资本主义大国，而是处在东西方贸易要道上的文明古国，如古代的巴比伦、埃及和欧洲的希腊与罗马。据英国学者托兰纳利论证，"保险思想起源于巴比伦，传至腓尼基（今黎巴嫩境内），再传入希腊"。

在公元前2000多年的古代巴比伦的汉谟拉比法典中，有这样一条规定：商人可以雇用一个销货员去外国港口销售货物，当这个销货员航行归来时，商人可以收取一半的销货利润；如果销货员未归，或者回来时既无货也无利润，商人可以没收其财产，甚至可以把他的老婆、孩子作为债务奴隶；但如果货物是被强盗劫夺，可以免除销货员的债务。据说，这是海上保险的一种起源。这部法典中还有火灾保险的规定，巴比伦国王命僧侣、官员和村长向居民征税以筹集火灾救济基金。该法典又记载了沙漠商人队伍根据合同规定要对运输货物负绝对责任，对没有把货物运到目的地的承运人没收财产、扣押亲属，甚至判处死刑，但在遇到强盗、原始人和其他抢劫时，承运人可以对货物被盗不承担责任。

在古希腊，一些政治哲学或宗教组织由会员摊提形成一笔公共基金，专门用于意外情况下的救济补偿。在古罗马历史上曾出现丧葬互助会，还出现一种缴付会费的士兵团体，在士兵调职或退役时发给旅费，在死亡时发给继承人抚恤金。上述这些都是人身保险的原始形态。

到了中世纪，欧洲各国城市中陆续出现各种行会组织，这些行会具有互助性质，其共同出资救济的互助范围包括死亡、疾病、伤残、年老、火灾、盗窃、沉船、监禁、诉讼等不幸的人身和财产损失事故，但互助救济活动只是行会众多活动中的一种。这种行会或基尔特制度在13－16世纪特别盛行，并在此基础上产生了相互合作的保险组织。

第二节　海上保险的起源与发展

海上保险是一种最古老的保险，近代保险也首先是从海上保险发展而来的。

一、共同海损是海上保险的萌芽

公元前2000年，地中海一带就有了广泛的海上贸易活动。当时由于船舶构造非

常简单,航海是一种很大的冒险活动。要使船舶在海上遭遇风浪时不致沉没,一种最有效的抢救办法是抛弃部分货物,以减轻重量。为使被抛弃的货物能从其他受益方获得补偿,当时的航海商提出了一条共同遵循的原则:"一人为众,众为一人"。这个原则后来为公元前916年的罗地安海商法所采用,并正式规定为:"凡因减轻船只载重投弃入海的货物,如为全体利益而损失的,须由全体分摊归还",这就是著名的"共同海损"基本原则。但共同海损是船主与货主分担损失的方法,而非保险补偿,对它是否属于海上保险的起源尚有争议。

二、船舶和货物抵押借款是海上保险的雏形

船舶和货物抵押借款在公元前800年至公元前700年间就很流行,而且从希腊、罗马传到意大利,在中世纪也盛行一时。船舶抵押借款契约(Bottomry Bond)又称冒险借贷,是指船主把船舶作为抵押品向放款人取得航海资金的借款。如果船舶安全地完成航行,船主归还贷款,并支付较高的利率;如果船舶中途沉没,债权即告结束,船主不必偿还本金和利息。货物抵押借款契约(Respondentia Bond)是向货主放款的类似安排,不同之处是把货物作为抵押品。

船舶和货物抵押借款实际上是最早形式的海上保险。放款人相当于保险人,借款人相当于被保险人,船舶或货物是保险对象,高出普通利息的差额(溢价)相当于保险费。公元533年,东罗马皇帝查士丁尼在法典中把这种利率限制在12%,而当时普通贷款利率一般为6%。如果船舶沉没,借款就等于预付的赔款。由此可见,船舶和货物抵押借款具有保险的一些基本特征,作为海上保险的起源已成为定论。这两种借款至今仍存在,但与古代的做法不同,它们是作为船长在发生灾难紧急情况下筹措资金的最后手段。有趣的是,今日放款人可以购买保险来保护自己在抵押的船舶中的利益。

后来,船舶和货物抵押借款因利息过高被罗马教皇九世格雷戈里禁止,当时利息高达本金的四分之一或三分之一。由于航海需要保险作支柱,后来出现了"无偿借贷"制度。在航海之前,由资本所有人以借款人的身份向贸易商借得一笔款项,如果船舶和货物安全抵达目的港,资本所有人不再偿还借款,相当于收取保险费;反之,如果船舶和货物中途沉没和损毁,资本所有人有偿债责任,相当于赔款。这与上述船舶抵押借款的顺序正好相反,与现代海上保险的含义更为接近。

三、意大利是近代海上保险的发源地

在11世纪后期,十字军东侵以后,意大利商人曾控制了东西方的中介贸易。在14世纪中期经济繁荣的意大利北部出现了类似现代形式的海上保险。意大利的伦巴

第商人因代教会征收和汇划各地缴纳的税款而控制了欧洲大陆的金融枢纽，他们还从事海上贸易，并在1250年左右开始经营海上保险。起初，海上保险是口头缔约，后来出现了书面合同。现在世界上发现的最古老的保险单是一个名叫乔治·勒克维伦的热那亚商人在1347年10月23日出立的一张承保从热那亚到马乔卡的船舶保险单，这张保险单现在仍保存在热那亚国立博物馆。保单的措辞类似虚设的借款，即上面提及的"无偿借贷"。规定船舶安全到达目的地后契约无效，如中途发生损失，合同成立，由资本所有人(保险人)支付一定金额，保险费是在契约订立时以定金名义缴付给资本所有人；并规定船舶变更航道使契约无效。但保单没有订明保险人所承保的风险，它还不具有现代保险单的基本形式。至于最早的纯粹保险单，是一组保险人在1384年3月24日为四大包纺织品出立的从意大利城市比萨到沙弗纳的保险单。到1393年，在佛罗伦萨出立的保险单已有承保"海上灾害、天灾、火灾、抛弃、王子的禁止、捕捉"等字样，开始具有现代保险形式。

当时的保险单同其他商业契约一样，是由专业的撰状人草拟。13世纪中期在热那亚一地就有200名这样的撰状人，据一位意大利律师调查，1393年在热那亚的一位撰状人就草拟了80份保险单，可见当时意大利的海上保险已相当发达。莎士比亚在《威尼斯商人》中就写到海上保险及其种类。第一家海上保险公司于1424年在热那亚出现。

随着海上保险的发展，保险纠纷相应增多，这要求国家制定法令加以管理。1468年威尼斯制定了关于法院如何保证保险单实施及防止欺诈的法令。1523年，佛罗伦萨制定了一部比较完整的条例，并规定了标准保险单的格式。

善于经商的伦巴第人后来移居到英国，继续从事海上贸易，操纵了伦敦的金融市场，而且把海上保险也带进英国。今日伦敦的保险中心伦巴第街就是因当时意大利伦巴第商人聚居而得名。

四、英国海上保险的发展

在美洲新大陆发现之后，英国的对外贸易获得迅速发展，保险的中心逐渐转移到英国。1568年12月22日，经伦敦市市长批准开设了第一家皇家交易所，为海上保险提供了交易所，取代了从伦巴第商人沿袭下来的一日两次在露天广场交易的习惯。1575年，由英国女皇特许在伦敦皇家交易所内设立保险商会，办理保险单登记和制定标准保单与条款。当时在伦敦签发的所有保险单必须在一个名叫坎德勒的人那里登记，并缴付手续费。1601年，伊丽莎白一世女皇颁布了第一部有关海上保险的法律，规定在保险商会内设立仲裁法庭，解决日益增多的海上保险纠纷案件。但该法庭的裁决可能被大法官法庭的诉讼推翻，因此取得最终裁决可能要等待很长时间。

17 世纪，英国资产阶级革命为英国资本主义发展扫清了道路，大规模的殖民掠夺使英国逐渐成为世界贸易、航海和保险中心。1720 年成立的伦敦保险公司和皇家交易保险公司因各向英国政府捐款 30 万英镑而取得了专营海上保险的特权，这为英国开展世界性的海上保险提供了有利条件。从 1756 年到 1778 年，首席法官曼斯菲尔德收集了大量海上保险案例，编制了一部海上保险法案。

当今世界上最大的保险组织之一伦敦劳合社是从劳埃德咖啡馆演变而来，其演变史可以成为英国海上保险发展的一个缩影。1683 年，一个名叫爱德华·劳埃德的人在伦敦泰晤士河畔开设了一家咖啡馆。该处逐渐成为经营远洋航海的船东、船长、商人、经纪人和银行高利贷者聚会的场所。1691 年，劳埃德咖啡馆从伦敦塔街迁至伦巴第街，不久成为船舶、货物和海上保险交易的中心。当时，海上保险交易只是在一张纸上写明保险的船舶和货物，以及保险金额，由咖啡馆内的承保人接受保险的份额，并在纸上署名。劳埃德咖啡馆在 1696 年出版了每周三次的《劳埃德新闻》，着重报道海事航运消息，并登载在咖啡馆内拍卖船舶的广告。劳埃德死于 1713 年，由他的女婿接管咖啡馆。在 1734 年又出版了《劳合社动态》。据说，除了官方的《伦敦公报》外，《劳合社动态》是英国现存历史最悠久的报纸。随着海上保险业务的发展，在咖啡馆内进行保险交易已变得不方便了。1771 年，由 79 个劳埃德咖啡馆的顾客每人出资 100 英镑另觅新址专门经营海上保险。这笔资金由经过无记名投票选出来的一个委员会管理，它是第一个劳合社委员会，但直到 1871 年经议会通过法案，劳合社才正式成为一个社团组织。1774 年劳合社迁至皇家交易所，从而成为英国海上保险交易的中心。起初的法令限制劳合社的成员只能经营海上保险，1911 年的法令取消了这个限制，允许其成员经营一切保险业务。1906 年，英国国会通过的《海上保险法》规定了一个标准的保单格式和条款，它又称为劳合社船舶与货物标准保单。

劳合社不是一个保险公司，而是一个社团，更确切地说，它是一个保险市场。它与纽约证券交易所相似，只是向其成员提供保险交易场所和有关的保险服务，劳合社本身并不承保业务。在劳合社保险是向该市场的承保人投保，并由经纪人代找承保人。一般由经纪人填一份要保单，递交给从事某种保险业务的承保组合，再由一个牵头的承保人确定费率，并承保一个份额，其余份额由同一组合中的其他成员承保。经纪人还可与其他承保组合联系，直到承保人认足份额后，再送签单部签单。

劳合社历来规定每个社员要对其承保的业务承担无限的赔偿责任，即要把他们的动产作为赔付的抵押。但由于劳合社 20 世纪 90 年代初曾经累计亏损 80 亿英镑，后已改为有限赔偿责任。1993 年罗兰接任劳合社主席后，对劳合社的业务经营和管理进行了整顿和改革，于 1995 年 5 月提出了一项“重建和恢复计划”。根据该计划，劳合社将允许接受有限责任的法人组织作为社员，出现了公司会员(Corporate Member)，并允许个人社员(Individual Member)退社,或合并转成有限责任的社员。因此,劳合社的个人承保和无限责任的特色将逐渐淡薄。个人会员的数量连年递减,而公司会员的数量逐年递增。从2003年起,劳合社已不再接受以无限责任形式加入的个人会员。

劳合社由其社员选举产生的一个理事会来管理,下设理赔、出版、签单、会计、法律等部,并在100多个国家设有办事处。劳合社的大厅长110米,宽40米,使用的是狄更斯时代的长椅子、大桌子和高高的书架。1986年4月24日劳合社又迁至新的大楼。新大楼从设计到落成历时8年,耗资1.64亿英镑,共有15层,并专设了供人参观的长廊。在历史上,劳合社设计了第一张盗窃保险单,为第一辆汽车和第一架飞机出立保单,后来又是计算机犯罪、石油能源保险和卫星保险的先驱。劳合社承保的业务十分广泛,简直无所不保,包括钢琴家的手指、芭蕾舞演员的双脚、赛马优胜者的腿、演员的性命等,在海上保险和再保险方面起了最为重要的作用。

2000年11月28日,劳合社北京代表处开幕典礼举行。这是劳合社第一次在没有自己营业机构的国家设立代表处,表明了劳合社对正在逐渐成为世界重要的保险和再保险中心的中国保险市场的重视。2007年劳合社再保险公司在沪成立,使中国保险业进入劳合社市场,也可使劳合社成员单位参与中国的保险市场发展。

第三节　其他保险的发展

继海上保险发展之后,其他各种保险也随经济发展而脱离其原始形态。历史较为悠久的是火灾保险和人寿保险,其他险种出现的历史不长,一般在第二次世界大战后获得了迅速发展。

一、火灾保险

火灾保险是财产保险的前身,在海上保险中也包括了火险。如前所述,中世纪的行会对成员遭受的火灾损失给予补偿。在15世纪,德国的一些城市出现了专门承保火灾损失的相互保险组织(火灾基尔特)。到了1676年,由46个相互保险组织合并成立了汉堡火灾保险社。

1666年9月2日,在英国伦敦发生了一场大火,烧毁了全城的一半,起因是皇家面包店的烘炉过热,火灾持续了5天,有13 000幢房屋和90个教堂被烧毁,20万人无家可归,造成了不可估量的财产损失。这场特大火灾促使人们重视火灾保险。次年,一个名叫尼古拉斯·巴蓬的牙科医生独资开办了一家专门承保火险的营业所,开创了私营火灾保险的先例。由于业务发展,他于1680年邀集了3人,集资4万英镑,设立了一个火灾保险合伙组织。保险费是根据房屋的租金和结构计算，砖石建筑的费率定为2.5%的年房租，木屋的费率为5%。正因为使用了差别费率，故巴蓬有“现代保险之父”的称号。

18世纪末到19世纪中期，英、法、德、美等国相继完成了工业革命，大机器生产代替了原先的手工操作，物质财富大量集中，对火灾保险的需求也变得更为迫切。这个时期的火灾保险发展异常迅速，而且火灾保险组织以股份公司形式为主。最早的股份公司形式的保险组织是1710年由英国查尔斯·波文创办的“太阳保险公司”，它不仅承保不动产保险，而且把承保业务扩大到动产保险，营业范围遍及全国，是英国迄今仍存在的最古老保险公司之一。1714年，英国出现了联合火灾保险公司，它是一个相互保险组织；其费率计算除了考虑建筑物结构外，还考虑建筑物的场所、用途和财产种类，即采用分类法计算费率，使火灾保险前进了一大步。

1752年，由本杰明·富兰克林在美国费城创办了第一家火灾保险社。这位多才多艺的发明家、科学家和政治活动家还在1736年成立了美国第一家消防组织，于1792年建立了北美洲保险公司。北美洲保险公司在两年后开始承办火险业务。

到了19世纪，欧美的火灾保险公司如雨后春笋般涌现，承保能力大为提高，1871年，芝加哥一场大火造成1.5亿美元损失，其中1亿美元损失是受保险保障的。而且火灾保险从过去只保建筑物损失扩大到其他财产，承保的责任也从单一的火灾扩展到风暴、地震、暴动等。为了规范保险同业之间的竞争，保险同业公会相继成立，共同制定了火灾保险的标准费率。在美国火灾保险的发展早期，保险人各自设计自己的保单，合同冗长且缺乏统一性。1873年马萨诸塞州成为美国首先使用标准火险单的州，纽约州在1886年也通过了类似的法律。标准火险单的使用减少了损失理算的麻烦和法院解释的困难，也是火灾保险的一大进步。为了消化保险公司所吸收的火灾保险业务，再保险业务也开始发展。起初大多由原保险公司设立一个子公司或一个单独的部门经营再保险业务。世界上最早独立经营再保险业务的再保险公司是德国1846年设立的科隆再保险公司。到1926年，各国共建立了156家再保险公司，其中德国的再保险公司数目最多。

至20世纪中期，在世界各国由于火灾保险的保险责任范围不断扩大，火灾保险逐渐被更名为财产保险；加上各种责任保险发展十分迅速，后又出现了承保财产险、责任险和犯罪险等多险种的一揽子保单和综合普通责任保单。

二、人寿保险

人寿保险起源于欧洲中世纪的基尔特制度。起初，行会对其成员的人身伤亡或丧失劳动能力给予补偿，后来有些行会逐渐转化为专门以相互保险为目的的“友爱社”，对保险责任和缴费有了比较明确的规定。这种相互保险组织对后来的人寿保险发展影响很大。美国最大的人寿保险公司美国谨慎保险公司(Prudential Insurance Co. of America)就是相互保险公司,它的前身是1873年建立的“孤寡友爱社”。

海上保险也涉及人身保险。15世纪后期,奴隶贩子把贩运的奴隶作为货物投保,后来船长和船员也可以保险。到16世纪,安特卫普的海上保险对乘客也进行保险。

1551年德国纽伦堡市长博尔茨创立了一种儿童强制保险,规定父母在子女一出生后每年必须缴存塔来尔(古普鲁士银币),当子女达到结婚年龄时则可以取得3倍于本金的给付。

到了17世纪中期,洛伦·佟蒂在任法国宰相秘书时提出了一种不偿还本金的募集国债计划,但遭到议会反对。时隔30年以后,法王路易十四为了筹集战争经费,于1689年采用了“佟蒂法”,以每人缴纳300法郎筹集到140万法郎资金。“佟蒂法”是养老年金的一种起源。它规定在一定时期以后每年支付利息,把认购人按年龄分为14个群,向年龄较高群中的认购人多支付利息。当认购人死亡时,利息总额在该群生存者中进行平均分配。当该群认购人全部死亡时,则停止付息。但是由于在这种游戏规则中不偿还本金,一度引起了群中的认购人相互残杀,后来就被禁止了。但“佟蒂法”引起了人们对生命统计研究的重视。

1693年,英国数学家和天文学家埃德蒙·哈雷根据德国布雷斯劳市1687－1691年间的市民按年龄分类的死亡统计资料,编制了实际上的第一张生命表,为现代人寿保险的费率厘定奠定了数理基础。1762年,由英国人辛浦逊和道森发起的人寿及遗属公平保险社(简称“老公平”)首次将生命表用于计算人寿保险的费率,这标志着现代人寿保险的开始。

工业革命以后,机器的大量使用以及各种交通工具的发明和推广使职业伤亡和意外伤害事故增多,这为广泛开展人身保险业务开辟了市场。另外,由于长期的人寿保险带有储蓄性质,年金保险能提供养老收入,从而加速了人身保险的发展。美国人身保险发展史可分为三个阶段:第一阶段为1843年以前,人寿保险开始从属于海上保险,到19世纪初才出现人寿保险公司,其业务主要为满足少数特权阶层的需要,如商人和官员等,缺乏广泛的经济基础。第二个阶段是从1843年至1945年,随着工业的发展,人口和国民收入迅速增加,人身保险也进入迅速发展时期。1843年开设了两家相互人寿保险公司,到1869年美国共有110家人寿保险公司,绝大多数是相互保险组织,并通过代理人展业。但此时人寿保险业务的主要对象是中产阶级。1875年,美国谨慎保险公司和大都会人寿保险公司开始办理简易人身保险,以满足低收入工人的需要。到1910年,有25家保险公司经营简易人身险,有效保单有2 500万份,保险金额达32亿美元。当时,普通寿险保单有700万份,保险金额为132亿美元。由于简易人身险的被保险人死亡率高，保险金额较低，而且每周由代理人上门收取保险费，所以其价格相对要高。1912 年，美国公平人寿保险会社开始采用《团体人寿保险办法》。此后，团体寿险业务发展迅速，并被誉为美国对保险营销的一大革新。第三个阶段是在第二次世界大战以后，人寿保险的覆盖率进一步扩大，大多数家庭都有了人寿保险，而且种类繁多。人寿保险业务与金融市场的投资紧密结合，涌现了变额年金、变额寿险和万能寿险等投资型保险，人寿保险公司已成为主要的机构投资者。

三、责任保险

在各种保险中，责任保险的历史并不长。最早的责任保险保单出现在 19 世纪。1855 年，英国铁路乘客保险公司首次向铁路部门提供铁路承运人责任保险。1875 年，英国出现了马车第三者责任保险，这可以看作是汽车第三者责任保险的先导。1880 年，英国颁布的《雇主责任法》规定：雇主在经营业务中因过失致使雇员遭受伤害时，应负法律责任。英国也在这一年成立了专业的雇主责任保险公司，并首次承保。1885 年，保险人出立了第一张职业责任保单——药剂师过失责任保单。1894 年第一辆汽车在英国街头出现。紧接着在 1898 年成立了英国法定意外事故保险公司，并开始向车主签发保单。1900 年，英国海上事故保险公司签发了第一张产品责任保单。此后，世界上陆续出现了其他一些责任保险产品，如医疗事故责任保险、会计师责任保险、个人责任保险等。

作为一类独立存在的保险业务，责任保险的产生依赖于两个必不可少的条件：一是法律制度不断完善；二是民事责任风险客观存在。尽管责任保险与其他险种相比还年轻，但它的发展十分迅速，这是城市化、企业活动增加，尤其是制造业和交通运输业高度发展的必然结果。责任保险是当前国际上受到人们广泛重视的一项业务，特别是在经济发达的国家，责任保险已成为保险公司的主要业务种类。

我国的责任保险起步较晚。在 20 世纪 50 年代初曾由中国人民保险公司开办过汽车、飞机附加第三者责任保险和船舶碰撞责任保险，但业务有限，不久后就由于各种原因停办。20 世纪 70 年代末，为适应对外开放和发展对外贸易的需要，中国人民保险公司国外业务部开办了产品责任保险等业务。进入 20 世纪 80 年代，中国人民保险公司又恢复了运输工具第三者责任保险业务，进而又先后开办了独立的公众责任保险和雇主责任保险业务。此后，随着我国法律法规的不断完善，人们的法律意识不断增强，责任保险正日益受到社会各界的关注和欢迎。进入 20 世纪 90 年代，国内各产险公司面临的竞争更加激烈，保费收入增长速度逐年递减，责任保险作为一个新的业务增长点，正逐步受到国内各产险公司的重视。2004 年 5 月 1 日，在新实施的《中华人民共和国道路交通安全法》中首次提出了建立机动车第三者责任强制保险制度，设立道路交通事故社会救助基金。2006 年 3 月 28 日，国务院颁布了《机动车交通事故责任强制保险条例》，2006 年 7 月 1 日，我国第一个强制性责任保险——机动车第三者责任强制保险开始正式实施。后来，多家机构又联合讨论将公众责任保险、环境污染责任保险列入强制性保险的有关事宜。除此之外，近年来多家产险公司还先后开发和推出了医疗事故责任保险、律师执业责任保险、会计师执业责任保险、董事及高级职员责任保险等职业责任保险险种。目前，责任保险已在全国普遍开展，并成为今后保险业务的一个主要发展方向。

四、保证保险

保证保险实际上是一种担保业务。它是随着各种道德风险发生频繁而发展起来的。1702 年，英国创办了一家专门经营保证保险的保险公司——主人损失保险公司，开展了诚实保证保险业务，主要承担被保险人因雇员的不洁行为，如盗窃、挪用公款等造成的经济损失。1840 年和 1842 年，英国又相继成立了保证社和保证公司，开办保证保险业务。1876 年，美国也开展了保证保险业务。随着经济和贸易的发展，保证保险业务由忠诚保证保险扩展到合同保证保险、供给保证保险、出口信用保证保险等。近年来，随着互联网金融的发展，保险公司也涉足互联网金融领域，为 P2P 等金融业务提供保证保险。

第四节 我国保险发展简史

我国现代保险制度产生已有近 200 年的历史，是随着帝国主义的经济入侵而输入的，分为旧中国和新中国两个历史阶段。

一、旧中国的保险业

1805 年，英商首先在广州开设广州保险社(Canton Insurance Society)，又称谏当保安行。第一次鸦片战争结束后，1842 年，清政府与英国签订了不平等的《南京条约》，迫使中国割让香港地区，把广州、福建、厦门、宁波、上海列为通商口岸。1848 年，上海英租界区域划定后，外国商人纷纷从香港和广州到上海设立办事处，上海逐渐成为中国的外贸中心。1862 年，美商旗昌洋行在上海设立杨子保险公司。一些外商人寿保险公司也迅速在中国开设了分支机构。1884 年，美商公平人寿保险公司(The Equitable Life Insurance Co.)在上海设立分公司，1898 年，美商永福人寿保险公司(The Standard Life Assurance Co.)在上海设立分公司。

当时,受到西方经济和文化影响的中国知识分子也开始宣传保险的作用。太平天国的洪仁玕曾在香港地区生活过一段时间,他在1859年的《资政新篇》中写道:“外国有兴保人物之例,凡屋宇人命货物船等有防于水火者,先与保人议订,每年纳银若干,有失者保人赔其所值,无失则赢其所奉。若失命,则父母妻子有赖,失物则己不致尽亏。”在中国最早传播西方保险制度的人并非洪仁玕,而是魏源。魏源在他1852年刊行的100卷本《海国图志》中有两处介绍英国近代的保险办法。

旧中国的保险业可划分为下列时期:

(一)民族保险业创办时期(1885-1914)

19世纪中期,上海已成为远东第一大商埠,海运业日趋发达。当时外商普遍使用轮机船运输货物,而且有保险保障,而我国仍使用落后的船舶,无法与外商竞争。为此,1872年洋务派首领李鸿章派浙江漕运督办朱其昂在上海设立轮船招商局,购置轮船承接运输业务。当时中国没有自己的保险公司,只得向英商在上海的保险公司投保。英商保险公司为了配合英商轮船公司,先借口中国船只悬挂龙旗拒绝承保,后又用提高费率、缩短保险期、降低保险金额来百般刁难。最后只好直接向设在国外的外国公司投保,但年费率仍高达10%。因此,李鸿章主张“须华商自立公司,自建行栈,自筹保险”。1875年轮船招商局获准创立了保险招商局,自办船舶保险和货物运输保险业务。后来,1876年和1878年又招股集资在上海先后成立了“仁和”“济和”两家保险公司,后于1886年合并为“仁济和保险公司”,承保招商局所有轮船、货栈及运输货物。这是我国第一家资金雄厚的民族保险企业,标志着中国民族保险业的开创。1985年中国保险学会和上海市保险学会联合在上海隆重举行了中国民族保险业创办100周年的纪念活动。但是,另外也有一种说法,认为中国第一家民族保险企业是1865年的上海义和公司保险行。

起初,洋务派独占了民族保险领域,到了清末才出现了华兴、华安、华仁等民营保险公司,1907年由9家民营保险公司在上海成立了华商火险公会。1912年6月成立的华安合群保寿公司是我国第一家实力较为雄厚的人寿保险公司。该公司创始人吕岳泉原先在英国永年人寿保险公司任职,后来担任南京分公司的总经理。1911年辛亥革命成功后,他毅然辞职,在黎元洪、冯国璋、瑞方等官僚赞助下,筹集股金20万银两,创办了华安合群保寿公司。

(二)民族保险业发展时期(1914-1937)

第一次世界大战期间,帝国主义国家忙于战争,暂时放松了对中国的经济侵略,使中国的民族工业有了迅速发展的机会。五四运动后,民族反帝斗争情绪高涨,爱国工商业者转向华商保险公司投保,在这种有利形势下,我国民族保险业初步形成,从1911年到1917年的6年内,每年都有新的保险公司设立。到1917年,华商火险公会已有会员 14 家，其中兼营水险的有 12 家，于是改名为华商水火险公会。在 1928 年又改名为上海保险公会。

大战结束后，帝国主义卷土重来，又有许多外商来华开设保险公司。美国人史带(C. V. Starr)于 1919 年在上海南京路两间小办公室开设了美亚保险代理公司，业务发展迅速，史带不久成为百万富翁。这个在上海发迹的公司现已成为世界上著名的国际保险集团，即美国国际集团(AIG)。当时的保险市场为外商保险公会操纵，保险条款、费率均由外商规定，而且规定不得与华商保险公司共保和分保。后因华商保险公会开展分保业务，自己制定费率，并使用中文保险单，迫使外商保险公会作了些让步，保险单上中英文并列，但在有争议时仍以英文条款为准。

案例 4-1　美亚、友邦保险的中国创业史和他背后的超级"大佬"①

鸦片战争之后，当时上海正如美国的纽约，这座"东方巴黎"是探险商业新大陆的第一站，每年大批年轻的商人和冒险家来到这里，寻找着新的机会。而在这万千的淘金者中，有一名 27 岁的美国青年史带，他是众多来中国的淘金者之一。在来中国之前，史带在太平洋海岸灾害保险公司做兼职代理。几个月后，史带取得了律师执照，并创办了自己的保险经纪公司。

1917 年年底，随着第一次世界大战的爆发，他关掉了自己的公司应征入伍，退伍后的史带争取到太平洋邮轮公司外派机会，来到了日本横滨。但因为无法忍受上司的傲慢，史带在 1919 年离职前往上海。史带刚来时没有固定工作，穷愁潦倒，一直借宿在亭子间里，仅靠辗转打工维持生活。后来在朋友的介绍下，史带进入美丰银行分管保险业务，代理美国普益保险公司在华业务。在这个过程中，史带结识了很多人脉，对本地的风土人情也逐渐有了深刻的了解。在任职的同时，史带也做起了私生意——老虎机。投 2 角银币然后拉杆，出来价值 5 分的爆米花的同时，有一定可能滚出若干银子。在"老虎机"的帮助下，史带迅速完成了资本原始积累。有了第一桶金，不甘平庸的史带在 1919 年 12 月 12 日果断创立了自己的保险公司，并将其命名为美亚保险公司(American Asiatic Underwriters, AAU)。

旺盛的需求加上史带的聪明勤奋，美亚公司的业务飞速发展，很快就小有名气。然而命运多舛，正值史带和他的小伙伴们撸起袖子加油干的第二年，美亚承保的一处堆栈货物就发生了火灾，损失惨重。美亚还没赚到多少保费，就要赔出

① http://www.sohu.com/a/244114786_635138。

一大笔钱，社会上纷纷谣传美亚要赖账了。但史带没有逃避，他不惜举债以迅速处理理赔事宜。虽然美国保险公会因此解除了史带的代理职务，但史带赢得了广泛的声誉。口碑良好的史带后来也因此在行业名声大噪，从此也获得了美国全球、联邦等大保险公司的独家代理委托。由此，史带为美亚打造一张诚信的金字招牌。

当时，由于地域、文化的原因，以及缺乏有关中国人口预期寿命的统计，当时外商人寿保险公司只承保在华的外国侨民，而不承保当地华人。在这样的环境下，史带看到了巨大的机会。于是他创立了一家新的公司即友邦人寿保险公司(Asia Life Insurance Company)，中文取名友邦，也寓意和中国搭建友谊的桥梁。友邦也成为第一家面向中国人的外资人寿保险公司。

在外国公司都排斥中国本地人加入管理层的情况下，史带他不但聘请了几位杰出的中国人加入董事会，而且公司员工几乎是清一色的中国人。史带是个不折不扣的"中国通"，深谙"关系"二字。他启用了很多知晓本地需求、有着本地关系的华人开展业务，在此推动下，友邦生意风生水起，到 1934 年，其业务量占中国保险总收入的 30%以上，并在上海外滩的繁华地带拥有一幢办公大楼。

随后第二次世界大战爆发，史带将友邦总部迁往美国，彻底退出了中国业务。1992 年，随着改革开放的推进，中国再次成了世界引人注目的高速增长体，友邦也回到了当初创业的热土，在上海重新营业，依旧坐落在当年那栋文艺复兴风格的大楼。2010 年友邦在中国香港地区独立上市。立足香港地区，面向内地，靠令人瞩目的高增业绩，友邦也成了中国最知名的外资保险公司之一。

20 世纪 20 年代后期，第一次国内革命战争掀起，内地富豪聚集上海，游资充斥，银行为了吸收更多资金，竞相开设保险公司。交通、中南、国华、东莱四家银行合股开办了安平保险公司，四明银行开办了四明保险公司，金城银行独资开办了太平水火保险公司。当时银行发放抵押贷款，都要求客户提供保险单。各保险公司锐意改革，力求创新，网罗人才，派员赴欧美考察，以改善经营。例如，华安合群保寿公司起初聘英国人为精算师，后来自己培养精算人才，并聘用刚从美国回来取得美国寿险精算学会会员资格的陈思度。由于业务蒸蒸日上，该公司费银 70 万两建造了华安大厦(现为上海金门大酒店)。此外华安还在广州、汉口、南京等地和华侨集中的印度尼西亚开设分支机构。又如，太平水火保险公司在 1933 年联合大陆、盐业、交通、国华、中南等银行，并合并安平、丰盛、中国天一保险公司，组成了太平保险公司(集团)，资本增加到 1 000 万元，专门设立了太平人寿保险公司，并与瑞士再保险公司订立再保险合同。

20世纪30年代是旧中国保险业的鼎盛时期。1931年以国民党资本为后盾的中国银行开办了中国保险公司。1935年中央信托局成立了保险部。由多家保险公司发起，1935年8月2日在上海成立了中国保险学会，出版刊物，并与上海保险公会联合举办保险教育。外商保险公司看到中国民族保险业阵营不断壮大，不得不改变策略，与华商大搞合作经营与分保。例如，英国太古洋行与上海商业储蓄银行合股开设宝丰保险公司，美亚保险公司与浙江兴业银行合股开设泰山保险公司，伦敦保险市场和美国再保险公司与中央信托局保险部、中国保险公司建立了分保关系。外商保险公司原来不准与华商保险公司发生再保险关系的规定实际上已被取消。但是，大部分中国民族保险公司资金微薄，难以与外商公司竞争，要依靠外商保险公司分保。据1935年《中国保险年鉴》统计，当时全国华商保险公司有48家，外商保险公司有166家，分属16个国家，每年保险费总收入的80%左右流入外商保险公司。大部分华商保险公司实际上沦为外商保险公司的代理公司，而大部分外商公司也是总部设在国外的外国保险公司在中国的分支机构或代理公司。

在保险立法方面，国民党政府曾于1929年颁布《保险法》，1935年又公布了《保险业法》，但由于外商保险公司群起反对，无法实施，只有1935年4月26日颁布的《简易人寿保险法》得到实施，它指定邮政局负责这项业务，取缔了以满足低薪阶层需要的人寿小保险业务，有30余家中国小型人寿保险公司遭殃。

（三）抗日战争时期的民族保险业(1937－1945年)

1937年抗日战争爆发，“八·一三”事变后，在上海的中央信托局保险部迁往重庆，中国、太平、保丰、四明这几家规模大的保险公司也把业务重心转移到重庆，有的还在香港地区和新加坡设立分支机构。随着国民党政府迁都重庆，重庆逐渐成为该时期的保险中心。官僚资本的中国农业银行于1941年1月成立了中国农业保险公司，国家资源委员会于1943年7月成立了保险事务所，交通银行于1943年12月成立了太平洋保险公司，这样国民党官僚资本的四大银行都有了保险机构。当时，重庆有华商保险公司50余家，其中新设立的有20余家。

1941年12月，太平洋战争爆发，日军进驻上海租界。英美法等国的保险公司纷纷停业。日本便在上海和其他沦陷区开设保险公司，大部分是人寿保险公司。敌伪政权也开设了一些保险公司。在敌伪统治时期，上海又出现了不少新的华商保险公司，但大部分是利用保险吸收的资金进行投机。在该时期，上海保险公司与欧洲的分保关系曾一度中断，华商保险公司又不愿与日商保险公司建立再保险关系，于是自己建立了太平、久联、大上海、中保和华商联合五个分保集团。中共地下党员谢寿天同志还在上海组织开设了大安保险公司，重庆也有地下党投资开办的民安保险公司。在上海，地下党还领导保险界人士于1938年7月1日成立了“上海保险业业余联谊会”(简称

"保联"),以"联络感情,交换知识,调剂业余生活,促进保险业之发展"为宗旨,团结保险业中上层人士和广大职工支持抗战,并举办保险理论和实务讲座。

(四)民族保险业虚假繁荣时期(1945－1949年)

抗战胜利后,国民党官僚资本保险公司纷纷将其总公司迁往上海,并对日伪保险公司进行了接管,外商保险公司也逐渐在上海复业,上海又成为旧中国的保险业的中心。当时,外商中的美亚保险公司捷足先登,首先在上海复业,并取代了英商在中国保险市场的垄断地位。据估计,美亚保险公司在1946年至1949年期间共攫取保费1 000多万美元。该时期投机性保险公司不断出现,上海一地的保险公司曾多达300余家,一时出现虚假的繁荣。

在国民党政权行将覆灭之前,经济面临全面崩溃,并发生恶性通货膨胀,保险公司无法正常经营。部分保险公司签发外币保险单,以图保值。大部分华商公司处境艰难,奄奄一息。

二、中华人民共和国保险事业的创立与发展

中华人民共和国的诞生开创了中国历史的新纪元,从而也揭开了中国保险史的新篇章。

(一)整顿改造旧的保险业,建立人民保险事业

1949年5月上海解放后,在上海市军管会财政经济接管委员会金融处下设立了一个保险组,专门负责接管官僚资本的保险机构和管理私营保险公司,共接管了官僚资本保险机构21家,实行监理的有两家。对私营保险业实行重新登记,并缴存规定的保证金,经批准后复业。当时复业的华商保险公司有63家,外商保险公司42家。与中华人民共和国成立前比较,华商保险公司减少了三分之二,外商保险公司减少了三分之一,淘汰了不少投机性保险公司。为了迅速恢复国民经济,接管后的中国保险公司首先复业,并规定由该公司单独办理对外分保业务,这是因为中国保险公司内部组织和制度比较健全,保险技术力量较强,并设有多个海外机构。对外商保险公司先不采取行政取缔办法,而是切断其业务来源。对私营华商保险公司则采取促进他们联合经营的办法,有47家公司参加了"民联分保交换处",这样就割断了他们与外商公司的分保关系。随着国营外贸系统和新的海关建立,对外贸易由国家专营,外商保险公司招揽不到业务,纷纷申请停业,到1952年年底全部撤离。在1951年末和1952年初,有28家私营保险公司合并成为太平和新丰保险公司,1956年这两家保险公司合并成为太平保险公司,专营海外保险业务。

其他城市在原有私营保险公司的基础上,由当地国营银行拨资建立了一些国营或公私合营的保险公司,如哈尔滨的公私合营新华保险公司,沈阳的国营东北保险公司。

北京、天津、汉口等地的原中国保险公司分公司在中国人民银行的支持下也恢复办理保险业务。

1949年8月，陈云同志在上海主持召开了第一次全国财经会议。在这次会议上，各人民银行区行负责人提议建立中国人民保险公司。后经中央人民政府政务院批准，中国人民保险公司于1949年10月20日正式成立，总公司设在北京，在各大区设立区分公司，由中国人民银行总行直接领导。在正式成立前召开的第一次全国保险工作会议上，确定了以“保护国家财产、保障生产安全、促进物资交流、增进人民福利”为社会主义保险事业的基本方针。

（二）人民保险事业的蓬勃发展

中国人民保险公司设立后，主要经营的业务是火灾保险与运输保险，沿海口岸还承保运输保险，并强调保险必须与防灾相结合。与此同时进行了一系列改革，修改了保险单，扩大了保险责任范围，降低了费率和简化手续。1951年2月3日，中央人民政府政务院正式颁布了《关于国家机关、国营企业、合作社财产强制保险及旅客强制保险的决定》。在国民经济恢复时期，中国人民保险公司相继开办了团体和个人人寿保险、国家机关和国营企业财产强制保险、旅客意外伤害保险、物资运输保险和运输工具保险等业务，并试办了农村牲畜保险和棉花收获保险。

进入第一个五年计划后，中国人民保险公司在机构方面作了整顿和精简，并贯彻自愿原则办理农业保险业务，停办了部分强制保险，在巩固业务基础上试办了一些新的业务。

据统计，从1949年到1958年的10年内，各种保险费收入总计16亿元，共支付赔款3.8亿元，上缴国库5亿元，积累保险资金4亿元，拨付防灾费用2 300万元，结余的资金都存入银行作为信贷资金使用。在这一时期，社会主义保险事业取得可喜的成就，完成了对私营保险业的社会主义改造任务，在全国范围内建立了比较完整的社会主义保险体系，普遍设立了保险机构，制定了新的规章制度，恢复和开办了许多业务，培养了一大批保险干部，并与世界上大部分国家和地区建立了直接和间接的分保关系和货损、船损检验的代理关系。

（三）国内保险业务中断

由于对保险的积极作用认识不足，1958年10月，在西安召开的全国财贸工作会议决定停办国内保险业务，对外保险业务转入中国人民银行总行国外局办理，编制人数只定为30人。旅客人身意外保险分别交给铁路、民航和交通部门自保。但实际上，有些大城市的国内保险业务没有完全停办。上海市的国内保险业务一直延续到“文化大革命”初期才被迫停办。这也说明企业和群众确实需要保险。在全国停办国内保险业务的20年中，保险专业人员和技术资料大量散失，拉大了中国保险市场与国外的差距，以至于后来再恢复国内保险业务时，保险已经成了一门要抢救的学科。

三、中华人民共和国保险事业发展的新阶段

党的十一届三中全会以后，1979 年全国人民银行分行长会议提出恢复国内保险机构和业务。经国务院批准，国内保险业务从 1980 年起开始恢复，这使我国保险事业获得新生。国务院在 1982 年批转中国人民银行《关于国内保险业务恢复情况和今后发展意见的报告》的通知中肯定，保险是“一种利国利民的好事，是国民经济中不可缺少的一环”。根据“为生产服务、为群众服务和自愿的原则”，开办了企业财产保险、家庭财产保险和汽车保险等业务。

1985 年，党的十二届四中全会通过的《中共中央关于制定国民经济和社会发展第七个五年计划的建议》中，把建立各种保险制度提高到是“保证经济体制改革顺利进行和取得成功的重要条件，也是社会安定和国家长治久安的根本大计”。这充分显示了社会主义的中国保险事业有着强大的生命力和广阔的发展前景，各级党政领导也愈来愈重视和支持保险事业的发展。1985 年国务院颁布了《保险企业管理暂行条例》，对中国人民保险公司的性质和业务活动作了规定，并对建立一个多层次保险体系作了规定。

自从国内业务恢复以来，国内和涉外保险业务都有了迅速发展，陆续开办了许多新险种：建筑工程险、安装工程险、海洋石油开发险、中外合资企业财产和人身保险、履约险、政治风险保险、产品责任险、卫星发射保险、核电站保险等，新的险种有百余种。

1986 年 10 月，恢复组建我国第一家股份制综合性银行，即交通银行。交通银行在开业后不久由其上海分行开展保险业务，从而打破了我国保险市场上独家经营保险业务的局面。1991 年 4 月，交通银行保险业务部按分业管理的要求而分离出来，组建了中国太平洋保险公司，将其总部设在上海，是我国第一家全国性、综合性的股份制保险公司。

1988 年 3 月，经中国人民银行批准，由深圳蛇口工业区招商局等单位合资创办了我国第一家股份制保险企业——平安保险公司，总公司设在深圳市。1992 年 9 月，该公司更名为中国平安保险公司，经营区域扩大至全国，遂成为我国第三家全国性、综合性的保险公司。

1992 年，邓小平同志视察南方的谈话使我国的改革开放出现了崭新局面，保险业也开始对外开放。“美国国际集团”的子公司美国友邦保险公司（AIA）于同年 9 月经中国人民银行批准在上海开设分公司。其后，日本的东京海上火灾保险公司经批准于 1994 年 11 月在上海开设了分公司。它标志着我国保险市场迈出了国际化的第一步。

与此同时，中国天安保险有限公司和大众保险有限公司这两家区域性保险公司分别于1994年12月和1995年1月在上海成立。

1995年6月《中华人民共和国保险法》颁布，为规范我国保险市场提供了有力的法律依据，也为发展我国保险市场创造了良好的法律环境。1996年中国人民银行又批准成立五家中资保险公司，其中三家是总部设在北京的全国性保险公司：华泰财产保险股份有限公司、泰康人寿保险股份有限公司、新华人寿保险股份有限公司，另两家是总部分别设在西安和深圳的区域性保险公司：永安保险股份有限公司、华安保险股份有限公司。在该年11月，中国第一家中外合资的寿险公司，即中宏人寿保险有限公司在上海成立。在1997年5月9日，瑞士丰泰保险（亚洲）有限公司上海分公司正式开业。此后，又相继批准英国皇家太阳联合保险公司、美国丘博保险公司、韩国三星火灾海上保险公司、日本三井产物保险公司等在上海设立分公司，中外合资的安联大众、太平洋安泰、金盛、中保康联、恒康天安、信诚等人寿保险公司纷纷成立。随着中国加入世贸组织（WTO），中国保险市场对外开放步伐进一步加快。

1998年11月18日，中国保险监督管理委员会正式成立，中国保险业从此有了独立的监管机构，保险监管开始走向专业化和规范化的道路。

2001年12月11日，中国成为WTO正式成员。中国保险市场抓住"入世"的契机，迎接世界保险市场的挑战和竞争。"入世"后，我国保险业对外开放的基本承诺如下："入世"后外资保险机构在华开业不再有数量限制；产寿险、保险经纪和再保险领域同时向外开放；"入世"三年后取消地域限制；外资公司将逐步取得与中资公司相同的业务范围；"入世"1年后，每年减少法定分保5个百分点，至2006年法定分保完全取消。

2003－2004年，我国的保险市场主体纷纷开始进行改革。根据《保险法》中分业经营的规定，原中国人民保险公司改制为中国人民保险公司、中国人寿保险公司、中国再保险公司和中国保险（集团）公司四家独立的公司。中国太平洋保险股份有限公司、中国平安保险股份有限公司也先后变更为中国太平洋保险（集团）股份有限公司、中国平安保险（集团）股份有限公司，集团控股设立财产保险股份有限公司和人寿保险股份有限公司。中国人民财产保险股份有限公司、中国人寿保险股份有限公司和中国平安保险（集团）股份有限公司分别于2003年、2004年在境外上市。

2004年，中国保监会共批准筹建18家中资保险公司，其中包括多家专业的农业保险公司、汽车保险公司、健康保险公司。并且，我国成立了第一家相互保险公司——阳光农业相互保险公司，填补了我国尚无相互制公司的空白。

2018年，银行监督管理委员会与保险监督管理委员会合并成立了银行保险监督管理委员会，为银行、保险的深入融合和规范监管奠定了基础。

案例 4－2　　2018 年中国保险市场①

2018 年，保险业保费收入仍保持正增长，但同比增速却有所放缓。2018 年原保险保费收入 38 016.62 亿元，同比增长 3.92%，2017 年保险业原保险保费收入 36 581.01 亿元，同比增长 18.16%，2018 年原保险保费收入的同比增速放缓了 14.24 个百分点。2018 年产险业务原保险保费收入 10 770.08 亿元，同比增长 9.51%；寿险业务原保险保费收入 20 722.86 亿元，同比下降 3.41%；健康险业务原保险保费收入 5 448.13 亿元，同比增长 24.12%；意外险业务原保险保费收入 1 075.55 亿元，同比增长 19.33%。

2018 年，原保险赔款和给付支出 12 297.87 亿元，同比增长 9.99%，其中产险业务赔款 5 897.32 亿元，同比增长 15.92%；寿险业务给付 4 388.52 亿元，同比下降 4.07%；健康险业务赔款和给付 1 744.34 亿元，同比增长 34.72%；意外险业务赔款 267.70 亿元，同比增长 19.68%。

保费的增长带来了保险资产规模的增长。截至 2018 年底，保险业总资产为 183 308.92 亿元，较年初增长 9.45%。其中，产险公司总资产为 23 484.85 亿元，较年初下降 5.92%；人身险公司总资产为 146 087.48 亿元，较年初增长 10.55%；再保险公司总资产为 3 649.79 亿元，较年初增长 15.87%；资产管理公司总资产为 557.34 亿元，较年初增长 13.41%。

从地区来看，华东地区保费收入居于全国首位，2018 年华东地区原保险保费收入为 11 276.37 亿元，其次是华中地区 5 742.43 亿元，华北地区保费收入 5 628.33 亿元，华东地区保费收入 4 284.50 亿元。分省市来看，广东省原保险保费收入排在全国首位，2018 年保费收入 3 472.37 亿元，江苏、山东、河南、四川原保险保费收入分列二、三、四、五位，保费收入依次是 3 317.28 亿元、2 519.45 亿元、2 262.85 亿元、1 958.08 亿元。北京、上海两大经济强区 2018 年原保险保费的增速均出现下滑现象，其中北京原保费收入 1 793 亿元，同比下滑 9.1%，上海原保费收入 1 406 亿元，同比下滑 11.4%。

2018 年一共有 10 家保险公司原保费收入超过千亿元，3 家为财险公司，7 家为寿险公司。在财产险公司中原保费收入排行前三的分别是人保财险、平安财险和太保财险，和 2017 年排名保持一致，三家险企不仅原保费收入均在千亿元以上，且增速都保持在两位数。其中，人保财险原保费收入 3 880.03 亿元，同比增

① http://www.chyxx.com/industry/201904/726459.html.

长 11.08%，仍然占据首位；平安财险原保费收入为 2 474.44 亿元，同比增长 14.57%，排名第二；太保财险原保费收入为 1 173.8 亿元，同比增长 12.87%，居于第三位。寿险公司中原保费收入在千亿元以上的一共有 7 家，其中 2018 年中国人寿原保费收入为 5 362.06 亿元，同比增长 4.67%，占据寿险公司首位；平安人寿原保费收入为 4 468.85 亿元，同比增长 21.13%，仅次于中国人寿，居第二位；太保人寿、泰康人寿、太平人寿、新华人寿、华夏人寿分别居第三、第四、第五、第六、第七位，原保费收入分别为 2 013.43 亿元、1 173.58 亿元、1 236.19 亿元、1 222.86 亿元、1 582.75 亿元，同比增长分别为 15.73%、1.72%、8.51%、11.89%和 82.01%。

本章小结

● 海上保险是一种最古老的保险，近代保险也首先是从海上保险发展而来的。劳合社承保的业务十分广泛，简直无所不保，但在海上保险和再保险方面起了最为重要的作用。

● 火灾保险是财产保险的前身，火灾保险从过去只保建筑物损失扩大到其他财产，承保的责任也从单一的火灾扩展到风暴、地震、暴动等。

● 人寿保险起源于欧洲中世纪的基尔特制度。第一张生命表为现代人寿保险奠定了数理基础。第二次世界大战后，人寿保险的覆盖率进一步扩大，保险种类繁多，与金融市场紧密结合。

● 责任保险和保证保险虽然历史不长，但是已经成为最具有创新性的保险领域。

● 我国现代保险制度分为旧中国和中华人民共和国两个历史阶段。中国第一家民族保险企业是 1865 年的上海义和公司保险行。

● 中华人民共和国的诞生揭开了中国保险史的新篇章。党的十一届三中全会以后，国内保险业务从 1980 年起开始恢复，这使我国保险事业获得新生。

● 改革开放以来，特别是 1986 年之后，随着保险市场供给主体不断增加和竞争的保险市场体系初步形成，保险业务获得迅速发展。

● 1998 年 11 月 8 日中国保险监督管理委员会正式成立，中国保险业从此有了独立的监管机构。2018 年，保险监督管理委员会与银行监督管理委员会合并为银行保险监督管理委员会。

第五章　保险的职能与作用

任何行业都有自身应该履行的职能。本章主要介绍的是保险的地位、职能、作用与社会代价。清楚保险的地位对于了解保险与其他行业之间的关系非常重要。职能和作用是两个既有联系又有区别的概念。职能是事物本身所具有的内在功能,是事物本质的体现;而作用是职能在履行过程中的具体效果。对保险的职能与作用的理解有助于对保险的本质以及保险经营与监管的方针政策的更深理解。当然,保险业的存在也具有一定的社会代价。了解保险业所存在的社会代价对于进一步提高保险业经营效率、降低经营风险具有积极的作用。

第一节　保险的地位

保险的地位是指在不同形式或不同条件下,保险与其他事物之间的相互关系。研究保险地位的目的在于从理论上正确认识和处理保险与其他经济形式、其他部门之间的相互关系,从而进一步认清保险的作用。

一、保险与国民经济

保险是国民经济活动的一个重要组成部分。通常,根据社会再生产的过程,国民经济的活动可分为生产、流通、分配和消费四个领域。保险依赖于生产、分配、交换与消费,但又直接渗透和参与了再生产过程的四个环节,是构成再生产过程的要素之一,并以相对独立的形态对再生产过程发挥促进作用。但是保险经济保障活动不直接创造物质,不直接从事物质的流通活动,也不直接消费物质,因此保险是属于一种分配活动,属于国民经济的分配领域。

但是,保险分配与财政分配明显不同。当前,保险分配作为一种商业行为,基本独立于财政分配。保险分配与企业财务分配也明显不同。企业财务分配是社会总产品的初次分配环节。企业财务分配中的风险财务处理手段一般有两种形式:一是自留风险，由企业自留风险基金解决；二是转移风险，用支付保险费的办法把风险转移给保险公司，从而参与保险基金的再分配。保险分配与企业财务分配表现为互相制约、互相补充的关系，即在一定时间内，企业的销售收入总是一定的量，交付了保险费，意味着企业毛利润的减少，当企业经营状况欠佳时，也有可能压缩保险费支出而冒险经营。但企业一旦遭受灾害损失，便可得到保险补偿，从而为企业正常的财务活动提供保证，保障了企业经营的稳定性。企业财务分配留有一定数量的自保后备也是完全必需的，可以用来应付保险分配以外的补偿需要。

所以，保险在国民经济中的地位如同其宏观作用一样。保险是国民经济中的重要组成部分，并且是国民经济的稳定器和助推器。

二、保险与金融

金融体系是指众多银行与非银行金融机构的相互关系及其特征。金融是指货币资金的融通，是以银行为中心的货币流通的调节活动的总称。银行及其他金融机构经营存款与放款、储蓄、票据贴现、外汇、结算、信托、投资、金融租赁、发行有价证券等项业务，均属于金融业务。传统金融概念的内容主要围绕货币以及银行，而现代金融则不同，它主要围绕金融市场来运营。在我国，金融业包括银行、证券、保险和信托。目前，保险业已经成为金融体系中的重要行业之一。保险公司的生产性特点主要体现在保险人通过一系列的活动向被保险人提供保险商品，使得保险产品在金融工具层面都具备了可交易性。同时这也是保险被列为金融的基础。保险基金是通过收取保费筹集资金而建立起来的，在进行承保或者理赔等一系列业务时，需要对资金进行有效运用。保险作为金融工程的支柱之一，不仅仅是因为保险的经济补偿给付职能，其绝大部分原因主要是保险基金的长期性以及稳定性等特点。

1. 保险为金融体系的正常运转提供保驾护航的作用

如同保险为其他行业提供保障，保险也为整个金融业提供保障，为金融体系的正常运转提供保驾护航的作用。

保险可以为各种金融服务提供配套性的保障服务，比如在贷款业务中，保险为各种抵押财产提供保险，保障抵押财产的安全，从而保障贷款的还贷安全；或者为各种贷款人提供与贷款相关的人身保险，即使贷款人因意外伤害或疾病造成死亡或伤残而丧失还贷能力，保险赔款能用于还贷，保障还贷安全。

各种信用保险和保证保险更是直接提高了企业和个人的信用，使得金融行为能够正常进行。比如银行购买的贷款信用保险，贷款人购买的贷款保证保险等。一些保险公司还参与了金融创新，为各种新金融业态提供保证保险，从而让消费者打消顾虑，能相信并接受新金融业务，促进了金融业的创新。

2. 保险公司是金融体系中重要的资金来源和机构投资者

保险公司的投资渠道包括各种债券、股票、基金等，为金融市场提供了各种长期及短期资金。尤其是人寿保险公司，其大额的保险基金是金融市场上重要的资金来源，保险公司作为金融中介，和其他金融机构一样具有融资功能，是重要的机构投资者，它对金融市场稳定和发展具有重要的影响。在各国金融市场中，保险公司都占据了相当重要的地位，它主要是通过收取保费筹集资金并且利用购买股票或政府债券等各种方式来提供基金，是政府金融调控时的一种有效手段。除此之外，人寿保险中的保单贷款也是金融市场上特殊的贷款形式，为消费者的临时资金需求提供了渠道。

3. 保险公司与其他金融机构保持了密切的合作关系

若将保险业视为一个单独存在的行业，对于保险产品而言，它在金融中的应用则会显得过于局限。自 20 世纪 80 年代起，保险就已经与金融行业有所交汇。到了 90 年代以后，其正式成为了金融行业中的一部分，与金融行业之间的界限也逐渐模糊，此后银行与保险公司之间的相互渗透愈加明显，而这种相互渗透开始于寿险业，随着后期的不断发展已经扩大到了非寿险行业，在此期间二者的渗透方式也发生了很大的变化。保险公司和银行联合为消费者提供了多样化的金融保险服务，银行保险产品已经是保险营销渠道的重要组成部分。银行保险是由保险人开发保险产品而由银行进行保险产品销售的一种联合经营行为。除此之外，银行和保险公司还在保费代收、兼业代理、客户介绍、对账单直邮、保单质押贷款、发行联名卡、电子商务、保险金代付、资金运用等诸多方面进行合作。银行和保险公司的联合有利于增强双方自身的竞争能力。当然，保险企业与其他一般性企业一样，也有着发行债务、增资扩股等资本市场服务的需要，从而在与证券行业保持了密切合作关系之外，保险业务与其他金融机构业务的合作愈发加深。

三、保险基金与社会后备基金

保险是经济保障的一种形式，商业保险基金是社会后备基金的一种形式。社会后备基金是指国民收入中用于防止社会再生产中断、保持国民经济平衡以及应付意外事件、自然灾害等而储备的资金，包括物资后备和货币后备。社会后备基金在社会再生产过程中是不可缺少的，它是一切生产方式下的共有基础。社会后备基金来源于国民收入，是通过国民收入的分配和再分配而形成的。社会后备基金有多种形式，保险基金只不过是社会后备基金中的一种。社会后备基金包括并不限于集中形式的后备基金、互助形式的后备基金、保险形式的后备基金、自保形式的后备基金和社会保障形式的后备基金。

其中，集中形式的后备基金也称国家后备基金，包括国家长期战略物资储备和财政预算总预备费，是由国家通过财政预算对国民收入再分配实现的，并且是由国家管理和支配的实物形态或货币形态的后备基金。互助形式的后备基金则是由一些具有共同要求和面临同样风险的人自愿组织，以预交风险损失补偿分摊金的方式建立起的一种后备基金。保险基金是由保险机构根据保险费率，通过向参加保险的单位和个人收取保险费的方式而建立的一种货币形态的后备基金，专门用于补偿被保险人受到的经济损失或满足被保险人给付要求。自保形式的后备基金是由各企业或经济组织为保证经营过程的连续性和稳定性所设立的自行弥补损失的一种后备基金。社会保障形式的后备基金是国家为保证生活有困难的社会成员的基本生活需要得到满足，采用法律强制手段通过国民收入分配和再分配所形成的一种特殊的消费基金。社会保障基金主要用于社会保险、社会救助等方面的开支。

显然，保险基金是社会后备基金的一种重要形式，与其他形式的社会后备基金有一定的相似之处，但是又不完全一致。

第二节 保险的职能

职能是指某种客观事物或现象内在的固有的一种功能，是由事物的本质和内容所决定的。保险职能是指保险产品内在的固有功能，它是由保险的本质和保险的内容所决定的。在保险理论界和保险实务界，尽管对保险的定义存在着不完全一致的认识，但是对保险职能的看法比较一致。一般将保险职能分为基本职能和派生职能(见图 5—1)。

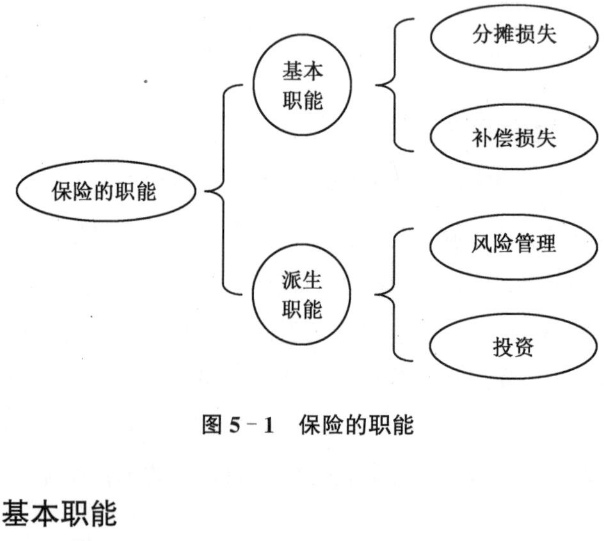

图 5-1 保险的职能

一、保险的基本职能

保险的基本职能可概述为向保险参加者收取保险费，并集中建立保险基金，来分摊特定的风险损失，以实现经济补偿的目的，即保险的基本职能为保障。保险的基本职能包括分摊损失和补偿损失。这是保险的本质，也是设立保险产品的初衷。分摊损失是保险业务过程中处理风险的方法和手段，而补偿损失则是保险业务的最终目的。补偿损失是通过分摊损失而实现的，这两者是保险机制中不可分割的两个方面。就过程来讲，保险实现基本职能的过程就是保险人向保险参加者收取保险费，并集中建立保险基金，从而分摊特定的风险损失，以实现经济补偿的目的。

（一）分摊损失

对于单个的个体而言，风险事故是否发生具有一定的不确定性。但对于面临着相同风险的一个群体而言，风险事故的发生在一定程度上是必然的和可测量的。因此，保险可以作为一种分摊损失的方法，基于一个群体来分摊某个单个个体的风险。这种分摊损失的过程是建立在风险事故的发生具有偶然性，但偶然之中又有必然这一矛盾对立统一的基础之上的。在保险中，投保人愿意以支付小额确定的保险费，从而换取对大额不确定损失的补偿。而保险人则根据大数法则集合了足够多的投保群体，通过向众多的投保成员收取保险费，从而分摊了其中少数不幸成员所遭受的损失，将相对少数成员的不幸损失转嫁给所有投保成员。

可以用一个简单例子来说明保险所具有的分摊损失职能。假定由 10 000 个家庭联合组成了一个火灾保险社，并且假设每个家庭住宅的价值为 400 万元，根据过去的数据记录，以往的年平均火灾损失总额为财产价值的 0.5%，由此可知：

预计的损失总额＝住宅价值总额×平均火灾损失率＝400 万元×10 000×0.5%＝20 000 万元

$$每个家庭分摊的损失金额=\frac{20\ 000}{10\ 000}=2\text{ 万元}$$

$$每百元财产价值分摊的损失额=\frac{损失总额}{以每百元财产价值表示的损失风险单位数}=0.5\text{ 元}$$

计算结果 0.5 元即为费率。这就是说，倘若 10 000 个家庭住宅的价值都相同，为 400 万元，则 20 000 万元火灾损失是由 10 000 个家庭每户缴付 2 万元来分摊的。如果 10 000 个家庭住宅的价值不相同，则对于 20 000 万元火灾损失，可以按每 100 元价值的财产缴纳 0.5 元保费来进行分摊。当然，上述例子是一个简化的例子，没有考虑任何的费用支出，并且假定实际损失正好等于预计损失，也没有考虑保费进行投资的收入。但是这个简单的例子充分展示了保险如何实现分摊损失的职能。

（二）补偿损失

补偿损失是保险最基本的核心职能。保险是在特定风险损害发生时，在保险的有效期和保险合同约定的责任范围以及保险金额内，按照实际的损失金额给予赔偿。这种赔偿使得社会财富因灾害事故所导致的实际损失在价值上得到补偿，在使用价值上得到恢复，从而使社会再生产的过程得以连续。保险的产生和发展都是为了满足补偿灾害事故所导致损失的需要，积累保险资金并不是保险的目的，而是保证保险赔偿或给付的条件。

补偿损失的职能主要是针对财产和责任保险而言的。保险的补偿损失只是对社会已有的财富进行再分配，而并没有增加社会财富。个别遭受风险损失的被保险人从没有遭受损失的大多数被保险人所缴纳的保费中得到了补偿。然而，对于人身保险而言，人身保险包括人寿保险、年金保险、健康保险和人身意外伤害险。其中，健康保险在一定程度上带有经济补偿性质，但人寿保险、年金保险和人身意外伤害保险没有这样的性质，它是被保险人付出一定的保费，以换取将来的经济保障。人身保险存在非补偿成分，因为人的生命价值不能以货币表示；并且多种人身保险还具有返还的储蓄性质和增值的投资功能，所以人身保险中不用"赔偿"这个词语，而是称为"给付"保险金，人寿保险的基本职能更倾向于对将来的经济保障。因此，对于人身保险而言，人身保险的职能不能称为补偿损失，而是经济给付的职能。也正是由于这个原因，有些人将保险的补偿损失职能和经济给付职能合并为经济保险职能。保险的两个基本职能是分别从手段和目的两个不同的角度对保险过程考察的结果。根据保险合同，对遭受灾害事故并发生损失的单位和个人进行经济补偿是保险的目的，分摊损失是经济补偿的一种手段，没有分摊损失就无法进行保险补偿。这两个基本职能是相互依存的。

二、保险的派生职能

随着保险制度的发展，在保险基本职能的履行过程中产生了派生职能。这些派生职能虽不是保险特有的职能，但受保险业务经营的规律所支配，是由保险机制的内在动力而产生的，并非是外部力量所强加的。保险的派生职能主要有风险管理职能和投资职能。

（一）风险管理职能

风险管理职能又称为防灾防损职能。保险经营的对象就是风险，保险本身也是风险管理的一项重要方法。风险管理中，风险发生前的预防、风险事故发生时的控制和风险事故发生后的补偿是一个紧密联系的链环。做好风险发生前的预防工作，就能有效地减轻后两者的损失，并减轻保险公司的赔偿压力，这是最为重要的一个环节。保险的风险管理职能是从基本职能派生出来的，指保险人能够有效地介入风险管理活动，从而有助于各种风险的控制与管理，提高社会的防灾防损水平，发挥防灾防损的社会职能。风险管理是社会共同的任务，社会上有不少专职的防灾防损部门，如公安消防、交通安全、生产安全、劳动保护、防震、防汛和防洪部门。防灾防损也是保险经营的重要手段，通过事前的预防可以减少损失。

保险公司参与防灾防损工作是由保险经营的特点所决定的。并且防灾防损工作作为保险业务操作的环节之一，始终贯穿在整个保险工作之中。首先，保险公司有着参与防灾防损工作的独特先天条件。保险公司的日常业务从承保、计算费率到理赔，都是与风险事故打交道，掌握了各种财产的风险特征和各种风险事故损失的统计资料，对风险事故的原因也进行了分析和研究，从而积累了丰富的防灾防损工作经验。因此，保险公司也有着必须积极参与各种防灾防损工作的社会责任。其次，减少风险事故所导致的损失能相应减少保险的赔付，从而增加保险资金积累和降低费率。所以，保险公司从自身的经营利益出发也会加强防灾防损工作，并乐于承担宣传防灾防损知识方面的费用，以及向防灾防损部门投资。历史上最早的消防队就是由商业保险公司出资成立的。最后，保险公司可以通过业务经营来促使投保单位和个人重视风险管理的工作。保险公司可以通过费率优惠从而鼓励投保单位和个人加强风险管理工作，增强投保人的风险管理意识。我国《财产保险合同条例》规定："保险方可以对被保险人财产的安全情况进行检查，如发现不安全因素，应及时向投保方提出消除不安全因素的合理建议，投保方应及时采取措施消除。否则，由此引起的保险事故造成的损失，由投保方自己负责，保险方不负赔偿责任。"所以，参加保险的单位和个人都会致力于消除不安全因素，避免出现因不符合规定而最终得不到保险赔偿金的情况。保险的风险管理职能充分体现了保险双方的共同利益。

随着保险的发展，保险公司也逐渐将业务重心从单纯的事后赔偿向前转移，开始重视事前的防范。一些大型保险公司除了经营传统的承保业务之外，还会向投保企业提供风险管理的咨询服务。一些企业购买保险的目的也不仅仅是为了得到赔款，也非常看重从保险公司得到的风险管理服务。比如，北美洲保险公司下属的风险管理服务公司就专门从事这方面的业务。保险公司内部拥有各方面的专家顾问，他们可以为投保人提供专业的风险管理咨询，帮助投保人估计潜在的风险，评价投保人的风险管理机制并提出解决方案。目前，保险公司的风险管理派生职能越来越重要。保险公司不能再像以前那样坐等赔款，而把重点逐步转移到"防灾防损"。这样不但能提高保险公司的服务质量，树立保险公司的良好形象，还可以减少赔付金额，提高保险公司的利润水平。

（二）投资职能

保险的投资职能又称为资金融通职能，是指利用保险基金的时间价值，将暂时闲置的部分重新投入社会再生产的过程。在保险经营的过程中，保险费一般是预付的，保险公司将在整个保险期限内履行保险责任并进行保险赔偿或给付。通常在收取保费和赔款支出之间都会存在时间的间隔，再加上损失发生与赔付之间的时间间隔、历年赔付率的波动、巨灾损失发生的可能性等诸多因素，保险公司的责任都会滞后许多。保险公司因此要为这些滞后的责任提存各种准备金。这些准备金为保险公司的资金运用提供了可能。同时，保险公司是以盈利为目的的商业机构，也有通过直接运用保险基金而获取更高收益的要求。一般而言，保险公司的资金运用的来源主要是资本金、总准备金或公积金、各种准备金以及未分配盈余。

保险公司运用暂时闲置的大量准备金是保险资金运转的重要一环。通过很好地运用保险资金，可以增加保险公司的收益，从而增强偿付能力，促进承保业务的发展，并进一步使保险资金的运转进入良性循环。所以，保险人为了使保险经营稳定，必须发展壮大保险基金，这也要求保险人合理地运用保险资金。实际上，保险公司的承保业务愈发展，投资职能就愈发显得重要。投资业务和承保业务是保险公司发展的两个必不可少的轮子，偏废了哪一个轮子，保险公司都无法健康发展。

投资业务在保险经营中具有非常重要的地位。实际上，由于竞争激烈等诸多因素，一些保险公司的承保业务经常发生亏损，然而，投资业务的利润弥补了承保业务的亏损，使保险行业整体上能保持盈利。特别是人寿保险公司，由于保险期限的长期性，使得寿险基金的规模巨大，并成为金融市场上的主要投资者。而对于人寿保险公司而言，投资产生的利润不但是人寿保险公司的收入和利润的重要来源，也是保险公司吸引投保人购买保险的重要因素。当前，一些大型保险公司都设有独立的资产管理公司，将投资业务作为保险经营的主要业务之一。

但是，需要正确地认识到，保险的投资职能仅仅是派生职能，保险基金首先要承担基本的保障职能。投资业务是为承保业务服务的，投资职能也是次于保障职能的。所以，在运用保险基金时，首先要考虑保险的偿付能力，要为保险公司的承保业务服务。保险公司的资金运用应坚持安全性、营利性、流动性、多样性和社会性的投资原则。随着我国保险业务的发展，我国保险界自主运用资金的范围也愈来愈扩大了。目前，我国保险资金的运用渠道主要有银行存款、买卖政府债券、买卖金融债券和国务院允许的其他资金运用形式。当前，债券是我国保险公司主要投资领域。

另一方面，正是因为保险还具有风险管理和投资这两种派生职能，对保险公司人员要求的知识密集程度要明显高于其他行业，而且它在提供多种多样的就业机会方面也胜过其他行业。除了传统的保险营销、承保、理赔等具有保险特色的工作以外，保险业还能向数学家、医生、护士、电脑专家、工程师、工业卫生学家、生物学家、化学家、生产和技术设备安全调研人员、建筑物和汽车安全设计人员、律师、会计师、投资专家和经济学家等提供就业机会。所以，保险业成了最吸引人的职业之一。

案例5-1　　保险的社会管理职能

保险具有社会管理职能是我国保险实践对世界保险理论的一大贡献。这一个理论创新最早由吴定富(2003)提出,并逐渐发展为现代保险职能理论。2006年6月发布的《国务院关于保险业改革发展的若干意见》中,充分肯定了保险的功能与作用,并指出:"保险具有经济补偿、资金融通和社会管理功能,是市场经济条件下风险管理的基本手段,是金融体系和社会保障体系的重要组成部分,在社会主义和谐社会建设中具有重要作用。"

一般来讲,社会管理是指对整个社会及其各个环节进行调节和控制的过程,目的在于正常发挥各系统、各部门、各环节的功能,从而实现社会关系的和谐、整个社会良性运行和有效管理。保险的社会管理功能不同于国家对社会的直接管理,而是通过保险内在的特性,促进经济社会的协调以及社会各领域的正常运转和有序发展。保险的社会管理功能是在保险业逐步发展成熟并在社会发展中的地位不断提高和增强之后衍生出来的一项功能。保险的社会管理功能,主要体现在四个方面:

(一)社会保障管理。社会保障被誉为社会的"减震器",是保持社会稳定的重要条件。商业保险是社会保障体系的重要组成部分,在完善社会保障体系方面发挥着重要作用。一方面,商业保险可以为城镇职工、个体工商户、农民和机关事业单位等没有参与社会基本保险制度的劳动者提供保险保障,有利于扩大社会保障的覆盖面。另一方面,商业保险具有产品灵活多样、选择范围广等特点,可以为社会提供多层次的保障服务,提高社会保障的水平,减轻政府在社会保障方面的压力。

(二)社会风险管理。防范、控制风险和减少风险损失是全社会的共同任务。保险公司从开发产品、制定费率到承保、理赔的各个环节,都直接与灾害事故打交道,不仅具有识别、衡量和分析风险的专业知识,而且积累了大量风险损失资料,为全社会风险管理提供了有力的数据支持。同时,保险公司能够积极配合有关部门做好防灾防损,并通过采取差别费率等措施,鼓励投保人和被保险人主动做好各项预防工作,降低风险发生的概率,实现对风险的控制和管理。

(三)社会关系管理。通过保险应对灾害损失,不仅可以根据保险合同约定对损失进行合理补偿,而且可以提高事故处理的效率,减少当事人可能出现的各种纠纷。由于保险介入灾害处理的全过程,参与到社会关系的管理之中,逐步改变了社会主体的行为模式,为维护政府、企业和个人之间正常、有序的社会关系创造了有利条件，减少了社会摩擦，起到了社会“润滑器”的作用，大大提高了社会运行的效率。

（四）社会信用管理。完善的社会信用制度是建设现代市场体系的必要条件，也是规范市场经济秩序的治本之策。最大诚信原则是保险经营的基本原则，保险公司经营的产品实际上是一种以信用为基础、以法律为保障的承诺，在培养和增强社会的诚信意识方面具有潜移默化的作用。同时，保险在经营过程中可以搜集企业和个人的履约行为记录，为社会信用体系的建立和管理提供重要的信息资料来源，实现社会信用资源的共享。

第三节　保险的作用

保险的作用是指人们以保险职能为依据，在实现保险职能的过程中所产生的实际效果。在不同的社会发展时期，由于保险所处的经济环境不同，保险职能在实践中的表现效果也不同，可以从宏观和微观两个角度来考察保险的作用。

一、保险的宏观作用

保险的宏观作用是指保险在发挥职能的过程中对全社会以及对国民经济总体所产生的经济效益。从国民经济的层面来看，保险的作用主要体现在以下几个方面。

（一）保障社会生产的持续进行，是国民经济的“稳定器”

由于社会分工越来越细，各生产部门的专业性越来越强，使得社会各生产部门之间的依赖性越来越强。整个社会生产成为一个复杂的链条型结构，多环相扣，当某一个生产部门出现危机时，不仅会对自身部门产生影响，还会波及其他部门并产生联动效应，进而使社会损失进一步扩大。保险公司作为风险管理的专职机构，在发生保险事故后能主动、迅速地进行理赔，不但在理赔工作结束之前进行赔款，而且还可以在理赔工作结束之前预付部分赔款，从而使得生产链条不发生中断，并将社会总损失控制在一定范围内，保障社会生产的持续进行，所以被称为国民经济的“稳定器”。

（二）提供资金来源和融资服务，是国民经济的“推进器”

这也是保险的投资职能的体现。保险基金经过保险人的资金运用重新进入社会再生产的过程，实质上是增加了社会基金的规模。而且保险基金中处于暂时闲置状态的资金被广泛运用于各种动产和不动产的投资之中，一方面不但为保险公司增加了利润来源，增强了理赔能力，降低了保险产品的成本；而且还同时在客观上为国民经济投入了可观的建设资金，推动了国民经济的发展，所以被称为国民经济的"推进器"。目前，保险公司的资金大部分用于购买债券和银行存款，它们是构成债务资金和银行信贷资金的重要来源之一。而且，保险资金通过购买股票而直接入市，也给资本市场注入新的活力，成为资本市场上主导的机构投资者。

（三）有利于民事赔偿责任的履行

责任保险是保险公司代替过失者向受害人提供赔偿的保险。通过责任保险，受害人的损失能够得到及时有效的补偿，从而保障了受害人的权益。尤其是当过失者没有赔偿能力时，受害人的权益也能通过保险公司的赔款而得到及时有效的保障。特别是在某些经济领域施行了强制性保险，比如机动车交通事故第三者责任保险，以及准强制的环境污染责任保险等。通过强制性保险，即"强买强卖"的方式，保证了保险的全覆盖，并保证了最低赔偿的完全履行。在交强险制度中，即使出现肇事者肇事后逃逸等现象，受害人也能直接向保险公司要求索赔，保险公司也必须赔款，从而保证了赔偿的顺利进行，有利于民事赔偿责任的履行。在一定程度上也起到了安定社会环境、稳定社会秩序的作用。

（四）有利于信用的提高

信用在现代社会无疑也是一种生产力，信用缺失会增加许多交易的成本，甚至使交易无法成功进行。保险产品中的信用保险和保证保险等产品能够提高个人和企业的信用，从而促成需要信用才能成功的交易行为。所以，保险能有利于社会信用的提高，从而降低现代经济活动中的信用风险，降低因信用缺失而造成的摩擦和交易成本，用保险公司的信用来保证交易的顺利实施。同时，保险公司在销售信用保险和保证保险的过程中，也会对义务方进行严格的审查；在合同履行的过程中，也会对义务方进行监督，这些在整体上都有利于整个社会信用的提高。

（五）促进对外贸易和经济合作

保险在对外贸易和经济交往中发挥着不可替代的作用，例如出口信用保险、投资保险等。在国际贸易中，倘若出口商因为进口商违约而遭到损失，则保险公司将承担债权损失的经济补偿责任。出口信用保险的存在极大降低了出口商的收汇风险，促进了厂商对外贸易的积极性。同样，来华投资保险和海外投资保险能够打消投资者对政治风险爆发而导致损失的担忧，积极地参与到国际投资之中。根据当前的国际惯例，保险不但已经深入所有国际贸易的过程中，还在技术引进、劳务输出、合资企业、国际旅游事业等领域提供保障服务。所以，保险有利于对外经济合作和技术交流，增进同世界各国人民的友好交往。

（六）推动科学技术转化为现实的生产力

当前，商品竞争已经从简单的价格竞争发展到商品技术的竞争。企业要想生存，必须保持持久的创新力。新技术不但可以提高生产效率，还可以完善产品性能，扩大市场份额。但是新技术和新工艺的应用都是要付出代价的。新技术的采用意味着新的风险的产生。保险则可以为因采用新技术而面临新的风险的厂商提供保障。保险可以激发企业家的创新精神，促使企业开发新产品，采用新技术，推动科学技术转化为现实的生产力。

二、保险的微观作用

微观作用是指保险对企业、家庭和个人的影响。主要体现在以下几个方面。

（一）有助于受灾企业连续生产经营

由于自然灾害和意外事故的客观存在，企业面临着各种不可避免的风险。风险事故的发生不但会给企业带来严重的损失，甚至会使企业因资金链断裂而丧失连续生产的能力，进而濒临破产。通常而言，企业发生事故的时候是企业最为困难的时候，也是最需要资金的时候，但此时倘若寻求正规的融资渠道，通常会由于企业的困境而被视为缺乏还债能力而无法获得资金。而保险作为风险转移的一种方法，能够及时、合理地补偿企业的损失。保险赔款就如同给受灾企业提供的一笔融资，能帮助企业解决燃眉之急，并尽快地恢复正常的生产和经营，同时还可以进一步减少企业的间接损失。所以，保险对于企业而言不但提供了保障，更重要的是提供了一笔融资，做到了“雪中送炭”。企业应该从更高层次来看待保险赔款的作用，将其视为急需要资金时能提供一笔融资的财务安排。

（二）加强企业的财务管理和风险管理

企业的经营会面临各种风险，而风险的存在会阻碍市场的自由竞争。这是因为不同企业经营者的风险偏好有差异，风险厌恶者会因畏惧风险而裹足不前，而风险偏好者又盲目冒进，存在可能引发更大风险的潜在危险。保险可以消除许多不确定的风险因素，使风险厌恶者大胆开拓创新，使风险偏好者有所约束，从而使企业的竞争趋于合理和公平。另外，企业用于购买保险的保费一般可以计入企业经营管理的成本，在企业所得税之前列支。因此，购买保险能使企业的现金流保持稳定，不会因为发生灾难而产生大的波动，加强财务管理使财务更加稳健。同时，在企业购买了保险之后，保险公司还会对企业进行核保和监督管理，审查企业的风险状况，鉴别风险漏洞，并提出整改措施，从而加强企业的风险管理。

（三）有助于安定个人和家庭的生活

家庭也会同企业一样面临自然灾害和意外事故。当下，我国的社会保障制度还不是非常完善，并且由于家庭财富相对也不是非常强大，对风险的承受能力更加脆弱，风险自留的能力也非常有限。不论是家庭成员的生老病死，还是发生了火灾、水灾，都会对家庭生活产生巨大的冲击，导致家庭生活水平直线下降，甚至难以为继。由于保险的保障功能，保险能够在人们面对危难时伸出援助之手。“平时注入一滴水，难时拥有太平洋”就是保险保障的贴切写照。家庭财产保险、机动车辆保险和各种人身保险在保障家庭生活水平不下降方面发挥了巨大的作用。当灾难发生时，保险虽然无法抚平受害人的感情创伤，但保险赔款能够帮助人们避免发生的经济损失，从而安定人民的生活。相对于企业而言，个人和家庭更需要保险的保障作用。

（四）促进个人或家庭消费的均衡

保险基金尤其是人身保险基金的形成，并不是对已经存在的社会财富损失的补偿，而是把过去的财富节约下来，并用于未来的生活需要。在人生各个阶段，收入和需求并非都时刻吻合。当需要钱时，收入可能是不足的，而当事业处于最高峰时，消费却并非很高，所以需要对人生的收入和消费进行均衡。当然，有多种方式可以对人的一生所需收入和消费进行均衡，如储蓄。保险也能促进家庭消费的均衡。人们一般在其壮年时收入是最高，退休之后退休金的增长会低于通货膨胀，从而需要动用以前的积蓄。为了保证年老时不因收入的减少而影响家庭的消费，就必须参加养老保险。即在青壮年时期，将其收入的一部分通过缴纳保险费的形式交给保险公司，而在年老时从保险公司领取养老保险金，从而实现家庭的消费均衡。而通过购买保险的方式也可以使得自己在发生意外时能够从保险公司得到保险赔偿金，从而不会发生巨额的开支，实现家庭消费的均衡。

（五）在遗产与赠与筹划中具有避税的作用

在一些国家和地区，当被继承人死亡后继承人继承遗产时，需要交纳遗产税。征收遗产税的目的主要是为了使人们生而平等，靠自己的努力来获取财富，而不是靠遗产而生活。遗产税的税率通常都比较高，大约为60%-80%。如何合理规避遗产税是在遗产规划中的主要难题。而保险在遗产规划中具有避税的作用。如果购买了保险，则当被保险人死亡时，死亡赔偿金属于受益人的资产，不属于遗产的范畴。我国的《保险法》也规定，死亡赔偿金是受益人不可剥夺的资产权利，死亡赔偿金不可以作为被保险人的遗产处理。因此，如果被保险人在生前给自己购买了保险，将自己的财产作为保险费交给保险公司，将来，当被保险人死亡时，保险公司将死亡赔偿金直接交给受益人，而不必缴纳任何遗产税了。这样就相当于被保险人将自己的财产通过保险公司转移给了受益人，而没有缴纳任何遗产税。

案例 5-2　　通过保险规避遗产税

老王的名下有一套价值 300 万元的房子。如果老王过世了，老王的儿子小王具有继承权。但小王应该缴纳遗产税之后才能合法继承。假设遗产税税率为 60%，则小王在继承 300 万元房屋之前，必须先缴纳 180 万元的遗产税，否则就不能继承父亲的房产。

那么，老王生前可以给自己购买一份终身寿险，保险金额为 180 万元，受益人为小王。那么当老王去世时，保险公司按照保险合同的约定，向受益人给付身故保险金 180 万元。然后，小王可以将这 180 万元保险金用于缴纳遗产税，则可以保全 300 万元的房产了。

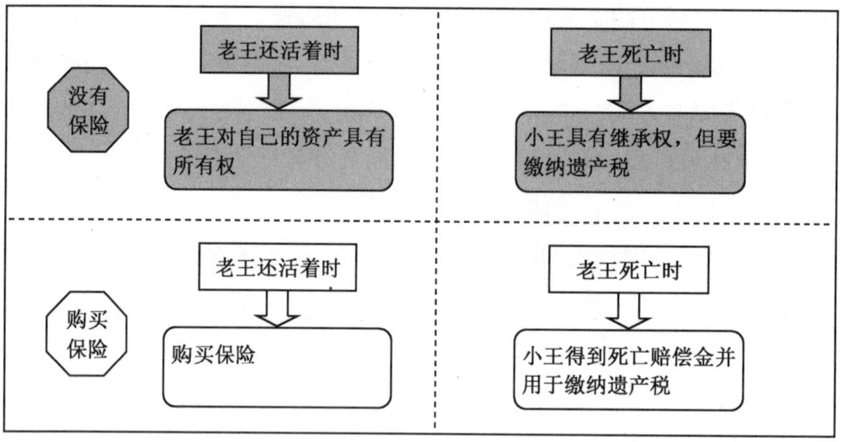

同样，在赠与资产时，即赠与人根据自己的意愿自由地把自己的资产赠与给其他人时，也要交纳赠与税。与遗产税一样，赠与税也是比较高的。所以，通过赠与转移财产时，需要考虑的重要问题就是如何规避赠与税。而保险同样具有规避赠与税的作用。因为在购买了保险之后并且保单有效时，保单内的现金价值等权利是属于投保人的。而根据我国法律规定，如果保险期限结束而被保险人仍然生存，则被保险人有权领取生存保险金。也就是说，在保险期限结束的那一刻，原属于投保人的资产权利转移到了被保险人名下，而不用缴纳任何税收。

案例 5-3 **通过保险规避赠与税**

老王自己没有孩子,老王与小张的关系比较好,小张平时也对老王多有照顾。老王想把自己的部分资产送给生活比较困难的小张。如果有赠与税的规定,那么小张最终得到的资产不是 10 万元,而是 10 万元再减去赠与税。

但如果老王通过保险的方式来进行赠与,则完全可以避免赠与税。比如,老王给小张购买一份生死两全保险,老王是投保人,小张是被保险人。老王交保费,该保单所产生的现金价值合计为 10 万元。在该保单的保险期限没有结束时,老王具有该保单的所有权,并享有其下的现金价值、分红等利益。但是当该保单的保险期限结束时,小张作为被保险人有权从保险公司那里领取生存保险金,生存保险金是属于被保险人的资产。

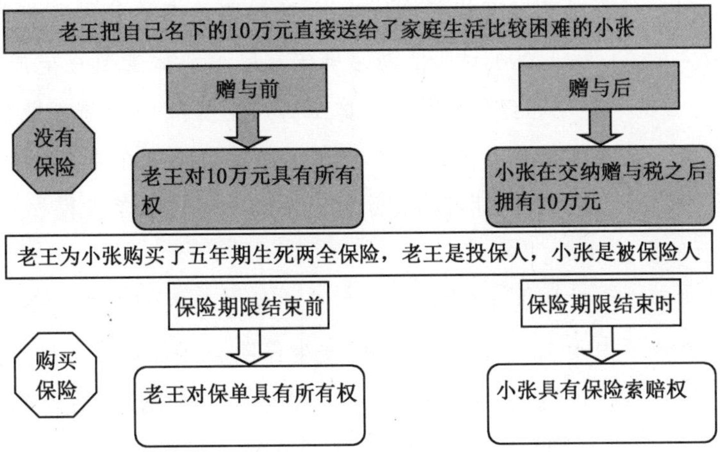

(六)延迟交纳所得税

保险还能延迟缴纳所得税。在某些国家,所得税的收取是以个人或家庭的年收入为基础的。公司在发放工资时不需要代扣,而是由当事人自己自行报税。个人在报税时,根据各国的法律规定,大多数国家都认可一些与保险有关的支出可以在税前列支。例如,养老保险的保费支出就可以在个人所得税之前列支,即这部分收入不用缴纳所得税;等到将来被保险人退休后从保险公司领取养老金时,再把养老金与当时的所得合并之后再缴付所得税。根据资金的时间价值,延迟纳税实际上是少交了税。而且,在一些国家和地区,针对老年人的所得税率绝对值也比较低。这样,通过购买养老保险,个人缴纳的所得税不但能通过资金的时间价值而获得优惠,而且实际征收的所得税税率也是比较低的。除此之外,健康保险的保费也可以在税前列支。

案例 5-4　　中国税延型养老保险方案

自 2018 年 5 月 1 日起，在上海市、福建省（含厦门市）和苏州工业园区实施个人税收递延型商业养老保险试点。

适用试点税收政策的纳税人都可购买。即在试点地区取得工资薪金、连续性劳务报酬所得的个人，以及取得个体工商户生产经营所得、对企事业单位的承包承租经营所得的个体工商户业主、个人独资企业投资者、合伙企业自然人合伙人和承包承租经营者，其工资薪金、连续性劳务报酬的个人所得税扣缴单位，或者个体工商户、承包承租单位、个人独资企业、合伙企业的实际经营地均位于试点地区内。

取得工资薪金、连续性劳务报酬所得的个人，其缴纳的保费准予在申报扣除当月计算应纳税所得额时予以限额据实扣除，扣除限额按照当月工资薪金、连续性劳务报酬收入的 6% 和 1 000 元孰低办法确定。取得个体工商户生产经营所得、对企事业单位的承包承租经营所得的个体工商户业主、个人独资企业投资者、合伙企业自然人合伙人和承包承租经营者，其缴纳的保费准予在申报扣除当年计算应纳税所得额时予以限额据实扣除，扣除限额按照不超过当年应税收入的 6% 和 12 000 元孰低办法确定。

当个人达到国家规定的退休年龄时，可按月或按年领取商业养老金，领取期限原则上为终身或不少于 15 年。个人身故、发生保险合同约定的全残或罹患重大疾病的，可以一次性领取商业养老金。其中，对个人达到规定条件时领取的商业养老金收入，其中 25% 部分予以免税，其余 75% 部分按照 10% 的比例税率计算缴纳个人所得税，税款计入“其他所得”项目。

如果按照一个在上海的每月收入 10 000 元的人来计算，在没有个人税延型养老保险之前，每个月五险一金缴费 1 750，纳税工资 8 250，纳税 395 元；参加这个保险之后，8 250－600＝7 650 要求纳税，纳税额是 310 元。相比之前 395 元，少纳税 85 元，下降 21.5%。

保险所具有的这些微观作用都是保险职能的具体体现。尽管由于我国税收制度的不同，保险市场的完善程度不同，保险的某些微观作用还无法体现，但是不能忽视保险的这些具体应用，更应该在将来充分发挥保险的这些微观作用。

第四节　保险的社会代价

保险作为一种经济制度，不仅具有上述的各种职能和作用，在保险的运行过程中也还是会产生一定的社会成本，即保险的社会代价。了解保险的社会代价有利于全面认识保险在国民经济中的地位。

一、经营管理的费用

显然，保险的经营管理过程中是需要费用的。保险公司的费用包括但不限于佣金、业务费用、管理费用、中介费用、宣传费用、税金、股东要求的利润等。也就是说，当保险公司为社会提供保险保障时，社会成本除了风险损失成本之外，还要包括保险公司各种经营管理的费用，整体上来讲，社会总费用是增加的。倘若没有保险，则这些经营费用就不会发生，或者可以用于其他方面的再生产投入。当然，保险公司的经营费用并不是无用的成本，而是有存在的必要。因为有了保险，被保险人才可以在发生损失的情况下得到保障，保险的职能与作用才可以体现。所以，保险正是由于其所拥有的保障职能而显示出其在国民经济中的地位和作用，也才能理所应当地产生各种经营费用。保险在提供保障的过程中为社会提供了大量的就业岗位。它是社会的稳定器、经济的助动器，所以经营费用的存在是有意义的。

具体而言，这些经营管理的费用是在附加保费中进行考虑的。保险费可以分解为纯保费和附加保费两部分。纯保费是用于保险保障的，而附加保费是用于保险人的经营管理开支和预期利润。据统计，附加费用总和占保费收入的比重大约为 10%-40%。从各家保险公司的角度来看，努力降低自身的经营管理费用是提高利润水平和经营效率的主要渠道。

二、解决道德风险的成本

前面提到过，道德风险、心理风险和逆选择是保险公司面临的比较难以解决的无形风险因素。道德风险是指当事人以不诚实、不良企图或欺诈行为故意使风险事故发生，或使已发生的风险事故所造成的损失进一步扩大的原因或条件，如欺诈、故意隐瞒等。道德风险的关键词是“不诚实”“故意”。

（一）保险欺诈

保险的存在助长了通过故意损失而获得保险金的行为。在实务中，常常有人会通过购买保险来骗取保险金，进行保险欺诈——没有发生事故还谎称发生了事故，或者发生了保险事故之后夸大事故的损失,甚至为了保险金而故意谋害人命等。这些均是故意行为,是典型的道德风险,不但违反了道德准则,甚至已经触犯了法律。从国内外的保险欺诈案例中都可以看到,保险欺诈几乎出现在各个险种中。经常也会发生因为保险金而谋杀被保险人的案例,伪造或故意制造交通事故诈取保险金的案例也很常见。保险欺诈的方式有很多种,主要包括重复投保或高额投保后杀害被保险人,伪造保险事故并索赔,重复索赔等。随着科技的发展,保险欺诈的技术含量也越来越高。保险公司为了防止保险欺诈采取了各种行动。这些防范保险欺诈费用也成了一项社会成本。

案例 5-5　　意外伤害保险中保险欺诈的案例

案例一:2018 年 10 月末,张某带着自己的妻子和年幼的女儿去往泰国普吉岛。仅仅过了三天,妻子小洁的父母就收到了女儿不幸溺亡的噩耗,然而他们沉浸在失去亲人的悲痛中时,却发现这次意外疑点重重:无论是女婿给出的含糊其辞的解释,还是女儿身上触目惊心的伤痕,都让他们意识到女儿的死绝不是一次纯粹的意外,终于在当地警方的审问之后,张某承认其杀害自己妻子的行径,而随后又在他的家中发现了他以妻子为被保险人投保的保险,总计购买寿险达 18 份,保额共计 3 326 万元。

案例二:2018 年下半年,冯某在家中在其妻子没有防备的情况下,随手拿起皮带勒住其妻子的脖子,勒了超过十分钟,在确保其妻子已经死亡的情况下,冯某并没有慌张地逃离现场,而是按照自己预想的计划在房子生火,想要制造火灾现场,用意外来掩盖自己杀害妻子的真相,而他这么做的目的也很简单,在这之前他已经为妻子购买了多份保险,总计 84 万余元。然而拙劣的演技并没有骗过公安机关的侦查,有关部门很快得出冯某就是犯罪凶手的结论,并移交佛山市中级人民法院审理。

案例三:何某在接触网络赌博后无法自拔,深陷其中,欠下十余万元赌债。然而何某并没有如实地将在外欠下赌债的事情告诉自己的妻子,正当何某为如何还清赌债而发愁时,他突然心生一计,想要通过骗保的行为来短时间内还清这笔赌债。于是,2018 年 10 月,他借来汽车开入河中,制造出自己开车意外坠河溺亡的假象,但令他万万没有想到的是,他的妻子在误认为丈夫溺亡的情况下悲痛欲绝,产生了轻生的念头,没过几天便带着自己两个年幼的孩子投河自尽。何某在悲剧发生后也投案自首,但他无论如何也无法挽回自己的妻子儿女的生命和曾经幸福美满的家庭,警方以涉嫌故意毁坏财物罪和保险诈骗将其刑事拘留。

（二）虚增的赔付

有时虽然损失不是由投保人或被保险人故意造成的，但在索赔的时候，被保险人可能会出于私利的考虑而夸大损失，造成虚增的赔付。比如，被保险人可能会在出现保险事故后夸大损失，将过去发生的或并不属于保险责任范围内的损失一并要求赔偿。尤其在机动车辆保险中，被保险人可能会夸大机动车辆的损失金额，以便超过免赔额而获得赔偿；或者将自己的爱车趁机大修一番。也有一些被保险人，在病好之后假装丧失了工作能力，以便能在长期内领取保险金。

当然，虚增的赔付并不完全是由被保险人造成的，有些情况下是在一些专业人员的协同下共同造成的。例如，在医院，医生可能会出于自己的私利而给购买了医疗健康保险的病人销售高价药品，或多开不需要的药品、或增加药品的数量，或让病人进行一些不必要的检查、或索取较高的手续费用。或者在法律诉讼中，律师为了给原告取得高额赔偿金的判决会要求比受害者的实际经济损失高的索赔等。

这就给保险公司提出了较高的要求，给保险公司的工作人员也提出了较高的要求，要求保险公司的工作人员也应当是该领域的专业人士，能够识别其他专业人士的不正常的行为。所谓“兵来将挡，水来土掩”，保险公司必须具备相当的能力才能迎战。而这些也构成了保险公司防范道德风险的成本。

（三）反常的行为

一些投保人在签订了保险合同并购买了保险之后，其行为有改变的倾向。比如，对于被保险人来讲，经常会因为有了保险保障而对保险事故疏于防范，使得原本可能不发生的保险事故发生。或因为已经为财产购买了保险，则当财产遭受损失的时候怠于积极施救或任其自然，从而使得损失进一步扩大。比如，某人在购买汽车保险前后的行为明显不同。在没有购买汽车保险之前，此人开车非常小心谨慎，小剐小蹭都心痛不已，停车也都会到正规停车场；但是，在购买了汽车保险之后，开车的风格立马转变，经常变道、超车，还有“路怒症”，甚至还故意追尾。这说明这位驾驶员具有较大的道德风险，损失由他自己承担时小心翼翼，损失不由他自己承担而由保险公司承担时，就粗心大意甚至故意为之。这些反常的行为也是道德风险的一种体现。保险公司必须与各种人斗智斗勇，用条款、制度、费率等诸多方法和手段来防止、纠偏反常的行为，于是也就会产生各种成本，但这种成本是有实际意义的，是必须要付出的。

三、解决逆选择的成本

逆选择是指投保人在选择买不买保险、买什么或买多少保险的时候，都是按照对己有利的原则作出决策的行为动机；这一行为动机对于个人而言虽然是正确的，但是加总之后就会出现与预期不同的结果。在信息经济学中，逆选择实际上是信息不对称下当事人利益最大化的决策：在信息不对称的前提下，理性的人会以自身经济利益最大化为标准，并利用信息的不对称，达到使自己付出最少或获利最大的目的。显然，在保险市场中，投保方和保险人就处于这种信息不对称的情况。投保方对自己的情况很清楚，而保险人面对众多的投保方，不可能清楚每一个人的情况，无法区分哪个投保方遭受损失的可能性较大，哪个投保方遭受损失的可能性较小，只能以平均水平收取保费。这样一来就会使不易遭受损失的人补贴了易遭受损失的人的损失。对于相同的平均保费，易遭受损失者更能接受，而不易遭受损失者则更会拒绝。导致的结果是，投保方中易遭受损失的人在投保群体中所占比重加大，保险人面临较高的赔付率，为了维持正常的运营保险人会提高平均保费，保险市场上较易遭受损失的人在投保人中的比重继续增大。如此循环下去，保险公司经营会进入一个恶性循环。

逆选择产生的根本原因是信息不对称。为了解决逆选择的问题，就必须充分了解信息，尽可能地解决信息不对称的问题。例如，在健康保险中，保险人要求被保险人参加体检，从而使保险人获得更多的信息，以便区分遭受损失的可能性的大小。这些是为了解决逆选择问题并维持保险制度的公平运行，就会产生成本。当然，无论如何，信息不对称现象始终存在，只是不对称的程度高低有所区分而已。或者保险公司也会设置一些不予赔偿的条款，进一步杜绝信息不对称而导致的逆选择存在。

本章小结

- 保险是国民经济活动的一个重要组成部分，是国民经济的稳定器和助推器。
- 保险是金融体系的重要组成部分，为金融体系的正常运转提供保驾护航的作用；保险公司是金融体系中重要的资金来源和机构投资者；保险公司还与其他金融机构保持了密切的合作关系。
- 保险是经济保障的一种形式，商业保险基金是社会后备基金的一种形式。
- 保险职能是指保险的内在的固有功能，它是由保险的本质和内容所决定的。
- 保险职能分为基本职能和派生职能。保险的基本职能可概述为保障，包括分摊损失和补偿损失；保险的派生职能有风险管理职能和投资职能。
- 保险的宏观作用包括：保障社会生产的持续进行，是国民经济的“稳定器”；提供资金来源和融资服务，是国民经济的“推进器”；有利于民事赔偿责任的履行；有利于信用的提高；促进对外贸易和经济合作；推动科学技术转化为现实的生产力。
- 保险的微观作用包括：有助于受灾企业连续生产经营；加强企业的财务管理和风险管理；有助于安定个人和家庭的生活；促进个人或家庭消费的均衡；在遗产与赠与筹划中具有避税的作用；延迟交纳所得税。
- 保险的社会代价是指保险制度运行所付出的成本。主要包括：经营管理的费用；解决道德风险和逆选择的成本。

第六章　保险合同

保险合同是确定保险人与投保人之间权利义务的协议，是确定被保险人、受益人权利义务的协议，它在保险的整个经营过程中起着至关重要的作用。保险活动涉及广泛的法律问题，本章从法律的角度出发，结合司法解释、政策法规等系统地阐述了保险合同的概念、特征，保险合同的分类、形式，保险合同的主体与客体，保险合同的订立、生效，保险合同的变更、解除和终止，以及保险合同的解释原则和争议处理。在实务中，所有的保险纠纷都是因保险合同而起，所以，准确理解本章内容是本书的一个重点要求。

第一节　保险合同的特征及形式

一、保险合同的特征

《保险法》中定义"保险合同是投保人与保险人约定保险权利义务关系的协议"。在保险合同中，通常会约定投保人按照保险合同负有支付保险费的义务，保险人在保险标的发生约定事故或约定期限到达时，应承担经济损失补偿责任或履行给付保险金义务。

保险合同属于约束民事行为的民事合同，其不仅具有一般经济合同的共性，还具有自身的法律特征。保险合同不但适用于《民法总则》，还适用于《合同法》和《保险法》的有关规定。具体而言，保险合同主要具有如下特征。

（一）保险合同是射幸性合同

"射幸"一词来源于拉丁文，在词源上，该词与 Alea（意为骰子）和 Aleator（意为玩骰子者）有联系。在《牛津字典》中给"射幸"的定义是："取决于骰子或随机的概率；因此取决于不确定的偶然性"。也就是说，射幸就是偶然、不确定的意思。射幸合同是指当事人在签订合同时不能确定各自利益或结果的协议。在射幸合同中，是否给付和具体给付多少都是基于偶然事件的结果；而且双方的给付并不一定是等价物。

保险合同就是典型的射幸性合同。保险合同在订立时，投保人要履行支付保险费的义务，而保险人承诺将承担约定的保险事故所致损失的经济补偿或给付保险金的义务；但是保险人具体是否会赔偿、会赔偿多少则取决于约定的保险事故发生与否。如果约定的保险事故不发生，则保险人只收取保险费，而不会发生赔偿或给付，此时投保人只有支出，而保险人只有收入，双方的给付并不等价；如果约定的保险事故发生，则保险公司会进行赔偿或给付，被保险人也能够得到赔偿，此时，被保险人所得到的赔款可能是当初付出保费的若干倍，双方的给付也不等价。所以，保险合同是典型的射幸性合同，而不是等价交换的合同。

保险合同的射幸性是由保险风险的偶然性所决定的，尤其在财产保险合同中体现得较为突出。而在人身保险合同中，补偿性保险也具有较强的射幸性，但具有储蓄和投资功能的给付性保险的射幸特征并不明显。其次，虽然射幸合同在本质上是依赖于某些机会或一些偶然事件的发生，但由于保险利益的存在而导致保险合同不是赌博合同，而是纯粹风险的转移。此外，还需要指出的是，就某一份特定的保险合同而言具有射幸性；但是对于全部保险合同而言，基于大数法则而收取的纯保费与保险赔偿金原则上具有收支平衡的关系，故整体上并不存在着射幸性。

基于保险合同射幸性这一特征，保险公司在设计保险产品时一定要明确保险合同的“射幸条件”，不做似是而非的界定。而投保人在购买保险时一定要注意“射幸条件”，即保险公司承诺将承担赔偿责任的约定保险事故，关注保险人赔偿的情况和保险人不赔偿的情况。

（二）保险合同是双务合同

合同可以分为单务合同和双务合同。当事人一方只承担义务，而另一方只享有权利的合同是单务合同，例如赠与合同。而合同当事人双方均相互享有权利，同时也均承担义务的合同是双务合同。显然，保险合同是典型的双务合同。在保险合同成立后，投保人负有按合同约定交纳保险费的义务及其他义务，但同时也享有当不确定性风险事故损失发生时获得经济补偿的权利。而保险人则享有收取投保人所交付保险费的权利，并负有于保险事故发生时给付保险赔偿金的义务及其他义务。

基于保险合同是双务合同这一特征，保险公司在设计保险产品时一定要明确保险合同当事人各自的权利与义务，并明确写在合同中。而投保人在购买保险时一定要注意自己应承担的义务和享有的权利，并认真履行自己的义务，否则可能会影响权利的正常享有。

（三）保险合同是有偿合同

根据合同当事人是否因给付而取得利益，可将合同分为有偿合同和无偿合同。有偿合同是指必须在承担义务的前提下才能享有权利的合同。显然,保险合同是有偿合同,因为保险合同双方当事人在合同中各自所享有的权利,都是以事先付出一定的代价为条件而得来的。但是保险合同与其他合同相比,它的有偿具有一定的特殊性。

(1)保险合同是对价悬殊的有偿合同。对价是指合同当事人一方要享有合同的权利,就必须对另一方当事人付出一定代价的相互报偿关系。在保险合同中,保险双方的对价的确是相互的。投保人支付保费,保险人承担某种危险发生时的赔偿。如果在保险期限内未发生保险事故,则投保人所支付的保费并不能获得相应的回报;但如果在保险期限内发生了保险事故并造成了经济损失,则保险人付出的保险赔偿金将远高于投保人当初所缴纳的保险费。因此,保险合同的对价悬殊,这一特点与一般的对价合同明显不同。

(2)保险合同是有条件的有偿合同。有条件的合同是指当事人一方承担义务是以另一方承担义务为前提条件的。在保险中,保险人承担赔偿责任的前提是投保人、被保险人或受益人是否遵守了保险单上的条件,是否履行了保险单中所规定的义务。否则,保险人可以拒绝承担赔偿责任。例如,在财产保险合同中规定,被保险人在发生保险事故后,必须及时向保险人进行书面的损失通知,如果被保险人不合理地拖延报告损失的时间,保险公司可以根据违反保险合同的条件而拒绝赔偿。

(3)保险合同是当事人不同时履行义务的有偿合同。在一般的经济合同中,双方当事人均承担了义务,任何一方在履行自己的义务之前,无权要求对方先履行义务。而在保险合同中,投保人应在合同成立后及时缴纳保险费,保险人也有权要求投保人及时履行缴费义务,并且把投保人是否及时履行了缴费义务作为自己将来是否履行给付保险赔偿金义务的一个前提条件。等到约定的保险事故发生且保险人履行保险赔偿义务时,往往都是在投保人缴纳保险金之后或者已经许久,甚至保险人根本无须履行此项义务。

(四)保险合同是要式合同

要式合同是指根据法律要求必须具备一定的形式和手续的合同,或称采用格式条款订立的合同。当事人一般为了能重复使用合同而预先完成拟订。保险合同显然是要式合同。《保险法》规定:“投保人提出保险要求,经保险人同意承保,保险合同成立。保险人应当及时向投保人签发保险单或者其他保险凭证。保险单或者其他保险凭证应当载明当事人双方约定的合同内容。当事人也可以约定采用其他书面形式载明合同内容。”“订立保险合同,采用保险人提供的格式条款的,保险人向投保人提供的投保单应当附格式条款,保险人应当向投保人说明合同的内容。对保险合同中免除保险人责任的条款,保险人在订立合同时应当在投保单、保险单或者其他保险凭证上作出足以引起投保人注意的提示,并对该条款的内容以书面或者口头形式向投保人作出明确说明；未作提示或者明确说明的，该条款不产生效力。”

（五）大多数保险合同是附和性合同

附和性合同是指合同的条款先由当事人中的一方拟定，另一方只有接受或不接受全部条款的选择，不能就某一条款进行修改或者变更。绝大多数保险合同都是附和性合同。保险合同的基本条款和费率通常是由保险公司事先拟定，并报国家监管部门审批或者备案；保险合同还是要式合同，采用标准的格式，都是标准化的合同。投保人对保险合同中的所有条款只能或者全部同意即购买，或者全部不同意即拒绝购买，一般没有修改某项条款的权利。即使在某些情况下有修改或变更合同某项内容或条款的必要，通常也只能采用保险人事先准备的附加条款和附属保单，而不能任意修改。因此，在某种层次的意义上，保险合同剥夺了投保人讨论的权利，存在事实上的不公平。为了补救这种事实上存在的不公平，《保险法》规定：“采用保险人提供的格式条款订立的保险合同，保险人与投保人、被保险人或者受益人对合同条款有争议的，应当按照通常理解予以解释。对合同条款有两种以上解释的，人民法院或者仲裁机构应当作出有利于被保险人和受益人的解释。”

与附和性合同相对的是协议合同，协议合同是缔约双方经过充分的协商而订立的合同。在保险中，一些针对特殊企业特殊保险需求的特殊保险合同由于企业的特色各异，也可以采用协议合同。保险公司根据需求方的需求量身打造，并在双方的充分协商和平等讨论下达成最终一致。

二、保险合同的形式

保险合同通常采用书面形式，由投保人以填写投保单的方式提出要约，保险人则以签发保险合同作为承诺，并以此表示保险合同的成立。保险合同是一种法定形式的书面文件，在实务中有多种存在的形式。

（一）投保单

投保单（Application）也称要保书，是投保人向保险人发出的要约，是投保人申请保险的一种单证，是订立保险合同的书面要约。通常投保单由保险人设计具体的内容与格式并统一印制，投保人则按投保单所列的项目逐一填写。当保险人正式接受投保人的投保申请，并在投保单上签署承诺时，保险合同即告成立，保险人即刻凭投保单出具保险单。因此，从法律上来讲，投保单是具有要约性质的投保申请，是保单的一个组成部分。投保人所填写的投保单内容都是具有一定的法律效力的。如果某些信息在保险单上没有体现，但在投保单上有注明，则记载在投保单上的信息效力与记载在保险单上视为相同。

当投保人填写投保单时，必须要遵守最大诚信原则。如果投保单填写不实，保险合同的效力将有所减弱甚至完全失去效力。而且投保单是保险人决定是否承保以及证明投保人和被保险人是否遵循最大诚信原则的首要依据。投保单与保险单或者其他保险凭证不一致的,以投保单为准。但不一致的情形系经保险人说明并经投保人同意的,以投保人签收的保险单或者其他保险凭证载明的内容为准。

(二)保险单

保险单(Policy)是保险合同的主要组成部分,是正式的法律文件,详细列明了保险合同的全部内容。保险单不仅是保险合同存在的证明,也是被保险人提出索赔和保险人进行理赔的主要法律依据。保险单具有以下法律意义:证明保险合同的成立;确立保险合同的内容;明确当事人双方履行保险合同的依据;因具有现金价值而具有证券的作用。

当然,保险单应当采用格式条款。但当非格式条款与格式条款不一致时,以非格式条款为准。需要注意的是,虽然保险单证明了保险合同的成立,绝大多数情况下,也是只要投保人提出的要约一经保险人承诺,保险人会立刻签署保单。但是在某些特殊情况下,倘若投保人提出的要约经过了保险人的承诺,但保险人由于种种原因而尚未出立保险单,此时保险合同已经成立,发生保险事故时保险人也要承担保险责任。

(三)暂保单

暂保单(Binder)又称临时保单,是保险人签发正式保单前出立的临时凭证。当然,在订立保险合同时并不一定必须要出立暂保单,暂保单一般在如下特殊情形时签发并使用:

(1)保险代理人在争取到业务但尚未向保险人办好正式手续之前,先以暂保单为保险证明出具给投保人。

(2)保险合同双方在有些条款还需进一步商妥时,保险人给予被保险人一张暂保单为保险证明。

(3)保险公司的分支机构在接受投保后还未得到总公司批准前先出立一张保险证明。

(4)是出口结汇的需要,在正式保单或保险凭证未出立前,保险人所出具的保险证明文件作为结汇的文件之一,以证明出口货物已经办理保险。

暂保单的法律效力与正式保险单的法律效力完全相同,但有效期较短,一般只有30天。当正式保险单签发后,暂保单就自动失效。在正式保险单出立之前,保险人有权终止暂保单的效力,但必须事先通知投保人。暂保单通常用于财产保险。暂保单的内容比较简单,只载明被保险人、保险标的、保险金额等重要事项,有关保险双方的权利和义务都以正式出立的保单为准。

（四）保险凭证

保险凭证(Insurance Certificate)也称为"小保单"，也是保险合同的书面证明，是证明参加了保险的证据。保险凭证的条款也比较简单，通常在便于携带的场合下应用，保险凭证与保险单具有相同的效力。倘若在保险凭证中列有条款时，如正式保单内容与其冲突，则以保险凭证为准。保险凭证主要在以下几种情况下使用：

(1)在签有货物运输保险预约合同的情况下，需要对每一笔货物运输签发单独的凭证。

(2)在企业单位的汽车及第三者责任保险中，为了向交通管理部门证明每一辆车已经参加了保险而签发单车保险凭证；交通事故第三者强制性保险中，为了便于被保险人随身携带以供有关部门检查，保险人通常出具保险凭证。

(3)在团体人身保险业务中，需要给每一个参加保险的人签发一张单独的凭证。

倘若保险凭证记载的时间不同，则以形成时间在后的为准。保险凭证存在手写和打印两种方式的，则以双方签字、盖章的手写部分的内容为准。

（五）批单

批单(Endorsement)亦称"批改单"或"背书"，是指为变更保险合同的内容，保险人所出立的补充书面证明。在保险单签发以后，如果投保人对保险单上的某些内容要求变更，在与保险人协商一致之后，可以对保险单中的相关内容进行更改。这种保险双方就保险单内容进行修改和变更时所采用的文件称为批单。批单是保险合同的一个重要组成部分。批单可以是在原保险单或保险凭证上批注，也可以另外出立一张变更合同内容的单证。保险单经过批注的事项，以批单所规定内容为准。批单不仅可以更改保险单的内容，而且也可以更改原有批单的内容。无论在什么情况下，都以时间最近的批单内容为准。

《保险法》中规定，"投保人和保险人可以协商变更合同内容。变更保险合同的，应当由保险人在保险单或者其他保险凭证上批注或者附贴批单，或者由投保人和保险人订立变更的书面协议。"

（六）预约保险合同

预约保险合同(Open Cover)又称"开口保险合同"，是一种为了简化手续而签发的长期性保险合同的凭证。其是主要用于货物运输保险和再保险业务的一种不定期保险合同。在采用预约保险合同投保货物运输保险时，双方通常要定明预约的保险责任范围、保险财产范围、每一保险或保险地点的最高保险金额、保费的结算方法等。投保人按照预约保险合同的约定进行申报并缴纳保费；保险人按照预约保险合同的约定进行赔偿。保险人依合同规定对被保险人分批发运的全部货物自动承担保险责任，并以保险凭证作为每批货物的保险单。用于再保险时，即为预约再保险形式，再保险人必须接受依合同规定分出的分保额。预约保险合同一般无保险期限的规定，但是订有注销条款。合同双方当事人均有权依条款规定，在一定期间（通常为30天）内发出解除合同的注销通知，当通知到期日满，合同即终止。

第二节 保险合同的内容与条款

一、保险合同的内容

保险合同的内容由当事人约定，我国《保险法》规定订立保险合同时采用书面形式。虽然各国保险合同的格式和条款内容不尽相同，不同险种和保险产品的保险标的和保险责任也不相同，但保险合同的基本内容还是一致的。保险合同一般包括五个部分。

1. 声明事项

声明事项（Declarations）是保险合同的第一部分。它对作为保险标的的财产或人身进行明确的界定，从而识别被保险的财产或人身，并作为承保和费率制定的依据。在财产保险中，它包括保险人和被保险人的名称或姓名、财产所在的地点、财产名称和数量、保险期限、所有人和其他有关的信息。人寿保险单的第一页声明事项一般有以下内容：投保人、被保险人的姓名和年龄、保险的种类和金额、保险费、出单日期和保险单的编号等。

2. 保险协议

保险协议（Insuring Agreements）是保险合同的核心部分，该部分总括了保险公司承诺赔偿的情况。例如，保险公司将赔偿属于保险责任范围的损失，提供防损服务，同意在责任诉讼中为被保险人辩护等。在保险协议中也载明了损失赔偿的条件。

3. 除外责任

除外责任（Exclusions）就是保险公司不予赔偿的情况。一般而言，除外责任大致可分为三类：除外的财产、除外的损失原因和除外的损失。某些标的的风险特征具有特殊性；有些损失明显不符合保险人有关可保风险的规定，可能造成不可估量的巨灾损失；也有一些是被保险人能直接控制的损失，或可预料的价值下降所造成的损失；或者间接损失或其他不相关的费用等等。因此，无论什么保险，都会界定保险标的、特约标的和除外标的，界定保险责任和除外责任，界定保障的损失及费用，以及不保障的损失及费用等。例如，大多数财产和责任保险合同均排除了战争、核辐射之类的巨灾损失原因。

4. 条件事项

条件事项(Conditions)部分规定了合同双方各自应当承担的权利和义务。由于保险合同是有条件的有偿合同,所以条件部分主要规定了投保人及被保险人应当承担的义务,如果投保人和被保险人不履行这些义务,保险人将拒绝承担任何赔偿责任。保险合同的共同条件事项则包括损后财产保护、填报损失证据、在责任诉讼中与保险公司合作等。

5. 各种其他条款

各种其他条款(Miscellaneous Provisions)处理投保人、被保险人和保险人之间的关系,以及发生代为求偿时保险人同第三方之间的关系。这些条款也规定了执行合同的程序。例如,在财产和责任保险单中,这类条款包括解约、代位求偿、保险单转让等。在人寿和健康保险单中有保险费缴付宽限期、失效保险单复效、误报年龄等条款。

二、保险合同的条款

保险条款是保险单中的主要内容,规定了保险人与投保人、被保险人之间的基本权利和义务以及合同履行程序等事项,是当事人履行保险合同和承担法律责任的依据。保险条款包括基本条款、附加条款和保证条款。

(一)保险合同的基本条款

基本条款又称法定条款,是按照法律规定写入保险单的统一条款。一般而言,在附和合同中,基本条款都是直接印在保险单中,投保人没有任何选择余地,只能全部接受或全部拒绝。基本条款中明确规定了保险人和投保人及被保险人的基本权利和义务,以及依据有关法规规定的保险行为成立所必需的各种事项和要求。我国《保险法》第十八条规定,保险合同应当包括下列事项:

1. 保险人的名称和住所

这是指保险公司的名称、地址、联系方式等应在保险合同上书面体现。

2. 投保人、被保险人的名称和住所,以及人身保险的受益人的名称和住所

投保人应提供基本情况,明确投保人、被保险人和受益人的姓名和住所,为保险合同履行提供基本前提。

3. 保险标的

财产保险的保险标的是财产及其相关利益。人身保险的保险标的是人的生命和身体。在保险合同中应对保险标的的具体情况进行详细、明确的记载,例如保险标的的坐落地点、所有人、数量、大小、名称等,被保险人的姓名、身份证号码、职业、年龄等,以便保险公司确定风险的大小,并确定保险金额和保险费。将保险标的作为保险合同

的基本条款有着深厚的法律意义。因为这样可以确定保险合同的种类，明确保险人承担的责任范围及《保险法》的适用，并判断投保人是否具有保险利益及是否存在道德危险，确定保险价值及赔偿数额，确定诉讼管辖等。

4. 保险责任和责任免除

保险责任是指保险事故发生后保险人应承担的经济赔偿或给付保险金的责任范围。在保险条款中应表明因保险标的和险种的不同而确定不同的风险责任范围。保险责任的确定有两种基本形式：一种是列举式，即指定保险责任范围。在指定险保险单中，只有那些具体规定的损失原因以及损失才属于保险补偿范围，未列举的损失原因及损失均不属于保险补偿范围。另一种是概括式，即“一切险”保险责任范围。在“一切险”保单中，一般是详细列举除外责任，除了那些具体排除的损失原因及损失外，其他损失都属于保险的补偿范围。

责任免除又称为除外责任，是指保险人不承担赔偿或给付保险金的责任范围。投保人通过除外责任的明示可以明确保险责任风险范围。责任免除是对保险责任的限制。

5. 保险期限和保险责任起讫

保险期限是指保险人承担保险责任的开始时间和结束时间，也就是保险责任的起讫。在保险合同中，保险期限明确了保险人和投保人及被保险人承担各自权利和义务的有效时间期限。保险期限通常都是按时间计算，例如为 1 年、5 年、10 年等。在我国保险实务中通常采用“零时起保”的规定，即以开始承担保险责任之日的凌晨零时为保险责任的开始时间，而以到期日晚上二十四点为保险责任的结束时间。除此之外，在某些保险中，保险期限并非通过时间来进行界定，而是通过某个动作的发生来界定，所以又称为保险责任的起讫。比如，货物运输保险的保险期限大多按航程计算，有诸多条款，如“仓至仓”条款、“门至门”条款、“舷至舷”条款等。其中，“仓至仓”条款是指保险责任是从搬离发货人的最后一个仓库时开始，并于货物到达目的地收货人的第一个仓库时终止。而在建筑工程保险和安装工程保险中，保险期限是按工程期计算，从工程施工日起到竣工验收日为止。人身保险的保险期限大多按时间计算，人寿保险的保险期限可能长达几十年，而意外伤害险的保险期限则可能短至几十分钟。

6. 保险金额与保险价值

保险价值是保险标的本身的价值，是确定保险金额的基础，但并非每个保险合同都需要标注保险价值。我国《保险法》规定：“投保人和保险人约定保险标的的保险价值并在合同中载明的，保险标的发生损失时，以约定的保险价值为赔偿计算标准。投保人和保险人未约定保险标的的保险价值的，保险标的发生损失时，以保险事故发生时保险标的的实际价值为赔偿计算标准。"保险价值是在投保时确定并在合同中注明，并作为将来计算赔偿的依据；或投保时只注明保险金额而不注明保险价值，当保险标的发生损失时再确定保险价值，进而判断赔偿金额。财产保险标的的保险价值是可以确定的，通常可以采用重置价值、实际价值或协商价值确定。但人身保险的保险标的都是无价的，所以在人身保险合同中都只约定保险金额，当约定的保险事故发生时，保险人以保险合同约定的金额给付。

保险金额是指在保险合同中载明的、由保险人承担赔偿或者给付保险金责任的最高限额。保险金额是计算保险费的基础，直接关系到合同双方主体的权利与义务。在保险实务中，根据补偿性原则的要求，保险金额不得超过保险价值，也不得超过投保时投保人与保险标的之间的保险利益。财产保险的保险金额是保险事故发生时保险人承担保险责任的最高限额，也可以按照保险财产的重置价值、实际价值或协商价值确定。人身保险的保险金额是保险人在保险事故发生时或保险期满时履行给付义务的金额，是投保时由投保人和保险人进行约定并在保单中载明。当然，投保人确定保险金额时是根据投保人自己、被保险人及受益人的实际需要和缴付保险费的能力来确定，并在保险公司核保通过后才有效。

但是在责任保险中，通常采用"赔偿限额"一词，而不是"保险金额"。赔偿限额的含义与保险金额相似，都是指保险公司承诺赔偿的最高限额。只是由于在责任保险中的保险标的是责任，不存在对应的保险价值，因而采用赔偿限额以示区别。

7. 保险费以及支付办法

保险费是保险人因承担保险赔偿或给付责任而向投保人收取的费用。在保险合同中，明确地注明了保险费的具体金额，除此之外，还明确规定了缴纳保险费的方式和期限，从而明确了投保人的缴费义务。保险费是保险产品的总价，而保险费率是保险产品的单价。因此保险费是根据保险金额和保险费率来确定的。从构成来看，保险费率则包括纯费率和附加费率两个部分。纯费率是保险人为了履行赔偿或给付保险金义务而向投保人收取的保障费用。纯费率是根据事故率、损失率或者利息率、人的死亡率或生存率等数据计算而得到的。附加费率是保险人的营业费用、管理费用等费用。

保险费的缴付方式有一次性缴清、分次缴清、限期缴清等。财产保险合同一般采取一次性缴纳保险费方式，并按年缴付；而人寿保险则大多采取按年分期缴纳均衡保险费的方式，每年缴付一次或一次性缴清。

8. 保险金赔偿或者给付办法

当保险标的发生保险损失时，保险人要承担保险责任并履行赔偿或给付保险金的义务，在保险合同中就会明确规定保险公司以什么方式来进行赔偿或给付保险金。该项内容的明确有利于进一步明确保险人的义务和履行方式。比如，财产保险合同是补偿性合同，保险人可以选择修理、替换、支付现金等多种方式进行赔偿，因此需要在保险合同中明确赔偿的方式，并明确有权选择赔偿方式的合同当事人。人寿保险合同属于给付性合同，保险金的给付也有多种形式，比如一次性给付、分期给付、按年金给付等，保险合同的当事人双方也需要在合同中进行约定。

9. 违约责任和争议处理

违约责任是合同当事人未履行合同约定的义务或不能完全履行合同约定义务时所应当承担的法律后果。在保险合同中明确违约责任，在一定程度上可以防止违约行为的发生。

争议处理是指在发生保险合同纠纷时所采用的处理方式。在保险合同发生争议时，可采用协商、仲裁或诉讼的方式进行解决。保险合同中应确定具体方式，以利于在发生争议时尽快选择处理方式并处理纠纷。

10. 订立合同的时间

订立保险合同的时间对双方当事人履行权利和义务、核实保险利益是否存在以及相关法律主张、合同效力等均具有重要意义。

除了上面这些基本条款之外，投保人和保险人还可以约定一些与保险有关的其他事项。

(二)保险合同的附加条款

保险人为适应各类投保人的特殊需要，在保险单已有基本条款的基础上，另行增加的一些条款，借以扩大原保险单的责任范围，或变更原保险单的内容，或将原保险单规定的事项加以变更。这类可供选择的条款称为附加条款，又称为特约条款、附加特约或任选条款，是当事人在保险合同基本条款的基础上附加选择的补充条款。附加条款增加或限制了双方的权利义务，是对基本条款的修改或变更。比如，可以对基本条款的保险责任范围内不予承保的风险，经过约定从而予以扩展。通常采取在保险单上加批注或批单的方式使之成为合同的一部分，附加条款是对基本条款的修改和变更，其效力要优于基本条款。

(三)保证条款

保证条款是保险人要求被保险人保证做或保证不做某事，或者保证某种事态存在或不存在的条款，是投保人或被保险人就特定事项担保的条款，即保证某种行为或事实的正式性。保证条款一般由法律规定或同业协会制定，是投保人或被保险人必须遵守的条款。如果投保人或被保险人违反了保证条款，保险人有权利解除合同或拒绝赔偿。

第三节 保险合同的主体和客体

一、保险合同的主体

保险合同的主体包括保险合同的当事人、关系人和辅助人。其中,当事人是指直接参与签订保险合同的双方;关系人是指虽不直接参与保险合同的签订,但在保险合同中规定享有权利和承担义务的人;辅助人是指在合同签订和履行过程中起辅助作用的人。

(一)保险合同的当事人

保险合同的当事人是指签署保险合同的双方,即保险人与投保人。因此,保险人是与投保人订立保险合同的,而并非被保险人,尽管有时投保人与被保险人是同一人。

1. 投保人

投保人(Applicant)又称要保人,是向保险人提出投保申请、订立保险合同,并负有缴付保险费义务的保险合同一方的当事人。《保险法》规定:"投保人是指与保险人订立保险合同,并按照合同约定负有支付保险费义务的人。"另一种广义的投保人概念实际上是指投保方,即将与保险人相对的一方包括投保人、被保险人及受益人在内统称为投保方。在财产保险中,当保险合同生效后,投保人就是被保险人之一。但是在人身保险中,投保人可以是被保险人,也可以是对被保险人具有保险利益的其他人。当然,投保人可以是法人,也可以是自然人。

(1)投保人需具备的条件

①投保人应具有民事行为能力。

民事行为能力是民事主体独立地以自己的行为为自己或他人取得民事权利和承担民事义务的能力。我国《民法总则》规定,成年人(18 周岁以上的自然人)是完全民事行为能力人。16 周岁以上的未成年人,以自己的劳动收入为主要生活来源的,视为完全民事行为能力人。同时,公民具有完全民事行为能力应当满足下列两个条件:18 周岁以上;精神状况健康正常。因此,这个要求的含义就是指,18 岁以下的未成年人不得以投保人的名义购买保险。

②投保人须对保险标的具有保险利益。

这是保险利益原则的要求。无论是财产保险还是人身保险,都要求投保人对保险标的具有法律上所认可的利益。

③投保人负有按约定交付保险费的义务。

投保人最为主要的义务就是签投保单和缴纳保费。

(2)投保人应履行的义务

投保人主要应依据最大诚信原则,履行自己在保险合同中所承诺和保证的事宜。投保人履行的义务体现在以下几个方面。

①交付保险费。

交付保险费是投保人的最基本的义务,通常也是保险合同生效的必要条件。《保险法》要求投保人在保险合同成立后,按照约定一次性或分期交付保险费。否则,保险合同可能不会生效,或者被保险公司解除。

②维护保险标的的安全。

保险合同订立后,财产保险合同的投保方应当按照国家有关消防、安全、生产操作、劳动保护等方面的规定维护保险标的的安全。保险人有权对保险标的的安全工作进行监督检查,并且经投保方同意还可以对保险标的采取安全防范措施。如果投保方未按约定维护保险标的安全,保险人有权要求增加保险费或解除保险合同。

③危险增加通知。

投保方在保险标的危险程度增加时,应该及时通知保险人,保险人可以根据保险标的危险增加的程度决定是否提高保险费和是否继续承保。如果投保方未履行危险增加通知义务,保险标的因危险程度增加而发生保险事故,保险人不承担赔偿责任。

④出险施救。

《保险法》规定:"保险事故发生时,投保方应当尽力采取必要的措施,防止或者减少损失。"为鼓励投保人及被保险人积极履行施救义务,《保险法》还规定:"保险事故发生后,投保方为防止或者减少保险标的的损失所支付的必要的、合理的费用,由保险人承担。"

⑤保险事故发生的通知。

为了使保险人迅速调查保险事故的事实真相,并及时采取措施,协助投保方抢救被保险财产和处理保险事故,以及给保险人一定的时间准备赔偿或给付保险金,投保方在保险事故发生时必须及时通知保险人。这也是《保险法》中所规定的,并且投保方履行保险事故发生后的通知义务是获得保险赔偿或给付的必要程序。保险事故发生后的通知可以是书面或口头形式,但是法律要求采取书面形式的,则必须采取书面形式。《保险法》还对索赔时效作了明确规定:人寿保险的被保险人或者受益人向保险人请求给付保险金的诉讼时效期间为5年,自其知道或者应当知道保险事故发生之日起计算。人寿保险以外的其他保险的被保险人或者受益人向保险人请求赔偿或者给付保险金的诉讼时效期间为2年,自其知道或者应当知道保险事故发生之日起计算。

⑥提供单证

投保方在保险事故发生之后，有义务提供必要的单证进行索赔，这也是《保险法》中规定的一项法定义务。应提供的单证是指与确认保险事故的性质、原因、损失程度等有关的证明和资料，包括保险单、批单、检验报告、证明材料等。

⑦协助追偿

在财产保险中，如果保险事故是由第三人行为造成的，保险人在向被保险人履行赔偿保险金后享有代位求偿权。投保方应该协助保险人进行追偿。

(3)投保人所承担的权利

由于投保人肩负了缴纳保费的义务，因此保单是投保人所购买的，是属于投保人的资产。所以，投保人又称为保单所有人、保单持有人。投保人最为主要的权利就是拥有保单的所有权，因此拥有了保单内的所有财产，比如现金价值、分红、保单质押贷款等利益；拥有了处理保单的一切权利，比如变更保险合同的内容、条件，各种选择权的处理，退保处理等。

2. 保险人

保险人(Insurer)又称承保人，是保险合同的一方当事人。《保险法》中规定，“保险人是指与投保人订立保险合同，并按照合同约定承担赔偿或者给付保险金责任的保险公司”。

(1)保险人需具备的条件

保险人是经营保险的各种组织。保险人必须具备以下三个条件。

①必须是依法成立的经营保险事业的组织。

凡是在中华人民共和国境内销售保险的公司，必须事先取得相关保险监管机构的批准方可展业。这也是国家主权意识的表现。《保险法》第六条规定，“保险业务由依照本法设立的保险公司以及法律、行政法规规定的其他保险组织经营，其他单位和个人不得经营保险业务”。第七条规定，“在中华人民共和国境内的法人和其他组织需要办理境内保险的，应当向中华人民共和国境内的保险公司投保”。第一百七十三条规定，“外国保险机构未经国务院保险监督管理机构批准，擅自在中华人民共和国境内设立代表机构的，由国务院保险监督管理机构予以取缔……外国保险机构在中华人民共和国境内设立的代表机构从事保险经营活动的，由保险监督管理机构责令改正，没收违法所得……对其首席代表可以责令撤换；情节严重的，撤销其代表机构”。

②保险人必须以自己的名义订立保险合同。

保险公司既然是从事保险业务的组织，只能销售自己的保险产品，并以自己的名义与投保人订立保险合同。倘若销售别的保险公司的产品，并以别人的名义与投保人订立保险合同，则保险公司实际上是一家保险中介了。当然，由于保险公司和保险中介的法律要求及业务范围是不同的，保险人必须在核准的经营范围内经营保险业务，超出经营范围的保险活动无效。所以保险公司只能销售自己的保险产品，而不能作为保险中介销售别人的产品。

③在保险事故发生时，承担赔偿责任。

保险人最大的义务就是按合同约定履行赔偿义务，也是投保人购买保险并与保险人签署保险合同的主要目的。

(2)保险人应履行的义务

①及时签发保险单证。

《保险法》规定："投保人提出保险要求，经保险人同意承保，保险合同成立。保险人应当及时向投保人签发保险单或者其他保险凭证。保险单或者其他保险凭证应当载明当事人双方约定的合同内容。当事人也可以约定采用其他书面形式载明合同内容。"保险合同成立后，及时签发保险单证是保险人的法定义务。这主要是督促保险公司在及时签发保险单证之后，能及时地承担起保险责任。

②承担保险责任。

承担保险责任是保险人依照法律规定和合同约定所应承担的最重要的基本义务。保险人承担保险责任的范围通常包括保险赔偿、施救费用、法律诉讼费用和检验费用。并且保险人在收到被保险人或受益人的索赔申请之后，必须及时进行核定，履行赔偿义务。

③为客户资料进行保密。

由于最大诚信原则的要求，投保人在投保的过程中必须将与保险标的有关的一切情况如实向保险公司报告。因此，保险人或者再保险接受人在办理保险业务中，不但了解投保人、被保险人、受益人或再保险分出人的个人信息、个人资料与社会关系，同时还了解相关的财产情况及具体估值，以及相关技术等。这些信息不但涉及个人隐私，还涉及商业机密。所以，保险人为投保人、被保险人、受益人或再保险分出人保密是保险人或者再保险接受人的一项法定义务。

(3)保险人应享有的义务。

保险人享有的最大权利就是按保险合同的约定按时收取保费。

(二)保险合同的关系人

保险合同的关系人包括被保险人与受益人，其与保险合同的正常履行都具有密切的关系。

1. 被保险人

被保险人(Insured)是受保险合同保障的人。《保险法》规定："被保险人是指其财产或者人身受保险合同保障，享有保险金请求权的人。投保人可以为被保险人。"

被保险人就是保障对象。在财产保险合同中，被保险人的财产是保险标的，保险公司是否赔偿是根据被保险人的财产是否发生损失；而在人身保险中，被保险人的身体或生命是保险标的，受到合同保障，保险公司是否赔偿是根据被保险人是否死亡、伤残、患疾病或达到约定年龄期限。

被保险人享有保险金请求权。保险金请求权的享有以保险合同的订立为前提，其行使则以保险事故或事件的发生为条件。在财产保险合同中，保险事故发生后，未造成被保险人死亡的，保险金请求权由被保险人本人行使；造成被保险人死亡的，保险金请求权由其继承人依《中华人民共和国继承法》继承。在人身保险合同中，保险事故或事件发生后，被保险人仍然生存的，保险金请求权由被保险人本人行使；被保险人死亡的，保险金请求权由被保险人或者投保人指定的受益人行使；未指定受益人的，保险金请求权由被保险人的继承人行使。

在理解被保险人的概念时，除了从上述定义进行理解之外，还需要注意下列事项：

(1)投保人可以是被保险人。

投保人可以为被保险人，当投保人为自己利益投保时，投保人肯定是被保险人。由于财产保险合同中的被保险人可能不止一个人，但投保人必定是被保险人之一。当投保人为他人利益投保时，被保险人应是投保人在保险合同中指定的人；投保人要征得被保险人同意。此时，投保人就不是被保险人了。特别是在人身保险中，投保人应当与被保险人具有法律所认可的保险利益。所以，投保人究竟是不是被保险人并不重要，而应该根据具体情况中各自的权利和义务来判断各自所承担的角色。

(2)被保险人可以没有完全民事行为能力。

与要求投保人必须具有完全民事行为能力不同，对于被保险人没有相关要求。因此，孩子是可以作为被保险人的。实务中，许多父母给自己的孩子购买保险，父母是投保人，孩子是被保险人。但是《保险法》第三十三条规定："投保人不得为无民事行为能力人投保以死亡为给付保险金条件的人身保险，保险人也不得承保。父母为其未成年子女投保的人身保险，不受前款规定限制。但是因被保险人死亡给付的保险金总和不得超过国务院保险监督管理机构规定的限额"。2015 年 9 月 14 日的《中国保监会关于父母为其未成年子女投保以死亡为给付保险金条件人身保险有关问题的通知》中规定："父母为未成年子女购买死亡保险时，保险金总和不得超过，不满 10 周岁的未成年人死亡保险金限额为 20 万元，已满 10 周岁但未满 18 周岁的未成年人死亡保险金限额为 50 万元。航空意外身故和重大自然灾害意外身故死亡保险金额不计算在死亡保障限额中"。这样规定的目的是为了保护未成年人的安全，防止某些人故意制造意外导致未成年人死亡而获取保险金的现象发生。

(3)保险合同成立之后，被保险人是主要履行合同义务的一方。

在保险合同成立并开始生效之后，除了投保人应当继续履行缴纳保费的义务之外，其他义务实际上是由被保险人与投保人一同履行的，即投保方履行。尤其是在财产保险合同中，由于投保人就是被保险人之一，所以被保险人基本履行在上文所提及的投保人应履行的一切义务。比如，维护保险标的的安全，危险增加通知，出险施救，保险事故发生的通知，提供单证，协助追偿等。

(4)被保险人得到的保险金是被保险人的财产。

被保险人行使的索赔权是保险合同中赋予被保险人的权利。尽管保险费是由投保人缴纳的，在保险合同生效的过程中，保单内的一切财产权利都属于投保人。但是当保险事故发生时，被保险人索赔并获得了保险金的所有权，与投保人没有任何关系，特别是当投保人与被保险人不是同一人时。此外，在人身保险的各种保障生存的保险产品中，比如年金保险、两全保险及各种投资型保险中，当被保险人生存或保险期限届满时，由被保险人索赔并获得保险金。也就是说，投保人缴纳保费所积累起来的财产价值转移给了被保险人。因此，保险具有规避赠与税的功能，还具有资产传承的功能。

2. 受益人

《保险法》规定："受益人(Beneficiary)是指人身保险合同中由被保险人或者投保人指定的享有保险金请求权的人。"投保人、被保险人可以为受益人。但是受益人的保险金请求权只有在被保险人死亡时方可以施行，只要被保险人还活着，则保险金请求权由被保险人享有。受益人只会在人身保险合同中出现，而在财产保险合同中不需要指定受益人。因为在财产保险合同中，当被保险财产发生损失时被保险人死亡的，保险金请求权由其继承人依《中华人民共和国继承法》继承，所以财产保险中不需要指定受益人。

受益人应由投保人或被保险人指定，并在保险合同中载明。受益人如果不是被保险人或投保人，则多为与其有利害关系的自然人。而且，《保险法》第三十九条规定："投保人指定受益人时须经被保险人同意。投保人为与其有劳动关系的劳动者投保人身保险，不得指定被保险人及其近亲属以外的人为受益人。被保险人为无民事行为能力人或者限制民事行为能力人的，可以由其监护人指定受益人。"在指定受益人时，应当明确写出受益人的身份，比如姓名、身份证号码等，以方便识别。当然，胎儿也可以为受益人，但须以出生时存活为必要条件。而且在指定受益人之后，投保人或被保险人仍然有权利更换受益人。

受益人是享有赔偿请求权的人。受益人并非合同的当事人，故不负有交付保险费的义务。保险事故或事件发生后，如果被保险人死亡，则受益人有权利向保险公司索赔，并能从保险公司获得保险金。人身保险合同中被指定的受益人是一人时，保险金请求权由该人行使，并获得全部保险金。受益人是数人的，保险金请求权由该数人行使。

在理解受益人的概念时，除了从上述定义进行理解之外，还需要注意下列事项：

(1)受益人可以为一人或数人。

《保险法》第四十条规定："被保险人或者投保人可以指定一人或者数人为受益人。受益人为数人的，被保险人或者投保人可以确定受益顺序和受益份额；未确定受益份额的，受益人按照相等份额享有受益权。"当受益人为多人时，建议不要确定受益的具体金额，因为有时人寿保险的死亡保险金的具体金额在投保时是未知的，只有在发生事故并进行赔偿时才能确定。倘若按受益金额的方式确定，则会带来诸多麻烦。而按照受益份额即百分比的方式确定，则较为方便灵活。

(2)受益人可以没有完全民事行为能力。

与要求投保人必须具有完全民事行为能力不同，对于受益人没有相关要求。因此，孩子是可以作为受益人的。实务中，许多父母用自己的生命为了孩子的利益而购买保险，父母是投保人和被保险人，孩子是受益人。

(3)保险金是属于受益人的财产。

受益人的赔偿请求权是保险合同中赋予受益人的权利，因此，当被保险人死后，受益人所得到的保险金是属于受益人自己的财产，而不再属于投保人或被保险人的财产，也不列为被保险人遗产，不得用来清偿被保险人生前的债务。也就是说，投保人缴纳保费所积累起来的财产价值在被保险人死亡时转移给了受益人。所以，购买保险可以规避遗产税，实务中也存在有关投保人购买保险后能够实现"欠债不还"目的的说法。

(4)受益权不得向下继承。

受益人的赔偿请求权是保险合同中赋予受益人特有的权利，属于固有权，并非继受而来，因此当受益人死亡时，受益权就结束了，而不能向下继承。此时，倘若只有一个受益人，则受益人死亡后就没有受益人了。倘若有多个受益人，则该受益人的份额将按其他受益人各自受益的份额比例分配给其他受益人。

(5)特殊情况下，保险金作为遗产进行分配。

《保险法》规定："被保险人死亡后，有下列情形之一的，保险金作为被保险人的遗产，由保险人依照《中华人民共和国继承法》的规定履行给付保险金的义务：没有指定受益人，或者受益人指定不明无法确定的；受益人先于被保险人死亡，没有其他受益人的；受益人依法丧失受益权或者放弃受益权，没有其他受益人的。受益人与被保险人在同一事件中死亡，且不能确定死亡先后顺序的，推定受益人死亡在先。"其中，受益人故意造成被保险人死亡、伤残、疾病的，或者故意杀害被保险人未遂的，该受益人丧失受益权。受益人自己主动放弃受益权则是指他自己由于种种原因不愿意接受保险金。在将保险金作为遗产进行分配时，应该按照下列顺序处理：首先偿还被保险人生前的债务，其次缴纳遗产税，然后再在法定继承人之间进行平均分配。

案例 6-1　　受益人存在争议的处理[①]

当事人对保险合同约定的受益人存在争议，除投保人、被保险人在保险合同之外另有约定外，按照以下情形分别处理：

（一）受益人约定为“法定”或者“法定继承人”的，以继承法规定的法定继承人为受益人。此时应有别于没有受益人的情况。在受益人约定为“法定”时，法定继承人为受益人，保险金在法定继承人之间平均分配。没有受益人时，则是首先偿还被保险人生前的债务，其次缴纳遗产税，然后再在法定继承人之间进行平均分配。

（二）受益人仅约定为身份关系，投保人与被保险人为同一主体的，根据保险事故发生时与被保险人的身份关系确定受益人；投保人与被保险人为不同主体的，根据保险合同成立时与被保险人的身份关系确定受益人。比如，受益人写的是“妻子”，则当投保人与被保险人为同一主体的，是保险事故发生时被保险人的“妻子”为受益人；投保人与被保险人为不同主体的，则是保险合同成立时被保险人的“妻子”为受益人。

（三）受益人的约定既包括了姓名，又包括了身份关系，保险事故发生时身份关系发生变化的，不认定为受益人。比如，受益人为“妻子张三”，倘若保险事故发生时两人已经离婚，张三不再是被保险人的妻子，则张三不能为受益人。

投保人或者被保险人指定数人为受益人，部分受益人在保险事故发生前死亡、放弃受益权或者依法丧失受益权的，该受益人应得的受益份额按照保险合同的约定处理；保险合同没有约定或者约定不明的，该受益人应得的受益份额按照以下情形分别处理：

- 未约定受益顺序和受益份额的，由其他受益人平均享有；
- 未约定受益顺序但约定受益份额的，由其他受益人按照相应比例享有；
- 约定受益顺序但未约定受益份额的，由同一顺序的其他受益人平均享有；同一顺序没有其他受益人的，由后一顺序的受益人平均享有；
- 约定受益顺序和受益份额的，由同一顺序的其他受益人按照相应比例享有；同一顺序没有其他受益人的，由后一顺序的受益人按照相应比例享有。

所以，在人身保险合同中，我们需要清楚投保人订立保险合同的目的何在。出于不同的目的，应当在保险合同中约定不同人为受益人。比如，投保人以自己的生命、身

---

① 最高人民法院于 2015 年 12 月 1 日施行《关于适用〈中华人民共和国保险法〉若干问题的解释（三）》。

体为他人利益订立保险合同的，投保人是被保险人，受益人是其指定的人；投保人以自己的生命、身体为自己利益而订立保险合同的，投保人既是被保险人，也是受益人，这种情况多在健康保险等不涉及死亡的保险中；投保人以他人的生命、身体为他人利益而订立保险合同的，受益人经被保险人同意后，可以是第三人；投保人以他人的生命、身体为自己利益而订立保险合同的，经被保险人同意后，投保人是受益人。

案例 6-2　　谁是受益人？[①]

张芳的丈夫袁汝钧系武汉工业大学数理系青年教师，业余时间在该校下属凯狮高科技公司做兼职工程师。凯狮公司先后于 1996 年 5 月和 1997 年 5 月向中国人寿保险武汉市洪山区支公司为其员工投保了长寿还本保险，为每人缴纳保险费 700 元(7 份)，人均最高保额为 3.5 万元(5 000 元/份)。1998 年 10 月，该公司又出资为全体人员投保了人身意外伤害保险，每人缴纳保费 500 元(10 份)，人均最高保额为 20 万元。袁汝钧此时已获得 23.5 万元的人身风险保障。

2004 年 3 月 30 日，袁某随实验人员前往一冶水泥厂进行回转炉运行情况检查。在对回转炉的中 L1 轴线测量时，袁某发生意外，当场死亡。事故发生后，一冶水泥厂、武汉工业大学治安处和公安部门组成联合调查小组，对事故现场进行调查取证。经有关安全技术人员和医务人员模拟实验和推断，袁某可能是为了更清楚地观察仪器表盘，在没有戴安全帽的情况下，将头伸入槽座内侧，头部触及转炉槽座卡板，头盖骨被挤破致死的。

2004 年 4 月 2 日，中国人寿武汉市洪山区支公司接到袁某死亡的报案，立即成立了理赔工作小组，迅速前往事故现场进行调查。理赔小组证实水泥厂、武汉工业大学及公安部门联合小组关于袁某因意外事故死亡的结论，并确定袁某意外死亡事故属保险责任范围，应予以赔付。同时，向投保方作出一定按条款规定予以赔付的承诺。与此同时，谁来领取这笔保险金？在袁某的家人和所在单位之间引发了争议。

争议一：袁某生前是单位出资为其投保，如果本着谁投保谁受益的原则，应该是凯狮公司领取保险金。袁某工龄不足 10 年，因公死亡的抚恤金较少。是单位领取后按政策规定拿出部分给予袁的家人，还是袁的家人全额领取？

争议二：如果是袁某的家人领取，由谁领取，如何进行分配？他家中有年轻的妻子和年迈的老母亲，另外还有哥哥等人。而袁某夫妇婚后一直忙于事业而未生育。这笔保险金是否应拿出部分给老母亲作为赡养费？

---

① http://www.cisc.com.cn/ShowContent.aspx?CID=1393.

另外，凯狮公司当初为袁某等人投保时，由于缺乏保险意识，只征得被保险人同意，并没有指定受益人。

根据法律规定，洪山区支公司认为：

（一）袁某的死因确属保险责任范围，保险金应该足额给付。

（二）虽然凯狮公司出资为袁某投保，可视为对袁某具有保险利益，但是根据保险的基本原则，购买保险是为了获得经济补偿和风险保障，不能因此获得额外收益。凯狮公司不能因他人的死亡而获得额外利益，所以该公司不能作为受益人领取保险金。

（三）保险金应由袁某家人领取，并视作遗产继承。遗产的第一顺序继承人为袁的父母、配偶及子女。袁的哥哥不属于继承人范畴。因此，袁的妻子张芳和老母亲各获得一半保险金。

表 6-1　保险合同主体的主要权利与义务

		主要权利	主要义务
当事人	投保人	保单所有人；享有保单内财产，如保单现金价值、分红、保单质押贷款等；享有保单内权利，如变更、退保等	交保费；签署保险合同
	保险人	收取保费	根据承诺赔偿
关系人	被保险人	财产、身体或生命是保障对象；索赔	在合同生效后与索赔环节承担与投保人相同的义务
	受益人	索赔（人寿保险中被保险人死亡时）	仅在索赔环节承担与被保险人相同的义务

（三）保险合同的辅助人

保险合同的辅助人又称为保险中介人，即在保险合同的订约、履约过程中起辅助作用的人。保险合同的辅助人为保险合同的订立和履行提供服务。他们对保险合同不享有直接权利和义务，但对保险合同的订立起着代表保险人或代表保险客户的作用。保险合同的辅助人包括保险代理人、保险经纪人和保险公估人等。

1. 保险代理人

保险代理人（Insurance Agent）是保险人的代理人。保险代理人是代理保险人从事具体保险业务而向保险人收取佣金、代理手续费的单位或个人。我国《保险法》规定："保险代理人应当具备国务院保险监督管理机构规定的资格条件，取得保险监督管理机构颁发的资格证书。"

在实践中，保险代理是产生于保险人的委托授权，因此是一种委托代理。保险代理人以保险人的名义进行代理活动，并且在保险人的授权范围内作出独立的意思表示。保险代理人与投保人之间签订保险合同所产生的权利与义务，视为保险人自己的民事法律行为，法律后果由保险人承担。《保险法》第一百二十七条规定："保险代理人根据保险人的授权代为办理保险业务的行为，由保险人承担责任。保险代理人没有代理权、超越代理权或者代理权终止后以保险人名义订立合同，使投保人有理由相信其有代理权的，该代理行为有效。保险人可以依法追究越权的保险代理人的责任"。

对保险代理人的分类也有许多种方法。根据代理方式的不同，保险代理人可分为独立代理人、专属代理人和总代理人。独立代理人是指具有独立法人资格，可同时代理多家保险公司业务的中介人。独立代理人拥有终止保险和续保的权力，并可对小额赔款，代为理赔。专属代理人也是独立的法人机构，但是它只能为一家保险公司或某一保险集团代理保险业务，通常不拥有终止保险和续保的权力。总代理人是指受保险人委托，在指定区域全权代理保险人所有保险业务活动的中介人，总代理人可以雇用和训练分代理人。

根据组织形式的不同，我们把保险代理分为专业代理、兼业代理和个人代理。专业代理是指专门从事保险代理业务的保险代理公司。保险代理机构可以以合伙企业、有限责任公司或股份有限公司形式设立。其业务范围包括：代理推销保险产品、收取保险费、协助保险公司进行损失勘查和理赔，以及保险监管机构批准的其他业务。与其他形式的保险代理人相较而言，专业代理人比较规范，能够按照保险人的要求实行相应的规章制度，便于保险人的管理。并且专业代理人是专门从事保险代理的机构，因此比兼业代理人更加容易开展业务，容易加强对代理人员的管理和培训。

兼业代理是指受保险人委托，在从事自身业务的同时，指定专人为保险人代办保险业务的单位。兼业代理的主要业务范围包括：代理推销保险产品；代理收取保险费。兼业代理人的形式主要有：业务经办单位代理，即利用业务经办单位的职能作用和便利条件为保险人代理与本身业务有直接关系的保险业务，例如车辆管理部门代售机动车辆保险等；企业主管部门或企业代理，例如旅行社代售旅行意外伤害险，客运公司代售意外伤害险等；金融部门代理，例如银行代理销售保险产品中的分红险等银行保险产品，证券公司营业部门代理销售投资连结险等。

个人代理是指根据保险人委托，向保险人收取代理手续费，并在保险人授权的范围内代为办理保险业务的个人。个人代理是指保险公司采用分公司营销制度时所使用的保险代理人制度。个人代理是保险公司通过自己的外勤员工销售保险产品的营销方式。这些外勤员工是指保险公司所聘用的具有从业资格的保险代理人。他们不是保险公司的正式员工，不能享受保险公司的福利，而是采用底薪加佣金的薪酬体系。他们与保险公司之间具有一种松散的聘用关系。个人代理不得办理企业财产保险和团体人身保险业务，不得兼职从事个人保险代理业务。《保险法》第一百二十五条规定："个人保险代理人在代为办理人寿保险业务时，不得同时接受两个以上保险人的委托。"

2. 保险经纪人

保险经纪人(Insurance Broker)代表的是投保人和被保险人，是独立于保险人的保险中介人，站在投保方的立场，为其代办投保、续保、交付保险费、索赔以及保险档案管理等手续。

我国《保险法》规定："保险经纪人应当具备国务院保险监督管理机构规定的资格条件，取得保险监督管理机构颁发的资格证书。"保险经纪机构可以经营下列保险经纪业务：为投保人拟订投保方案、选择保险公司以及办理投保手续；协助被保险人或者受益人进行索赔；再保险经纪业务；为委托人提供防灾、防损或者风险评估、风险管理咨询服务；保险监管机构规定的其他业务。保险经纪人的法律地位与保险代理人基本相同，都是具有独立代理权利的中介机构。但是保险经纪人强调的是自己设计保险方案的能力，以及提供保险人业务情况、资信、背景等资料的能力。

保险经纪人作为投保人或被保险人的代理人，应根据客户的需要，按照偿付能力、信誉、保险责任范围、服务质量、保险费率等标准，选择最好的保险人和保险品种。保险经纪人的佣金一般按照保险费收入计收，通常由保险人支付，佣金率由保险人和保险经纪人按业务种类和所花费的劳务进行协商确定，一般为10%-20%。如果保险经纪人只为被保险人代办索赔手续，可以由被保险人支付其酬金。保险经纪人向客户提供风险管理咨询服务，应由客户支付其咨询费。

在实务中有时非常容易混淆保险代理人与保险经纪人的概念。但首先应该明白，保险经纪人并非投保人的代理人，而只是基于投保人利益，并为保险合同的达成穿针引线的中间人。保险经纪人是向保险人索要酬金，还代理保险人收取保费，并且如果由于保险经纪人的过错或疏忽使被保险人的利益受到损害，保险经纪人要承担民事法律责任。《保险法》第一百二十八条规定："保险经纪人因过错给投保人、被保险人造成损失的，依法承担赔偿责任。"保险代理人是代理保险人的利益，而保险经纪人是基于投保人的利益。保险经纪人的独立性要强于保险代理人。保险代理人与保险经纪人的异同见表6-2。

表 6-2　保险代理人与保险经纪人的异同

	保险代理人	保险经纪人
相同点		
保险经纪制度类似于独立代理制度。独立代理人与保险经纪人都可以同时受聘于多家保险公司,可自行选择向哪家保险公司投保		
佣金通常由保险人支付,尽管保险经纪人的佣金有时由客户支付		
不同点		
主体不同	个人或单位	只能是有限责任公司
销售产品	销售保险人授权的保险服务品种	与保险公司协商投保条件
业务不同	代理保险人与投保人签订保险合同,代理推销保险产品、收取保险费,协助保险公司进行损失勘查和理赔	为投保人拟订投保方案、选择保险公司以及办理投保手续;协助被保险人或者受益人进行索赔;再保险经纪业务;为委托人提供防灾、防损或者风险评估、风险管理咨询服务
角色不同	合同的当事人,保险人的代理人	不是合同的当事人,也不是任何一方的代理人,而是中间人
独立性不同	代表保险人,并依附于保险人	以自己的名义进行服务,具有独立法律地位,不依附于其他人
服务对象不同	中小型企业和个人	大中型企业和项目
承担责任不同	后果由保险人承担	一切后果由经纪人自己承担
代表利益不同	代表保险人的利益,为保险人服务	基于投保人的利益,为投保人服务

保险经纪人的组织形式一般有三种:个人保险经纪人、合伙企业、保险经纪公司。大多数国家都允许个人保险经纪人从事保险经纪业务活动;英国等一些国家允许以合伙方式设立合伙保险经纪组织,并且要求所有的合伙人必须是经注册的保险经纪人;保险经纪公司是所有国家都认可的保险经纪人组织形式,一般采取有限责任公司或股份有限公司形式设立,这也是我国《保险经纪机构管理规定》中所认可的形式。

《保险经纪机构管理规定》中还把保险经纪人分为直接保险经纪和再保险经纪。这是根据委托方来划分的。直接保险经纪是指保险经纪机构与投保人签订委托合同,基于投保人或者被保险人的利益,为投保人与保险公司订立保险合同提供中介服务,并按约定收取佣金的行为。直接保险经纪是介于投保人和保险人之间。而再保险经纪是指保险经纪机构与原保险公司签订委托合同,基于原保险公司的利益,为原保险公司与再保险公司安排再保险业务提供中介服务,并按约定收取佣金的行为。再保险经纪是介于保险人与再保险人之间。

3. 保险公估人

《保险公估机构管理规定》中所称的保险公估机构(Assessor)是指依照《保险法》

等有关法律、行政法规以及本规定，经中国保险监管机构批准设立的，接受保险当事人委托，专门从事保险标的的评估、勘验、鉴定、估损、理算等业务的单位。保险公估人的独立性更强，是独立于保险人和被保险人之外的第三者，独立地提供服务。保险公估机构可以以合伙企业、有限责任公司或股份有限公司形式设立。公估人可以是法人，也可以是自然人。保险公估人以第三者的立场，凭其专业知识与技术及客观、公正的态度，处理保险合同当事人双方委托办理的有关保险业务公估事项。保险代理人代表保险人的利益，保险经纪人代表投保人的利益，而保险公估人既可受保险人委托，也可受投保人或被保险人委托，站在客观公正的立场上对委托事项作出评价，为保险当事人提供服务。

保险公估机构可以经营的业务包括：保险标的承保前的检验、估价及风险评估；对保险标的出险后的查勘、检验、估损及理算等。保险公估人也有多个种类。

根据执业环节的不同，可分为核保公估人和理赔公估人，前者主要从事保险标的的价值评估和风险评估，其公估报告是保险人评估是否承保的重要参考依据，而后者是在保险事故发生后，受托对保险标的进行检验、估损和理算。

根据执业性质的不同，可分为"保险型"的公估人和"技术型"的公估人。前者侧重于解决保险方面的问题，技术性的问题只是作为辅助手段，英国的保险公估人多属此类；而后者则主要解决技术方面的问题，欧洲其他国家的保险公估人大多属此类。

根据执业内容不同，可分为三类：(1)海上保险公估人，主要处理海上、航空运输保险等方面的业务；(2)火灾及特种保险公估人，主要处理火灾及特种保险方面的业务；(3)汽车保险公估人，主要处理与汽车保险有关的业务。

二、保险合同的客体

在《民法总则》中，客体是指权利和义务所指向的对象。保险合同双方的权利与义务体现为：投保人的义务是按转嫁风险的保险金额缴纳保险费，其对应的权利是当保险标的发生保险事故时，依照保险合同向保险人请求损失赔偿。保险人的权利是收取保险费作为其承担保险赔偿的对价，其义务是在保险标的发生保险事故时，履行赔偿或给付保险金责任。

保险合同的客体是投保人或被保险人对保险标的的保险利益。保险合同不是保障保险标的的安全，而是保障保险标的受损后投保人或被保险人、受益人的经济利益。风险是客观存在的，并不因为保险合同的存在，保险标的就会消除风险，不产生事故损失。当保险事故发生后，保险人依据合同，只能对保险标的的损失进行赔偿，而不可能赔偿原有的保险标的。所以，保险合同中规定的权利与义务所指向的对象是投保人或被保险人对保险标的所具有的保险利益，即保险合同的客体是保险利益。

第四节 保险合同的订立和生效

一、保险合同的订立

保险合同订立是投保人与保险人之间基于真实意思表示一致而产生的法律行为。实务中，保险代理人先通过接触客户，了解客户保险需求，然后根据客户保险需求制作出保险规划书；待客户对保险规划书的内容完全同意之后，客户就会填写投保单，向保险公司发出投保申请；保险公司认真审核投保申请，经同意签发保单之后，保险合同就订立了。所以，保险合同订立需经过投保人提出保险申请和保险人同意承保两个阶段。这两个阶段就是合同实践中的要约和承诺，也是保险合同实践过程中最为重要的两个环节。

1. 要约

要约又称“订约提议”，是一方当事人向另一方当事人提出订立合同建议的法律行为，是签订保险合同的一个重要程序。提出要约的人为要约人。法律规定一个有效的要约应具备三个条件：要约需明确表示订约的愿望；要约必须具备合同的主要内容；要约在其有效期内对要约人具有约束力。对于保险合同而言，要约的具体内容如下：

(1)投保人是保险合同的要保人，保险合同的要约由投保人提出。

(2)保险合同的要约内容比一般合同更加具体和明确。由于保险标的风险的不确定性和保险功能的保障性，使保险合同的内容关系到当事人的保险经济利益。因此，保险合同的要约内容必须比一般合同要约更为具体和明确。

(3)保险合同要约为投保单的书面形式或其他形式。在我国，要约必须是书面形式。

2. 承诺

承诺是受要约人同意要约的意思表示。作出承诺的人为承诺人或受约人。承诺需满足下列条件：承诺是无条件的，应对要约或反要约的内容完全接受；承诺由受约人本人或其合法代理人做出；承诺须在要约的有效期内做出。

保险合同的承诺也叫承保，由保险人或其代理人作出。当投保人递交填好的投保单后，经保险人或其代理人核保审查，认为符合要求的，会签发正式保单并予以承保。保险公司签发的正式保单就是承诺的表示。

二、保险合同的成立和生效

当要约和承诺都具备，投保人和保险人就保险合同条款达成协议，保险合同即告成立。《保险法》第十三条规定：“投保人提出保险要求，经保险人同意承保，保险合同成立。保险人应当及时向投保人签发保险单或者其他保险凭证。”保险合同的生效是指保险合同对双方当事人发生约束力，即合同条款产生法律效力。需要注意的是，尽管一般的经济合同都是“本合同自成立之日起开始生效”，但保险合同的成立不一定标志着保险合同的生效，有可能还需要满足其他的条件。因此，在合同成立后但生效前发生的保险事故，保险人不承担保险责任。

保险合同是民事合同，根据法律规定，生效的民事合同必须具备四个要件：保险合同主体必须具备合同资格；当事人意思表示一致；合同内容合法；当事人双方应具有合法的动机。所以，实务中是严格按照这四个要件来判断保险合同是否有效的。除此之外，财产保险合同和人身保险合同的生效条件存在区别。财产保险合同以双方约定交付保险费的时间和方式为生效条件，也称“零时起保责任制”。人身保险合同以投保人交付首期保费为生效条件。按照行业惯例，保险合同的生效可以附条件或附期限，而且通常都必须满足下列各项要求：交付首期保费；采取书面形式；当事人亲笔签名，特别是以死亡为给付保险金条件的合同必须有被保险人的亲笔签名。

案例 6－3　　保险合同的成立与生效

2001 年 11 月 26 日，杨某填写投保书，要求投保某保险公司幸福险 15 万元，鸿祥险 3 万元，在支付了首期保费后，指定其女友为身故受益人。当月 30 日，保险公司发出问题件通知杨某，要求其重新指定身故受益人，当天杨某重新指定了法定受益人。12 月 3 日，保险公司业务员将改后的通知单交至营业部，4 日交至支公司负责人，5 日交至中心支公司，同时接到报案，称杨某于 12 月 4 日上午驾驶摩托车发生车祸死亡。经过调查，杨某系无照驾驶，保险公司遂拒付赔款。2002 年 5 月，杨某受益人到法院起诉保险公司，要求全额赔付保险金，并承担诉讼费。

法院审理认为：第一，投保人虽已按保险公司的要求完成一系列投保过程，但保险公司未确认盖章，因保险公司向投保人出具的是暂收收据，故其交纳保费的行为属预期交费行为，按《投保书》要求，合同未成立；第二，保险公司在人身险暂收收据上声明：“保险人在收到本收据列明的首期保险费，确认投保人/被保人已完成本公司规定的投保手续，至本公司同意承保签发保险单期间内(以不超过 30 天为限)，如被保险人因意外伤害事故身亡，本公司按照投保人所申请的意外身故保险金，累计给付最高限额不超过 20 万元……”该声明应视为保险公司以格式合同的形式向投保人发出要约，且该附注声明中并没有免责条款。投保人缴纳首期保费的行为则应视为其接受了保险公司的要约约束，被保人的死亡正好符合该声明中保险公司自定的赔偿条件。故即使在保险合同不成立的条件下，保险公司也应遵守其暂收收据附注声明的要约内容，按照被保人所申请的意外事故保险金予以赔偿。

在本案中，问题的关键是保险合同是否成立，以及保险保证条款的执行。实际上，本案保险合同没有成立。《保险法》第十三条规定："投保人提出保险要求，经保险人同意承保，保险合同成立。保险人应当及时向投保人签发保险单或者其他保险凭证。保险单或者其他保险凭证应当载明当事人双方约定的合同内容。当事人也可以约定采用其他书面形式载明合同内容。依法成立的保险合同，自成立时生效。投保人和保险人可以对合同的效力约定附条件或者附期限。"

保险合同的成立和保险合同的生效是两个不同的概念，保险合同成立不等于保险合同生效，但是生效的保险合同一定成立。在本案中，保险合同既没有成立也没有生效，保险合同处于要约和反要约的过程中。案例中，因身故受益人的指定不合格，保险人向投保人提出反要约，即重新指定受益人，投保人在重新指定受益人还没有将反要约的意见交给保险人的时候被保险人发生了车祸死亡，所以保险合同没有成立，更谈不上生效。

后记：此类问题在实务中经常存在，但消费者却不能予以理解。消费者总认为自己的首期保费已经缴纳，为什么人死了却得不到赔偿？因此，最高人民法院于2013年6月8日施行的《关于适用〈中华人民共和国保险法〉若干问题的解释(二)》中第四条规定："保险人接受了投保人提交的投保单并收取了保费，尚未作出是否承保的意思表示，发生保险事故，被保险人或者受益人请求保险人按照保险合同承担赔偿或者给付保险金责任，符合承保条件的，人民法院应予以支持；不符合承保条件的，保险人不承担保险责任，但应当退还已经收取的保险费。保险人主张不符合承保条件的，应当承担举证责任。"这条规定的含义是说，当被保险人在投保后但保单成立之前死亡，则按照其没死的状态进行核保，倘若核保通过，则保险公司应当给付；倘若核保不能通过，则退还保费。这样就把由于意外导致的生效前死亡包含在保险责任中了。

三、保险合同的有效和无效

(一)有效保险合同

保险合同的有效是指保险合同由当事人双方依法订立，并受国家法律保护，具有法律效力。保险合同有效应满足以下条件：

(1)保险合同主体必须具备合同资格，即投保方和保险方都必须具备法律所规定的主体资格。投保人具有完全民事行为能力，而保险人具有合法的经营资格。

(2)当事人意思表示一致。即要约与承诺的过程应当有完整的意思表达，并且当事人意思表示真实，能够明确自己行为的后果，有能力承担相应的法律责任。若保险合同的订立不是出于当事人的自愿而是受到胁迫或欺骗，则保险合同无效。

(3)合同内容合法。我国《保险法》明确规定："从事保险活动必须遵守法律、行政法规，尊重社会公德，不得损害社会公共利益。"而且当事人双方都应承担一定的权利义务关系。只有合法的保险合同，才能受到法律的保护。

(4)当事人双方应具有合法的动机。投保动机应当合法。比如投保人为被保险人购买人寿保险的动机应当是为了保障受益人的权利，而不是为了杀害被保险人而获取保险金。保险人提供保险的目的也应当是为了提供保障，而不是为了骗取投保人的保费。

正确认定保险合同的有效和无效在保险合同的履行中具有十分重要的意义，对于无效合同，保险人及被保险人无须履行合同中规定的任何义务。

(二)无效保险合同

无效保险合同是指当事人订立的，但不具有法律效力，国家不予保护的保险合同。无效保险合同的确认权归人民法院和仲裁机关。无效保险合同一般包括以下几类：

(1)保险合同主体资格不符合法律规定。如投保人不具有民事行为能力，保险人超越了经营范围等。

(2)保险合同的内容不合法。

(3)保险合同当事人意思表示不真实。

(4)保险合同违反国家利益和社会公共利益。

(5)保险合同的形式不合法。

《保险法》对无效的保险合同和无效的保险条款进行了界定。第十九条规定："采用保险人提供的格式条款订立的保险合同中的下列条款无效：免除保险人依法应承担的义务或者加重投保人、被保险人责任的；排除投保人、被保险人或者受益人依法享有的权利的。"第三十一条规定："订立合同时，投保人对被保险人不具有保险利益的，合同无效。"第三十四条规定："以死亡为给付保险金条件的合同，未经被保险人同意并认可保险金额的，合同无效。"

保险合同的无效与失效不同。保险合同被认定无效后，其自订立起就不发生法律效力，绝对无效；保险合同的失效是指合同依法成立后，由于某种情况导致合同效力暂停或中止。按合同无效的程度，无效保险合同可分为两种情况：全部无效和部分无效。对于全部无效合同，其约定的权利与义务不发生法律效力；部分无效合同除无效部分外，其余部分依然有效。

处理无效合同时，通常有以下几种方式。一是返还财产：保险合同被认为无效以后，当事人应该将合同恢复到履行之前的状态，即保险人应该将收取的保险费退还给投保人；发生保险金额赔偿或给付时，被保险人应该将此项金额返还给保险人。二是赔偿损失：如果无效保险合同给当事人一方造成损失的，应该按照过错责任，由过错的一方负责赔偿。三是追缴财产：对于违反国家利益和社会公共利益的保险合同，应当追缴财产，追缴的财产包括当事人双方已经取得和约定取得的财产，但是追缴时应该注意保护非故意方的利益。

（三）效力未定保险合同

效力未定保险合同是指不能明确指出合同有效或无效的合同。当保险合同的一方因有违背合同约定的行为而使合同的效力发生变化还未认定时，或合同中某些关键问题还需进一步明确才能使效力确定时，都存在效力未定的问题。此时应提请相关机构进行确定。

第五节　保险合同的变更、解除和终止

合同是平等主体的自然人、法人、其他组织之间设立、变更、终止民事权利义务关系的协议。保险合同是投保人与保险人约定保险权利义务关系的协议。

一、保险合同的变更

保险合同变更是指在保险合同订立后，在履行的过程中，当事人根据自己的需要并依照法律规定的条件和程序，对原约定保险合同进行修改或补充。《保险法》第二十条规定："投保人和保险人可以协商变更合同内容。变更保险合同的，应当由保险人在保险单或者其他保险凭证上批注或者附贴批单，或者由投保人和保险人订立变更的书面协议。"保险合同的变更主要包含主体变更、客体变更和内容变更。

（一）主体变更

保险合同的主体变更是指保险合同的当事人和关系人的变更，包含保险人、投保人、被保险人和受益人的变更。

1. 保险人

保险合同中的保险人一般不会变更，除非当保险公司的偿付能力严重不足而被监管机构所接管，或破产、解散、合并和分立时，在监管机构的同意和主持之下进行变更。但是即使变更了保险人，为了保护消费者的利益，保险合同中所规定保险人的权利义务也不会改变。

2. 财产保险中其他主体的变更

财产保险是属人的合同，财产保险合同不能随财产所有权的转移而自动转让。关

于保险合同的转让，必须与保险人协商一致，经过保险人同意并在保险单或者保险凭证后加注批单，方才有效。这是因为保险人承担的风险与投保人及被保险人对标的的安全管理、道德品质、财务状况等因素有关，故不能随标的所有权转让而自动转让。因此，当保险标的的所有权、经营权、使用权和收益权发生转移，或债权债务关系发生变化时，投保人都应该向保险人办理保险合同中投保人和被保险人的变更。否则，从保险标的过户、转让或者出售起，保险责任即行终止。当然，倘若保险人与投保人、被保险人事先约定，保险标的的转让可以不通知保险人的，则以保险合同的约定执行。

在货物运输保险中，保险凭证可由投保方背书转让而不需要征得保险人的同意。这是因为在货物运输保险中，运输过程中的货物不是由投保人或被保险人直接控制，而是始终由承运人保管。尽管货物在运输过程中标的物权可能几经易手，保险利益也随之转换，但作为保险标的的货物始终在承运人的保管之中，风险没有发生任何变化。所以，货物运输保险单可以随保险标的转移而转移，不需经保险人同意，只要投保人或被保险人背书即可。

《保险法》第四十九条规定："保险标的转让的，保险标的的受让人承继被保险人的权利和义务。保险标的转让的，被保险人或者受让人应当及时通知保险人，但货物运输保险合同和另有约定的合同除外。因保险标的转让导致危险程度显著增加的，保险人自收到前款规定的通知之日起 30 日内，可以按照合同约定增加保险费或者解除合同。保险人解除合同的，应当将已收取的保险费，按照合同约定扣除自保险责任开始之日起至合同解除之日止应收的部分后，退还投保人。被保险人、受让人未履行本条规定的通知义务的，因转让导致保险标的危险程度显著增加而发生的保险事故，保险人不承担赔偿保险金的责任。"

3. 人身保险

人身保险的保险标的是被保险人的生命或身体，具有不可转让性，故不存在因保险标的转移而变更的情况。因为人身保险的保单是以被保险人为基础的，变更被保险人实际上是重新订立了另一份保单。但是在团体保险中，需要根据被保险人的身份变更被保险人的名单，比如由于离职、入职、退休等原因。因此，在人身保险中，除了团体人身保险中的被保险人可以发生变化外，个人人身保险的被保险人确定之后不得变更。但投保人、保单持有人、受益人等主体均可以变更。

投保人的变更不需经被保险人同意，但要通知保险人。但是死亡保险是个例外，死亡保险中投保人变更需要经被保险人同意，以避免发生道德风险。在变更投保人时有两种情况，其一称为绝对转让，即将保单所有权完全转让给一个新的所有人。这在实务中不太常见。其二称为相对转让，受让人仅取得保单的部分权利，常用于保单的质押转让。保单质押转让是暂时的有条件的转让，质押债权人是生存和身故受益人；

转让条件、转让份额及金额是通过批单或背书记录；在以他人为被保险人且有死亡保障时，必须由被保险人同意；同时不得影响不可撤销受益人的利益。

受益人的变更可由投保人或被保险人决定。《保险法》第四十一条规定："被保险人或者投保人可以变更受益人并书面通知保险人。保险人收到变更受益人的书面通知后，应当在保险单或者其他保险凭证上批注或者附贴批单。投保人变更受益人时须经被保险人同意。"

表 6-3　　保险合同主体的变更

<table>
<tr><th></th><th>财产保险</th><th>人身保险</th></tr>
<tr><td>保险人</td><td colspan="2">除非偿付能力严重不足而被监管机构所接管，或破产、解散、合并和分立时，在监管机构的同意和主持之下进行变更。否则不得变更</td></tr>
<tr><td>投保人</td><td rowspan="2">除货物运输保险外，非经保险人同意不得变更</td><td>不需经被保险人同意，但要通知保险人；死亡保险需经被保险人同意</td></tr>
<tr><td>被保险人</td><td>个人保险中不得变更，团体保险中可以变更，告知保险人即可</td></tr>
<tr><td>受益人</td><td>——</td><td>由投保人或被保险人变更并书面通知保险人</td></tr>
</table>

（二）保险合同的客体变更

保险合同客体变更的原因是保险标的的价值增减变化，从而引起保险利益发生变化。保险合同客体的变更，通常是由投保人或被保险人提出，经过保险人同意，加批后开始生效。保险人根据变更后的保险合同客体调整保险费率，从而导致保险合同权利义务的变更。

（三）内容变更

保险合同内容变更是指在主体和客体保持不变时，改变合同中约定的事项，主要是当事人的权利和义务的变更。保险合同内容变更一般由投保人或被保险人提出，由其向保险人申请办理批改手续，经保险人同意，在合同中加以变更批注，并按规定加收或减退保险费。

投保人变更保险合同的情形主要有两种：其一是投保人根据实际需要提出变更保险合同内容，在这种情况下，保险合同内容的变更主要取决于投保人和被保险人的主观意志。其二是投保人根据法律规定提出变更保险合同内容。在保险合同的履行过程中，由于某些法定事由的出现，投保人必须根据法律规定及时通知保险人。在这种情况下，保险合同内容的变更取决于法律的规定。

二、保险合同的解除

保险合同的解除是指在保险合同生效后，保险人或投保人单方面终止保险合同的行为。投保人提出解除保险合同，则俗称“退保”。《保险法》第四十七条规定，“投保人解除合同的，保险人应当自收到解除合同通知之日起 30 日内，按照合同约定退还保险单的现金价值。”“保险责任开始前，投保人要求解除合同的，应当按照合同约定向保险人支付手续费，保险人应当退还保险费。保险责任开始后，投保人要求解除合同的，保险人应当将已收取的保险费，按照合同约定扣除自保险责任开始之日起至合同解除之日止应收的部分后，退还投保人。”

(一)保险合同解除的形式

保险合同解除的形式有两种：法定解除与协议解除。

1. 法定解除

法定解除是法律赋予合同当事人的一种单方解除权。

《保险法》规定：“除本法另有规定或者保险合同另有约定外，保险合同成立后，投保人可以解除合同，保险人不得解除合同。”投保人提出解除保险合同主要是因为主客观情况发生变化，投保人感到保险合同的履行已无必要。但是投保人解除保险合同具有两种情况的限制：货物运输保险合同和运输工具航程保险合同，保险责任开始后，合同不得解除；当事人通过保险合同约定，对投保人的合同解除权作出限制的，投保人不得解除保险合同。

保险人只有在下列情况下才有权解除保险合同：

● 投保人故意或者因重大过失未履行前款规定的如实告知义务，足以影响保险人决定是否同意承保或者提高保险费率的，保险人有权解除合同。但是这项合同解除权自保险人知道有解除事由之日起，超过 30 日不行使而消灭。自合同成立之日起超过 2 年的，保险人不得解除合同；发生保险事故的，保险人应当承担赔偿或者给付保险金的责任。

● 未发生保险事故，被保险人或者受益人谎称发生了保险事故，向保险人提出赔偿或者给付保险金请求的，保险人有权解除合同，并不退还保险费。

● 投保人、被保险人故意制造保险事故的，保险人有权解除合同，不承担赔偿或者给付保险金的责任；

● 因保险标的转让导致危险程度显著增加的，保险人自收到通知之日起 30 日内，可以按照合同约定增加保险费或者解除合同。

● 投保人、被保险人未按照约定履行其对保险标的的安全应尽责任的，保险人有权要求增加保险费或者解除合同。

● 在合同有效期内，保险标的的危险程度显著增加的，被保险人应当按照合同约定及时通知保险人，保险人可以按照合同约定增加保险费或者解除合同。

● 合同效力依照法律规定中止的，经保险人与投保人协商并达成协议，在投保人补交保险费后，合同效力恢复。但是，自合同效力中止之日起满2年双方未达成协议的，保险人有权解除合同。

● 保险标的发生部分损失的，自保险人赔偿之日起30日内，投保人可以解除合同；除合同另有约定外，保险人也可以解除合同，但应当提前15日通知投保人。合同解除的，保险人应当将保险标的未受损失部分的保险费，按照合同约定扣除自保险责任开始之日起至合同解除之日止应收的部分后，退还投保人。

保险合同的法定解除关系到双方的重大利益，故应当采取书面的形式。

2. 协议解除

协议解除又称约定解除，是指当事人双方经协商同意解除保险合同的一种法律行为。例如在船舶战争险条款中规定，对于船舶定期保险，保险人"有权在任何时候向被保险人发出注销战争险责任的通知，在发出通知后14天期满时终止战争险责任"。保险合同的协议解除要采取书面的形式。保险合同的协议解除不得损害国家和社会公共利益。

（二）保险合同解除的后果

保险合同解除的后果是指解除保险合同的行为对原保险合同的权利义务的溯及力。按照法律的规定，保险合同对以下情形不具有溯及力：(1)投保人故意不履行如实告知义务，保险人不退还保险费；(2)投保人、被保险人或受益人因欺诈行为而被解除保险合同的，保险人不退还保险费；(3)投保人要求解除保险合同的，保险责任开始后，保险人收取的自合同生效至合同解除期间的保险费不予退还。

三、保险合同的终止

保险合同终止是指保险合同成立后因法定或约定事由发生，使合同确定的权利义务关系消灭，法律效力完全消失的事实。其结果是保险合同的法律效力不复存在。终止是保险合同发展的最终结果。保险合同的终止和解除具有完全不同的含义，其区别见表6-4。

表6-4　保险合同终止和解除的区别

	保险合同解除	保险合同终止
直接原因	保险合同的解除虽然也需要某些法定或约定事由，但解除合同的直接原因是当事人一方的意思表示或解除合同的协议	直接原因是合同的期限届满、履行完毕、主体一方死亡或消灭等法定或约定事由的发生
履行程度和效力	保险合同解除时，原有合同并未履行完毕，期限也未届满，而是将正在生效的保险合同提前终止其效力	保险合同的终止通常是合同期限届满或履行完毕，此时保险合同也随之而终止

续表

	保险合同解除	保险合同终止
法律后果	保险合同的解除是提前终止合同，存在解除合同的效力是否溯及既往的问题	原合同权利义务归于消灭，不存在溯及既往的问题

保险合同订立后，有多种原因能使合同失效而告终止。保险合同终止可分为以下几种：

（一）自然终止

自然终止即保险合同期限届满终止。保险合同一般规定有一定的保险期限，当保险期满时保险人的保险责任即告终止，保险人不再承担保险责任。这是保险合同最普遍、最基本的终止情况。

（二）履约终止

履约终止即保险合同已履行而终止。保险事故发生后，保险人在履行了赔偿或给付全部保险金额以后，保险合同即告终止。例如，终身人寿保险合同，被保险人死亡，如果保险人给付了全部保险金，合同即告终止。又如企业财产保险，保险期内的全部赔款已总计达到保险金额，合同终止。但船舶保险中的船舶、机动车辆保险中的车身，以及飞机保险中的机身，若保险标的连续发生数次部分损失，而每次损失都在保险金额限度内，即使赔款总额已超过保险金额，保险人仍要承担赔偿责任，直到保险期满为止。除此之外，当连续发生数次部分损失，且赔款总额已达到保险金额，则保险合同终止。

（三）保险合同标的全部灭失终止

财产保险合同因保险标的的灭失而终止。这里的保险标的灭失是指由于保险事故以外的原因造成的保险标的的灭失或丧失。如果保险标的非因保险事故而灭失，投保人就不再具有保险利益了，保险合同就因客体的灭失而终止。

人身保险合同是因被保险人的死亡而终止。人身保险合同以被保险人的生命或健康为保险标的，其保险利益是投保人对被保险人的生命或健康所具有的法律上承认的利益。被保险人如果因为保险事故以外的原因而死亡，同样，投保人就没有保险利益，保险合同就终止了。

（四）合同自始失效（无效终止）

若被保险人以欺骗、捏造或隐瞒重要事实等不诚实手段骗取保险人订立合同，一旦真相暴露，保险合同应从其开始时就视作失效。如果保险人已支付赔款或给付保险金，可以要求对方归还。

第六节　保险合同的解释原则和争议处理

一、保险合同的解释原则

保险合同作为保险双方当事人的一种协议，按照法律程序成立，因而具有法律效力，其所用文字、内容应该严谨、科学和准确。由于合同条款的局限性、文字语言表达方式的多样性、保险本身的专业性和实际情况的错综复杂，保险条款不可能把所有细节一一列明，只能在原则上加以规定。因此，当保险合同当事人在主张权利和履行义务时对合同内容产生争议，适当的、合理的解释就必不可少。具体的解释原则如下：

（一）公正合理的原则

在发生保险争议时，对合同条款的解释应以原条款的真实意思为基础，本着公正合理的原则进行解释。

（二）有利于被保险人和受益人的原则

由于大多数保险合同具有附和性合同的特点，保险人在订立合同时处于优势，且保险人对有关的法律法规和保险知识更为了解，因此我国《保险法》规定："采用保险人提供的格式条款订立的保险合同，保险人与投保人、被保险人或者受益人对合同条款有争议的，应当按照通常理解予以解释。对合同条款有两种以上解释的，人民法院或者仲裁机构应当作出有利于被保险人和受益人的解释。"也就是说，对保险条款应该做有利于非起草方即投保方的解释。最高人民法院《关于适用〈中华人民共和国保险法〉若干问题的解释（二）》中，"保险人在其提供的保险合同格式条款中对非保险术语所作的解释符合专业意义，或者虽然不符合专业意义，但有利于投保人、被保险人或者受益人的，人民法院应予认可"。但是需要注意的是，这种解释原则也不能随意使用，只能运用于保险合同所用语言文字不清或者在一词多义的情况下，在尊重保险条款原意的基础上进行解释。

（三）文义解释原则

文义解释是指按照保险合同条款用语的特定含义或习惯用法来解释保险合同条款的内容，尊重条款所用的词句，不能超出也不能缩小保险合同所用词语的含义。文义解释是解释保险合同条款的最主要方法。我国保险合同的文义解释主要包括两种情形：对保险合同一般文句的解释；对保险专业术语及法律专业术语的解释。在对保险合同一般文句进行解释时，要求尽可能按文句公认的表面含义和其语法意义去解释。双方有争议的，以权威性工具书或专家的解释为准。对保险专业术语及法律专业术语进行解释时，有立法解释的，以立法解释为准；没有立法解释的，以司法解释、行政解释为准；无上述正式解释的，亦可按行业习惯或保险业公认的含义解释。

（四）意图解释的原则

在保险合同的条款文义不清或者有歧义时，通过逻辑分析及其背景材料等判断合同当事人订约时的真实意图，来解释保险合同条款的方式称为意图解释。但是，对当事人的真实意思只能进行推定和判断，因此必须有所规定。比如，在进行意图解释时，如果双方既有书面约定又有口头约定，则以书面约定为准；当投保单与保险单或者其他保险凭证不一致时，应以投保单为准，但不一致的情形系保险人说明并经投保人同意的，以投保人签收的保险单或者其他保险凭证载明的内容为准；当合同的特约条款与基本条款不一致时，以特约条款为准，因为特约条款作为补充条款更能体现当事人的真实意图；非格式条款与格式条款不一致的，以非格式条款为准；保险合同的条款内容按照批单优于正文、后批注优于先批注、手写优于打印、加贴批注优于正文批注的规则解释；保险凭证记载的时间不同的，以形成时间在后的为准；保险凭证存在手写和打印两种方式的，以双方签字、盖章的手写部分的内容为准。

（五）补充解释

保险合同条款约定内容难免会有遗漏或不完整的情况，补充解释就是在借助商业习惯、国际惯例的基础上，使用一些世界各国保险经营者所接受和认可的专业术语和习惯用语，对保险合同欠缺的内容进行公正合理的解释。

二、保险合同争议处理的方法

在保险合同争议处理中，按照我国法律的相关规定，一般采取以下的方法：

（一）协商

协商是指合同争议发生后，由合同当事人进行沟通后在共同可以接受的基础上都作出一定的让步，通过协商来达成和解协议。协商是解决争议最基本、最常用的方法。该方法比较灵活，气氛比较友好，有利于合同的继续执行，可以省却仲裁和诉讼的繁琐程序和费用。

（二）调解

在合同当事人协商不成时，可以向第三方申请调解。调解是指合同当事人都愿意将合同争议交给第三方，在第三方主持下，根据自愿、合法的原则，促使双方达成和解协议，使合同可以执行。由于第三方调解人的身份不同，保险合同的调解可分为行政调解、仲裁调解和法院调解。行政调解不具有法律强制执行的效力，但仲裁调解和法院调解在达成调解协议后，便具有了法律强制执行的效力，当事人不得再就同一争议提交仲裁或诉讼。

（三）仲裁

仲裁是指保险合同的争议双方依照事先签订好的仲裁协议，自愿寻找一个由双方共同信任、法律认可的仲裁机构的仲裁员，仲裁员以裁判者的身份而不是以调解员的身份对双方争议作出裁决。仲裁裁决具有法律效力，当事人必须予以执行。保险双方事先在自愿的基础上达成仲裁协议是仲裁的前提条件。仲裁协议应采用书面形式订立，并应写明仲裁意愿、事项及双方所共同选定的仲裁委员会。所选择的仲裁机构是独立于国家行政机关的民间团体。

（四）诉讼

保险诉讼是解决保险争议最激烈的方式，是指保险合同的争议双方当事人依法通过人民法院解决争议，进行裁决。保险合同争议诉讼属于民事诉讼。目前，国内保险合同纠纷多数采用诉讼方式解决。保险合同双方当事人可以约定选择被告所在地、合同履行地、合同签订地、原告住所地、标的物所在地等的法院申请起诉。《民事诉讼法》对保险合同纠纷的管辖法院作了明确的规定："因保险合同纠纷提起诉讼，通常由被告所在地或者保险标的物所在地人民法院管辖。"法律规定第二审判决为最终判决。当事人对已生效的判决必须执行。

本章小结

● 保险合同是投保人与保险人约定权利义务关系的协议，是保险关系双方订立的一种在法律上具有约束力的协议。

● 保险合同的主要特征有：射幸合同；双务合同；有偿合同；要式合同；大多数是附和性合同。

● 保险合同大致有以下五种形式：投保单、保险单、暂保单、保险凭证、批单、预约保险合同。

● 保险合同的内容由当事人约定，包括声明事项、保险协议、除外责任、条件事项、各种其他条款五个部分。

● 保险条款主要包括基本条款和附加条款两种。保险合同的基本条款包括：保险人的名称和住所；投保人、被保险人的名称和住所，以及人身保险的受益人的名称和住所；保险标的；保险责任和责任免除；保险期限和保险责任开始时间；保险价值；保险金额；保险费以及支付办法；保险金赔偿或者给付办法；违约责任和争议处理；订立合同的时间。附加条款包括附加条款和保证条款。

● 保险合同的主体包括保险合同的当事人、关系人和辅助人。保险合同的当事人包括投保人和保险人，当投保人与被保险人是同一人时，则被保险人也是保险合同的当事人。保险合同的关系人有被保险人和受益人。保险合同的辅助人包括保险代理人、保险经纪人和保险公估人等。

● 保险合同的客体是投保人或被保险人对保险标的的保险利益。

● 保险合同的订立包括要约与承诺。保险合同的成立不一定标志保险合同的生效。

● 保险合同有效应满足以下条件：(1)保险合同主体必须具备合同资格；(2)当事人意思表示一

致；(3)合同内容合法。

● 无效保险合同一般包括以下几类：(1)保险合同主体资格不符合法律规定；(2)保险合同的内容不合法；(3)保险合同当事人意思表示不真实；(4)保险合同违反国家利益和社会公共利益；(5)保险合同的形式不合法。

● 保险合同变更是指在保险合同订立后，在没有履行或者没有完全履行前，由当事人依照法律规定的条件和程序，对原订保险合同的内容进行修改或补充。保险合同的变更主要包含主体变更和内容变更。

● 保险合同的解除是指在保险合同生效后，保险人或投保人单方面终止保险合同的行为。保险合同的解除与保险合同的终止是完全不同的法律含义。保险合同解除的形式有两种：法定解除与协议解除。

● 保险合同终止是指保险合同成立后因法定或约定事由发生，使合同确定的权利义务关系消灭，法律效力完全消失的事实。保险合同终止可分为：自然终止、履约终止、协议终止、保险合同违约失效终止、保险合同标的全部灭失终止、合同自始失效、解约终止。

● 保险合同的解释原则包括：公正合理的原则、有利于被保险人和受益人的原则、文义解释原则、意图解释的原则、补充解释。

● 在保险合同争议处理中，一般采取协商、调解、仲裁、诉讼。

第七章　保险的基本原则

保险作为一种特殊的金融商品，在经营过程中必须遵守特殊的基本原则。这些基本原则是保险业所特有的，为全世界保险业所共同接受，是所有保险业务经营的基础。保险基本原则主要包括保险利益原则、最大诚信原则、近因原则和补偿性原则。在这些基本原则的基础之上还派生出代位求偿原则和重复保险的分摊原则。只有充分了解和掌握这些基本原则的含义、目的和内容，保险公司才可能正确地进行保险的承保和理赔等基本经营；消费者才能理解保险公司的诸多所谓看起来“不合理”的做法。

第一节　保险利益原则

一、保险利益的含义

保险利益(Insurance Interest)又称为可保利益(Insurable Interest)。保险利益原则的含义是在签订和履行保险合同的过程中，投保人或者被保险人对保险标的必须具有法律上所承认的利益，否则保险合同无效。存在保险利益是保险合同得以成立的必要条件，这也是保险经营过程中的一个基本原理。即使在早期的保险实践中，海上保险法和人寿保险法也都禁止给没有保险利益的人签发保险单。深入理解保险利益的含义需认识保险利益的下列特征。

(1)保险利益应为合法的利益。投保人或者被保险人对保险标的必须具有法律所承认的利益。保险利益必须是符合法律规定、符合社会公共秩序、为法律所认可并受到法律保护的利益。例如，对财产的所有权、占有权、使用权、收益权等就是法律所承认的一种利益；投保人与被保险人之间所存在的夫妻、抚养和扶养关系也是法律所承认的一种利益。那些违反法律规定或损害社会公共利益而产生的利益则不能作为保险利益。例如，因盗窃而取得的财物不受法律保护，因此投保人对盗窃所得的财物不具有保险利益。

(2)保险利益表现为利害关系。投保人或者被保险人对保险标的具有利害关系，则被视为具有保险利益。这里的利害关系主要是指经济利害关系，即保险标的的安全与损害直接关系到投保人或被保险人的切身经济利益。如果投保人或被保险人与保险标的之间并不存在经济利害关系，则不能签署保险合同，或即使签署合同，但也是无效的保险合同。例如，在财产保险合同中，保险标的的损毁灭失会直接影响到财产所有人的经济利益，因此，视为财产所有人对该保险标的具有保险利益。在人身保险合同中，虽然人的身体与生命是无价的，但实际上仍然是从经济利害关系来判断保险利益的。比如，投保人的直系亲属，如配偶、子女等的生老病死与投保人具有密切的经济利害关系，因此可认为是具有保险利益的；债务关系中的债务人、合伙关系中的某一合伙人是否安康，也影响到债权人、其他合伙人的经济利益，因此也可视为债权人与债务人之间、合伙人之间具有保险利益。

(3)保险利益应为客观上已经存在的确定利益。保险利益必须是一种确定的利益，是投保人对保险标的在客观上或事实上已经存在的并可以确定的利益，而不是当事人主观臆断的利益。根据保险利益是否在投保时存在，可以把保险利益分为现有利益和期待利益两种情况。现有利益是指在投保时客观上或事实上已经存在的经济利益；期待利益是指虽然在投保时客观上或事实上尚未存在，但根据法律、法规、有效合同的约定等可以确定在将来某个时刻将会存在的经济利益，即预期在将来某个时刻，期待利益会转化为现有利益。当然，现有利益与期待利益在法律上的地位是不同的。现有利益才符合真正保险利益的要求；而期待利益显然较为宽松。所以，两者在实际运用中也是不同的。比如在财产保险中，在投保时，现有利益和期待利益均可作为确定保险金额的依据；但在索赔时，只有现有利益才符合保险利益原则，而期待利益则不予以认可，不符合保险利益原则。并且，保险人的赔偿也以实际损失的保险利益为限。

(4)保险利益应可以用货币表示。由于保险通常都是用货币形式的经济补偿或给付来实现保障职能，如果投保人或被保险人的保险利益不能用货币来反映，则保险人的承保和补偿就缺乏具体的依据而难以进行。所以，无法定量的利益通常都不能成为可保利益。例如在财产保险中，纪念品、日记、账册等不能用货币计量价值的财产，虽然对投保人具有利益，但一般不作为可保财产。但是在人身保险中，由于人的生命和身体无价，人身保险合同的保险利益有一定的特殊性，只要求投保人与被保险人具有利害关系，就认为投保人对被保险人具有保险利益，而并非要求保险利益必须用货币表示。

(5)保险利益只是关系到保险合同是否有效的一个要件。这是正确认识保险利益原则的前提。也就是说，法律要求在签订和履行保险合同的过程中，投保人或者被保险人对保险标的必须具有法律上所承认的利益，否则保险合同无效。但是即使具有了保险利益，保险合同也可能是无效的。这是因为有效合同还需要符合其他条件。比如在第六章中介绍有关有效合同的要件时，保险合同有效应满足以下条件：保险合同主体必须具备合同资格；当事人意思表示一致；合同内容合法；当事人双方应具有合法的动机。因此，倘若这些条件未满足，保险合同仍然是无效的合同。

二、保险利益原则的意义

那么，为什么保险利益原则在保险经营过程中具有如此重要的地位呢？保险利益原则的存在是具有其深刻的原因。

1. 防止赌博

由于保险赔偿具有以小搏大的所谓“杠杆”的作用，当保险事故发生时，被保险人得到的保险赔偿金可能是投保人所交保费的几倍甚至几十倍。如果投保人能够以与自己毫无利害关系的保险标的投保，被保险人与保险标的也没有任何的经济利害关系，但却可以因保险标的发生保险事故而获得保险赔偿，从中谋取巨额的收益，这种收益并不是对损失的补偿，因为被保险人并没有发生损失；而是以小的损失（即“保费”）谋取了较大经济利益（即“赔款”）的投机行为。第三章中，分析了保险与赌博的概念。可以看到，保险与赌博还是具有一定的相似性的。倘若保险合同的生效不以保险利益为前提，保险合同就会变成一个赌博合同。所以，保险利益原则把保险与赌博在本质上区分开。

2. 减少道德风险

如果没有保险利益原则，投保人以与自己毫无利害关系的保险标的投保，被保险人就可能得到高额保险赔偿金。这时就会出现道德风险，比如投保人为了谋取保险赔偿而任意购买保险，并盼望事故发生；或者投保方在保险事故发生后不积极施救；甚至为了获得巨额赔偿或给付而纵火或谋财害命，故意制造保险事故等。恩格斯曾经说过，“倘若给我百分之一百的利润，我愿为此而上断头台”。倘若没有保险利益原则，被保险人的回报率（即保险赔偿金除以保险）可能达到上万倍，高额的回报可能会促使一些不法分子铤而走险，利用保险谋财害命，进一步增加了道德风险事故的发生。所以，在保险利益原则的规定下，由于投保人与保险标的之间存在利害关系的制约，投保目的是为了获得经济保障，一般不会诱发道德风险。

3. 便于衡量损失

保险合同保障的是被保险人的经济利益，补偿的是被保险人的经济损失。并且保险利益是以投保人和被保险人对保险标的的现有利益及可以实现的期待利益为限。因此，保险利益也是保险人衡量损失及被保险人获得赔偿的依据。保险人的赔付金额不能超过保险利益，否则被保险人将因保险而获利，这既有悖于损失补偿性原则，又容易诱发道德风险和赌博行为。除此之外，保险利益原则还可以避免引起保险纠纷。被保险人所获得的赔偿只能以保险利益为限，即使损失金额远远大于了保险利益，也只能获得与保险利益相当的赔偿金额。最高人民法院有关《保险法》司法解释(二)中规定："财产保险中，不同投保人就同一保险标的分别投保，保险事故发生后，被保险人在其保险利益范围内依据保险合同主张保险赔偿的，人民法院应予以支持。"

三、各主要险种中保险利益的要求

由于各险种所保障的风险不同，因此各险种对保险利益的要求也不完全相同。

(一)财产保险领域的保险利益

1. 财产保险的保险利益

在财产保险中，财产所有权是最能代表保险利益的一种方式。但除此之外还存在着其他形式的保险利益。

(1)财产所有人、经营管理人的保险利益。财产的经营管理人由于其所有或经营管理的财产损失会损害自己的利益，因而对该财产具有保险利益。这也是法律上所规定的对财产的占有权、使用权和收益权。

(2)抵押权人与质押权人的保险利益。抵押与质押都是对债权所提供的一种担保，当债权不能获得清偿时，抵押权人或质押权人具有从抵押或质押的财产价值中优先受偿的权利。抵押权人与质押权人因债权债务关系对财产具有经济上的利害关系，因而对抵押和质押的财产均具有保险利益。例如，发放不动产抵押贷款的金融机构对抵押财产具有保险利益，向企业发放存货抵押贷款的银行对库存商品也具有保险利益。

(3)负有经济责任的财产保管人、承租人等的保险利益。财产的保管人、承租人、承包人等对他们所保管、使用的财产负有经济责任，当被看护的财产发生损失时都要承担经济赔偿责任，因此对于这些财产也具有保险利益。例如，一家洗衣店对顾客的财产具有保险利益。

(4)合同双方当事人的保险利益。在合同关系中，无论是一方当事人还是双方当事人，只要合同标的发生损失，就会给他们带来损失，因此其对合同标的就具有保险利益。如在进出口贸易中，出口方或进口方均对货物具有保险利益，也都可以投保货物运输保险。

2. 责任保险的保险利益

责任保险的保险标的是投保人或被保险人对第三者依法应承担的赔偿责任，因此，那些因承担了经济赔偿责任而支付损害赔偿金和其他费用的人就具有了责任保险的保险利益。所以，判断投保人投保责任保险时是否具有保险利益的主要依据，就是看相关法律是否规定了其应该承担某种责任。《民法通则》规定："公民、法人由于过错侵害国家的、集体的财产，侵害他人财产、人身的，应当承担民事责任。""没有过错，但法律规定应当承担民事责任的，应当承担民事责任。"例如，从事高空、高压、易燃、易爆等高度危险的作业造成他人损害的，不论是否有过错，都应该承担民事责任。另外，"公民、法人违反合同或者不履行其他义务的，应当承担民事责任"。

3. 信用保险和保证保险的保险利益

在信用保险和保证保险中，权利人与投保人或被保险人之间必须建立某种经济合同关系，因而存在着经济上的利害关系，具有保险利益。倘若没有某种经济合同关系，则不存在保险利益。比如，债权人与债务人之间首先应当有借贷合同，然后债权人因债务人的信用缺失就会发生经济损失，因而债权人对债务人就具有了保险利益；倘若没有借贷合同，则债权人和债务人则形同路人，两者之间不具有保险利益关系。当然，债务人对自身的信用也具有保险利益，否则可能因为自身的信用不够而无法与债权人签署合同。

(二)人身保险的保险利益

投保人对财产所具有的所有权等各种财产权利并不适用于人。因此，在人身保险中，保险利益并不体现为所有权等。

1. 理论上的保险利益说

在保险理论中，判定投保人对他人的生命和身体是否具有保险利益时有两种观点。

(1)利害关系论

这种观点认为，只要投保人对被保险人的存在具有精神和物质的幸福，被保险人的死亡或伤残就会造成投保人痛苦和经济损失。因此认为，只要存在这种利害关系，就具有保险利益。当然，这种利害关系主要还是指经济利害关系，而不考虑感情方面的利害关系。英美等国一般采用这种主张。例如，一家公司可以为外出的推销员投保人身意外伤害险，因为如果这位推销员意外死亡，这家公司的员工队伍就会受到影响，业务经营受到影响，利润也就有可能会减少。公司与推销员之间具有保险利益关系。同样，一个非抵押贷款的债权人对债务人也具有保险利益，因为倘若债务人死亡，则债权人的款项就可能无法收回，发生经济损失。

(2)同意或承认论

这种观点认为，只要投保人在投保时征得了被保险人的同意或承认，就对其生命或身体具有保险利益。德国、日本、瑞士等国均采用这种观点。

2.《保险法》的规定

我国对人身保险合同保险利益的确定则是采取了限制家庭成员关系范围并结合被保险人同意的方式。按照我国《保险法》第三十一条的规定："投保人对下列人员具有保险利益：本人；配偶、子女、父母；前项以外与投保人有抚养、赡养或者扶养关系的家庭其他成员、近亲属；与投保人有劳动关系的劳动者。除前款规定外，被保险人同意投保人为其订立合同的，视为投保人对被保险人具有保险利益。订立合同时，投保人对被保险人不具有保险利益的，合同无效。"

从中可以看到，我国《保险法》采用的是利害关系论结合同意或承认论的方法。利害关系方面，首先，本人对自己的生命和身体具有保险利益，可以作为投保人为自己投保。其次，投保人对配偶、子女、父母的生命和身体具有保险利益，也可以作为投保人为他们投保。因为配偶之间、父母与子女之间具有法律规定的抚养或赡养责任，被保险人的死亡或伤残会给投保人造成经济损失。第三，投保人与被自己所抚养、赡养或者扶养的家庭其他成员、近亲属之间也具有保险利益关系。这与前面相似，由于与投保人有抚养、赡养或者扶养关系的家庭成员、近亲属的伤亡可能会给投保人带来经济损失，因此投保人对他们具有保险利益。然而，远亲关系并不能代表保险利益，这里主要是指居住在一起、法律上承担了责任、经济上基本不分彼此的亲属或非血缘关系。最后，有关劳动者的保险利益的相关规定则是指雇主可以给与自己有雇用关系的员工购买保险，这主要是适用于团体保险中。

同意或承认论方面，"被保险人同意投保人为其订立合同的，视为投保人对被保险人具有保险利益"。也就是说，只要被保险人同意的，视为具有保险利益关系。当然，这一条虽然拓展了保险利益关系的范围，但同时还受到其他法律条款的约束。比如，我国《保险法》第三十四条规定："以死亡为给付保险金条件的合同，未经被保险人同意并认可保险金额的，合同无效。按照以死亡为给付保险金条件的合同所签发的保险单，未经被保险人书面同意，不得转让或者质押。父母为其未成年子女投保的人身保险，不受前款规定限制"。而且投保人不得为无民事行为能力人投保以死亡为给付保险金条件的人身保险，保险人也不得承保。父母为其未成年子女投保的人身保险，因被保险人死亡给付的保险金总和不得超过国务院保险监督管理机构规定的限额。这些规定是为了保护无民事行为能力人和未成年子女免受侵害。除此之外，即使得到了被保险人的同意，但保险合同是否有效还受到有效合同的四个要件的限制，比如，合法的动机。

案例 7－1　　有关“被保险人同意的司法解释”[①]

第一条　当事人订立以死亡为给付保险金条件的合同，根据保险法第三十四条的规定，“被保险人同意并认可保险金额”可以采取书面形式、口头形式或者其他形式；可以在合同订立时作出，也可以在合同订立后追认。

有下列情形之一的，应认定为被保险人同意投保人为其订立保险合同并认可保险金额：

（一）被保险人明知他人代其签名同意而未表示异议的；

（二）被保险人同意投保人指定的受益人的；

（三）有证据足以认定被保险人同意投保人为其投保的其他情形。

第二条　被保险人以书面形式通知保险人和投保人撤销其依据保险法第三十四条第一款规定所作出的同意意思表示的，可认定为保险合同解除。

第三条　人民法院审理人身保险合同纠纷案件时，应主动审查投保人订立保险合同时是否具有保险利益，以及以死亡为给付保险金条件的合同是否经过被保险人同意并认可保险金额。

人寿保险和年金保险的保险利益原则都必须按照上面的法律规定执行。在健康保险中，保险利益原则的具体要求则是取决于健康保险单采用的是定额给付型保险还是损失补偿型保险。若采用定额给付型保险，如重大疾病保险，对其保险利益的规定与上述的人寿保险相同。若采用损失补偿型保险，如医疗费用保险，则对其保险利益的规定与上述的财产保险相同。人身意外伤害保险是定额给付型保险，因此有关保险利益的规定与上述的人寿保险相同。

案例 7－2　　未婚同居者能相互投保吗？

张先生和刘女士曾经是同事，后来两人产生感情，并于 2009 年同居。两个人虽然关系非常好，但由于两人都不是北京户口，而且一个户口在黑龙江，一个户口在广东，要办理结婚手续比较麻烦，又加上两个人都还没想过要孩子的事情，因此就一直没有登记结婚。2013 年年初，张先生和刘女士互相为对方购买了一份 20 年期生死两全保险。张先生以刘女士为被保险人购买了保险，刘女士以张先生为被保险人购买了保险，保险金额都是 10 万元。2014 年年初， 刘女士在外出购物

① 最高人民法院《关于适用〈中华人民共和国保险法〉若干问题的解释（三）》，2015 年 11 月 25 日施行。

的时候遭遇车祸身亡。悲痛万分的张先生以受益人身份向保险公司提出给付保险金的申请。但保险公司以他与被保险人刘女士的婚姻是非法婚姻为由拒绝了赔付。那么,究竟未婚同居的“夫妻”双方有没有权利为对方投保呢?这一直是一个比较有争议的问题。

一种观点认为,根据《婚姻法》的规定,没有进行婚姻登记的同居形式不合法,不受法律保护;而且根据《保险法》对具有保险利益的家庭成员关系范围的规定,同居者不在其中。根据这两个理由,未婚同居者没有权利为对方投保。

但还有一种观点认为,《婚姻法》和《保险法》调整的法律关系不同,尽管两部法律有联系,但除非法律上有明确规定,法院不能用《婚姻法》来调整保险领域的法律关系,更不能用《婚姻法》的规定否定《保险法》条款的法律效力。

在社会生活中,除了我们一般认为的家庭成员之外,人与人之间还存在着密切的朋友关系或经济上的联系,比如债权人与债务人之间、合同当事人之间等存在一定经济利益,就存在保险利益。在这种情况下,法律允许一方为保障自己的合法利益或保障对方的利益而为对方投保,当然,这种投保行为要征得被保险人的同意。在处理未婚同居的案件时,也应该按照这个原则来判断。同居者双方虽然没有正式到民政部门办理结婚手续,但已经共同生活,两人之间显然已经存在密切的经济利害关系。在这种情况下,虽然他们的婚姻不受《婚姻法》保护,但他们的保险利益应当受《保险法》保护。在同居者一方已经征求了对方同意的基础上为对方投保,应该是被认可的。

四、保险利益存在时间的要求

不同的险种对保险利益存在的时间要求也不同。《保险法》第十二条规定:“人身保险的投保人在保险合同订立时,对被保险人应当具有保险利益。财产保险的被保险人在保险事故发生时,对保险标的应当具有保险利益……被保险人是指其财产或者人身受保险合同保障,享有保险金请求权的人。投保人可以为被保险人。”

1. 财产保险领域中保险利益的存在时间要求

显然,根据《保险法》的规定,财产保险领域中,被保险人在保险事故发生时必须对保险标的具有保险利益。法律对于投保人在投保财产保险时是否具有保险利益并没有明确规定。所以,实际上在订立财产保险合同时,允许投保人或被保险人可以对保险标的没有现有的保险利益,但至少是具有期待利益,且预期在将来会转化为现有保险利益。英国《海上保险法》(1906 年)就做出了这样的规定。在海洋货物运输保险中，因货物所有权可以转移，所以允许在保险利益尚未确定前先投保，即具有期待利益，但在索赔时被保险人对保险标的必须具有现有的保险利益。

案例 7-3　　　　车辆尚未过户是否具有保险利益

某贸易公司购买了一辆桑塔纳小轿车，并与保险公司订立了机动车辆保险合同。在保险期间，该公司与工业公司签订了一份清理债权债务的书面协议，约定："贸易公司的新 02—03166 号桑塔纳轿车转让给工业公司，车的过户手续由贸易公司负责办理，所需费用由工业公司负担。"同月某日，工业公司董事长李某因外出办事，贸易公司将该新 02—03166 号桑塔纳轿车派给其使用。李某驾该车途经某国道一拐弯处发生事故，致使车毁人亡。贸易公司当日向公安局报了案，并要求保险公司查验事故现场。公安局交警支队就该车交通事故做出最终责任认定书，确认该车已彻底报废。随后，贸易公司多次要求赔付，均遭拒绝。

保险公司拒赔的理由是：贸易公司在保险合同有效期内将此车转让给了工业公司，且未向我公司申请批改，本公司有权拒绝赔偿。

分析

本案的关键在于投保的汽车是否发生了转让。《保险法》第四十九条规定："保险标的转让的，保险标的的受让人承继被保险人的权利和义务。保险标的转让的，被保险人或者受让人应当及时通知保险人，但货物运输保险合同和另有约定的合同除外。因保险标的的转让导致危险程度显著增加的，保险人自收到前款规定的通知之日起 30 日内，可以按照合同约定增加保险费或者解除合同。……被保险人、受让人未履行本条规定的通知义务的，因转让导致保险标的危险程度显著增加而发生的保险事故，保险人不承担赔偿保险金的责任。"贸易公司在该车保险期内，虽与工业公司签订了转让该车的协议，但是否转让是以法律登记为关键的转折点。案例介绍中，虽然贸易公司和工业公司已经签署了转让协议，但贸易公司尚没有去车辆登记机构办理该车的过户手续，新 02—03166 号桑塔纳轿车法律上仍然属于贸易公司所有，保险公司当然应该依法承担保险赔偿责任。

2. 人身保险领域中保险利益的存在时间要求

在人身保险中，由于保险期限较长并具有储蓄性，因而强调在订立保险合同时投保人必须具有保险利益，而索赔时不要求是否具有保险利益。即使因离异、雇用合同解除或其他原因而导致事故发生时或索赔时投保人对被保险人已经丧失了保险利益的，并不影响保险合同的效力，保险人仍负有给付被保险人保险金的责任。最高人民法院《关于适用〈中华人民共和国保险法〉若干问题的解释（三）》中第四条规定："保险合同订立后，因投保人丧失对被保险人的保险利益，当事人主张保险合同无效的，人民法院不予支持。”这是因为尽管不存在保险利益可能会导致道德风险，但人身保险的期限可能非常长，所以只能够确保在投保当时存在保险利益关系，的确是“投保”而并非“投机”就可以了。人生路漫漫，未来的变化在投保时又如何能知晓？

例如，某甲以自己为受益人为其丈夫某乙投保保障死亡的人身保险，并征得了某乙的同意。投保后不久，甲乙双方离婚但却未变更受益人。当某乙因保险事故死亡后，某甲虽然已丧失了妻子的身份而不存在保险利益关系，但不影响其作为受益人而获得的保险金请求权。这就意味着人身保险因为是长期的保险产品，需要根据投保人、被保险人和受益人之间的关系的变化而调整角色，从而真正地起到保障的作用。

人寿保险、年金保险和意外伤害保险都是要求投保时具有保险利益。而在健康保险中，保险利益必须在何时存在也取决于健康保险是定额给付型保险还是损失补偿型保险。采用定额给付型保险的健康保险对保险利益的存在时间要求与人寿保险相同，而采用损失补偿型保险的健康保险对保险利益的存在时间要求则与财产保险相同。

第二节 最大诚信原则

一、最大诚信原则的含义

最大诚信（Utmost Good Faith）原则的基本含义是：保险双方在签订和履行保险合同时，必须以最大的诚意履行自己应尽的义务；保险合同双方应向对方提供影响对方做出签约决定的全部真实情况，互不欺骗和隐瞒，遵守合同的认定和承诺，否则将导致保险合同无效。《保险法》第五条规定：“保险活动当事人行使权利、履行义务应当遵循诚实信用原则。”

在一般经济合同中，也要求合同双方诚信，可以被称为“一般诚信”。诚信是一个道德范畴，是日常行为的诚实和正式交流的信用的统称。泛指待人处事真诚、老实、讲信用等。但一般主要是指两个方面：一是指为人处事真诚，尊重事实，实事求是，即“诚”；二是指信守承诺，即“信”。“诚”是儒家为人之道的中心思想，立身处世，当以诚信为本。宋代理学家朱熹认为：诚者，真实无妄之谓。《名人名言》中，“诚即天道，天道酬诚”。言行须循天道，说真话，做实事，反对虚伪。《说文解字》中认为，“人言为信”；程颐认为，“以实之谓信”。可见，“信”不仅要求人们说话诚实可靠，切忌大话、空话、假话，而且要求做事也要诚实可靠。而“信”的基本内涵也是信守诺言、言行一致、诚实不欺。故孟子曰：“诚者，天之道也；诚之者，人之道也”。用通俗的话解释，一般诚信的含义即为“问了要答、不问可以不答”。

最大诚信原则是保险合同成立的基础。与其他经济合同比较而言，保险合同的双方必须高度诚实。理论上，这种基于高度诚实的“最大诚信”是指“问了要答、不问必须主动坦白”，从而有别于一般经济合同中的“一般诚信”要求。即投保人在投保和承保的过程中，不但要如实回答保险人所提出的有关保险标的各种风险的问题，即使保险人没有问及，投保人也必须主动地如实报告。

二、最大诚信原则存在的原因

在保险中要遵守最大诚信原则是由保险经营活动的特殊性所决定的。这一原则有着很长的历史渊源，早在海上保险中就开始施行。在海上保险中，由于保险合同大多在远离货物和船舶的地点订立，投保人对保险标的的价值及风险程度等相关情况的陈述会直接影响到保险人决定是否承保以及确定保险费率，投保人的任何欺骗或隐瞒行为必然会侵害保险人的利益。所以，英国早在《海上保险法》(1906 年)第十七条中就规定：“海上保险合同为基于最大诚信的合同，如果一方不恪守诚信原则，另一方可宣布合同无效。”这一条规定要求投保人自动地对“凡是影响保险人确定保险费率或决定是否承保的情况作出正确的、充分的披露”。后来，最大诚信原则逐渐演变成为保险领域中的一个基本原则。在保险经营的过程中适用最大诚信原则的确有着其特殊的原因。

(一)保险标的风险信息的不对称

在整个保险经营活动中，无论是财产保险还是人身保险，无论是在投保时还是保险合同生效以后，保险标的都始终控制在投保人和被保险人的手中，投保人和被保险人对保险标的的价值及风险状况最为了解，对保险标的的风险变化情况也最为了解，而保险人往往由于没有足够的人力、物力、财力和时间对投保人、被保险人及保险标的进行详细、充分和全面的调查研究和跟踪分析，因而在保险标的风险方面存在着极大的信息不对称。当然，保险标的的风险就是保险人承担的风险，并直接影响着保险人的利润。为了保证保险经营活动的正常进行，保证保险经营活动具有起码的公平性，所以要求投保方必须在订立保险合同时将与保险标的有关的一切情况如实地告知保险人；在保险合同成立之后也必须按照保险合同中所约定的义务维护保险标的的安全；在发生赔案并提出索赔时也必须将事故情况如实地告知保险人。

(二)保险条款的信息不对称

保险条款是格式条款，由保险人事先拟定或由管理机关制定，其中包括了许多专业的保单术语，具有较强的专业性和技术性。投保人和被保险人倘若不具备相关的保险知识，就无法真正理解其中的含义。保险条款也存在着信息不对称，所以出于经济合同必须具有的公平性,要求保险人在订立和履行保险合同时也应该坚持最大诚信原则,将保险合同的主要内容告知投保人和被保险人。《保险法》规定:“订立保险合同,采用保险人提供的格式条款的,保险人向投保人提供的投保单应当附格式条款,保险人应当向投保人说明合同的内容。”并且规定:“对保险合同中免除保险人责任的条款,保险人在订立合同时应当在投保单、保险单或者其他保险凭证上作出足以引起投保人注意的提示,并对该条款的内容以书面或者口头形式向投保人作出明确说明;未作提示或者明确说明的,该条款不产生效力。”

三、最大诚信原则的内容

最大诚信原则的基本内容包括告知、保证、弃权与禁止反言。在现代保险合同及有关法律规定中,告知和保证是对投保方的约束;而对于保险人的约束则为告知、弃权和禁止反言。

(一)最大诚信原则对投保方的约束

1. 告知

(1)告知的时间点

根据告知的时间点进行分类,可以把告知(Obligation to Disclose)分为广义告知和狭义告知两种。

广义告知是指在订立保险合同时,投保方必须就保险标的的危险状态等有关事项向保险人进行口头或书面的陈述,并且在合同订立后,投保人应该将标的的危险变更或增加、事故的发生等事宜通知保险人。即根据广义告知的要求,告知不仅存在于订立合同阶段,而且存在于整个保险合同的履行阶段。狭义告知仅指投保方在保险合同成立时就保险标的的有关事项向保险人进行口头或书面的陈述,即仅要求告知存在于订立合同阶段。

保险实务中所称的告知一般是指狭义告知,即仅要求在保险合同的订立阶段,投保人和被保险人必须根据最大诚信原则履行告知义务。通常将保险合同成立之后的履行过程中的告知称为“通知”。在我国的司法实践中也是如此,即把订立阶段的告知义务称为“告知”,而把履行阶段的告知义务称为“通知”。但无论是“告知”还是“通知”,都是投保人和被保险人应当履行的义务,并且倘若未履行,都会在一定程度上导致合同无效。

(2)告知的范围

国际上对于告知的法律规定通常也有两种,即无限告知和询问回答告知。

无限告知即法律或保险人对告知的内容没有明确规定,投保人或被保险人须主动将保险标的的状况及有关重要事实如实告知保险人,即前文所讲的“问了要答、不问要坦白”。询问回答告知又称为主观告知，指投保人或被保险人只需要对保险人所询问的问题如实告知，投保方无须告知询问以外的问题，即“问了要答，不问不答”。在早期保险活动中，告知形式主要是无限告知。目前世界上许多国家，包括我国在内的保险立法都是采用“询问回答告知”的形式。

也就是说，由于消费者的保险意识相对比较低下，保险知识也比较欠缺，可能也不知道自己究竟应该坦白些什么问题，所以在司法实践中基本将保险“最大诚信”原则降为“一般诚信”的水平，按照“问了要答、不问可以不答”的原则来进行处理。《保险法》第十六条规定：“订立保险合同，保险人就保险标的或者被保险人的有关情况提出询问的，投保人应当如实告知。”《最高人民法院有关〈保险法〉的司法解释（二）》第五条规定：“保险合同订立时，投保人明知的与保险标的或者被保险人有关的情况，属于《保险法》第十六条第一款规定的投保人‘应当如实告知’的内容”。第六条规定：“投保人的告知义务仅限于保险人询问的范围和内容。当事人对询问范围及内容有争议的，保险人负举证责任。保险人以投保人违反了对投保单询问表中所列概括性条款的如实告知义务为由请求解除合同的，人民法院不予支持。但该概括性条款有具体内容的除外。”

（3）告知的内容

在保险合同订立时，要求投保方告知的主要内容包括投保人应将那些足以影响保险人决定是否承保和确定费率的重要事实如实告知保险人。《保险法》第十六条规定：“订立保险合同，保险人就保险标的或者被保险人的有关情况提出询问的，投保人应当如实告知”。比如在人身保险中，应将被保险人的年龄、性别、健康状况、既往病史、家族遗传史、职业居住环境、嗜好等如实告知保险人；在财产保险中，应将保险标的的价值、品质、风险状况等如实告知保险人。

在保险合同成立之后的履行过程中，要求投保方将保险标的风险变化的相关情况向保险人进行通知，比如标的转让、危险程度增加、保险事故发生等事宜。《保险法》第二十一条规定：“投保人、被保险人或者受益人知道保险事故发生后，应当及时通知保险人。”第四十九条规定：“保险标的转让的，保险标的的受让人承继被保险人的权利和义务。对于保险标的转让，被保险人或者受让人应当及时通知保险人，但货物运输保险合同和另有约定的合同除外。”第五十二条规定：“在合同有效期内，保险标的的危险程度显著增加的，被保险人应当按照合同约定及时通知保险人，保险人可以按照合同约定增加保险费或者解除合同。保险人解除合同的，应当将已收取的保险费按照合同约定扣除自保险责任开始之日起至合同解除之日止应收的部分后，退还投保人……”

《最高人民法院关于适用〈保险法〉有关问题的若干解释（四）》对投保方的上述通知义务进行了更为详细的规定，第五条规定：“被保险人、受让人依法及时向保险人发出保险标的转让通知后，保险人作出答复前，发生保险事故，被保险人或者受让人主张保险人按照保险合同承担赔偿保险金的责任的，人民法院应予支持。”

(4)告知的形式

一般，保险人将投保方需告知的内容列在投保单上，要求投保方如实填写，即采用书面形式的告知。

(5)隐瞒

与告知相对的是隐瞒(Concealment)。隐瞒是投保人没有向保险人揭示重要事实。换言之，投保人对重要事实保持沉默或故意不予泄露就称为隐瞒。对重要事实隐瞒的法律后果与错误陈述的法律后果相同，一般而言保险人都有解除合同的选择权。根据当事人主观上是否存在故意，而包括故意隐瞒和过失隐瞒两种情况。

与隐瞒相关的另一种行为是欺诈。保险欺诈是指采取欺骗手段侵犯保险合同当事人合法权益的违法犯罪行为。保险欺诈的主体包括投保人、被保险人、受益人、保险代理人、保险经纪人、保险公估人、保险公司内部员工等。就投保人、被保险人、受益人而言，保险欺诈经常发生在投保和索赔过程中。比如，先发生事故之后再为机动车辆投保，然后谎报出险时间；或者在投保房屋之后，被保险人故意纵火烧毁房屋；或者为被保险人购买高额保险并令自己为受益人，然后谋害被保险人而获取保险金……根据《惩治破坏金融秩序犯罪的决定》和《保险法》等相关规定，保险欺诈罪可以独立的罪名成立，并根据所涉及的金额高低和事实的恶劣程度酌情判决。

2. 保证

保证(Warranty)是最大诚信原则的一项重要内容，也是保险合同的重要条款，体现为“守信”。保证通常在保险合同中体现为多项条款，它规定了以影响风险的某些事实存在作为保险人承担保险责任的一项条件。即保证是保险人要求投保方对某一事项的作为或不作为、某种事态的存在或不存在作出承诺，并严格遵守这一承诺。保证是保险人签发保险单或承担保险责任时投保方履行某种义务的前提条件，其目的在于控制风险，确保保险标的及其周围环境处于良好的状态中。保证可以从不同的角度进行分类。

(1)根据保证事项是否存在，可分为确认保证和承诺保证。

确认保证(Affirmative Warranty)是指投保方对过去或现在某一特定事实的存在或不存在而进行的保证，并保证这一事实在将来会仍然存在。确认保证是要求投保方对过去或投保时的事实作出如实陈述，并对将来该事实的存在作出保证。例如，投保机动车辆保险时，投保人保证被保险机动车辆是用于“家庭自用”的，那么，被保险机动车在过去、现在和将来都只能够用于“家庭自用”；倘若被保险机动车的使用用途发生了变化，变成了“营业用车”，则投保方违反了保证事项，保险公司可以拒绝赔偿。承诺保证(Promissory Warranty)是指投保人就将来某一事项的作为或不作为而做出的保证,即对该事项今后的发展进行保证。例如投保企业财产保险时,投保方保证当发生保险事故时会积极地施救,那么倘若发生保险事故时投保方怠于施救,则保险公司可以拒绝赔偿。

(2)根据保证存在的形式,可分为明示保证和默示保证。

明示保证(Express Warranty)是指以文字或书面的形式明确地载明于保险合同中,成为保险合同的条款。例如,我国机动车辆保险条款要求,“被保险人必须对保险车辆妥善保管、使用、保养,使之处于正常的技术状态”。这些通过保险合同中的保险条款明确地提出保证要求即为明示保证。明示保证是保证的重要表现形式。默示保证(Implied Warranty)一般没有明确地用保险条款的形式写在保险合同中,但是也要求投保方必须要遵守的保证事项。默示保证中的保证事项一般是相关法律的要求或国际惯例所通行的准则,习惯上或社会公认的被保险人应在保险实践中遵守的规则。默示保证的内容通常是根据法庭判决的结果,是保险实践经验的总结。默示保证在海上保险中运用比较多,如要求船舶具有适航能力、不改变航道和航程合法性。

当然,无论是默示保证还是明示保证,两者都具有同等的法律效力,都要求投保人和被保险人必须严格遵守;倘若违反,都会得到相应的惩罚。

3. 告知与保证的关系

保证与告知都是根据最大诚信原则对投保人或被保险人在诚信方面的要求,但是,二者还是存在着明显的区别。

告知强调的是“诚实”,要求投保方对有关保险标的的重要事实必须如实申报;而保证则强调的是“守信”,要求投保方恪守诺言、言行一致;告知的目的在于使保险人能够正确估计其所承担的危险,即保险人能够估计自己在签订保险合同时所承担的风险;而保证则在于控制危险,即保险人能够估计自己在未来承担保险责任时可能面对的风险。所以,保证对投保人或被保险人的要求比告知更为严格,倘若违反,则惩罚的力度也更大。

(二)最大诚信原则对保险方的约束

1. 告知

(1)告知的内容

保险人的告知(Obligation to Disclose)义务不但体现于订立保险合同阶段,即承保阶段;同时也体现于履行保险责任并进行赔偿的阶段,即理赔阶段。

在承保阶段订立保险合同时,保险人的义务主要体现于有关保险条款的说明。保险合同大多采用保险人设计好的格式条款,因此,保险人应主动向投保人说明保险合同条款的内容,并明确说明责任免除条款。我国《保险法》第十七条规定:“订立保险合同，采用保险人提供格式条款的，保险人向投保人提供的投保单应当附格式条款，保险人应当向投保人说明合同的内容。对保险合同中免除保险人责任的条款，保险人在订立合同时应当在投保单、保险单或者其他保险凭证上作出足以引起投保人注意的提示，并对该条款的内容以书面或者口头形式向投保人作出明确说明；未作提示或明确说明的，该条款不产生效力。”

在理赔阶段履行保险合同时，保险人的义务则体现于应当将与赔款结果有关的情况进行说明。《保险法》第二十二条规定：“保险事故发生后，按照保险合同请求保险人赔偿或者给付保险金时，投保人、被保险人或者受益人应当向保险人提供其所能提供的与确认保险事故的性质、原因、损失程度等有关的证明和资料。保险人按照合同的约定，认为有关的证明和资料不完整的，应当及时一次性通知投保人、被保险人或者受益人补充提供。”第二十三条规定：“保险人收到被保险人或受益人的赔偿或给付保险金的请求后，应当及时作出核定；情形复杂的，应当在三十日内作出核定，但合同另有约定的除外。保险人应当将核定结果通知被保险人或者受益人……保险人未及时履行前款规定义务的，除支付保险金外，应当赔偿被保险人或者受益人因此受到的损失。”第二十四条规定：“保险人依照本法第二十三条的规定作出核定后，对不属于保险责任的，应当自作出核定之日起三日内向被保险人或者受益人发出拒绝赔偿或者拒绝给付保险金通知书，并说明理由。”

(2)告知的形式

按照《保险法》的规定，保险人在履行订立保险合同阶段的告知义务时，应“作出足以引起投保人注意的提示，并对该条款的内容以书面或者口头形式向投保人作出明确说明”。在保险实务中，保险人采用了多种合理的方式来履行这一法定义务。例如，将免责条款用黑体印刷、采用不同字号、放置在显著位置、用彩图表示等。最高人民法院的司法解释也对这些“合理的方式”予以了肯定。《最高人民法院关于适用〈保险法〉有关问题的若干解释(二)》中第十条规定：“保险人将法律、行政法规中的禁止性规定情形作为保险合同免责条款的免责事由有，保险人对该条款作出提示后，投保人、被保险人或者受益人以保险人未履行明确说明义务为由主张该条款不生效的，人民法院不予支持。”第十一条规定：“保险合同订立时，保险人在投保单或者保险单等其他保险凭证上，对保险合同中免除保险人责任的条款，以足以引起投保人注意的文字、字体、符号或者其他明显标志作出提示的；保险人对保险合同中有关免除保险人责任条款的概念、内容及其法律后果以书面或者口头形式向投保人作出常人能够理解的解释说明的，人民法院应当认定保险人履行了保险法第十七条规定的提示义务。”第十二条规定：“通过网络、电话等方式订立的保险合同，保险人以网页、音频、视频等形式对免除保险人责任条款予以提示和明确说明的，人民法院可以认定其履行了提示和明确说明义务。”第十三条规定：“保险人对其履行了明确说明义务承担举证责任。投保人对保险人履行了符合本解释明确说明义务在相关文书上签字、盖章或者以其他形式予以确认的，应当认定保险人履行了该项义务。但另有证据证明保险人未履行明确说明义务的除外。”

在理赔阶段，根据《保险法》的规定，保险人则应以书面通知的形式来履行其告知义务。

2. 弃权与禁止反言

弃权(Waiver)是指保险人放弃其在保险合同中可以主张的某种权利；禁止反言(Estelle)是指保险人已放弃某种权利，日后不得再向投保人或被保险人主张这种权利。比如，在海上保险中，保险人已知被保险船舶改变了航线却没提出解除合同；此时视为保险人放弃了对“不能改变航线”这一要求的权利，则当被保险船舶因改变航线而发生保险事故所造成的损失，保险人必须赔偿。同理，在人寿保险中，保险人已知投保人隐瞒了被保险人曾经的事实但却未提出解除合同；此时视为保险人放弃了对“投保人违反了最大诚信原则”这一要求的权利，则当被保险人因所隐瞒的疾病而导致死亡时，保险人必须赔偿。弃权与禁止反言也是要求保险公司要“守信”，不但要按照合同的约定守信，遵照合同条款承担保险责任；而且要求言行一致，行为前后也必须一致。不能对同一事实时而赔偿、时而不赔，显得过于儿戏和无信。

特别的，弃权与禁止反言在人身保险中有具体的时间规定，即不可抗辩条款。《保险法》第十六条规定：“……前款规定的合同解除权，自保险人知道有解除事由之日起，超过 30 日不行使而消灭。自合同成立之日起超过 2 年的，保险人不得解除合同；发生保险事故的，保险人应当承担赔偿或者给付保险金的责任……”即倘若保险人知道自己有解除合同的权利时，30 天内不行使就相当于弃权，则禁止反言；倘若保险人不知道自己有解除合同的权利时，即使 2 年之后再知晓，也相当于弃权，则禁止反言。不可抗辩条款是对弃权与禁止反言的具体体现与运用。《保险法》第十六条规定：“……保险人在合同订立时已经知道投保人未如实告知的情况的，保险人不得解除合同；发生保险事故的，保险人应当承担赔偿或者给付保险金的责任。”《最高人民法院关于适用〈中华人民共和国保险法〉若干问题的解释(二)》中第七条规定：“保险人在保险合同成立后知道或者应当知道投保人未履行如实告知义务，仍然收取保险费，又依照《保险法》第十六条第二款的规定主张解除合同的，人民法院不予支持。”《最高人民法院关于适用〈中华人民共和国保险法〉若干问题的解释(三)》第五条规定：“保险合同订立时，被保险人根据保险人的要求在指定医疗服务机构进行体检，当事人主张投保人如实告知义务免除的，人民法院不予支持。保险人知道被保险人的体检结果，仍以投保人未就相关情况履行如实告知义务为由要求解除合同的，人民法院不予支持。”

案例 7-4　　保险公司不及时行使解除权应承担保险责任

2017年3月6日，杨某向保险公司投保人身意外(A款)保险，被保险人为杨某，保险期间自2017年3月6日0时至2018年3月5日24时止，身故受益人为被保险人身故时生存的配偶、父母、子女，其中意外伤害身亡保险金额60 000元、意外伤害医疗保险金额8 000元。2018年2月2日，杨某在某工程建设项目土建工程工地施工时，不慎自高处坠落，当场死亡。杨某妻子为苏某某，女儿为杨某某，父母均已去世。

事故发生后，杨某两位近亲属要求保险公司承担保险责任。保险公司称：在杨某投保时，仅仅告诉业务员其为农民，因从事高空作业人员不可以投保人身意外(A款)保险，因此杨某在投保时没有履行如实告知义务，保险公司不应该承担给付保险金6万元的合同义务。庭审时，保险公司同时陈述在2017年底已经知道杨某所从事的职业。

该案经法院审理认为：杨某在保险公司处投保人身意外保险，双方之间的保险关系依法成立且合法、有效，双方应当按合同约定全面、适当履行各自的权利和义务。发生保险事故的，杨某近亲属作为其保险受益人，有权主张保险金。保险公司辩称杨某从事高空作业，不属于本案保险的理赔范围。根据《保险法》第十六条规定的不可抗辩条款，本案中，保险公司在2017年年底就已经知道杨某属于高空作业，但并没有在30天内行使解除权，因此应承担向杨某近亲属支付保险金6万元的保险责任。

保险公司在已经知道解除事由的情况下，未在法律规定的解除期间行使解除权，或者保险合同生效超过两年的，保险公司的解除权消灭，保险合同未解除，发生保险事故的，保险人应当按照合同约定承担给付保险金的责任。本案中，杨某在投保时没有如实告知自己所从事的职业，根据保险合同约定，保险公司可以在知道解除事由之日起30日内解除保险合同，但是保险公司在2017年年底就已经知道了杨某从事高空作业，但并没有要求解除合同，因此，保险公司应该承担向杨某近亲属支付保险金6万元的责任。

四、违反最大诚信原则的法律后果

(一)投保方违反最大诚信原则的法律后果

1. 违反告知的法律后果

(1)违反承保环节告知义务的法律后果

按照情节的轻重和主观上是否有故意，投保人或被保险人违反告知的表现主要有四种：漏报、误告、故意隐瞒、保险欺诈。漏报是指投保人一方由于疏忽对某些事项未予申报，或者对重要事实误认为不重要而遗漏申报。误告是指投保人一方因过失而申报不实。这两者在主观上都不是故意的，而是因为过失，故可以都归为“过失隐瞒”。故意隐瞒是指投保人一方明知而有意不申报重要事实。保险欺诈是指投保人一方怀揣欺诈意图而故意对重要事实不作正确申报，故意制造事故，或者捏造事实、弄虚作假。无论是隐瞒还是保险欺诈，在主观上都是故意的。

各国法律对违反告知的处分原则都是根据是否故意和情节轻重而进行区别对待。首先要区分其动机是无意还是故意，对故意的处分比无意的重。其次，要区分其违反的事项是否属于重要事实，对重要事实的处分比非重要事实的重。因此，根据情节轻重从重至轻则为：保险欺诈、故意隐瞒、重大过失隐瞒、一般过失隐瞒。

当发生保险欺诈时，《保险法》第二十七条规定：“未发生保险事故，被保险人或者受益人谎称发生了保险事故，向保险人提出赔偿或者给付保险金请求的，保险人有权解除合同，并不退还保险费。投保人、被保险人故意制造保险事故的，保险人有权解除合同，不承担赔偿或者给付保险金的责任；除第四十三条规定外，不退还保险费。保险事故发生后，投保人、被保险人或者受益人以伪造、变造的有关证明、资料或者其他证据，编造虚假的事故原因或者夸大损失程度的，保险人对其虚报的部分不承担赔偿或者给付保险金的责任。投保人、被保险人或者受益人有前三款规定行为之一，致使保险人支付保险金或者支出费用的，应当退回或者赔偿。”《保险法》第四十三条规定：“投保人故意造成被保险人死亡、伤残或者疾病的，保险人不承担给付保险金的责任。投保人已交足 2 年以上保险费的，保险人应当按照合同约定向其他权利人退还保险单的现金价值……”这里需要注意的是，保险欺诈分为两种情况，其一是“未发生保险事故却谎称发生了保险事故”；此时是典型的保险欺诈，保险人一般解除合同，不赔偿，不退保费。其二是“发生了保险事故但夸大损失程度”，此时含有保险欺诈的成分，但情节没有前面那种那么严重，所以保险公司只是对于“虚报部分”不予以赔偿，而对于属于保险事故范畴的仍然承担赔偿责任。是否触犯了刑法，则要根据所涉及的金额来确定。《保险法》第一百七十四条规定：“投保人、被保险人或者受益人有下列行为之一，进行保险诈骗活动，尚不构成犯罪的，依法给予行政处罚：投保人故意虚构保险标的，骗取保险金的；编造未曾发生的保险事故，或者编造虚假的事故原因或者夸大损失程度，骗取保险金的；故意造成保险事故，骗取保险金的。保险事故的鉴定人、评估人、证明人故意提供虚假的证明文件，为投保人、被保险人或者受益人进行保险诈骗提供条件的，依照前款规定给予处罚。”

当发生故意隐瞒或重大过失隐瞒时，《保险法》第十六条规定：“……投保人故意或者因重大过失未履行前款规定的如实告知义务，足以影响保险人决定是否同意承保或者提高保险费率的，保险人有权解除合同……投保人故意不履行如实告知义务的，保险人对于合同解除前发生的保险事故，不承担赔偿或者给付保险金的责任，并不退还保险费。投保人因重大过失未履行如实告知义务，对保险事故的发生有严重影响的，保险人对于合同解除前发生的保险事故，不承担赔偿或者给付保险金的责任，但应当退还保险费。”

案例 7－5　　机动车保险欺诈案①

2017 年的一天，国内某大型财险公司山东济宁分公司理赔部连续接到了同一个人打来的匿名举报电话，举报的是一起车险骗保。因为某些无法得知的原因，举报人没有提供更加详细的情况。但是经过理赔部工作人员反复听取电话录音，提取了三个关键词：“三门峡”“大车”“活着”！

这三个关键词提供了很多信息。理赔部的工作人员判断出案发地应该在河南三门峡市，而涉案车辆应该是大车，并且涉及了交通事故人员伤亡！

带着初步的判断，济宁分公司理赔部的工作人员在该公司山东省分公司理赔事业部的指导下，成功地调取了前 5 年在该公司投保车险，并且在河南省三门峡市有过出险报案的几百份理赔资料。经过繁琐的筛查比对，理赔人员最终锁定了金乡县一辆解放重型仓栅式半挂车。

该车属于大卡车，于 2012 年 8 月 7 日在河南省三门峡市出险，并且车毁人亡，符合举报电话中的关键词所指。然而，让调查人员疑惑的是，当翻看该车车主孟某玉当年的申请保险理赔卷宗时，并没有任何破绽。理赔需要的各种资料，无论是“道路交通事故责任认定书”，还是民事赔偿“法院裁定书”，以及驾驶员郝某超“死亡注销户口证明”等一应俱全。并且车主孟某玉于 2013 年 8 月领取了 148 597.22 元保险赔偿款。

由于理赔资料卷宗没有破绽，并且对于关键词的“活着”还有未解之谜。理赔调查人员远赴河南三门峡市，实地核查当年事发后交警的现场处置情况。在三门峡市交警支队存档的“道路交通事故责任认定书”原件上，理赔调查员们发现，孟某玉名下那辆半挂车当年出事时，死者驾驶员郝某顺系无证驾驶，而其随身携带的驾驶证系“郝某超”所有，两人是兄弟关系！

① https://baijiahao.baidu.com/s?id=1625143125343345723&wfr=spider&for=pc.

无证驾驶不仅属于违法行为，也是保险拒赔的！理赔人员根据经验，怀疑车主孟某玉很有可能用了“调包计”。通过理赔资料将郝某超“被死亡”，以此来骗取保险赔付。案件已经涉及了违法犯罪，也陷入了扑朔迷离的状况，理赔部门向公安机关报案。

金乡县公安局经侦大队根据相关的资料分析案情后，决定进行立案，并将嫌疑人孟某玉控制了。在济宁市经侦支队指挥下，公安侦查员前往三门峡等地进一步搜集相关证据。经过公安部门的侦查，掌握了孟某玉私刻公章，伪造郝某超“死亡注销户口证明”“火化证”，伪造“道路交通事故责任认定书”、伪造民事赔偿“法院裁定书”等一系列犯罪证据，摸清了孟某玉以非法占有为目的，用虚构事实骗取保险赔偿金 148 597.22 元的全部真相。

2018 年 11 月 12 日，法院经审理后，判决孟某玉犯保险诈骗罪，处以有期徒刑 3 年；鉴于其有自首情节且全部退缴违法所得，缓刑 3 年并处罚金 2 万元。

(2)违反履行过程中通知义务的法律后果

当投保方在履行保险合同的过程中未能尽到通知义务时，保险公司大多可以不承担赔偿责任。

《保险法》第二十一条规定：“投保人、被保险人或者受益人知道保险事故发生后，应当及时通知保险人。故意或者因重大过失未及时通知，致使保险事故的性质、原因、损失程度等难以确定的，保险人对无法确定的部分，不承担赔偿或者给付保险金的责任，但保险人通过其他途径已经及时知道或者应当及时知道保险事故发生的除外。”第四十九条规定：“……因保险标的转让导致危险程度显著增加的，保险人自收到前款规定的通知之日起 30 日内，可以按照合同约定增加保险费或者解除合同。保险人解除合同的，应当将已收取的保险费，按照合同约定扣除自保险责任开始之日起至合同解除之日止应收的部分后，退还投保人。被保险人、受让人未履行本条规定的通知义务的，因转让导致保险标的危险程度显著增加而发生的保险事故，保险人不承担赔偿保险金的责任。”第五十二条规定：“……被保险人未履行前款规定的通知义务的，因保险标的的危险程度显著增加而发生的保险事故，保险人不承担赔偿保险金的责任。”

2. 保证的违反及其法律后果

保险活动中无论是明示保证还是默示保证，所保证的事项都属于重要事实，是订立保险合同的条件和基础，投保人或被保险人必须遵守。因而倘若投保人或被保险人违反保证的事项，无论其是否有过失，也无论是否对保险人造成损害，保险合同通常即告失效；保险人可以拒绝赔偿损失或给付保险金。而且无论故意还是无意违反保证义务，都如此处理。并且通常除人寿保险以外，保险人一般不退还保费。

（二）保险人违反最大诚信原则的法律后果

前面已经谈到过，当保险人违反了最大诚信原则中的告知义务，未说明保险条款的含义或未作出明显提示的，则有关免除保险人责任的条款无效。《保险法》第十七条对此作出了明确的规定。除此之外，《保险法》第一百一十六条规定："保险公司及其工作人员在保险业务活动中不得有下列行为：欺骗投保人、被保险人或者受益人；对投保人隐瞒与保险合同有关的重要情况；阻碍投保人履行本法规定的如实告知义务，或者诱导其不履行本法规定的如实告知义务……拒不依法履行保险合同约定的赔偿或者给付保险金义务；故意编造未曾发生的保险事故、虚构保险合同或者故意夸大已经发生的保险事故的损失程度，进行虚假理赔，骗取保险金或者牟取其他不正当利益……泄露在业务活动中知悉的投保人、被保险人的商业秘密……"

第三节 近因原则

一、近因原则的含义

在一次风险事故中，损失有可能是由几个原因或一连串原因所造成的。近因原则就是用于判断风险事故与保险标的损失之间的因果关系，找出导致风险事故发生的根本原因，并根据此根本原因是否属于保险责任，从而确定是否承担保险赔偿责任的一项基本原则。

尽管在近因原则中有一个"近"字，很容易被误解为是指在时间上或空间上距离风险事故最近的原因；但是实际上，近因（Proximate Cause）是指在风险和损失之间导致损失的最直接、最有效、起决定作用的根本原因。英国《海上保险法》（1906 年）第五十五条规定："近因是指存在多个损失原因的情况下，而且损失的因果关系不曾中断，对造成损失起支配作用的损失原因，不一定是时间上或空间上与损失结果最近的原因。"近因原则的基本含义在于需要根据各种风险与风险事故及损失之间的因果逻辑关系，寻找到最直接、最有效、起决定作用的原因，并将其作为近因，而其他风险则均不能作为近因。

在保险中运用近因原则的意义在于，根据近因原则正确判断近因是确定保险公司是否承担赔偿责任的关键。在风险与保险标的损失关系中，如果近因属于被保风险，保险人承担赔偿责任；但是如果近因属于除外风险或未保风险，则保险人不承担赔偿责任。其次，根据近因原则来判断近因也是公平、公正地履行保险合同的要求，否则，倘若没有任何原则可以依照，保险方和投保方就事故的发生原因各执一词，没有一个统一正确的判断方法，也容易引起保险纠纷，影响保险业的形象。所以，长期以来，近因原则一直是保险实务中处理赔案时所遵循的重要原则之一。

案例 7-6　　近因的判断[①]

2015 年 8 月 14 日，刘先生投保了某保险公司的终身寿险附加意外险。2017 年 2 月 15 日，他再次投保了同一家公司推出的综合个人意外伤害保险。3 个月不到，刘先生就遭遇了一次意外。一天他赶去见客户，走得有点着急，在一个拐角处猛地撞到一户人家向外打开的铁窗边缘，右眼被撞伤。一开始他觉得撞伤的地方非常痛，但是依然继续赶路。过了一会儿眼睛渐渐没刚才那么疼，刘先生便以为没事了，第二天也继续忙着工作，没有去医院就诊。2 个月后的一天，刘先生惊讶地发现，自己的右眼戴上眼镜也看不清楚任何东西！到了 8 月份，无可奈何的刘先生只好以右眼失明为由向单位申请进行残疾证明检查。2018 年 7 月，刘先生拿到了残疾证。

刘先生认为，自己右眼失明主要是由那一次意外碰撞引起，便拿着有关单证，向保险公司提出寿险豁免申请和意外伤害理赔申请。

保险公司调查之后，对刘先生右眼失明的过程及结果没有异议，批准了他的寿险豁免保费申请。但刘先生以他失明完全因外伤单独且直接引起为由，向保险公司提出意外伤残索赔申请，保险公司作出了拒赔的决定。

保险公司理赔人员与刘先生交流，表示因为刘先生在遇到撞伤事故之前，已经存在双眼近视的情况，而右眼失明的结果是在撞伤后两个月才发生，引起失明的"脉络膜萎缩"症状，也可能由于多种诱因所导致。在刘先生向公司提供的资料中，理赔部门尚不能找齐所需证据，所以，保险公司无法予以理赔。

案例分析

刘先生的遗憾在于，无法证明他右眼不幸失明是遭到了那一次意外撞伤而直接导致的。近因原则是判明风险事故与保险标的损失之间因果关系以确定保险责任的一项基本原则，是保险的四大基本原则之一。按照这一原则，当被保险人的损失直接由于保险事故造成时，保险人才给予赔付。但在实践中要从众多复杂的原因中判定出某一事故的近因，并非一件易事。刘先生的经历提醒，一旦出现保险事故，应该及时采取必要的措施，保留确凿的事故原因证据，以便于保险公司理赔时对保险责任进行认定。

---

① http://www.aabaoxian.com/article.php/417.

二、近因的认定

近因原则是国际保险市场共同遵循的重要保险合同原则之一。近因的认定并非简单的一两句话就能解释，而且各国对近因的认定还有些细微差别。所以，理解和掌握近因原则最好的方法就是运用案例法。当然，最好是以本国案例为主，他国案例为辅。我国理赔人员在调查损失原因时，也需要参考本国的案例。

（一）认定近因的基本方法

认定近因的关键是确定风险与损失之间的因果关系，可以根据最初事件与最终损失之间是否具有逻辑关系来进行判断与推理。也就是说，如果从最初事件出发，按照逻辑推理能够得到所发生的最终损失，那么最初事件就是最后一个事件的近因。比如，火灾烧毁了房屋甲，房屋甲的一段墙壁倒塌，压坏了另一所房屋乙，并导致房屋乙也倒塌。那么，在事故发生的过程中的逻辑过程是火灾→房屋甲倒塌→压坏房屋乙→房屋乙倒塌。

整个事件之间的因果链条并没有中断，因此可以判断，房屋乙倒塌的近因就是火灾。或者，也可以倒推，即从损失开始往原因推并追溯到最初的事件，只要因果关系没有中断，那么最初事件就是近因。

案例 7－7　　自杀的近因判断①

王某于 2011 年 10 月向某保险公司投保了一份生死两全保险，被保险人为本人，受益人为其妻李某。2013 年 1 月，王某经医院诊断为突发性精神分裂症。治疗期间，王某病情进一步恶化，终日意识模糊，狂躁不止，最终自杀身亡。事发之后，妻子李某以保险合同中列明“被保险人因疾病而身故，保险人给付死亡保险金”为由向保险公司提出给付死亡保险金的索赔要求，而保险公司则依据《保险法》第四十四条规定，以死者系自杀身亡，且自杀行为发生在订立合同之后的 2 年之内为由，拒绝了李某的索赔要求，只同意退还保单现金价值。

案情分析

本案不应适用《保险法》第四十四条的规定。第四十四条规定：“以被保险人死亡为给付保险金条件的合同，自合同成立或者合同效力恢复之日起 2 年内，被保险人自杀的，保险人不承担给付保险金的责任，但被保险人自杀时为无民事行为能力人的除外。”从字面上理解，似乎对于所有被保险人在保险合同成立之日起

① http://www.aabaoxian.com/article.php/564.

两年内的自杀身亡行为，保险人均可引用此条拒赔。然而，本案应从立法目的上来理解和适用此条规定。

王某死亡的近因应为突发性精神分裂症，而非自杀行为。近因原则是保险法的基本原则之一，其含义为只有导致保险事故的近因属于保险责任范围，保险人才应承担保险责任。也就是说，保险人承担赔偿责任的范围应限于以承保风险为近因造成的损失。我国现行保险法虽未直接规定近因原则，但在司法实践中，近因原则已成为判断保险人是否应承担保险责任的一个重要标准。对于单一原因造成的损失，单一原因即为近因；对于多种原因造成的损失，持续地起决定或有效作用的原因为近因。如果该近因属于保险责任范围，保险人就应当承担保险责任。

本案王某的死亡与两个原因有关，突发性精神分裂症和自杀行为。据王某的邻居和同事反映，王某生前性格开朗，乐观豁达，家庭和睦，从未流露过悲观情绪。王某的医生介绍，王某所患的这种精神分裂症比较特殊，患者极易产生臆想，导致自残行为。由此可以判断，突发性精神分裂症才是持续起决定作用的、有效的原因，即近因。因此，本案中保险公司应当承担给付死亡保险金的义务。

（二）近因原则的运用

近因原则的运用主要体现于在理赔环节正确判断损失发生的近因，并判断是否应该承担保险责任。近因判定得正确与否，关系到保险双方当事人的切身利益。在保险实务中，由于导致损失的原因多种多样，关系错综复杂，因此，近因原则的运用是非常复杂的，需要根据具体情况进行深入分析。下面简单地介绍一些运用近因原则时应该掌握的基本规律。

1. 单一原因造成的损失

这是一种最为简单的情况。如果造成保险标的损失的原因只有一个，那么这个原因就是损失发生的近因。此时，近因非常容易判断。然后，只需要判断这个近因是否属于保险责任。如果该近因的确属于保险责任，则保险人应该承担赔偿责任；反之就不必承担。比如，某日狂风大作，农田里的蔬菜大棚全部被暴风吹坏，则蔬菜大棚的损失近因就是暴风。倘若在农户购买的保险中，暴风属于保险责任，则保险公司进行赔偿。此时的因果关系非常简单，即暴风→蔬菜大棚倒塌。

2. 同时发生的多种原因造成的损失

倘若有多种原因导致损失发生，而且多种原因还是同时发生，并且对损害结果的形成都具有直接的实质性影响，那么原则上而言，这些原因都是损失的近因。在理赔时，需要逐一判断这些原因是否属于保险责任，然后再深入分析。

(1)各种近因导致的损失可以分开

倘若多种原因所导致的损失是可以分开的，而且在这些诸多近因中，一些近因属于保险责任，但另一些近因不属于保险责任，则通常只保障属于保险责任的近因所导致的相应损失，而不保障不属于保险责任的近因所导致的相应损失。也就是说，如果多种原因均属于保险责任，则保险人负责赔偿全部损失。如果多种原因中既有保险责任，又有除外责任或免除责任，则保险人的责任视损害的可分性而定。如果损害是可以划分的，保险人就只负责保险责任所致损失部分的赔偿。比如，汽车发生自燃，同时又遭遇冰雹袭击，导致损失。此时存在两个近因，即自燃和冰雹。但是自燃导致的燃烧损失和冰雹导致的砸坏的损失是可以区分的。由于自燃不属于车辆损失保险的保险责任，而冰雹属于车辆损失保险的保险责任，故保险公司只赔偿车辆被冰雹砸坏的损失，而对于自燃所导致的损失不予赔偿。此时的因果关系如图 7-1 所示。

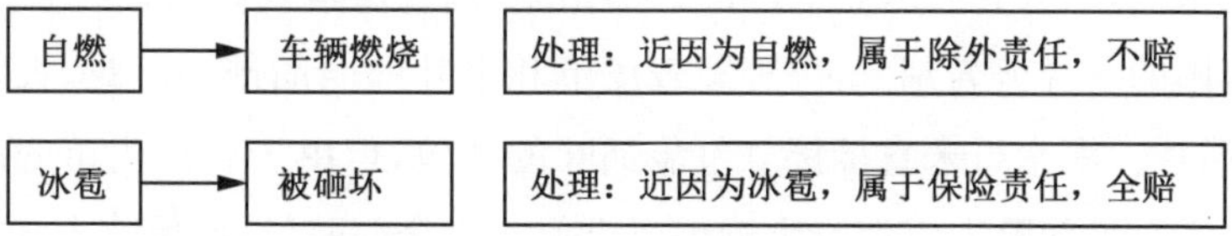

图 7-1　并列的多种原因造成损失的因果关系(可分)

此时，实际上可以看作两个单独的因果关系。即两个单一原因并列的情况。

(2)各种近因导致的损失无法分开

在实务中很多情况下，多种原因所导致的损失是无法区分的，而且多种原因中也是既有属于保险责任的，也有不属于保险责任的。此时，在某些保单下，保险人不承担任何损失赔偿责任；而在某些保单下，保险人会倾向于与被保险人协商解决，按比例分摊损失。

比如，有个喝了酒的司机，开着一辆超载的大卡车，在暴风雨中前行，不小心撞上高速公路的护栏，导致翻车。此时存在三个近因，即酒驾、超载和暴雨。但是这三个近因所导致的损失是无法区分的。显然，在机动车辆保险中，酒驾和超载不属于车辆损失保险的保险责任，而暴雨属于车辆损失保险的保险责任。在机动车辆保险中，保险公司会拒绝赔偿所有损失。因为根据保单条款，只要驾驶员存在违反交规的行为，则所导致的一切损失不予赔偿。此时的因果关系如图 7-2 所示。

3. 连续发生的多项原因造成的损失

导致事故发生有多种原因，而且多种原因连续地依次发生。并且这些多种原因之间还具有因果关系。这种情况在实务中比较常见，而且较为复杂。此时，如果损失是

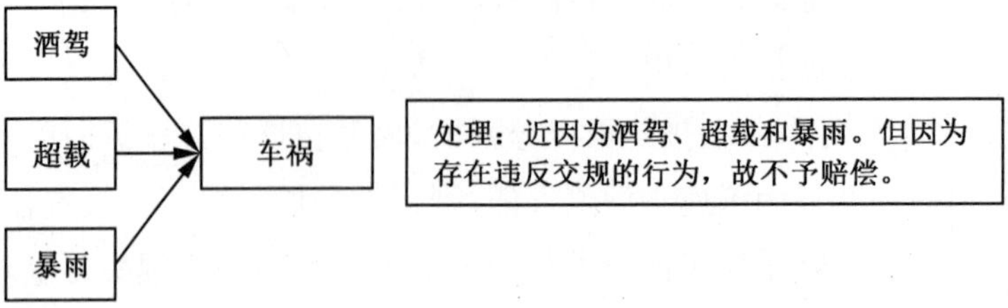

图 7－2　并列的多种原因造成损失的因果关系(不可分)

由两个或两个以上的原因所造成,并且各原因之间还存在连续的因果关系,那么最先发生并造成一连串事故的原因为近因。如果该近因属于保险责任,保险人应负责赔偿损失。这是一种普遍的处理方法,但是在不同情况下还是要区别对待。

(1)如果连续发生的原因都是被保风险,则保险人赔偿全部损失。

(2)如果连续发生的原因中含有除外风险或未保风险,前因是被保风险,后因是除外风险或未保风险,并且后因是前因的必然结果,那么保险人对损失负全部责任。

例如英国的一个著名判例:一艘装载皮革和烟叶的船舶遭遇海难,大量海水浸入船舱,皮革腐烂。海水虽未直接接触包装烟叶的捆包,但由于腐烂皮革的恶臭使烟叶完全变质。当时被保险人以海难为近因要求保险人全部赔付,但保险人却以烟叶包装没有水渍的痕迹为由而拒赔。最后法院判决,本案烟叶全损的近因是海难,保险人应负赔偿责任。此时的因果关系如图 7－3 所示。

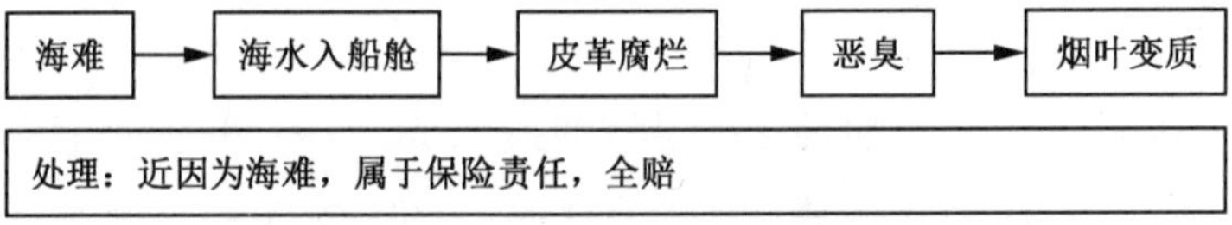

图 7－3　连续发生的多种原因造成损失的因果关系 1

(3)如果连续发生的原因中含有除外风险或未保风险,前因是除外风险或未保风险,后因是承保风险,并且后因是前因的必然结果,那么保险人对损失不承担责任。

例如莱兰船舶公司对诺威奇保险公司的诉讼案。1918 年第一次世界大战期间,莱兰船舶公司的一艘轮船被敌潜艇用鱼雷击中,但仍拼力驶向哈佛港。由于情况危急,又遇到大风,港务当局担心该船会沉在码头泊位上堵塞港口,因此拒绝它靠港。这艘轮船就继续拼力驶向下一个港口,在航行途中船底触礁终于沉没。该船只保了海上一般风险,没有保战争险,保险公司予以拒赔。法庭判决损失的近因是战争,保险公司胜诉。在这个案例中,虽然在时间上导致损失的最近原因是触礁,但船在中了鱼雷以后始终没有脱离险情,触礁是被鱼雷击中引起的,而被鱼雷击中是战争风险,属于未保风险。因此法院判决保险公司胜诉。此时的因果关系如图 7－4 所示。

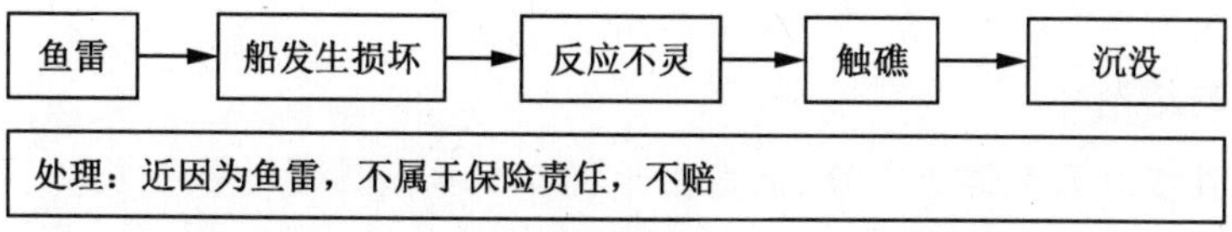

图 7－4 连续发生的多种原因造成损失的因果关系 2

4. 间断发生的多项原因造成的损失

即在一连串连续发生的原因中，有一项新的独立的原因介入，并导致损失发生。在这种情况下，如果新的独立原因是被保风险，保险责任由保险人承担；反之保险人不承担损失赔偿或给付责任。

例如，某企业集体投保了团体人身意外伤害保险，被保险人王某骑车被卡车撞倒，造成伤残并住院治疗，在治疗过程中王某因急性心肌梗塞而死亡。由于意外伤害与心肌梗塞没有内在联系，心肌梗塞并非意外伤害的结果，故心肌梗塞属于新介入的独立原因，心肌梗塞是被保险人死亡的近因，它属于疾病范围，不包括在意外伤害保险的责任范围，故保险人对被保险人的死亡不负责任，只对其意外伤残支付了保险金。此时的因果关系如图 7－5 所示。

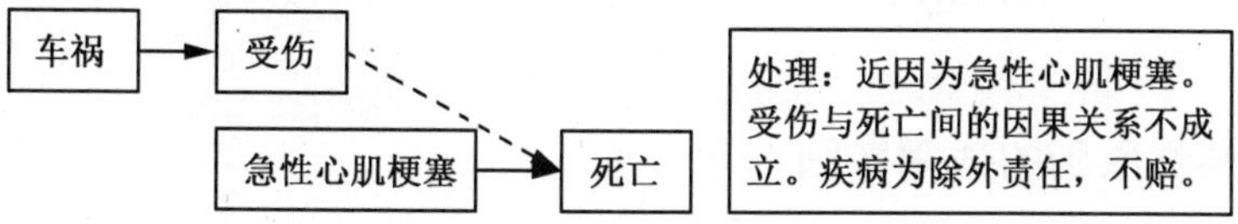

图 7－5 间断发生的多种原因造成损失的因果关系

案例 7－8　　近因的判断

2018 年 6 月，王某为自己所经营的零售店铺以及店内货物向当地保险公司投保财产保险。店铺保险金额为 150 万元，店内货物的保险金额为 30 万元，并在签单时一次缴清了保险费。2018 年 7 月 28 日下午，店铺因电线老化失火。王某在无法扑灭大火的情况下将店内的主要货物（其价值据当事人估计约 20 万元）搬出放置街边。由于王某的货物基本上属于生活零用物品，街上旁观的人又比较多，故在王某毫无提防的情况下，发生了群众哄抢货物的事件。最后王某放置在街边的货物基本上被抢劫一空，仅剩 3 万元余货。而王某店铺已经被完全烧毁。事故发生后，王某向当地保险公司提出索赔。保险公司认为对店铺损失 150 万元应当赔偿，王某未搬出店铺的那部分货物的损失 10 万元也应当赔偿。而对于因群众哄抢的 17 万元货物损失，保险公司拒绝赔偿。因为抢劫属于该保险单中责任免除项目，对这部分损失，保险公司无须赔偿。双方争执不果而提起诉讼。

分析与结论

虽然直接原因是群众哄抢，但是由于群众哄抢是因货物搬上街头而引起，而货物搬上街头又是由店铺发生火灾引起的，即火灾引起最终抢劫，那么，就是火灾属于保险标的损失的近因，保险公司应该承担赔偿责任。尽管在王某的保险单内，抢劫属于责任免除项目，但是在多种原因连续发生并导致损失的情况下，只要造成保险标的损失的第一原因属于保险责任，而不论第二原因、第三原因是否属于保险责任范围，保险公司都应当承担赔偿责任。其根据是第二、第三原因都是第一原因的必然结果，第一原因为保险损失的近因。就本案来说，很明显火灾是引起搬到街上的货物发生损失的最直接、最有效的原因。那么保险公司必须对这部分损失进行赔偿。即保险公司应当赔偿王某的全部损失，共计 177 万元。其中，赔偿店铺损失 150 万元，赔偿货物损失 27 万元。

第四节　补偿性原则

一、补偿性原则的适用范围

补偿性(Compensation)原则也是保险合同中的重要原则。首先需要强调的是补偿性原则的适用范围：补偿性原则并非适用于所有保险，而仅适用于一部分损失补偿型保险。前文第三章在保险的分类中按损失补偿方式的分类如图 7－6 所示。

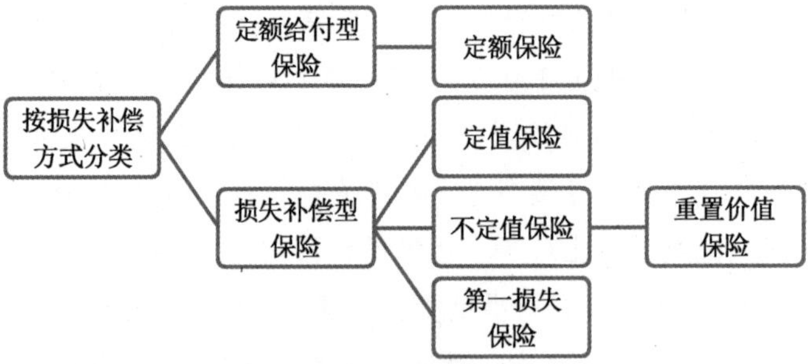

图 7－6　按损失补偿方式的分类

其中，定额给付型用于人身保险，损失补偿型保险用于财产保险和部分人身保险。所以，也可以不完整地说，补偿性原则不适用于绝大多数人身保险，而仅适用于大部分财产保险和小部分人身保险。大多数财产保险都是损失补偿型保险，并且适用于补偿性原则。当然，后文会介绍，损失补偿型保险中的定值保险和重置价值保险不适用于补偿性原则。所以，具体而言，从保险标的来看，补偿性原则适用于大多数的财产保险和小部分人身保险（如损失补偿型健康保险）；从损失补偿方式来看，补偿性原则适用于不定值保险（重置价值保险除外）和第一损失保险。

二、补偿性原则的含义及意义

补偿性原则的含义是指保险合同生效后，当保险标的发生保险责任范围内的损失时，保险赔偿最多只能使被保险人恢复到损失发生之前的经济原状，被保险人不能因损失而获得额外收益。也就是说，根据补偿性原则，在损失补偿型保险中，被保险人不应该取得超过实际损失的赔偿。

补偿性原则是保险理赔环节应当遵循的重要原则。在保险中使用补偿性原则的意义在于，可以通过防止被保险人从保险赔偿中赢利，从而保证保险合同的公平性，并控制道德风险。倘若发生一次损失后，只让被保险人大致恢复到与损失发生之前相同的财务状况，这样既能保障被保险人在受损后获得赔偿的权益，又维护了保险人的赔偿不超过实际损失的权益，使保险合同能在公平互利的原则下履行。除此之外，补偿性原则还可以控制道德风险。如果被保险人能够从损失中赢利，则可能会存在为了赢利而故意制造保险事故，或者夸大损失的现象。因此，如果损失赔偿不超过损失的实际现金价值，没有了赢利的诱因，则道德风险就会大大减少。

三、损失补偿的限制

补偿性原则只是一个原则，在运用时还有诸多限制。首先，保险合同的补偿是以保险责任范围内损失的发生为前提的，即损失的近因应当属于保险责任，非保险责任内的损失则不会得到赔偿。在确定保险公司应当承担赔偿责任之后，计算赔偿金额时应当注意以下方面：

1. 损失补偿以实际损失为限

被保险人遭受损失后，保险赔偿以被保险人所遭受的实际损失为限。例如，医疗保险的赔偿中以被保险人实际花费的医疗费用为限；财产保险的赔偿中大多以受损标的的实际现金价值为限。实际现金价值的概念是补偿原则的基础，实际现金价值＝重置价值－折旧。这种方法考虑了通货膨胀和财产折旧的因素。但是，重置价值减去折旧并不是确定损失金额的唯一方法，在有些情况下，可以使用合理市价作为确定损失金额的基础。比如，一栋建筑物的合理市价可能会低于其实际现金价值，这是由于建筑物所在的地段不好，或者由于式样陈旧。

其次，保险公司的赔偿金额不仅包括被保险标的的损失，通常还包括被保险人在损失过程中发生的施救费用，以及后续的诉讼费。《保险法》第五十七条规定："保险事故发生时，被保险人有责任尽力采取必要的措施来防止或减少损失。保险事故发生后，被保险人为防止或者减少保险标的的损失所支付的必要的、合理的费用，由保险人承担；保险人所承担的数额在保险标的损失赔偿金额以外另行计算，最高不超过保险金额的数额。"

2. 损失补偿以保险金额为限

保险金额是指保险人承担赔偿或者给付保险金责任的最高限额。赔偿金额只能够低于或等于保险金额，而不应高于保险金额。因为保险金额是保险人承担的全部责任，其基础是基于已收取的保费。保险人所承担的赔偿责任与事先所收取的保费是对等的。如果赔偿金额超过了保险金额，保险人将处于不平等的地位。即使发生了通货膨胀，通常也仍以保险金额为限。其次，为了提供充足的保障，投保时通常都要求投保人足额投保。倘若投保人没有做到足额投保，则保险公司当然不会全赔，而会按投保比例赔偿。概括起来就是，"少保了要少赔，而多保了不多赔"。

3. 损失补偿以保险利益为限

保险利益原则也是保险的一个基本原则。在前文介绍保险利益原则时提到，损失补偿也要以保险利益为限。索赔时，如果被保险人与保险标的之间已经不存在保险利益，则保险人就不应该赔偿；如果有部分保险利益，则保险人进行部分赔偿。例如，财产保险中，如果保险标的受损时财产权益已全部转让，被保险人无权索赔；如果受损时保险财产已部分转让，则被保险人对已转让的部分财产损失无索赔权。《最高人民法院关于适用《保险法》若干问题的解释(二)》中第一条规定："在财产保险中，不同投保人就同一保险标的分别投保，保险事故发生后，被保险人在其保险利益范围内依据保险合同主张保险赔偿的，人民法院应予支持。"

四、补偿性原则的例外情况

1. 定额给付型保险

前面已经说过，损失补偿型保险不适用于定额给付型保险(Fixed Insurance)，即大多数的人身保险。这是因为人身保险的保险标的是人的身体或生命，而人的身体机能或生命是无法估价的。被保险人发生伤残、死亡等事件对其本人及家庭所带来的经济损失和精神痛苦都不是用金钱能弥补的。保险公司所给付的保险金只能在一定程度上帮助被保险人及其家庭缓解由于保险事故的发生而带来的经济困难，而不是赔偿。所以人身保险合同不是损失补偿型保险合同，而是定额给付型合同；通常也不采用"赔偿"一词，而是采用"给付"一词。在人身保险中，投保人投保时确定保险金额的依据是被保险人和受益人的需要以及投保人自己支付保险费的能力。当保险事故发生时，保险人按保险合同中双方事先约定的金额进行给付。

当然，一些采用损失补偿型的健康保险也要遵循补偿性原则。

2. 定值保险

定值保险（Valued Insurance）中，保险合同双方当事人在订立保险合同时约定保险标的的价值，并以此确定为保险金额，为足额保险。当保险事故发生时，保险人不论保险标的损失当时的市价如何，即不论保险标的的实际价值是大于还是小于保险金额，均按损失程度进行赔付。如果发生一次全部损失，定值保险单则赔偿全部保险金额，而不考虑保险标的实际现金价值。此时，有可能由于保险标的市价的变化，使得保险金额高于了保险标的的市价，被保险人从中获利了，所以，补偿性原则不适用于定值保险。但尽管如此，定值保险仍普遍运用于保险实务中。这是因为保险标的市价的变化是在人力控制范围以外的，不太可能出现道德风险；其次，被保险人可能会因为保险标的的市价下降而获得超额的保险赔款，但也可能会因为保险标的市价的上升而获得不足的保险赔款，市价变化的风险对保险人和被保险人同时存在，是公平的。所以，定值保险尽管不适用于补偿性原则，但仍然可以运用。

3. 重置价值保险

重置价值保险（Replacement Cost Insurance）是指保险双方按保险标的的重置价值确定保险金额，并在损失赔偿时不扣除折旧而是按重置价值确定损失金额并进行赔偿。重置价值考虑了通货膨胀的因素，不考虑财产折旧的损失。

由于通货膨胀、折旧等因素的存在，对于某些常常发生部分损失并需采用修理方式确定赔偿金额的保险标的而言，例如建筑物或机器设备等，即使投保时按实际价值进行了足额投保，但修理时采用的是新的零部件，而按实际价值确定的保险赔款由于考虑了折旧而不足以进行重置或重建。所以，为了满足被保险人对受损财产进行重置或重建的需要，保险人允许投保人在投保时按超过保险标的实际价值的重置价值投保，发生损失时按重置费用或成本赔付。这样就可能会出现保险赔款大于实际损失的情况。重置价值虽然违反了补偿性原则，但也是普遍适用于保险实务的。这是因为采用新的零部件替换破损的旧部件，是修理时常用的方法，简单直接、易于操作，故保险赔偿时也应该按新的零部件赔偿。倘若固守补偿性原则，仍然按旧的零部件赔偿，则被保险人无法获得充足的保障，而且也找不到具有相同折旧年份的完好无损的旧零部件，导致更多的麻烦。

所以，在实务操作中，有时也需要根据实际情况而定，无须固守补偿性原则。只要把握控制道德风险、保持保险合同的公平性这两个目的，还是可以根据实际需要适时而动，从而灵活地为消费者提供全面充足的保障。

第五节 代位求偿原则

一、代位求偿原则的适用范围

代位求偿原则是补偿性原则的派生原则。因此，代位求偿原则也只适用于损失补偿型保险。但与补偿性原则的适用范围不同的是，代位求偿原则适用于所有的损失补偿型保险，包括定值保险和重置价值保险。

保险代位求偿原则不适用于定额给付型保险。因此，在财产保险、损失补偿型健康保险中可以适用代位求偿原则，而在定额给付型人身保险中则不适用。由于人的身体和生命是无价的，因此人身保险的被保险人或受益人可以同时得到保险人给付的保险金和第三者承担的赔偿金额，不存在从中获利的问题。《保险法》第四十六条规定："被保险人因第三者的行为而发生死亡、伤残或者疾病等保险事故的，保险人向被保险人或者受益人给付保险金后，不享有向第三者求偿的权利，但被保险人或者受益人仍有权向第三者请求赔偿。"

二、代位求偿原则的含义

代位求偿原则(Principle of Subrogation)是指在损失补偿型保险中，保险标的发生保险事故造成推定全损或者保险标的由于第三者责任导致的损失，保险人按照合同的约定履行赔偿责任后，依法取得对保险标的的所有权或者对保险标的的损失负有责任的第三者的求偿权。在这个定义中实际包括了"物上代位"和"权利代位"两层含义。在两个句子中都以"或者"为界，"或者"之前是指"物上代位"，"或者"之后是指"权利代位"。

《保险法》对这两种代位行为也予以了法律界定。《保险法》第五十九条规定："保险事故发生后，保险人已支付了全部保险金额，并且保险金额等于保险价值的，受损保险标的的全部权利归于保险人；保险金额低于保险价值的，保险人按照保险金额与保险价值的比例取得受损保险标的的部分权利。"第六十条规定："因第三者对保险标的的损害而造成保险事故的，保险人自向被保险人赔偿保险金之日起，在赔偿金额范围内代位行使被保险人对第三者请求赔偿的权利。前款规定的保险事故发生后，被保险人已经从第三者取得损害赔偿的，保险人赔偿保险金时，可以相应扣减被保险人从第三者已取得的赔偿金额。保险人依照本条第一款规定行使代位请求赔偿的权利，不影响被保险人就未取得赔偿的部分向第三者请求赔偿的权利。"

代位求偿原则既然是补偿性原则的派生原则，其与补偿性原则的目的相同，也是为了防止被保险人在同一次损失赔偿中取得重复赔偿，因从中获利而可能产生道德风险，或导致不公平的处理发生。

三、代位求偿原则的形式

代位求偿包括物上代位和权利代位两层含义。

(一)物上代位

物上代位(Subrogation on Salvage)是指当保险标的遭受保险责任范围内的事故导致全损或推定全损时，保险人按保险金额全数赔付后，依法取得该项标的的所有权，即残值的所有权。物上代位通常产生于对保险标的作推定全损的处理。所谓推定全损，是指保险标的遭受保险事故后虽然没有完全损毁或完全灭失，但实际全损已不可避免，或者修复和施救费用将超过保险价值，或失踪达一定时间，保险人按照全损处理的一种推定性的损失。第八章将详细介绍推定全损的概念。

在推定全损中，保险标的并未完全损毁或灭失，保险人在按全损支付了保险赔款后，理应取得保险标的残值的所有权。倘若被保险人要求保险人按照全部损失进行全额赔偿，并且还要求自己保留对残值的所有权，则被保险人从保险赔偿中获利了，违反了补偿性原则。故被保险人在发生推定全损时只能有两种选择：其一是选择委付，请求保险公司按全损赔偿，残值归保险公司；其二是不选择委付，则保险公司按实际损失赔偿，残值归被保险人。

1. 保险人取得物上代位权的方式

保险人是通过委付而获得物上代位权的。委付是指保险标的发生推定全损时，投保人或被保险人把保险标的的一切权益转移给保险人，并请求保险人按保险金额全数赔付的行为。保险人取得物上代位权时应该注意以下事项：

(1)委付必须由被保险人向保险人提出。《海商法》规定："保险标的发生推定全损，被保险人要求保险人按照全部损失赔偿的，应当向保险人委付保险标的。保险人可以接受委付，也可以不接受委付，但是应当在合理的时间内将接受委付或者不接受委付的决定通知被保险人。"委付通知是被保险人向保险人作推定全损索赔之前必须提交的文件，如果被保险人不向保险人提出委付，保险人对受损的保险标的只能按实际损失处理。委付通知通常采用书面的形式。

(2)委付应该就保险标的的全部提出请求。由于保险标的的不可分性，委付也具有不可分性。如果仅委付保险标的的一部分而其余部分不申请委付，则容易产生纠纷。但是倘若保险标的由独立可分的部分组成，其中只有一部分具备委付条件，则也可仅就该部分保险标的请求委付。

(3)委付不得附有任何条件。

(4)委付必须经过保险人的同意。被保险人向保险人发出的委付通知,必须经保险人的同意才能生效。保险人可以接受委付,也可以不接受委付。

(5)被保险人提出委付后,保险人应当在合理的时间内将接受委付或不接受委付的决定通知被保险人。如果超过了合理的时间,保险人对是否接受委付仍然保持沉默,应视为不接受委付。但被保险人的索赔权利并不因保险人不接受委付而受影响。

(6)在保险人未作出接受委付的意思表示以前,被保险人可以随时撤回委付通知。但一经保险人接受委付,委付即告成立,不能撤销。

需要注意的是,委付不仅将保险标的的一切权益转移给保险人,同时也将被保险人对保险标的的所有义务一起转移给保险人。保险人在处理保险标的时所发生的一切收益和损失都由保险人自己承担。因此保险人在接受委付之前必须慎重考虑,分析受损保险标的的残值是否可能大于将要由此而承担的各种义务和责任风险所产生的经济损失,或者考虑按全部损失进行赔偿是否更加方便、简单、快捷。

2. 保险人在物上代位中的权益范围

《保险法》第五十九条规定:"保险事故发生后,保险人已支付了全部保险金额,并且保险金额等于保险价值的,受损保险标的的全部权利归于保险人;保险金额低于保险价值的,保险人按照保险金额与保险价值的比例取得受损保险标的的部分权利。"也就是说,在足额保险中,保险人按保险金额支付保险赔偿金后,即取得对保险标的的全部所有权。此时,由于保险标的的所有权已经转移给保险人,保险人在处理标的物时所得到的利益如果超过所支付的赔偿金额,超过的部分也归保险人所有。并且如果还存在着对第三者损害赔偿的请求权,而索赔金额超过了保险人支付的保险赔偿金额时,也就是说保险人获利了,那么所获的利益同样也归保险人所有。

在不足额保险中,保险人只能按照保险金额与保险价值的比例取得受损标的的部分权利。由于保险标的的不可分性,保险人在依法取得受损保险标的的部分权利后,通常将该部分权利作价折卖给被保险人,并在保险赔偿金中作相应的扣除。

(二)权利代位

权利代位(Subrogation)即求偿权的代位,指在财产保险中,保险标的由于第三者责任导致保险损失,保险人向被保险人支付保险赔款后,依法取得对第三者的索赔权。《海商法》规定:"保险标的发生保险责任范围内的损失是由第三人造成的,被保险人向第三人要求赔偿的权利,自保险人支付赔偿之日起,相应转移给保险人。"《保险法》第六十条也有类似规定。

通常,当保险事故发生后,如果损失是由保险人以外的第三者造成的,那么被保险人既可以依据法律规定的民事损害赔偿责任向第三者要求赔偿，也可以依据保险合同中规定的索赔权向保险人要求赔偿。如果保险人和第三者同时赔偿了被保险人的损失，那么被保险人就有可能获得双重赔偿，从而使赔偿金额大于损失金额，违背了保险的补偿性原则。但是如果仅由第三者赔偿，又可能会使被保险人得不到及时补偿，或者有可能得不到完全补偿，甚至得不到赔偿。因此，法律规定了代位求偿原则，保证当保险标的因第三者责任而遭受损失时，保险人支付的赔偿金额与第三者赔偿的总和不超过保险标的的实际损失。故被保险人在损失是由第三方导致时只能有两种选择：其一是选择向第三方索赔，则与保险公司基本无关；其二是选择向保险公司索赔，则保险公司按保险合同赔偿后，依法取得代位求偿权；倘若保险公司按保险合同的赔偿金额小于实际损失，则被保险人还可以就不足部分向第三方索赔。

1. 代位求偿的对象

保险代位求偿的对象为对保险事故的发生和保险标的的损失负有民事赔偿责任的第三者。第三者可以是法人，也可以是自然人。第三者不包括保险人，也不包括被保险人的家庭成员和组成人员。

在以下几种情况下，保险人可以取得对第三者代位求偿权。

(1)第三者对被保险人的侵权行为导致保险标的遭受保险损失，依法应承担损害赔偿责任。侵权行为是指“因作为或不作为而不法侵害他人财产或人身权利的行为”。侵权行为是一种民事责任，而民事责任是以经济利益为特点。致害人要对受害人的损失给予补偿，所以第三者应对其侵权行为而导致的保险标的的损失承担赔偿责任。例如驾车时发生交通事故，撞上了人行道上的行人，这就侵犯了行人的人身权利。

(2)第三者不履行合同规定的义务造成保险标的的损失，根据合同的约定，第三者应对保险标的的损失承担赔偿责任，即第三者的违约责任。违约责任也是一种民事责任，也以经济利益为特点。例如，产品制造商按照合同应该提供质量合格的产品，如果产品质量不合格，则构成了违约责任，制造商应该对不合格产品的损失承担责任。

(3)第三者的不当得利行为造成保险标的的损失，依法应承担赔偿责任。例如第三者的盗窃行为造成被保险人的损失，根据法律规定，如果案件破获，应当向第三者即窃贼进行求偿。

(4)依据法律规定第三者应承担的赔偿责任，如共同海损的受益人对共同海损负有分摊损失的责任。

2. 保险人获得代位求偿权的前提条件

保险人获得代位求偿权时必须具备三个前提条件：

(1)损害事故发生的原因及受损的标的都属于保险责任范围。

(2)保险事故的发生是由第三者的责任造成的,肇事方依法应对被保险人承担民事赔偿责任。

(3)保险人按合同的规定对被保险人已经履行了赔偿义务。只有当被保险人获得了保险合同下的全部赔偿后,保险人才能保留通过代位求偿权所取得的补偿金额。有些情况下,由于保险金额不足或存在免赔额等,在损失发生后保险人的赔偿额低于实际损失,则被保险人可以就不足部分继续向第三方索赔。

3. 保险人取得代位求偿权的方式

根据《保险法》第六十条的规定,保险人是自向被保险人赔偿保险金之日起,在赔偿金额范围内代位行使被保险人对第三者请求赔偿的权利。因此,保险人代位求偿权的取得采用法定方式。在实践中,保险人支付保险赔款后,通常还会要求被保险人出具“权益转让书”。尽管根据法律规定,“权益转让书”并非权益转移的要件,但这一文件能确认保险赔款的时间和赔款金额,同时也就确认了保险人取得代位求偿权的时间和向第三者求偿所能获得的最高赔偿金额。

4. 保险人在代位求偿中的权益范围

在赔偿过程中,保险人与被保险人之间的关系不同于肇事的第三者与被保险人之间的关系。肇事的第三者对被保险人的赔偿责任属于民事损害赔偿责任,其赔偿金额应依照相关法律的规定;而保险人对被保险人的赔偿责任属于合同责任,赔偿金额则应依据保险合同中规定的保险责任范围和赔偿方式以及损失情况而确定,并以保险金额和保险利益为限。尽管代位求偿原则的目的在于防止被保险人获得双重赔款而从中获利,但同时保险人也不能通过行使代位求偿权而获得额外利益。

根据《保险法》第六十条的规定,保险人行使代位请求赔偿的权利,不影响被保险人就未取得赔偿的部分向第三者请求赔偿的权利。因此,当第三者造成的损失大于保险人按照保险合同而支付的赔偿金额时,被保险人有权就未取得赔偿部分对第三者继续请求赔偿。

保险人在行使代位求偿权时应当注意以下事项:

● 保险人只能在赔偿责任范围内行使代位求偿权,即保险人代位求偿所得不得大于其向被保险人的赔偿金额。如果保险人得到的代位求偿金额大于其向被保险人的赔偿金额,多余部分应该退还被保险人。当然,第三者也不会赔偿高于法律规定的金额。所以这部分实际上是保险人的赔偿金未弥补的损失部分,本应当由被保险人向第三者索赔。

● 被保险人已从第三者取得损害赔偿但赔偿不足时,保险人在保险金额限度内予以补足;保险人赔偿保险金时应扣减被保险人从第三者已取得的赔偿金额。

● 保险人行使代位求偿权,不影响被保险人就未取得赔偿的部分向第三者请求赔偿的权利。

● 保险人不能对自己的被保险人行使代位求偿权,如果允许保险公司这样做,就会丧失保险的意义,这是不言而喻的。

● 保险人不得对被保险人的家庭成员或者其组成人员(例如企业职工)行使代位求偿权,除非是被保险人的家庭成员或其组成人员故意造成保险事故。因为被保险人的家庭成员或其组成人员往往与被保险人具有一致的利益。如果保险人对被保险人先赔偿,而后又向被保险人的家庭成员或其组成人员求偿,那么则无异于向被保险人索还。《保险法》第六十二条规定:"除被保险人的家庭成员或者其组成人员故意造成本法第六十条第一款规定的保险事故外,保险人不得对被保险人的家庭成员或者其组成人员行使代位请求赔偿的权利。"

5. 对保险人代位求偿权的法律保护

法律还作出了明确规定以保护保险人的代位求偿权。《保险法》第六十一条规定:"保险事故发生后,保险人未赔偿保险金之前,被保险人放弃对第三者请求赔偿的权利的,保险人不承担赔偿保险金的责任。保险人向被保险人赔偿保险金后,被保险人未经保险人同意放弃对第三者请求赔偿的权利的,该行为无效。被保险人故意或者因重大过失致使保险人不能行使代位请求赔偿的权利的,保险人可以扣减或者要求返还相应的保险金。"《保险法》第六十三条规定:"保险人向第三者行使代位请求赔偿的权利时,被保险人应当向保险人提供必要的文件和所知道的有关情况。"

《最高人民法院关于适用《保险法》若干问题的解释(四)》第九条规定:"在保险人以第三者为被告提起的代位求偿权之诉中,第三者以被保险人在保险合同订立前已放弃对其请求赔偿的权利为由进行抗辩,人民法院认定上述放弃行为合法有效,保险人就相应部分主张行使代位求偿权的,人民法院不予支持。保险合同订立时,保险人就是否存在上述放弃情形提出询问,投保人未如实告知,导致保险人不能代位行使请求赔偿的权利,保险人请求返还相应保险金的,人民法院应予支持,但保险人知道或者应当知道上述情形仍同意承保的除外"。

但是,保险人自己可以主动放弃代位求偿权。为了满足有些被保险人的特殊需要,保险公司可以使用合同条款放弃代位求偿权。例如,为了出租一套公寓,房东可以同意房客对房屋损坏不负责任。如果房东的保险人在保险合同中放弃了代位求偿权,一旦房客不小心引起了一场火灾,保险人要赔偿房东的火灾损失,但不能向房客求偿损失。保险公司也可以在损失发生后决定不行使代位求偿权,这是因为法律费用也许超过可能获得的补偿额,或者因为保险公司希望与公众保持良好关系等。

第六节 重复保险的分摊原则

一、重复保险分摊原则的含义

重复保险(Double Insurance)的分摊原则也是补偿性原则的一个派生原则。第三章中介绍了重复保险的含义。重复保险是指数家保险公司承保被保险人的相同保险利益,或者说一个保险标的有几份保险单或被保险人的几份保险单有同一保险责任,并且各家保险公司的保险金额之和超过了保险标的的价值。在重复保险中有以下几个要点:同一保险标的、同一保险利益、同一保险事故、保险金额与免赔额之和大于保险价值。

当存在重复保险时,各家保险公司的保险金额之和超过了保险标的的价值,倘若被保险人发生保险事故,则损失金额不能由各家保险公司根据各自的保险合同单独计算、单独赔偿,因为如此操作会导致重复赔偿,而可能出现赔偿金额之和大于损失金额的情况,使被保险人从中获利而违反了补偿性原则。此时,必须按照重复保险的分摊原则进行分摊。

重复保险的分摊原则是指重复保险中各保险人应该按一定的计算方法分摊被保险人的损失。被保险人所能够获得的最高赔偿金额不能够超过保险价值,也不能超过保险损失。所以为了防止被保险人获得双份或者多份赔款,必须要采取重复保险的分摊原则,在各保险人之间分摊损失。

二、重复保险的分摊方式

重复保险的分摊赔偿方式主要有比例责任分摊、责任限额分摊和顺序责任分摊三种方式。

1. 比例责任分摊

在比例责任分摊中,各保险人按其各种承保的保险金额占总保险金额的比例来分摊被保险人的损失并支付赔款。此时的计算公式为:

各保险人承担的赔款=损失金额×该保险人的保险金额/各保险人的总保险金额

例如,甲的保险标的价值50万元,其先后分别向A、B两家保险公司投保。其中,A保险公司的保险金额为20万元,B保险公司的保险金额为40万元。两个保险公司的保单中均没有免赔额的设计。显然,甲在A、B两家保险公司所购买的保险构成了重复保险。在一次事故中,甲保险标的的损失金额为30万元。则在比例责任分摊方式下：

A 保险公司赔偿：30×20/(40+20)=10 万元

B 保险公司赔偿：30×40/(40+20)=20 万元

倘若 A、B 保险公司所销售的保单中各自都设计了免赔额，其中 A 保险公司的免赔额为 1 万元，B 保险公司的免赔额为 5 万元。则此时需要注意的是，仍应该先不考虑免赔额，按照比例责任分摊方式进行计算，然后再分别减去各自的免赔额之后进行赔偿；而不是先减免赔额之后再按比例分摊。即：

A 保险公司赔偿：30×20/(40+20)−1=9 万元

B 保险公司赔偿：30×40/(40+20)−5=15 万元

比例责任分摊是以各自的保险金额为基础，具有一定的合理性。但是在某次特殊的事故中，各保险公司承担的最高赔偿金额可能并非保险金额，故按保险金额的比例分摊也具有一定的不合理性。所以在此基础上出现了责任限额分摊。

2. 责任限额分摊

在责任限额分摊中，各家保险公司的损失分摊不以各自的保险金额为基础，而是基于假设没有重复保险的情况下自己应单独承担的赔偿责任限额，即责任限额的比例，根据各保险公司的责任限额占各家保险公司责任限额之和的比例来分摊损失金额。计算公式为：

各保险人承担的赔款=损失金额×该保险人的责任限额/各保险人的总责任限额

例如，还是在上例中，假设没有重复保险，则 A 公司应该赔偿 20 万元，B 公司应该赔偿 30 万元(因为尽管 B 公司的保险金额为 40 万元，但损失只有 30 万元)。则 A 公司的责任限额为 20 万元，B 公司的责任限额为 30 万元。因此，在责任限额分摊方式中：

A 保险公司赔偿：30 万元×20/(20+30)=12 万元

B 保险公司赔偿：30 万元×30/(20+30)=18 万元

责任限额分摊方式也具有一定的合理性，但操作时略微麻烦一些，因为多了确定责任限额这个步骤。

3. 顺序责任分摊

在顺序责任分摊中，各保险公司按出单时间的先后顺序进行赔偿，先出单的保险公司先在其保险金额限度内负责赔偿，后出单的保险公司在损失金额超出前一家保险公司的保险金额时，在自身保险金额限度内仅赔偿超出的部分。仍然以上面的例子为例，则在顺序责任分摊方式中，A 保险公司应当先赔，因为 A 保险公司先出单；B 保险公司只就损失金额超过 A 保险公司赔偿的部分，在自己的保险金额下进行赔偿：

A 公司赔偿：20 万元

B公司赔偿:10万元

在保险实务中,各国采用较多的是比例责任分摊和责任限额分摊方式,因为顺序责任分摊方式下各保险公司承担的责任有欠公平。我国《保险法》第五十六条规定:"重复保险的投保人应当将重复保险的有关情况通知各保险人。重复保险的各保险人赔偿保险金的总和不得超过保险价值。除合同另有约定外,各保险人按照其保险金额与保险金额总和的比例承担赔偿保险金的责任。重复保险的投保人可以就保险金额总和超过保险价值的部分,请求各保险人按比例返还保险费。重复保险是指投保人对同一保险标的、同一保险利益、同一保险事故分别与两个以上保险人订立保险合同,且保险金额总和超过保险价值的保险。"也就是说,我国《保险法》规定,发生重复保险时应当采用比例责任分摊方式进行计算。

本章小结

● 保险利益又称为可保利益。保险利益原则规定,在签订和履行保险合同的过程中,投保人和被保险人对保险标的必须具有法律上承认的利益,否则保险合同无效。

● 保险利益为合法的利益,表现为利害关系,应为客观上已经存在的确定利益,保险利益可以用货币表示,只是关系到保险合同是否有效的一个要件。

● 保险利益原则的意义在于:防止赌博,减少道德风险,便于衡量损失。

● 在财产保险中,除财产所有权以外,财产所有人、经营管理人对财产也具有保险利益。抵押权人与质押权人、负有经济责任的财产保管人、承租人对财产也具有保险利益,合同双方当事人也具有保险利益。

● 人身保险的保险利益是利害关系论结合同意或承认论。投保人对下列人员具有保险利益:本人;配偶、子女、父母;与投保人有抚养、赡养或者扶养关系的家庭其他成员、近亲属;与投保人有劳动关系的劳动者;被保险人同意投保人为其订立合同的,视为投保人对被保险人具有保险利益。

● 不同的险种对保险利益存在的时间要求也不同。财产和责任保险的保险利益必须在损失发生时存在。人身保险中强调在订立保险合同时投保人必须具有保险利益,而索赔时不追究是否有保险利益。

● 最大诚信原则的基本含义是:保险双方在签订和履行保险合同时,必须以最大的诚意履行自己应尽的义务,并且保险合同双方应向对方提供影响对方作出签约决定的全部真实情况,互不欺骗和隐瞒,遵守合同的认定和承诺,否则导致保险合同无效。

● 最大诚信原则的存在原因:保险标的风险信息的不对称;保险条款的信息不对称。

● 最大诚信原则对于投保方体现为告知与保证,对于保险方体现为告知、弃权与禁止反言。投保方违反最大诚信原则会招来相应的惩罚,不可抗辩条款是对弃权与禁止反言的运用。

● 近因是指在风险和损失之间导致损失的最直接、最有效、起决定作用的原因,而不是时间上或空间上最接近的原因。如果近因属于被保风险,保险人承担赔偿责任;但是如果近因属于除外风险或未保风险，则保险人不承担赔偿责任。

● 认定近因的关键是确定风险因素与损失之间的关系，可以判断最初事件与最终损失之间是否具有逻辑关系。

● 补偿性原则是保险合同最重要的原则。当保险标的发生保险责任范围内的损失时，保险赔偿只能使被保险人恢复到受灾前的经济原状，被保险人不能因损失而获得额外收益。

● 损失补偿应该以实际损失为限，以保险金额为限，以保险利益为限。

● 定值保险、重置价值保险和人身保险不适用于补偿性原则。

● 代位求偿原则是指在损失补偿型保险中，保险标的发生保险事故造成推定全损或者保险标的由于第三者责任导致的损失，保险人按照合同的约定履行赔偿责任后，依法取得对保险标的的所有权或对保险标的的损失负有责任的第三者的求偿权。包括权利代位和物上代位两种形式。

● 物上代位是指保险标的遭受保险责任范围内的损失，保险人按保险金额全数赔付后，依法取得该项标的的所有权。物上代位通常产生于对保险标的作推定全损的处理。保险人是通过委付而获得物上代位权的。

● 权利代位即求偿权的代位，是指在财产保险中，保险标的由于第三者责任导致保险损失，保险人向被保险人支付保险赔款后，依法取得对第三者的索赔权。保险人获得代位求偿权时必须具备三个前提条件。

● 重复保险的分摊原则是指重复保险的各保险人应该分摊被保险人的损失。重复保险的分摊赔偿方式主要有比例责任分摊、责任限额分摊和顺序责任分摊三种方式。我国《保险法》确定采用比例分摊方式。

第八章　财产保险

财产保险[①]是以有形财产、经济收益和损害赔偿为保险标的的保险，因标的的特殊性而与人身保险截然不同。财产保险通常为自然灾害和意外事故提供保障，承保因其发生而导致的直接损失与各种费用，间接损失因具有难以估定的特性，而较少对其提供保障。在财产保险中，有许多特殊的专业术语和技术处理。根据保险标的的不同，财产保险又分为财产保险、经济收益保险和责任保险三大类。

第一节　财产保险的定义

一、财产保险的定义

《保险法》第二条给出了保险的明确定义："本法所称保险，是指投保人根据合同约定，向保险人支付保险费，保险人对于合同约定的可能发生的事故因其发生所造成的财产损失承担赔偿保险金责任，或者当被保险人死亡、伤残、疾病或者达到合同约定的年龄、期限等条件时承担给付保险金责任的商业保险行为。"在这个定义中，"或者"之前实际上就是对于财产保险的叙述。《保险法》第十二条又继续补充："财产保险是以财产及其有关利益为保险标的的保险。"所以结合《保险法》这两个条款，财产保险的定义如下：财产保险是指投保人根据合同约定，向保险人支付保险费；当被保险财产及其有关利益发生了保险责任范围内的灾害事故而遭受了合同约定的经济损失时，保险人按照合同约定承担赔偿保险金责任的商业保险行为。

从这个定义中可以看到，首先，财产保险的保险标的是财产及其有关利益；其次，保障对象仅限于被保险标的，而非被保险人的所有财产；第三，保障风险仅限于保险责任范围内的灾害事故，而非任何灾害事故；第四，保障的损失仅限于合同约定的经济损失，而非所有经济损失；第五，保险赔偿也要按合同约定进行计算。所以，在学习财产

---

① 详细学习有关财产保险学的内容，可以参照《财产保险学》，粟芳，上海财经大学出版社 2019 年版。

保险时，了解各种保险产品的保险标的范围、保障范围内的风险、保障范围内的损失以及保险赔偿的计算方法就尤其重要。

"财产保险"这个词语是近现代随着保险发展而产生的。财产保险最初可以分称为"水险"和"火险"，后来统一称为财产保险。实际上，这是指广义的财产保险，泛指一切以财产及其相关利益为保险标的的保险，广义的财产保险又称为非寿险（Non-life Insurance）。广义的财产保险的保险标的除了包括一切动产、不动产、固定的或流动的财产以及处于生产中的有形财产之外，还包括运费、预期利润、信用以及责任等无形财产。《保险法》第九十五条规定："财产保险业务包括财产损失保险、责任保险、信用保险、保证保险等保险业务。"财产保险的范围很广泛，可以说除了人身保险以外的各种保险均可归为财产保险。狭义的财产保险（Property Insurance）仅是指保险标的为有形财产的保险，也就是具体的一类财产保险产品而已。通常当提及财产保险行业时，应从广义的财产保险角度来理解；而当提及某一类财产保险产品时，则应从狭义的财产保险来理解。

二、财产保险的特征

财产保险是保险业中一个重要的组成部分。财产保险首先是保险，要遵守《保险法》的各项规定、保险的基本原则、保险合同的各项约定以及符合保险精算模型要求；但其又具有诸多特征，具体如下。

（1）财产保险的保险标的是财产及其有关利益，包括有形财产、经济收益和损害赔偿。

（2）财产保险的保险标的必须是可以用货币衡量价值的财产或利益。在财产保险的赔偿计算中，财产或利益的实际价值是计算赔偿额的依据，是可能获得保险保障的最高经济限额。因此，财产或利益的实际价值必须能够用货币进行衡量。即使是无法用货币衡量价值的财产或利益，也必须转化为能用货币衡量价值后，才可以作为财产保险的保险标的。

（3）财产保险的业务活动具有法律约束力。财产保险合同也是一种典型的经济合同，财产保险关系的存在与成立是由具有法律约束力的财产保险合同确认的，财产保险合同明确了保险标的的合法归属、价值构成和保障的基本范围。保险人和投保人或被保险人双方订立保险合同的过程以及所承担的权利和义务都受到财产保险合同的约束。

（4）财产保险的保障功能表现为经济补偿。财产保险的补偿功能表现为被保险人的财产或利益在遭受保险责任范围内的损失后，保险人通过保险补偿使被保险人恢复到损失前的状态，不允许被保险人从保险补偿中获得额外利益。

(5)财产保险合同是属人的合同，这是财产保险合同的特征。财产保险合同是投保人和保险人之间的合同。严谨地说，财产保险合同所承保的并不是财产，而是投保方的损失。所以投保人必须得到保险公司认可，符合有关品质、道德和信用的承保标准；未经保险人同意，不能把财产保险合同转让给其他人。倘若因财产出售而使财产所有权发生了转移，除货物运输保险之外，保险合同不能随财产的转移而自动转移，而必须经保险人同意之后才能转让。这是由于新的财产所有人具有与原财产所有人完全不同的风险，可能不符合承保标准，故需经核保通过后才可以转让。

第二节　财产保险的对象

一、财产保险的保险标的

从财产保险的定义中可以看到，财产保险的保险标的包括有形财产（Tangible Property）、经济收益（Economic Benefit）和损害赔偿（Compensation for Damages）三大类。不同的保险标的具有不同的特征，保险公司为其设计了专门的保险产品。

有形财产是指以具体物质形态存在的财产，是能看得见、摸得着的财产。财产保险正是基于为有形财产提供保障才产生的。从保险的角度分类，通常可以把有形财产分为：建筑物，建筑物中的内部财产，货币和有价证券，机动车辆和拖车，运输过程中的财产，船只及其他运输工具，锅炉和设备等机器，修建中的工程等。

经济收益是指基于有形财产而在未来所产生的利益。比如基于抵押财产而产生的信用，基于有形财产在未来可能产生的利润等。

损害赔偿是指由于当事人未按时按质地履行合同，或未承担法律所规定的责任，或因自己的过错而侵犯了他人的权益时，依法应承担的经济赔偿责任。比如驾驶机动车辆时因不小心而撞伤了行人，没有按时交货而承担违约赔偿责任等。

二、财产保险保障的风险

财产通常面临着因自然灾害（Natural Disaster）和意外事故（Accident）而导致损失的风险，因此，绝大多数财产保险所保障的风险都包括自然灾害和意外事故，除此之外还包括由于损害赔偿而导致的责任风险（Liability Risk）。

自然灾害是指给人类生存带来危害或损害人类生活环境的自然现象，包括但并不仅限于干旱、高温、低温、寒潮、洪涝、积涝、山洪、台风、龙卷风、火焰龙卷风、冰雹、风雹、霜冻、暴雨、暴雪、冻雨、酸雨、大雾、大风、结冰、霾、雾霾、浮尘、扬沙、沙尘暴、雷电、雷暴、球状闪电等气象灾害。当然，保险产品对所有的自然灾害并非都提供保障。

意外事故是指行为人的行为在客观上造成了一定的损害结果，但这并非出于行为人的故意，而是由于过失、不能抗拒或不能预见的原因而引起的。意外事故是人在为实现某种意图而进行的活动过程中，突然发生的、违反人的意志的、迫使活动暂时或永久停止的事件，比如车祸、空难、爆炸、原油泄露等。意外事故是一种动态的事件，它开始于风险因素的激化，是一系列事件按一定的逻辑顺序发展而导致的最终结果。

责任风险是指因个人或团体的疏忽或过失行为，造成他人的财产损失或人身伤亡，根据法律、合同而应承担法律责任或合同责任的风险。随着法制不断健全，责任风险显得愈发重要。

当然，在不同的险种中，其保障的自然灾害的范围不同，并且对意外事故的界定也不同。

三、财产保险保障的损失和费用

财产保险所保障的损失仅限于财产的经济损失，从不包括与人的身体或生命有关的损失，也不包括所谓的精神损失等。一般而言，财产保险所保障的损失包括以下三种：

1. 直接损失

财产的直接损失(Direct Loss)是指实际上造成的财物减少、灭失或损毁，以及因此增加的支出。例如汽车因碰撞而发生的修理费用，房屋因发生火灾而需重建的费用等。所有的财产保险都保障直接损失。直接损失又可以分为全部损失和部分损失。

(1)全部损失

全部损失(Total Loss)是指保险标的遭受了全部的损失，又可分为实际全损、推定全损、协议全损及部分全损。实际全损(Actual Total Loss)又称为绝对全损，是指保险标的发生保险事故后灭失，或受到严重损坏而完全失去原有形体、效用，或者不能再归被保险人所拥有，即被保险人不可恢复地丧失标的所有权。包括以下几种情况：保险标的已完全灭失，如房屋被大火全部烧毁；或者保险标的的属性已毁灭，丧失了原有的用途和价值；或者被保险人已不能恢复地丧失了对该标的的所有权，如车辆被盗窃了；或者是船舶失踪达到一定时期仍无音讯。被保险人如果遭遇实际全损，即可向保险人申请按保险金额全部赔付。

推定全损(Constructive Total Loss，Technical Total Loss)是指保险标的发生保险事故后虽尚未达到全部灭失状态，但完全灭失将是不可避免的，或修复该标的或运送货物到原定目的地所耗费用将达到或超过其实际价值。如果发生了推定全损，被保险人可以要求保险人按照部分损失赔偿，也可以向保险人申请并协商按照全部损失进行赔偿。此时，倘若保险人按照全部损失进行了赔偿，则会要求被保险人办理委付(Abandon)，即物上代位。即被保险人在获悉可靠的受损情况后，在适当的期限内向保险人发出口头或书面的委付申请书，声明愿意将保险标的残值的全部权利转让给保险人，并要求保险人按照全部损失赔偿。保险人同意接受委付申请时才有效。

协议全损(Compromised Total Loss, Arranged Total Loss)是指在某些情况下，保险标的所发生的损失既非实际全损，又没有达到推定全损的要求，但基于赔偿的便利或维持保险人与被保险人良好的业务关系等因素的考虑，保险人与被保险人双方一致同意以全部损失进行赔偿，此时称为协议全损。则保险人应被保险人的申请，在被保险人办理委付之后，保险人按全部损失进行赔偿。协议全损的处理有利于对保险合同规定的理解，有利于保险业务的开展，有利于提高赔偿的效率，有利于提高保险公司的服务水平和行业形象。

部分全损(Total Loss of Part, Partial Total Loss)是指保险标的的一个独立的、非常容易划分的部分财产发生了全部灭失。例如，某个工厂有三台机器，由于失火而焚毁了一台机器，从全部机器来看就构成了部分全损。在海上保险中，有时也会把货物尽可能地分割为各个部分，且每个部分有独立的分项保额。当其中某一个部分的货物发生了全损时，就按照实际损失在该部分分项保额中进行赔偿。这样有利于加快赔款的处理速度。

(2)部分损失

部分损失(Partial loss)是指保险标的没有达到全部损失程度的情况。实际上，凡不构成全部损失的情况均属于部分损失。在一般的财产保险中，部分损失不存在不同的状态。而在海上保险中，部分损失按其性质可以分为单独海损和共同海损两种。

单独海损(Particular Average)即保险标的因所保风险引起的不能列入共同海损的一种部分损失。单独海损是由属于保险责任范围内的风险所引起的，并且是属于船方、货方或其他利益方单方面遭受的损失，由各自单方面承担，并由各自的保险公司根据各自的保单条款而赔偿。比如船舶搁浅而导致的船底受损、货物被盗窃或被雨淋等损失。

共同海损(General Average)是指在同一海上航程中，当船舶、货物和其他财产遭遇了共同危险时，为了大家共同的安全，而主动采取合理的施救措施所直接造成的特殊牺牲以及所支付的特殊费用。这些合理的施救措施被称为共同海损行为(General Average Act)，包括共同海损牺牲(General Average Sacrifice)和共同海损费用(General Average Expenditure)，常与人为的主观因素有关，是人为的、故意的损失。依照海商法的规定，共同海损应与所有受益方一起承担比例分摊责任，这种分摊称为共同海损分摊(Contribution to General Average)。

2. 间接损失

间接损失(Indirect Loss)与直接损失相对应,是由于财产发生了直接损失而引起的各种后续损失,是未来发生的财产利益损失。例如某一家庭的房屋被火灾烧毁,或由于其他原因致使房屋倒塌而不能居住,在修复或重建之前必须租房居住,因此需要支付额外的租金。而如果出租给他人的房屋受损,出租的租金收入就可能丧失。间接损失一般具有下述三个特征:其一,其是一种未来的可得利益,并非一种现实的利益;其二,所丧失的未来利益是具有实际意义的,而不是抽象或假设的;其三,该可得利益必须是一定范围的,即由于损害财物的直接损失所波及的范围,超出这个范围的损失则不能被认为是间接损失。与直接损失相较而言,间接损失大多难以估定,故绝大多数的财产保险均不保障间接损失,只在某些特殊的财产保险中才专门承保间接损失,比如营业中断保险。

3. 费用支出

在财产发生损失的过程中可能还会产生一些费用。例如,抢救火灾中受损物资而发生的灭火费用等。财产保险中所涉及的费用包括施救费用、救助费用、特别费用和额外费用。

施救费用(Sue and Labour Charges)是指被保险人或其代理人、受雇人或受让人在保险标的遭受任何保险事故时,负有采取一切合理措施避免或减轻损失到最低限度的责任,从而进行各种施救工作并支出费用。当保险标的受损时,即使经被保险人竭力施救,产生了费用但并未奏效,保险标的仍然发生了全损。这时保险人通常对施救费用仍会予以负责。

救助费用(Salvage Charges)是指保险标的发生损失时,自愿救助的第三者在救助过程中直接发生的合理费用,以及实际使用救助设备、投入救助人员的合理费用。特别在海上保险中会经常遇到。确定救助费用时,应考虑救助人提供救助行为的及时性,用于救助的各种设备的可用性、使用情况以及救助设备的备用状况、效能和价值。

额外费用(Extra Charges)是指为了证明损失索赔的成立而支付的费用,如检验费用、查勘费用、鉴定费用、理算费用等。一般只有在索赔成立时,保险人才对这些与索赔有关的费用负赔偿责任。只要是根据保险人的要求而进行的检验所产生的费用,保险人均予以负责。

特别费用(Special Charges)是指运输工具在海上遭遇海难后,在中途港或避难港靠岸、卸货、存包、重装及续运货物所产生的费用。这是在损失发生后,为减少或避免损失的进一步扩大而引起的费用。特别费用将与其他费用合并计算,并以不超过保险金额为限。

四、财产保险的分类

财产保险的不同险种是基于特定的保险标的。因此，财产保险的分类也就是基于不同保险标的的分类。

（一）有形财产保险

财产保险的标的主要是有形财产及其有关的经济利益，所涉及的险种最多，是财产保险行业的主要领域。根据保险标的所面临风险的不同特征，可进一步分类。

（1）静止的财产。静止的财产一直处于静止状态或相对静止的状态，比如建筑物、机器、厂房、家具等。静止的财产所面临的风险称为静止状态的风险，一般包括各种自然灾害，火灾、爆炸、空中坠物等意外事故，以及人为导致的盗窃、抢劫等静止状态的风险，主要险种包括火灾保险、企业财产保险、家庭财产保险、盗窃保险等。

（2）运动中的财产。运动中的财产时而处于静止状态，时而处于运动状态。比如各种运输工具、运输中的货物等。其所面临的风险不但包括静止状态的风险，还包括运动状态的风险。即不但包括各种自然灾害，火灾、爆炸、空中坠物、盗窃等静止状态中的意外事故，还包括碰撞等运动中所发生的意外事故。主要的险种包括机动车辆保险、船舶保险、飞机保险、海洋运输保险、内陆运输保险。

（3）增值中的财产。增值中的财产时而处于静止或相对静止的状态，时而处于运动的状态；更重要的是其价值在不断地增加，比如各种修建之中的工程、农业保险等。其所面临的风险不但包括静止状态的风险和运动状态的风险，还包括在增值过程中可能发生的各种人为的风险和意外事故，即操作的风险。主要的险种包括建筑和安装工程保险、农业保险。

（二）经济收益保险

这类保险的标的不仅包括因有形财产而产生的经济收益，也包括因合同行为而产生的纯经济收益。

（1）信用保险。其保险标的是因经济合同行为而产生的纯经济收益。信用保险通常由经济合同中的权利人购买，保障因义务人不如期履行合同义务而导致权利人所遭受的损失，保险的风险是义务人的信用风险。信用保险的主要保险产品包括一般商业信用保险、出口信用保险、投资保险。

（2）保证保险。其保险标的也是因经济合同行为而产生的纯经济收益。保证保险是由义务人购买的。保险人承诺，倘若义务人不如期履行义务而导致权利人遭受损失，由保险人负责赔偿，也是保障义务人的信用风险。保险人赔偿权利人之后有权利向义务人进行追偿。实际上义务人是通过购买保证保险提高了自身的信用，主要保险产品包括确实保证保险、忠诚保证保险。

(3)因有形财产而滋生的收益。其保险标的是因有形财产发生直接损失而导致的各种间接的经济收益，比如营业中断保险。

(三)责任保险

责任保险是随着法律的完善而发展起来的一个新险种。保险标的是法律上所规定的责任。责任保险种类很多，与生产经营的过程、产品、职业行为、个人行为有关；大致可分为以下几种：公众责任保险、职业责任保险、产品责任保险、雇主责任保险和个人责任保险。当然，还有一些与其所依附的财产一起承保的责任保险，比如机动车辆第三者责任保险、船舶保险中的碰撞责任险、飞机保险中的责任险、建筑工程及安装工程中的责任险等。

案例 8-1　　2017 年各财产保险产品的市场份额

财产保险市场上，机动车辆保险一险独大的现象非常严重。2017 年机动车辆保险的保费收入占整个保险市场的 71%。其他险种虽然种类繁多，但占比都比较小。各家财产保险公司也都在机动车辆保险上激烈竞争。

除车险产品以外的所有财产保险产品的市场份额如下图所示。

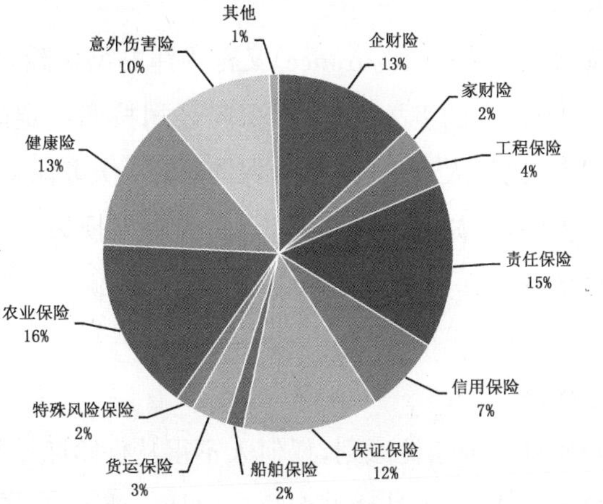

近年来，车险份额有所下降，但下降幅度不明显。

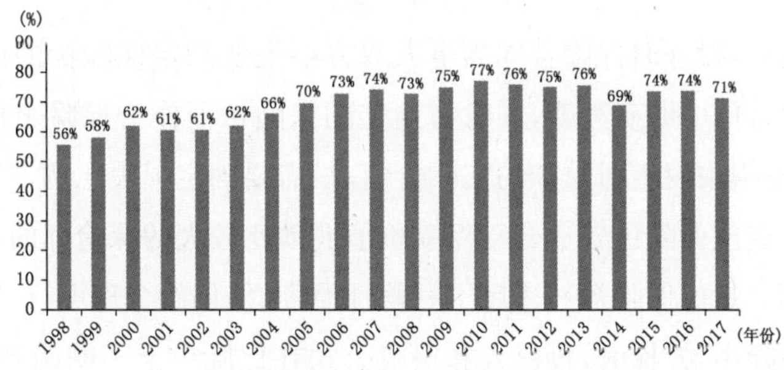

第三节　财产保险的技术处理

一、财产保险的损失补偿方式

保险的损失补偿方式有多种，都是根据保险标的的不同特征而设计的。迄今为止，保险公司创新设计的损失补偿方式如图 8－1 所示。

	损失补偿方式	代表性险种
定额给付型保险（津贴型）	定额保险	人寿保险、住院津贴保险
损失补偿型保险（报销型）	定值保险	货运险、文物保险
	不定值保险（重复价值保险）	企业财产保险（机器损坏保险）
	第一损失保险	责任保险、新型保险等

图 8－1　保险损失补偿方式

（一）定额给付型保险

定额给付型保险（Fixed-sum Insurance）又称为津贴型保险，指投保时投保人与保险公司约定保险金额，当约定的事故发生时，保险公司按照约定的保险金额给付。定额保险常用于人身保险，比如人寿保险、年金保险、意外伤害保险。除此之外，健康保险中也有定额给付型保险，比如重大疾病保险、失能收入损失保险、长期护理保险，以及采用津贴方式给付的住院医疗费用保险等。当然，定额给付型保险不遵守补偿性原则。

（二）损失补偿型保险

损失补偿型保险要遵守补偿性原则，任何人不得从保险赔偿中获利。财产保险均采用损失补偿型保险的方式，损失补偿型保险又包括定值保险、不定值保险、第一损失保险。

在定值保险中，投保时保险合同当事人双方事先要约定保险标的的价值（即保险价值），并在保险合同中明确列明，同时将约定的保险价值作为保险金额；当损失发生时，保险人不考虑损失发生时财产的实际价值，只需要确定损失比例，即受损财产与全部财产的比例。定值保险比较适合于保险价值波动比较大的保险标的，比如货物运输保险中的货物等。定值保险虽然违反了补偿性原则，但仍然合理可行。

在不定值保险中，投保时，投保人和保险公司在保险单上不明确列明保险标的的保险价值，只列明保险金额；在损失发生时再确定保险标的的保险价值，并将保险金额与保险价值进行比较，并根据足额保险（Full Insurance）、不足额保险（Under Insurance）和超额保险（Over Insurance）分别处理。不定值保险适用于市场价值变化不大的财产，如企业财产保险等。在不定值保险中确定保险标的的保险金额和保险价值时，倘若采用重置价值（Replacement Value），则称为重置价值保险（Replacement Value Insurance）。

第一损失保险又称第一危险保险，即投保人按照一次事故所能造成的最大损失金额来确定保险金额，而不要求保险金额必须等于保险价值；发生保险事故时，保险人按保险金额和损失金额的较小者进行赔偿。

二、免赔额

免赔额（Deductible）是财产保险中普遍使用的保险条款。除了财产保险之外，免赔额条款在健康保险中也得到广泛使用，但在其他人身保险中通常不使用免赔额。免赔额条款规定，在保险人根据保险的条件作出赔付之前，被保险人先要自己承担一部分损失。

（一）免赔额的作用

免赔额条款并非是保险公司强加于投保人或被保险人的，在某些情况下也可以是投保方主动选择和要求的。那么，财产保险中为什么要采用免赔额条款呢？从保险公司的角度和投保方的角度而言都存在不同的原因。

（1）消除小额索赔，降低经营成本。从事故的发生概率来讲，小额索赔的损失发生概率比较高，经常容易发生。但是在保险公司的理赔过程中，由于固定费用的存在，小额索赔的平均理赔费用相对而言较大。倘若保险人把时间和成本都花在处理小额索赔的案件上，不但浪费了大量的费用，相对而言意义也不大。在设置了免赔额之后，倘若损失金额低于免赔额，则被保险人不会提出索赔，从而能消除许多小额索赔，降低保险公司的理赔费用等成本。

（2）降低道德风险，提高投保人与被保险人的防灾防损意识。免赔额的设计相当于保险人与投保方共同承担风险。每发生一次事故，投保方自己也都需要承担部分损失。因此如同将投保方和保险人的利益共栖，这势必使投保方也非常注意财产的保护和防损工作，不会因购买了保险而高枕无忧，或忽视对财产的看护。因此，免赔额条款的设计在一定程度上可以防范投保方的道德风险。

（3）减少保险费。这是从投保方角度进行的分析。在有免赔额条款的保险合同中，发生损失时投保方自己要承担免赔额部分的损失，保险公司的赔款降低一些。根据补偿性原则，假设其他条件完全相同的情况下，有免赔额的保险就应该便宜一些，应提供部分保费的优惠。因此，在其他条件完全相同的情况下，免赔额越大，保险费也就越便宜。另外，从风险管理的角度而言，保险并不是补偿小额损失的恰当方法。对于损失程度比较小的事故，应采用风险自留的方式。所以，也可以把免赔额部分看作投保方风险自留的部分。投保方可以主动地选取有免赔额的保险，从而通过部分风险自留获得低廉的保费，降低保险费用。

而由于人的身体或生命是无价的，人权高于物权。通常假设正常情况下，人不会为了钱财而故意伤害自己的身体或生命。因此，在人寿保险、意外伤害保险、年金保险、给付性的健康保险中均不会采用免赔额条款，但在补偿性的健康保险中会采用免赔额条款，防范道德风险，剔除小额索赔等。

（二）免赔额的种类

在保险实务中，保险公司设计了多种有关免赔额的具体规则，虽然细节不同，但目的都是相同的，都是为了防范道德风险，剔除小额索赔。

（1）绝对免赔额（Straight Deductible）。绝对免赔额是指无论在何种情况下投保方都应该承担的免赔额。当损失金额低于绝对免赔额时，保险公司不赔；当损失金额高于绝对免赔额时，保险公司扣除免赔额部分后进行赔偿。绝对免赔额一般用于一次事故。

例如，绝对免赔额为 500 元，被保险人连续发生了 3 次事故，损失金额分别为 100 元、500 元、1 000 元时，保险公司赔偿的金额依次是 0 元、0 元、500 元。而被保险人自己承担的免赔额则依次为 100 元、500 元和 500 元。

（2）总计的免赔额（Aggregate Deductible）。总计的免赔额是保险期限内所有属于保险责任范围的损失加计在一起，当损失金额之和低于总计的免赔额时，保险人不作任何赔付；但全部损失金额之和超过了总计的免赔额时，保险人仅对超额部分的损失予以赔付。实际上，总计的免赔额也是绝对免赔额，只不过是基于保险期限计算，而非一次事故而已。

例如，总计的免赔额为 500 元，因此当被保险人连续发生了 3 次事故，损失金额分别为 100 元、500 元、1 000 元时，则合计损失金额为 1 600 元，保险公司仅赔付 1 100 元，而被保险人承担 500 元。

（3）相对免赔额（Franchise Deductible）。相对免赔额中的免赔额部分并非始终需要投保方承担。倘若损失低于相对免赔额时，保险公司不承担任何赔偿责任；但当损失高于相对免赔额时，保险公司将赔偿全部损失。相对免赔额也是基于一次事故来计算的。

例如，相对免赔额为 500 元，因此当被保险人依次发生了 3 次事故，损失金额分别为 100 元、500 元、1 000 元时，保险公司的赔偿金额依次为 0 元、0 元、1 000 元，被保险人自己承担的金额为 100 元、500 元和 0 元。由于相对免赔额中当损失金额接近免赔额时，赔款金额有较大变化，因此可能会存在虚夸损失金额等道德风险。

(4)消失的免赔额(Disappearing Deductible)。消失的免赔额中，保险公司承诺，当损失金额超过免赔额之后，保险公司对于超出部分按大于100%的一个特定比例进行赔偿，直至全部损失金额均由保险公司承担时，免赔额条款失效。

例如，假定500元为消失的免赔额的起点，保险公司承诺当索赔金额超过500元时，保险人对超额部分以111%的比例进行赔偿，则当被保险人连续发生多次事故时，保险公司的赔偿金额、被保险人自己承担的实际免赔额如表8-1所示。

表8-1　　消失的免赔额计算过程

	损失金额	赔偿金额	处理原因	实际免赔额
第一次事故	500	0	低于免赔额500	500
第二次事故	1 500	1 110	(1 500－500)×111%＝1 110	390
第三次事故	5 000	5 000	(5 000－500)×111%＝4 995	5
第四次事故	5 050	5 050	(5 050－500)×111%＝5 050	0
第五次事故	6 000	6 000	免赔额已经消失	0

从表8-1中可以看到，倘若损失金额为5050元，被保险人实际承担的免赔额就全部消失了，所以才被称为“消失的免赔额”。实际上，消失的免赔额还是秉承了免赔额的一贯宗旨，不赔付小额损失，对大额损失全部赔偿。消失的免赔额也适用于一次事故。

(三)免赔额的形式

另外，免赔额的形式也多种多样。财产保险中，大多直接采用金额的形式。比如上文中所举的各个例子中均是直接采用金额的形式。但除此之外，也有采用百分比的形式。倘若采用百分比的形式，此时也称为免赔率，并且都是绝对的。比如免赔率为30%，则意味着每一次保险事故发生后，被保险人自己都要承担30%，而保险公司只赔偿损失的70%。

天数也是常用的免赔方式，多用于损失金额与时间长短有关的保险之中。比如营业中断保险、住院医疗费用保险等。以住院医疗费用保险为例，假设保单规定的免赔天数为7天，则当被保险人的住院天数低于等于7天时，保险公司不承担任何赔偿责任；只有当被保险人的住院天数超过7天时，保险公司才承担赔偿责任。实务中，均有可能按绝对免赔额或相对免赔额的方式进行处理。

上述所介绍的这些不同种类的免赔额及不同形式的免赔额通常也会混合使用，即在同一张保单中有多种形式的免赔额。比如，在同一张保单中，不但有基于每次事故的相对免赔额，还有基于保险期限的累计的免赔额，同时还有免赔率的存在等。保险公司可以将各种不同的免赔方式充分混搭使用，从各个不同的角度来控制风险。但总而言之，保险公司设计免赔额的目的都是一样的，都是为了剔除小额索赔，防止道德风险。

（四）免赔额的运用

免赔额虽然是保险公司在设计保险产品时确定的，但是从投保人的角度来看，倘若投保人在投保时主动地选择免赔额，则可以将免赔额部分看作投保人风险自留的部分。有时，由于足额投保的保费比较昂贵，则投保人可以选择有免赔额的保险，甚至免赔额较高的保险，从而获得较低的保费水平，降低自己的保费负担，即主动的风险自留。

或者当投保人已经有了一个保险但又觉得保障不充分而想增加保障时，则可以在第一个保单的基础上再增加一个保单，新保单的免赔额则为第一张保单的保险金额，由此将两个保险分段承担不同的风险。比如，投保人已经有了一个医疗费用保险，保险金额为 5 万元。但由于通货膨胀，投保人觉得保险金额不足而想提高保障，则可以再购买一个保险，比如保险金额为 200 万元，但免赔额为 5 万元。此时，0～5 万元的损失由第一张保单赔偿；5 万～200 万元的损失则由第二张保单赔偿。这样就像自己构造了一个分层保险。

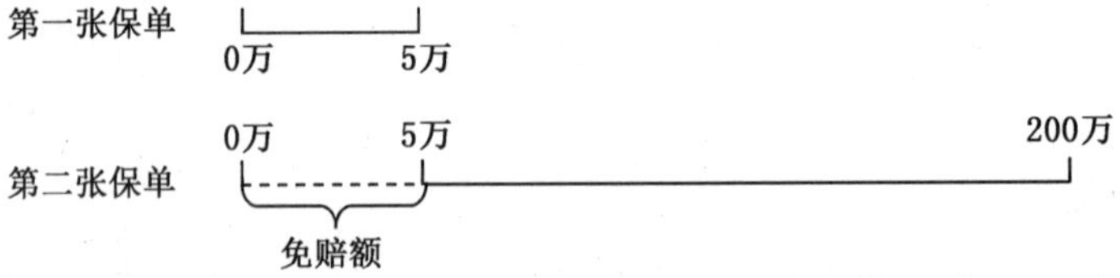

图 8-2　免赔额的运用

三、无赔款优待

无赔款优待（No Claims Discount，NCD）也称为无索赔折扣，倘若被保险人在上一个保险期限内没有提出任何索赔申请，则在来年续保时可以享受一定的保费折扣。机动车辆保险中经常会设置无赔款优待。无赔款优待制度最早始于 20 世纪 50 年代中期的欧洲，后来逐渐被世界上大多数国家所接受，各国在保险实践中逐步形成了符合自身国情的折扣等级和转移规则。在中国，NCD 最早在 1980 年 12 月于中国人民保险公司的汽车保险条款中出现，最初的名字并不是无赔款优待，而是“无赔款安全奖励”。其后曾经多次更名，比如“无索赔优待折扣”“无赔款安全优待”等。1988 年 11 月人保公司第四次修改机动车辆保险条款时，才确定采用“无赔款优待”一词。

显然，无赔款优待制度的目的是以未来的保费折扣为诱导，鼓励被保险人控制风险、降低保险事故发生的概率，进而降低索赔的概率，从而控制被保险人的道德风险。除此之外，无赔款优待制度与免赔额制度有异曲同工之妙。因为当某次事故的赔款金额较低，低于来年可能得到的保费折扣时，从经济的角度思考，被保险人此时应当选择自己承担损失，而不要向保险公司提出索赔。所以，无赔款优待制度也可以起到消除小额索赔、降低经营成本的作用，以及提高被保险人的防灾防损意识的作用。NCD这一制度设计不仅可以应用于机动车辆保险，而且还可以应用于个人风险和与个人风险状况相关的短期性财产保险。

案例8－2　　交强险中的无赔款优待

<table>
<tr><th colspan="3">浮动因素</th><th>浮动比率</th></tr>
<tr><td rowspan="6">与道路交通事故相联系的浮动A</td><td>A1</td><td>上一个年度未发生有责任道路交通事故</td><td>−10%</td></tr>
<tr><td>A2</td><td>上两个年度未发生有责任道路交通事故</td><td>−20%</td></tr>
<tr><td>A3</td><td>上三个及以上年度未发生有责任道路交通事故</td><td>−30%</td></tr>
<tr><td>A4</td><td>上一个年度发生一次有责任不涉及死亡的道路交通事故</td><td>0%</td></tr>
<tr><td>A5</td><td>上一个年度发生两次及两次以上有责任道路交通事故</td><td>10%</td></tr>
<tr><td>A6</td><td>上一个年度发生有责任道路交通死亡事故</td><td>30%</td></tr>
</table>

四、共同保险条款

在财产保险中，共同保险(Coinsurance Clause)包括两层含义：其一是保险人之间的共同保险；其二是保险人与被保险人之间的共同保险。

1. 保险人之间的共同保险

当保险标的的保险价值比较高，一个保险人完全承保具有一定难度时，可由两个或两个以上保险人联合承保同一笔保险业务，或共同分担同一笔损失，此时就称为共同保险。这一层含义在第三章中已经介绍过了。

2. 保险人与被保险人之间的共同保险

共同保险条款规定，在损失发生的时候，财产保险金额必须大于等于被保险财产实际现金价值的一个规定比例。倘若达到了这个比例，则可以视为足额投保，进行全额赔偿；倘若在损失发生时没有遵守共同保险条款的这项比例，则被保险人要作为一个共同保险人与保险公司共同承担损失，此时保险公司的赔偿金额为：

赔偿金额＝损失金额× 保险金额/规定的保险金额

或 赔偿金额＝损失金额× 实际投保比例/规定的投保比例

例如，假定一栋建筑物在损失发生时的实际现金价值为50万元，但保险金额只有30万元。保险单中有共同保险条款规定的投保比例是80％，即规定保险金额必须大于等于40万元。假定发生的保险事故导致损失金额为1万元，则赔偿金额只有7 500元，即：

1万×30万/40万＝7 500(元)

或 1万×(30万/50万)/(80％)＝1万×(60％)/(80％)＝7 500(元)

共同保险的概念非常好理解。实际上就是保险人事先与被保险人约定了一个最低的投保比例(比如80％)，倘若被保险人的投保比例大于约定的投保比例，保险人则按足额投保赔偿；倘若实际投保比例低于约定的投保比例，保险人则按实际投保比例与约定投保比例之间的比值进行比例赔偿。

五、财产保险的赔偿处理方式

财产保险中的赔偿方式一般包括以下几种：

(一)货币赔偿

货币赔偿即保险人以现金的方式直接支付保险金，当然，需要根据保险条款中规定的损失补偿方式具体计算保险赔偿金。在计算保险赔偿金时，对特殊情况需要进行特殊处理。比如，对于成对或成套物品的赔偿处理，简单地按照比例计算可能就不太妥当了。比如，某建筑物门外挂的一对灯笼在火灾中烧毁了一个，此时倘若按照一个灯笼的价格(即一对灯笼价值的50％)来赔偿则不妥。因为另一个灯笼无法单独使用，配对又很难找，通常只能舍弃，另外买一对全新的。这种情况下，赔偿一对灯笼价值的70％或80％则更为合理。

(二)实物赔偿

实物赔偿即保险人以实物替换受损标的物。通常该实物应该具有与保险标的出险前同等的类型、结构、状态和性能。实物赔偿时通常要考虑折旧，即以旧换旧；倘若以新换旧，或功能有所增加、性能有所改善，则可能会因为被保险人有机会从中获利而引发道德风险，故需严格注意遵守补偿性原则。但特殊情况下也有例外。比如，保险标的物过于老旧，早已停产，根本找不到同型号的标的物，以旧换旧根本不可行；甚至因零配件也停产而导致连修理也不可行；另外，由于科技进步，尽管保险标的物原来的价格高昂，但当下的价值已经很低，倘若用实际价值考虑折旧进行货币赔偿，则赔偿金额微乎其微，被保险人可能难以接受……此时可以考虑用具有与保险标的物出险前完全相同功能的实物进行替换，称为功能重置。比如，某办公室一台打印机在大火中被烧毁，打印机型号很老了，无法修理。原先购买时价值不菲，但现在技术成熟，打印机非常便宜了。故考虑到其原来只具有黑白打印的功能，现赔偿一台黑白打印机即可。

（三）实际修复

实际修复即保险公司自行修理保险标的物或委托第三方修理受损标的，修理费用由保险人承担。这种情况多用于保险公司自己有维修的渠道，或者与第三方签署有维修长期合作协议的情况。其不但可以节约保险公司的费用，还给客户提供了增值的保险服务。

当然，在上述各种赔偿处理方式中，保险人具有选择具体方式的权利。通常保险人会根据当时的情况、各种不同赔偿方式可能存在的成本费用、保险人自身的便利、被保险人能够接受的情况及社会影响等诸多因素来进行综合的考虑。但无论如何，该权利归保险人所有。

第四节　有形财产保险产品

一、静止财产的保险

（一）企业财产保险

企业财产保险（Business Property Insurance）是我国财产保险的主要险种，是在火灾保险的基础上逐渐发展而来的。企业财产保险以生产经营的企事业单位为保障对象，以存放在固定地点并处于相对静止状态的财产为保险标的物。企业财产保险的典型保险标的物就是建筑物、厂房、机器设备等。因此，企业财产保险保障的风险主要是静止状态的风险，并且采用不定值保险的方式。

1. 基本险

在企业财产保险基本险中，保险人承担由于下列风险所导致保险标的的直接损失：火灾、爆炸、雷击、飞行物体及其他空中运行物体坠落；上述四种风险发生时，为抢救保险标的或防止灾害蔓延，采取必要的、合理的措施而造成保险标的的损失；保险事故发生后，被保险人为防止或减少保险标的的损失所支付的必要的、合理的费用。

财产保险基本险条款只保障上述四种风险及施救与救助的费用，其他风险一律不保。保单条款中也列明了除外责任，可以理解为对典型除外责任的举例说明，比如绝对除外责任等。绝对除外责任在绝大多数财产保险中都是除外的。例如，战争、类似战争行为、敌对行动、军事行动、武装冲突、罢工、骚乱、暴动、政变、谋反、恐怖活动；地震、海啸及其次生灾害；核辐射、核裂变、核聚变、核污染及其他放射性污染；投保人、被保险人及其代表的故意或重大过失行为;行政行为或司法行为。

2. 综合险

企业财产保险综合险的保险责任在基本险的基础上进行了扩展。首先,扩展了自然灾害的范围,除雷击外,还包括暴雨、洪水、暴风、龙卷风、冰雹、台风、飓风、暴雪、冰凌、突发性滑坡、崩塌、泥石流、地面突然下陷下沉。其次,其还扩展了"三停"损失,即被保险人拥有财产所有权的自用的供电、供水、供气设备因保险事故遭受损坏,引起停电、停水、停气以致造成保险标的直接损失。

综合险的除外责任则与基本险几乎完全相同。只是基本险除外责任中的自然灾害在综合险中予以了承保;基本险除外责任中"任何原因导致供电、供水、供气及其他能源供应中断造成的损失和费用"在综合险中以"三停"损失的形式予以了部分承保。

3."一切险"的保险责任与除外责任

企业财产保险"一切险"即采取列举除外责任的概括式来叙述保险责任。"一切险"的保险责任比较概括和简单,包括由于自然灾害或意外事故造成保险标的直接物质损坏或灭失,保险事故发生时和发生后所支付的必要的、合理的施救与救助的费用。

案例 8-3　　企业财产保险名词定义

企业财产保险中的各个名词都有明确的专业定义,部分具有代表性的定义如下:

火灾:在时间或空间上失去控制的燃烧所造成的灾害。必须同时具备三个条件:有燃烧现象,即有热、有光、有火焰;偶然、意外发生的燃烧;燃烧失去控制并有蔓延扩大的趋势。

爆炸:爆炸分物理性爆炸和化学性爆炸。物理性爆炸:由于液体变为蒸汽或气体膨胀,压力急剧增加并大大超过容器所能承受的极限压力,因而发生爆炸。化学性爆炸:物体在瞬息分解或燃烧时放出大量的热和气体,并以很大的压力向四周扩散的现象。

雷击:指由雷电造成的灾害。雷电为积雨云中、云间或云地之间产生的放电现象,包括直接雷击与感应雷击:雷电直接击中保险标的造成损失,属直接雷击责任。雷击产生的静电感应或电磁感应使屋内对地绝缘金属物体产生高电位放出火花引起的火灾,导致电器本身损毁,或因雷电的高电压感应,致使电器部件损毁,属感应雷击责任。

暴雨:指每小时降雨量达 16 毫米以上,或连续 12 小时降雨量达 30 毫米以上,或连续 24 小时降雨量达 50 毫米以上的降雨。

洪水:指山洪暴发、江河泛滥、潮水上岸及倒灌。但规律性的涨潮、自动灭火设施漏水以及在常年水位以下或地下渗水、水管爆裂不属于洪水责任。

暴风:指风力达8级、风速在17.2米/秒以上的自然风。

冰雹:指从强烈对流的积雨云中降落到地面的冰块或冰球,直径大于5毫米,是核心坚硬的固体降水。

台风、飓风:台风指中心附近最大平均风力12级或以上,即风速在32.6米/秒以上的热带气旋;飓风是一种与台风性质相同而出现的位置区域不同的热带气旋,台风出现在西北太平洋海域,而飓风出现在印度洋、大西洋海域。

暴雪:指连续12小时的降雪量大于或等于10毫米的降雪现象。

冰凌:指春季江河解冻期冰块飘浮遇阻,堆积成坝,堵塞江道,造成水位急剧上升,以致江水溢出江道,漫延成灾。陆上有些地区,如山谷风口或酷寒,致使雨雪在物体上结成冰块,成下垂形状,越结越厚,重量增加,由于下垂的拉力致使物体毁坏,也属冰凌责任。

突发性滑坡:斜坡上不稳的岩土体或人为堆积物在重力作用下突然整体向下滑动的现象。

崩塌:石崖、土崖、岩石受自然风化、雨蚀造成崩溃下塌,以及大量积雪在重力作用下从高处突然崩塌滚落。

泥石流:由于雨水、冰雪融化等水源激发的、含有大量泥沙石块的特殊洪流。

地面突然下陷下沉:地壳因为自然变异,地层收缩而发生突然塌陷。对于因海潮、河流、大雨侵蚀或在建筑房屋前没有掌握地层情况,地下有孔穴、矿穴,以致地面突然塌陷,也属地面突然下陷下沉。但未按建筑施工要求导致建筑地基下沉、裂缝、倒塌等不在此列。

飞行物体及其他空中运行物体坠落:指空中飞行器、人造卫星、陨石坠落,吊车、行车在运行时发生的物体坠落,人工开凿或爆炸而致石方、石块、土方飞射、塌落,建筑物倒塌、倒落、倾倒,以及其他空中运行物体坠落。

自然灾害:指雷击、暴雨、洪水、暴风、龙卷风、冰雹、台风、飓风、沙尘暴、暴雪、冰凌、突发性滑坡、崩塌、泥石流、地面突然下陷下沉及其他人力不可抗拒的破坏力强大的自然现象。

意外事故:指不可预料的以及被保险人无法控制并造成物质损失的突发性事件,包括火灾和爆炸。

地震:地壳发生的震动。

海啸:是指由海底地震、火山爆发或水下滑坡、塌陷所激发的海洋巨波。

(二)家庭财产保险

家庭财产保险(Household Property Insurance)以我国城乡居民家庭用于生活的家庭财产为保险对象,也是就保险对象静止状态的风险提供保障。我国保险公司曾经开办过普通型家庭财产综合保险和家庭财产两全保险,并且还推出了一些投资型家庭财产保险和系列附加险。

1. 家庭财产保险基本险

家庭财产保险基本险按保险标的的不同分别设计了不同的产品,包括对于房屋和室内财产的两种保险。其中,房屋是指房屋及其室内附属设备,不包括附属建筑物及装潢等室内财产,而包括固定于房屋内部的供暖、卫生、供水、管道煤气及供电设施等。室内财产包括室内装潢和室内物品。室内装潢是指使用装饰材料对建筑主体结构内部进行的装饰,并且该装饰固定于地面、墙壁、天花板,比如木地板、墙面、灯具等。室内物品包括三类:家用电器和文体娱乐用品;衣物和床上用品;家具及其他生活用具。

家庭财产保险基本险的保险责任也采用列举式进行表述,内容基本上与企业财产保险基本险完全一致,保障火灾、雷击、爆炸、飞行物体及其他空中运行物体坠落,以及事故发生时和事故发生后所采取必要的、合理的措施而造成保险标的的损失及费用。

2. 家庭财产保险两全险

家庭财产两全保险兼有经济补偿和到期还本双重性质,保险公司用被保险人所交保险储金的利息作为保险费收入,在保险期满时将原交保险储金全部如数退还被保险人。

家庭财产两全保险的保险财产、保险责任、赔偿处理与家庭财产保险综合险完全相同。保险价值确定为保险标的出险时的重置价值,所不同的只是保险金额的确定方式,家庭财产两全保险按份数确定保险金额。投保份数最少不得少于一份,最多不能超过家庭财产的保险价值,超过部分无效。

3. 投资型家庭财产保险

投资型家庭财产保险与人寿保险中的投资连接保险相似,投保人所缴纳的保费中的较大比例是储蓄保费。保险产品兼具保障和投资的功能,而且投资的成分很大。保障方面的规定与普通家庭财产保险相似,比如保险标的、保险责任和除外责任的规定等。保险金额则以某种方式与投资账户的现金价值相联系,并且均采用第一损失保险。近年来,随着监管部门提出“保险姓保”的理念,保险产品应当以保障能力为主,部分投资型家庭财产保险的销售受到了限制,投资功能萎缩而进一步突出保障功能。

(三)营业中断保险

1. 营业中断保险的含义

营业中断保险(Business Interruption Insurance)又称为利润损失保险(Loss of Profits Insurance),是依附于经营业务所使用的物质财产相关保险上的,比如营业设备、建筑物、机器等的相关保险。营业中断保险是一种典型的保障间接损失的保险。通常营业中断保险均要求投保人先就这些营业中所需要的物质财产必须购买相应的保险，比如企业财产保险基本险、综合险或一切险等，并且将物质财产损失保险在营业中断保险的保险合同中载明。然后，当物质损失保险合同主险条款所承保的风险造成保险标的遭受损失，导致被保险人营业受到干扰或中断，由此产生的赔偿期间内的毛利润损失，保险人按照保险合同的约定负责赔偿。

营业中断保险中的毛利润是指营业净利润与约定的维持费用之和，或者按下列公式计算：毛利润＝约定的维持费用－营业亏损×约定的维持费用/全部的维持费用。其中，维持费用是指被保险人为维持正常的营业活动而发生的、不随被保险人营业收入的减少而成正比例减少的成本或费用①。约定的维持费用由投保人自行确定，经保险人确认后在保险合同中载明。

2. 赔偿期间的概念

营业中断导致的损失是在一定的时间段内产生的，因此营业中断保险中需要对赔偿期间进行明确的约定。赔偿期间是指自物质保险损失发生之日起，被保险人的营业结果因该物质保险损失而受到影响的期间，但该期间最长不得超过保险合同约定的最大赔偿期。为了确定赔偿金额，被保险人必须与保险公司事先商定一个赔偿期间，即估计企业财产受损后为使生产或营业达到原有水平所需要的时间，通常以月或天数为计算单位，如3个月或更长时期。保险公司只负责赔偿期间内因营业中断造成的毛利润损失及必须支付的维持费用。而超出赔偿期间的毛利润损失和维持费用则不予赔偿。

因此，赔偿期间与保险期限是两个不同概念，保险期限仍是保险责任的期限。造成营业中断的灾害事故必须发生在保险期限内，保险期限结束后发生的灾害事故则不予赔偿；赔偿期间是保险公司负责赔偿利润损失的时间，可以超出保险期限，保险公司对超出赔偿期间的利润损失不予负责。比如，保险期限是2017年1月1日到2017年12月31日，而赔偿期间是1年。如果受灾日期是2017年6月30日，尽管保险期限在2017年12月31日就终止了，但由于赔偿期间是1年，因此，保险公司要赔偿2017年6月30日到2018年6月30日之间的损失。

二、运动财产的保险

（一）机动车辆保险

机动车辆保险（Motor Vehicle Insurance）的保险标的物是指包括汽车、拖拉机、

① 维持费用类似于固定成本。因为当生产停止时，变动成本则随之停止，但固定成本依然在发生。

摩托车及各种专用车、特种车在内的能在公共道路上行驶的车辆，习惯上称为汽车保险(Automobile Insurance)。机动车辆保险是我国财产保险市场上保费收入市场份额最大的一个险种。

1. 机动车交通事故责任强制保险

机动车交通事故责任强制保险(简称“交强险”，Mandatory Traffic Liability Insurance)是由国家强制执行的。这种“强制性”体现为“强买强卖”。“强买”是指所有持有牌照并在公共道路上行驶的机动车辆都必须依法投保；“强卖”则指经营交强险的保险公司不得拒绝承保。

交强险具有非常重要的作用：有利于道路交通事故中的受害人获得及时有效的经济保障和医疗救治；强制性确保了所有机动车都有保险，在交通事故中至少都能够承担部分责任；有利于减轻交通事故肇事方的经济负担，因为交强险具有“不赢不亏”的经营原则；有利于促进道路交通安全，降低道路交通事故的发生概率；因为交强险中通常都设计了“奖优罚劣”的费率制度，从而通过加费的方式促进驾驶人增强安全意识；有利于充分发挥保险的社会保障功能，维护社会稳定等。

交强险的保险责任采用概括方式表述：被保险机动车发生道路交通事故造成受害人人身伤亡或财产损失的，依法应当由被保险人承担的损害赔偿责任，由保险公司在交强险每次事故的责任限额以内予以赔偿。其中需注意的是，受害人即常说的“第三者”是指在机动车发生交通事故中遭受人身伤亡或财产损失的人，但是不包括被保险机动车本车车上人员和被保险人。比如驾驶员、本车上乘客等均不在受害人的范畴内。

从2008年开始，我国实行的交强险责任限额为12.2万元，采用分类限额的方式。其中，死亡伤残赔偿限额11万元，医疗费用赔偿限额1万元，财产损失赔偿限额2 000元。如果被保险人在交通事故中无责任，赔偿限额则分别为死亡伤残赔偿限额1.1万元，医疗费用赔偿限额1 000元，财产损失赔偿限额100元。

交强险的除外责任比较少，绝大多数的情况下都会承担赔偿责任，除了由于下列原因造成的损失或费用，交强险不负责赔偿：因受害人故意造成的交通事故的损失；被保险人所有的财产及被保险机动车上的财产遭受的损失；被保险机动车发生交通事故，致使受害人停业、停驶、停电、停水、停气、停产、通信或网络中断、数据丢失、电压变化等造成的损失以及受害人财产因为市场价格变动造成的贬值、修理后因为价值降低造成的损失等其他各种间接损失；因交通事故产生的仲裁或诉讼费用以及其他相关费用。

除此之外，交强险还规定了垫付与追偿的情形，即在下列这些情况下，保险公司虽然“赔偿”了受害人，但不能称为“赔偿”，只能称作“垫付”，即保险公司帮致害人垫付的赔款，日后需向致害人追偿。这些情况包括：驾驶人未取得驾驶资格；驾驶人醉酒的；被保险机动车被盗抢期间肇事的；被保险人故意制造道路交通事故的。对于交强险的垫付与追偿条款，实际上交强险将致害人不愿、无力或无法赔偿受害人的风险转移给了保险公司，从而保护受害人的利益。而且保险公司在上述情况下，仅垫付与受害人人身伤害有关的医疗费用，并不垫付任何受害人的财产损失。

2. 机动车第三者责任保险（商业性三者险）

机动车第三者责任保险（“商业三者险”，Automobile Liability Insurance）的保险标的是交通事故中机动车一方应当为受害人承担的赔偿责任。保险责任采用概括式，只要在保险期间内，被保险人或其允许的驾驶人在使用被保险机动车过程中发生意外事故，致使第三者遭受人身伤亡或财产直接损毁，依法应当对第三者承担的损害赔偿责任，只要不属于除外责任的范围，保险人都会根据合同约定对于超过交强险各分项赔偿限额以外的部分负责赔偿。而且保险事故发生时，无论被保险机动车未投保交强险，还是交强险已经失效，商业三者险对于交强险赔偿限额以内的损失和费用均不负责赔偿。

商业三者险的除外责任比交强险多，并且规定得都比较详细，有些除外责任在车损险中也同样适用。比如，绝对除外责任；保险车辆不合格的情形；驾驶人员不合格的情形；被保险人违反最大诚信原则；不属于第三者的范畴；保险公司明确规定的除外损失和费用等。

商业三者险中仅规定每次事故的责任限额。这个限额是就一次事故中所有财产损失和人身伤害的赔偿限制，没有设置分项目的赔偿限额。投保人在投保时选择确定即可。通常有 20 万元、50 万元、80 万元、100 万元、100 万元以上，以及不超过 1 000 万元等多种档次。

3. 车辆损失险

车辆损失险（“车损险”，Vehicle Loss Insurance）的保险标的是车辆本身。保险人主要对被保险车辆由于碰撞原因和非碰撞原因引起的损失承担赔偿责任，采用了列举式来叙述保险责任。保障被保险人或其允许的合格驾驶员在使用被保险车辆过程中，由于下列原因造成保险车辆的直接损失：碰撞、倾覆、坠落；火灾、爆炸；外界物体坠落、倒塌；雷击、暴风、暴雨、洪水、龙卷风、冰雹、台风、热带风暴；地陷、崖崩、滑坡、泥石流、雪崩、冰陷、暴雪、冰凌、沙尘暴；受到被保险机动车所载货物、车上人员意外撞击；载运保险车辆的渡船遭受上述自然灾害（只限于有驾驶员随车照料者）。除此之外，发生保险事故时，被保险人或其允许的合格驾驶人为防止或减少被保险机动车的损失所支付的必要合理的施救费用，保险人在保险金额以内负责赔偿，且在机动车损失赔偿金额以外另行计算。

车损险的承保方式采用的是不定值保险。保险合同规定，保险金额按投保时被保险机动车的实际价值确定。实际价值是由投保人与保险人根据投保时的新车购置价减去折旧金额后的价格，或依据其他市场公允价值协商确定。市场公允价值则是指熟悉市场情况的买卖双方在公平交易的条件下和自愿的情况下所确定的价格，或无关联的双方在公平交易的条件下一项资产可以被买卖或者一项负债可以被清偿的成交价格。

4. 机动车全车盗抢险

机动车全车盗抢险(Robbery and Theft Insurance)的保险责任采用列举式，主要包括：被保险机动车被盗窃、抢劫、抢夺，经出险当地县级以上公安刑侦部门立案证明，满60天未查明下落的全车损失；被保险机动车全车被盗窃、抢劫、抢夺后，受到损坏或车上零部件、附属设备丢失，需要修复的合理费用；被保险机动车在被抢劫、抢夺过程中受到损坏，需要修复的合理费用。可以概括为车辆被盗抢没找回、车辆被盗抢后找回但有损失、车辆被盗抢未遂且有损失三种情况，都是与车辆被盗抢及其过程有关的。

一般而言，全车盗抢险除了将通行的绝对除外责任、违反最大诚信原则等情况列入除外责任之外，还设置了诸多除外责任。而且需注意，“盗抢”和“诈骗”的含义完全不同，因诈骗引起的任何损失都除外。

全车盗抢险的保险金额也是根据保险车辆的实际价值来确定。发生全车被盗抢时，根据补偿性原则，也是按照车辆实际价值进行赔偿的。

(二)船舶保险

船舶保险包括沿海内河船舶保险和远洋船舶保险。其中，沿海内河船舶保险的保障标的是在中国境内合法登记注册并从事沿海、内河航行的船舶。在公海上远洋航行的船舶则属于远洋船舶保险的保障标的。远洋船舶保险与沿海内河船舶保险最为明显的区别就是承保船舶的航行区域不同。远洋船舶的航行区域属于无限航行区域，只要船舶根据自身的性能和状况，能够停靠和通航的水域均可以航行。承保国际航行的远洋船舶保险和海上货物运输保险也统称为海上保险。海上保险自成一体，本处简单地介绍一下沿海内河船舶保险。

沿海内河船舶保险的保险标的是指在中国境内水域，依照中国的法律、法规和主管部门的规章进行合法登记注册，从事合法营运或作业航行的船舶，包括海船、河船和其他可视为船舶的水上移动或浮动的装置。船上的燃料、物料、给养、淡水等财产不属于此保险标的的范围。用于军事目的的船舶和渔业船舶也不属于该保险标的范围。沿海内河船舶保险的保险责任范围分为全损险和“一切险”。

1. 全损险

全损险(Total Loss Insurance)的保险责任叙述方式采用列举式，保障由于下列六项原因造成保险船舶的全部损失：八级以上（含八级）大风、洪水、地震、海啸、雷击、崖崩、滑坡、泥石流、冰凌；火灾、爆炸；碰撞、触碰；搁浅、触礁；由于上述灾害或事故引起的船舶倾覆、沉没；船舶失踪。值得注意的是，全损险只有在保险船舶发生全部损失时才予以赔偿，而由于上述六项原因导致了部分损失时，则不予赔偿。

2.“一切险”

沿海内河船舶保险“一切险”也是采用列举的方式来叙述保险责任，所以，其并非真正意义上的“一切险”。沿海内河船舶保险“一切险”承保全损险保险责任中列举的六项原因造成保险船舶的全损或部分损失，以及所引起的下列责任和费用：碰撞、触碰责任；共同海损分摊额；保险船舶在发生保险事故时，被保险人为防止或减少损失而采取施救及保护措施所支付的必要的、合理的费用。但共同海损、救助及施救三项费用之和的累计最高赔偿金额以不超过保险金额为限。

沿海内河船舶保险的保险期限最长为 1 年，起止日期以保险单载明的时间为准。除法律另有规定或合同另有约定外，保险责任开始后，保险双方均不得解除合同。但当被保险人在投保时存在违反最大诚信原则的情况时，保险人有权解除合同。

通常而言，船龄在 3 年以内（含 3 年）的船舶视为新船，新船的保险价值按重置价值确定，船龄在 3 年以上的船舶视为旧船，旧船的保险价值按实际价值确定。其中重置价值是指市场新船购置价；实际价值是指船舶市场价或出险时的市场价。

保险金额按保险价值确定，也可以由保险双方协商确定，但保险金额不得超过保险价值。船舶保险金额的确定应考虑到船舶的使用年限、新旧程度、船质结构及用途等因素。

沿海内河船舶保险有许多附加保险。例如附加拖轮拖带责任保险，附加船主对旅客责任保险，附加船东对船员责任保险，附加第三者人身伤亡责任保险，附加滚装船承运人责任保险、附加四分之一碰撞、触碰责任保险，附加四分之三碰撞、触碰责任保险，以及共同海损、施救及救助保险等。

（三）飞机保险

飞机保险（Aircraft Insurance）又称为航空保险（Air Insurance），是以航空公司为客户对象并以飞机为保险标的而开展的一系列保险。飞机保险具有高价值、高风险、专业性和技术性较强的特征，再保险和共保必不可少，险种也具有国际性。

飞机险保障被保险标的在保险期限内于世界任何地方发生的机身、零备件和设备由任何风险导致的物质毁灭或损坏，以及因航空公司的利益或由航空公司的运营引起的被保险人的法定责任。当然，当飞机飞往一些风险较大的特殊国家或地区时，必须在航行前声明详细情况，且在保险人签发书面确认后才可以提供保障。具体而言，保险责任主要包括三个方面。

1. 机身险——机身/零备件和设备的毁灭或损坏

机身险承保的保险责任非常广泛，基本上保障飞机在飞行或滑行中以及在地面上，不论任何原因（不包括除外责任）造成飞机及其附件的意外损失或损坏，如飞机坠落、爆炸、失火、失踪、碰撞等造成飞机的全部损失或部分损失。此外，还负责因意外事故引起的飞机拆卸、重装和清除残骸的费用。

2. 法定责任——旅客、行李、货物、邮件、飞机第三者责任和航空综合第三者责任

负责赔偿被保险人因为下述事故造成的人身伤亡或财产损失应承担的法律赔偿责任：涉及飞机或飞机零备件或有关设备的事故；在机场区域发生的事故；在其他地区发生的、与被保险人从事航空旅客或货物运输业务有关的事故；在提供与使用或者运营飞机有关或涉及航空运输业务过程中发生的事故。

这里所指的第三者通常是指购买飞机票的旅客或为被保险人同意免费搭载的旅客，但不包括为完成被保险人的任务而免费搭载的人员；除此之外，还包括地面的第三者。例如，飞机坠落致使地面工厂损毁以及地面人员伤亡，保险公司都要负责赔偿。但是被保险人及其支付工资的机上和机场工作人员的人身伤亡或财物损失除外。

3. 人身侵害保险

首先应该正确理解人身侵害的含义。与法定责任部分相比较而言，“人身侵害”是侧重于航空公司的行为对第三者的精神伤害，而不是身体的伤害。所以采用“侵害”一词，与“伤害”以示区别。

该部分是保障被保险人因在保单期限内的以下一种或几种行为导致要对任何人受到的损害进行赔偿的法定责任，但是这些行为应当是仅针对与被保险人航空运营有关的行为或是与保单保障的其他利益有关的行为：非法逮捕、扣留、拘留或关押；恶意诉讼；错误进入、逐出或其他侵犯私人占有权的行为；由于推迟或拒绝运送而造成非故意的歧视，但不包括客票超售的情况；公布或发表污蔑、诽谤或其他毁坏名誉或侵犯个人隐私权的贬损材料，但明细表所列被保险人或其代理人作出的与其广告、广播或电视节目活动有关的公布或发表行为除外；内科医生、外科医生、护士、药剂师、医疗技术人员或其他参与医护的人员在为被保险人或代表被保险人提供紧急医疗救护服务时发生的意外医疗过失、错误或失误。

（四）货物运输保险

货物运输保险包括国内货物运输保险和海上货物运输保险。海上货物运输保险和远洋船舶保险统称为海上保险。本处简单地介绍一下国内货物运输保险。国内货物运输保险以在国内处在运输过程中的货物为保险标的，承保保险标的物因遭遇自然灾害或意外事故所造成的损失。

货物运输保险(Cargo Transportation Insurance)因运输工具不同而具有不同的保险产品,比如陆路货物运输保险、水路货物运输保险、航空货物运输保险、邮包货物运输保险、管道货物运输保险等。货物运输保险的保险标的具有动静结合、以动为主的特征;保障范围要比普通财产保险广泛得多,因为运输中的货物面临着更多的风险;保险期限的责任起讫是以航程为主,而且大多采用定值保险单。货物运输保险涉及的利害关系人较多,比如发货人、收货人、托运人、承运人等。被保险人随着货物所有权的变化而相应变化。与其他保险不同的是,由于保险货物在运输过程中具有流动性,货物所有权可以转移,所以保险单可由投保人背书转让,而无须征得保险人同意。

三、增值财产的保险

(一)工程保险

工程保险(Engineering Insurance)是指以各种工程项目为承保对象的财产保险,保障工程建造期间的一切意外物质损失和对第三者的经济赔偿责任。工程参与各方通过购买工程保险,将工程建造过程中的风险转移给保险公司,以求在意外事件发生时能得到保险公司的经济补偿,从而确保工程项目能顺利完工。

现代的工程保险主要是根据保险标的来进行分类的,主要包括建筑工程保险、安装工程保险、科技工程保险。建筑工程保险承保的是各类建筑工程,即适用于各种民用、工业用和公共事业用的建筑工程,如房屋、道路、桥梁、港口、机场、水坝、道路、娱乐场所、管道以及各种市政工程项目等。安装工程保险是指以各种大型机器、设备的安装工程项目为保险标的的工程保险,保险人承保安装期间因自然灾害或意外事故造成的物质损失及有关法律赔偿责任。科技工程保险则是随着科技的发展而产生出的新领域、新工程的保险,比如海洋石油开发保险、卫星保险、核电站保险等。

工程保险与普通财产保险不完全一样,它具有以下特点:工程保险的标的风险特殊,面临着各种静止状态的风险、运动状态的风险和人为操作风险;标的价值一直在增长变化中;工程保险大多采用“一切险”的形式承保,从而应对标的风险特殊的特征;利益关系人众多,故部分工程保险都会附加交叉责任条款,使各个被保险人之间发生的相互责任事故造成的损失均由保险人负责赔偿,而无须根据各自的责任相互进行追偿;保险期限不等,工程保险的保险期限一般按工期计算,即自工程开工至工程竣工;费率具有特殊性,采用的是工期费率,而不是年度费率。

工程保险与普通财产保险在保险期限上是相连接的。通常,工程保险结束时,就应该是普通财产保险的开始。比如建筑工程完工即建筑工程保险结束时,则业主应该立刻投保企业财产保险;机器安装完毕即安装工程结束时,则业主应该立刻投保企业财产保险和机器损坏保险。

1. 建筑工程“一切险”

建筑工程“一切险”(Construction All Risks Insurance)适用于各类民用、工业用和公用事业用的土木建筑工程项目，如住宅、旅馆、商店、工厂、道路、码头、仓库、水库、桥梁、管道等。凡在工程建筑期承担风险或具有利益关系的各方均可以成为被保险人。通常，建筑工程“一切险”的投保人一般是建筑单位或施工单位。如果工程项目的各个部分由总承包人转分包出去，则有可能使用多份保险单。建筑工程“一切险”是财产和责任的综合保险，其保险责任包括物质损失部分和第三者责任两个部分。

物质损失部分保障在保险合同明细表中分项列明的、在工地范围内的与实施工程合同相关的财产或费用。建筑工程“一切险”物质损失部分采用概括的方式界定保险责任。一般仅列明：保险单明细表中分项列明的被保险财产在列明的工地范围内，因保险单除外责任以外的任何自然灾害或意外事故造成的物质损坏或灭失，以及发生上述损失时所产生的有关费用。

建筑工程“一切险”的第三者责任保险的含义与机动车辆保险中商业三者险相似，都是为了保障第三者的利益。由于建筑工程中的风险较为复杂，发生事故时对第三者造成的损失可能会比较严重，因此，第三者责任保险是通常被要求强制购买的。建筑工程“一切险”的第三者责任保险采用概括的方式界定保险责任：因发生与保险单所承保工程直接相关的意外事故引起工地内及邻近区域的第三者人身伤亡、疾病或财产损失，依法应由被保险人承担的经济赔偿责任；对被保险人由于上述原因而支付的诉讼费用以及事先经保险人书面同意而支付的其他费用。

建筑工程中被保险标的的价值随着工程的进展，处于不断变化之中，因此，确定建筑工程“一切险”的保险价值和保险金额比较复杂。被保险人投保时，通常先根据工程概算总造价估计工程总价值，再分项目列明保险金额，然后再根据变化而适时调整。当然，保费也是估计并预收的，在保险期限结束时再根据工程的实际总价值调整保险金额，再相应调整保费。

2. 安装工程“一切险”

安装工程“一切险”(Erection All Risks Insurance)专门承保新建或扩建的工矿企业的机器设备或钢结构建筑物在安装期间因灾害事故造成的物质损失、费用和对第三者损害的赔偿责任，主要针对各种设备、装置的安装过程中的风险。

所谓安装工程，包括电气、通风、给排水以及设备安装等工作内容，工业设备及管道等往往也涵盖在安装工程的范围内。以住宅建筑项目为例，安装工程一般是介于土建工程和装潢工程之间的工程。土建工程包括地基与基础、主体结构、建筑装饰、装修、建筑屋面等部分工程，此部分属于建筑工程。安装工程则包括建筑给水、排水及采暖、建筑电气、智能建筑、通风与空调、电梯安装等部分工程。当然，也可以将建筑工程部分与安装工程部分共同承保，称为建筑安装工程“一切险”（Construction & Erection All Risks Insurance）。

（二）农业保险

农业保险（Agricultural Insurance）是专为农业生产者在从事种植业、林业、畜牧业和渔业生产过程中，对遭受自然灾害、意外事故、疫病或疾病等保险事故所造成的经济损失提供保障的一种保险。

农业保险是针对农业生产过程中的风险所提供的保险，与普通财产保险相较而言，其所面临的风险具有较为明显的特殊性：农业保险的标的众多、各有个性；标的价值在不断变化之中；农业保险的风险种类较多，不但面临静止状态的风险，即自然灾害和意外事故，还要面临生长过程中的风险，比如病害、动物的疾病和意外伤害导致的损失等。而且，农业保险的风险范围较大，仅农业自然灾害就包括气象灾害、海洋灾害、土壤灾害、生物灾害、地质灾害、环境灾害六类，比普通财产保险中的自然灾害的范围要大许多。而且，农业保险具有一定的道德风险，风险承担者弱小且分散，所以农业保险通常都需要政府的扶持。

农业保险有广义和狭义之分。广义的农业保险是指与农村有关的一切保险，又称为农村保险（Rural Insurance），包括与农村有关的一切财产保险、货物运输保险、责任保险、信用与保证保险等。狭义的农业保险仅仅是与农村生产直接有关的保险产品，按保险对象可划分为种植业保险和养殖业保险两大类。

1. 种植业保险

种植业保险（Plant Insurance）的保险对象是农业生产过程中种植的植物，具体又可以分为四类：生长期农作物保险；收获期农作物保险；森林保险；经济林、园林苗圃保险。

生长期农作物保险（Grow Period Crop Insurance）是以各种农作物（如水稻、小麦、玉米等粮食作物，棉、麻、烟叶等经济作物，饲料和绿肥作物等）为对象，以各种农作物在生长期间因自然灾害造成的收获量价值或生产费用（成本）损失为承保责任的保险。收获期农作物保险（Harvest Crop Insurance）是以粮食作物或经济作物收割（采摘）后的初级农产品为对象的一种短期保险。森林保险（Forest Insurance）是以天然林场和人工林场为承保对象，以林木生长期间因自然灾害、意外事故和病虫害造成的林木价值或营林生产费用损失为承保责任的保险。经济林、园林苗圃保险的承保对象是生长中的各种经济林种，包括这些林种提供的具有经济价值的果实、根叶、汁水、皮等产品，以及可供观赏、美化环境的商品性名贵树木、树苗，如桂花树、雪松、盆景。保险公司对这些树苗、林种及其产品由于自然灾害或病虫害所造成的损失进行补偿。

2. 养殖业保险

养殖业保险(Breeding Insurance)的保险对象则是农业生产过程中养殖的动物。具体又可以分为四类:牲畜保险,家畜、家禽保险,水产养殖保险,其他养殖保险。

牲畜保险(Livestock Insurance)承保在饲养使役期间因牲畜疾病或意外灾害造成的死亡、伤残以及因流行病而强制屠宰、掩埋所造成的经济损失,是一种死亡保险。家畜、家禽保险(Livestock and Poultry Insurance)是以商品性生产的猪、羊、兔等家畜和鸡、鸭、鹅等小型家畜为保险标的的保险。水产养殖保险(Aquaculture Insurance)是以商品性养殖的鱼、虾、蟹、珍珠等水产养殖产品为对象的保险。其他养殖保险则以商品性养殖的鹿、貂、狐等经济动物和蜂、蚕等为保险对象,承保在养殖过程中因疫病、自然灾害和意外事故造成的死亡或产品的价值损失。

当然,以上是按照农业保险的保险对象进行的分类。倘若按照承保方式分类,则可以分为传统型农业保险和指数型农业保险。

第五节 责任保险产品

一、责任保险的概念

责任保险(Liability Insurance)是以被保险人对第三者依法应该承担的赔偿责任为保险标的的保险。赔偿责任是指公民或法人因疏忽行为或过失行为损害他人财产和人身而依法应对受害人承担的民事损害赔偿责任。责任保险是一种比较新的险种。最早的责任保险保单出现在19世纪。1855年,英国铁路乘客保险公司首次向铁路部门提供铁路承运人责任保险。1875年英国出现了马车第三者责任保险,这可以看作汽车第三者责任保险的先导。后来,随着法律制度的建立和健全,绝大多数国家均采取了强制手段并以法定方式承保汽车责任保险,同时也产生了针对各种赔偿责任的责任保险。1880年,英国颁布了《雇主责任法》,当年即有专门的雇主责任保险公司成立,承保雇主在经营过程中因过错致使雇员受到人身伤害或财产损失时应负的法律赔偿责任。1886年,英国在美国开设了雇主责任保险分公司。美国自己的雇主责任保险公司则在1889年出现。进入20世纪70年代以后,责任保险在工业化国家进入了黄金时期。

责任保险的保险标的是法律上所规定的法律责任。为了防范道德风险,并实现惩罚当事人的目的,责任保险通常仅基于民事责任提供保障。即使同一事故同时涉及了民事责任和刑事责任,责任保险也仅就民事责任部分进行赔偿,而刑事责任仍然要由当事人自己承担。我国民法规定，民事责任主要包括侵权责任和违约责任。

侵权责任（Tortious Liability）是因侵害他人合法的民事权利而可能受到受害人起诉并承担民事赔偿责任的违法行为。根据致害人是否故意，可以将侵权行为分为故意侵权与过失侵权（含无过失侵权）。故意侵权（Intentional Tort）是指行为人在主观上是故意的。过失侵权（Negligence Tort）则指行为人不存在主观故意，是因为不小心、疏忽、马虎、没看清、操作失误等原因所造成的。在过失侵权中，“有过失才赔，过失大多赔，过失小少赔，无过失不赔”。但有些法律规定，无论行为人是否存在过失，只要给受害人造成了损害事实，行为人都必须承担责任，此时称为无过失侵权（No-fault Compensation）。比如《道路交通法》规定，机动车一方必须承担无过失责任。责任保险并非对所有的侵权行为都承担赔偿责任，只是对过失侵权（含无过失侵权）承担赔偿责任，而对故意侵权不予保障。

违约责任（Liability for Breach of Contract）是指当事人不履行合同义务或者履行合同义务不符合合同约定而依法应当承担的民事责任。违约责任的成立以有效的合同存在为前提。违约的一方应当对另一方进行赔偿。无论故意违约还是无意违约，违约责任均是责任保险的保险标的。因此，责任保险并非保障所有责任，而主要基于民事责任提供保障；但是也并非保障所有民事责任，而仅保障过失侵权、无过失侵权和违约责任（见图 8－3）。

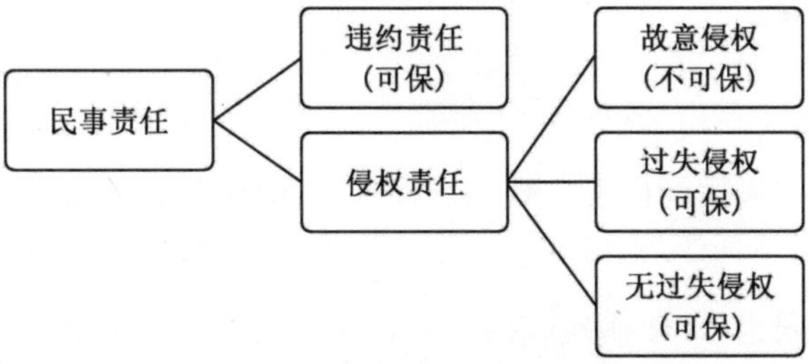

图 8－3　责任保险的保险标的

责任保险的保险责任一般包括两项内容：被保险人依法对造成他人财产损失或人身伤亡应承担的经济赔偿责任；因赔偿纠纷引起的由被保险人支付的诉讼、律师费用及其他事先经过保险人同意支付的费用。

二、责任保险的特殊处理

责任保险通常采用概括的方式叙述保险责任。保险责任通常是“保险人就被保险人依法承担的法律责任承担赔偿责任，以及相关的法律诉讼费用”。因此，责任保险的除外责任列举得比较详细。

责任保险中通常不采用“保险金额”，而是采用“赔偿限额”。保险合同中约定了保险人承担的最高赔偿限额。同时，赔偿限额有总赔偿限额、每次事故限额、人身伤害限额和财产损失限额多种规定。通常对财产损失的赔偿也有绝对免赔额的设计。

责任风险中，长尾巴风险所占的比重非常大，比如产品责任、职业责任、医疗事故责任等大多是长尾巴风险，因此大多数责任保险都采用期内索赔式，即使采用期内发生式，也必须采用诸多限制条款，比如设置发现期或索赔期，控制保险公司的风险。

责任保险通常以两种方式存在。其一是作为各种财产保险的附加险承保，例如前文所介绍的机动车辆商业三者险、建筑和安装工程保险的第三者责任保险等。另外一种则是以单独的责任保险方式承保。被称为责任保险的四大产品主要是公众责任保险、产品责任保险、职业责任保险和雇主责任保险。

三、公众责任保险

公众责任是指致害人在公众活动场所由于疏忽或过失等侵权行为，致使第三者人身或财产受到损害，依法由致害人对受害人承担的赔偿责任。公众责任的构成必须以在法律上负有责任为前提，法律依据是民法及各种有关的单行法规。除此之外，在一些非公众活动场所，如果公众在该场所受到了应当由致害人负责的损害，也可以归属于公众责任。

公众责任保险(Public Liability Insurance)主要承保被保险人在各固定场所进行生产、经营或其他各项活动中，由于疏忽或意外事件造成第三者人身伤亡或财产损失后，依法应由被保险人承担的经济赔偿责任。

公众责任险通常采用期内发生式为承保基础，即保险人保障在保单有效期内发生的事故。如果责任事故发生和导致损害事实之间有一段相隔的时间，只要责任事故发生时间是在保险期限内，即使伤残或损失是在保单终止之后发现的，保险人仍然必须承担赔偿责任。

公众责任保险中，有针对一般性企业的保险产品，也有根据行业特征的特殊保险产品。主要产品包括：火灾公众责任保险；电梯责任保险；风景名胜区责任保险；游泳池、馆公众责任保险；户外广告媒体公众责任险；个人责任险。

四、环境污染责任保险

环境污染责任保险(Environmental Pollution Liability Insurance)是以企业发生污染事故对第三者造成人身伤害和财产损失依法应承担的赔偿责任为保险标的的保险。第二次世界大战以后，世界经济发展迅速，环境问题日益突出，公众的环境权利意识也不断增强，保险公司逐渐将环境污染责任从公众责任保险和第三者责任保险中独立出来，开发了单独的环境污染责任保险。从保险本质上分析，环境污染责任保险应当属于公众责任保险的范畴。在环境污染责任保险中，投保人是生产企业。在生产企业因意外造成环境污染而需要进行经济赔偿和治理，而生产企业又无力承担的情况下，保险公司可以代为赔偿。这种及时的赔款制度能够保护受害的第三者的利益。

环境污染责任风险大多基于无过错责任原则；而且举证责任倒置，"因污染环境发生纠纷，污染者应当就法律规定的不承担责任或者减轻责任的情形及其行为与损害之间不存在因果关系承担举证责任"。其也存在着更为严重的道德风险，损失金额极其巨大，使得商业保险公司不敢贸然进入。许多国家和地区还采用了政策性或强制性的环境污染责任保险模式，在充分运用环境污染责任保险的社会管理职能的同时，减轻保险公司的负担和压力。

五、产品责任保险

产品责任是指产品在使用过程中因其缺陷而造成用户、消费者或公众的人身伤亡或财产损失时，依法应当由产品供给方（包括制造者、销售者、修理者等）承担的民事损害赔偿责任。产品的制造者包括产品生产者、加工者、装配者；产品修理者是指被损坏产品或陈旧产品或有缺陷的产品的修理者；产品销售者包括批发商、零售商、出口商、进口商等各种商业机构，如批发公司、商店、进出口公司等。当然，如果是因为承运人在运输过程中损坏了产品并因此导致产品责任事故，也应当承担起相应的产品责任。产品责任与产品质量纠纷是有明显区别的。前者是一种民事侵权责任，指向的对象是产品缺陷造成他人伤害和财产损失，而不是产品本身；后者是一种违约行为，指向的对象是产品本身。

产品责任保险（Product Liability Insurance）则是以产品制造者、销售者、维修者等的产品责任为承保风险的一种责任保险。产品责任保险承保的产品责任是以产品为具体指向物，以产品可能造成的对他人的财产损害或人身伤害为具体承保风险，以制造或能够影响产品责任事故发生的有关各方为被保险人的一种责任保险。

产品责任保险最早产生于英国。有确切记录的第一张产品责任保险单签发于1890年，由英国海上事故保险公司承保。在此之后，各种各样的产品责任保险相继在世界各国出现。产品责任保险在开办的初期主要承保一些与公众生活、健康密切相关的产品，比如食品饮料类的入口产品、药品、医疗器械、化妆品等，后来随着对产品责任保险需求的上升，逐渐扩大到其他产品。产品责任保险目前已成为西方发达国家责任保险中的主要险种之一，近半个世纪以来发展迅速，在北美、欧洲、澳大利亚、日本等发达国家和地区均有非常可观的保费规模。

六、职业责任保险

职业责任是指从事各种专业技术工作的个人或单位，如建筑师、会计师、药剂师、医生、律师、保险经纪人等由于工作中的疏忽或过失，或由于他们的雇员或合伙人的疏忽或过失，而给他们的当事人或其他人造成人身伤害或财产损失，依法应当由专业技术人员或单位承担的损害赔偿责任。一般而言，技术性较强的职业可能导致较为严重的责任事故，因而才会受到关注；而且仅限于技术工作者从事本职工作的过程中所出现的责任事故。职业责任不仅与人的因素有关，比如个人性格、当时的情感、状态等，同时也与知识、技术水平及原材料等的欠缺有关。职业责任保险（Professional Liability Insurance）就是保障各种专业人员职业责任的一种保险。

一般而言，职业责任保险的保险责任包括：保险人承诺赔偿被保险人在职业过程中因职业上的疏忽行为、错误或失职而对合同对方或其他人造成的财产损失、人身伤害，以及被保险人因责任事故的发生而依法应承担的赔偿金和法律费用及经保险人同意的有关费用。保险人承保的职业责任不仅包括被保险人自己的职业责任，还包括被保险人的前任、被保险人的雇员及从事该项业务的雇员的前任因疏忽、过失造成他人损害而导致的职业责任。职业责任风险也大多是典型的长尾巴风险。实践中的职业责任保险有些是以期内索赔式为承保基础，有些是以期内发生式为索赔基础。相对而言，采用期内索赔式的比较多。

职业责任保险的产品很多，包括医疗事故责任保险、律师职业责任保险、注册会计师职业责任保险、董事及高级职员责任保险、雇主责任保险。

七、雇主责任保险

雇主责任是指雇主对其雇员在受雇期间执行任务时，因发生意外事故或因职业病而造成人身伤残或死亡时依法应承担的经济赔偿责任。

雇主责任保险（Employer's Liability Insurance）则是以雇主责任为保险标的的保险。亦即当法院判决雇主应当为员工的意外事故或职业病承担赔偿责任时，倘若雇主购买了雇主责任保险，则保险公司可以在赔偿限额内负责赔偿；倘若雇主没有购买雇主责任保险，则由雇主自行承担赔偿金额。雇主在购买了雇主责任保险之后，将风险转移给了保险公司。雇主责任保险是以雇主责任为保险标的的保险。在保险期间，被保险人的雇员因从事保险单载明的业务工作而遭受意外，导致负伤、残疾或死亡，依法应由被保险人承担的经济赔偿责任，保险人按照保险合同的约定负责赔偿。比如，在工作时间和工作场所内，因工作原因受到事故伤害；工作时间前后在工作场所内，从事与工作有关的预备性或者收尾性工作受到事故伤害；在工作时间和工作场所内，因履行工作职责受到暴力等意外伤害；因工外出期间，由于工作原因受到伤害或者发生事故下落不明；在上下班途中，受到非本人主要责任的交通事故或者城市轨道交通、客运轮渡、火车事故伤害；在工作时间和工作岗位，突发疾病死亡或者在48小时之内经抢救无效死亡等。

保险人的赔偿以下列方式之一确定的被保险人的赔偿责任为基础：被保险人和受伤害雇员或其代理人协商并经保险人确认；仲裁机构裁决；人民法院判决或保险人认可的其他方式。倘若雇员死亡的，保险人按照保险单载明的每人伤亡责任限额赔偿；倘若雇员残疾的，由保险人认可的伤残鉴定机构依据职工工伤与职业病致残等级的现行国家标准鉴定残疾程度后进行赔偿。

第六节　信用保险与保证保险

一、信用保险

信用保险（Credit Insurance）即权利人就义务人的信用风险向保险人投保，当义务人的信用风险发生而违约时，由保险公司向权利人进行赔偿；然后保险公司再取得代位求偿权，向义务人进行代位求偿。因此，权利人在购买了信用保险之后，就将义务人违约的风险转移给了保险公司。信用保险最主要的特点在于投保人都是权利人。权利人投保后把债务人不能履行义务的风险转移给了保险人。信用保险的流程如图8-4所示。

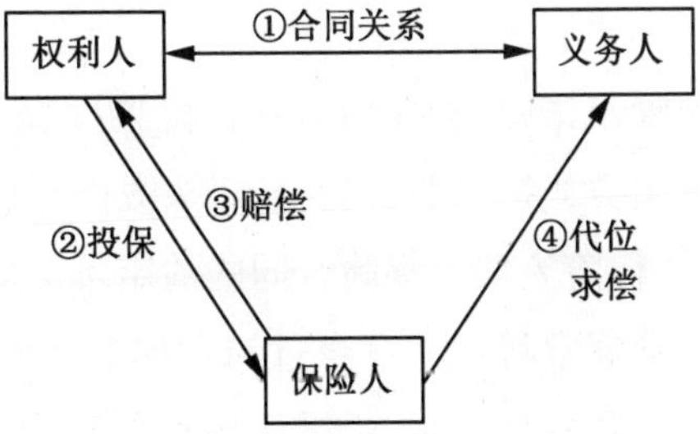

图8-4　信用保险的流程

首先，权利人和义务人应当具有某种合同关系，比如借贷关系或买卖关系等。当然，借贷关系中，权利人是银行，义务人是贷款人；买卖关系中，发货之前，权利人是买方，义务人是卖方；发货之后，权利人是卖方，义务人是买方。权利人担心义务人信用不好而导致自己受损，因此就义务人的信用向保险人购买保险；倘若义务人真的发生了信用风险而违约，则保险人向义务人进行赔偿；然后取得代位求偿权，向义务人进行代位求偿。因此，信用保险的保险标的是义务人的信用风险；投保人是合同中的权利人。

信用保险的主要险种包括一般商业信用保险、投资保险和出口信用保险。在中国，目前的信用保险包含两种体制，商业性保险与政策性保险同时并存。其中，一般商业信用保险是商业保险，各家保险公司都可以经营；投资保险和出口信用保险是政策性保险，只能由中国出口信用保险公司承保，不以营利为目的。近年来，在中国政府的大力支持下，信用保险尤其是短期出口信用保险得到了大力发展。

（一）一般商业信用保险

一般商业信用保险则是以经济活动中的商业信用为保险标的的保险。其经营原理与信用保险保持一致。通常是权利人要求保险人将义务人作为被保证人，并承担由于被保证人的信用风险而使权利人遭受商业利益损失的保险。如果被保证人发生保险事故，保险人首先向权利人履行赔偿责任，同时自动取得向被保证人进行代位求偿的权利，如国内短期贸易信用保险、赊销信用保险、贷款信用保险和个人贷款信用保险等。

1. 国内短期贸易信用保险

国内短期贸易信用保险是针对在中国境内注册的法人企业间贸易的商业信用提供的保险。一般要求买方是在中国境内（不包括港、澳、台地区）注册的法人企业，且合同已经以书面形式订立，真实、合法、有效，交易标的和付款方式等主要合同内容都已经明确。与出口信用保险是政策性保险且只能由中国出口信用保险公司经营不同，国内短期贸易信用保险是商业保险，任何保险公司都可以经营。因此，国内短期贸易信用保险是商业信用保险中的代表产品。

国内短期贸易信用保险承诺，当被保险人在保险期间交易商品或提供服务，在按贸易合同约定将商品交付买方或提供服务后，由于买方破产或买方拖欠应收账款而导致被保险人应收账款损失，保险人按照保险合同的约定负责赔偿。

国内短期贸易信用保险通常将卖方自身过错导致的损失除外，比如，被保险人依法或依照约定可以终止履行贸易合同时，仍继续履行贸易合同；贸易合同中包括有偿劳务，但在保险事故发生时，劳务尚未提供或尚未完全提供，未提供劳务部分的报酬；被保险人未按本保险合同约定申报的交易或申报后未按约定交付保险费的贸易合同下的损失；买方信用限额撤销通知的生效日期之后，被保险人仍继续履行贸易合同而发生的损失；一些绝对除外责任；等等。

2. 赊销信用保险

赊销信用保险是为国内商业贸易的延期付款或分期付款行为提供信用担保的一

种信用保险业务。在赊销信用保险中，投保人是卖方，即制造商或供应商，保险人承保的是买方的信用风险。赊销信用保险的目的在于保证被保险人能按期收回赊销货款，保障商业贸易的顺利进行。赊销信用保险适用于一些以分期付款方式销售的耐用商品，如汽车、船舶、住宅及大批量商品等。一些商场也为消费者提供了家用电器的赊销业务。家庭赊销信用保险的特点是赊账期往往较长，风险比较分散，保险人必须在仔细考察买方资信情况的条件下才能决定是否承保。保险责任就是在保险期间，因买方未按照保单载明的合同约定履行收货义务，导致被保险人履行了供货义务而未得到货款的损失，保险人按照合同约定进行赔偿。

3. 金融机构贷款信用保险

金融机构贷款信用保险是保险人对银行或其他金融机构与企业之间的借贷合同提供保障，并承保借款人信用风险的保险。当保单签发后，贷款方即成为被保险人。当企业无法归还贷款时，金融机构可以从保险人那里获得补偿。贷款人在获得保险人的补偿后将债权转让给保险人，由保险人向借款人进行追偿。由于企业经营管理不善或决策失误，以及自然灾害和意外事故的影响，贷款风险是客观存在的。贷款信用保险就是银行转嫁贷款中的信用风险的必要手段。

4. 个人贷款信用保险

个人贷款信用保险也是保障金融机构对自然人进行贷款时，因债务人不履行贷款合同致使金融机构遭受经济损失。保险人代替自然人进行赔偿后取得代位求偿权。当然，承保的自然人必须年满 18 周岁且具有完全民事能力。不能履行贷款合同的原因包括个人死亡或其他原因的个人拖欠。此保险不但适用于金融机构与自然人之间的贷款业务，也适用于电信行业相关企业与个人签署的相关具有分期付款内容的业务。

(二)投资保险

投资保险(Investment Insurance)是政策性保险，仅允许中国出口信用保险公司承保。投资保险有着鲜明的政策性，不以营利为目的。投资保险包括海外投资保险(Oversea Investment Insurance)和来华投资保险(Inbound Investment Insurance)。其中，海外投资保险的目的是鼓励中国企业进行海外投资，保障对象是本国的企业。来华投资保险的目的则是吸引外商到中国投资。两者的投保人和投资地有所不同。

投资保险是一种比较特殊的信用保险。通常，投资保险的保险责任大多只限于政治风险，而不包括商业经营风险。比如东道国对外资企业实行征用、没收或国有化，利润汇回国内，东道国发生战争、内乱或政变等事件造成的风险等；其次，投资保险的保障项目仅限于直接投资，不包括间接投资。从投资方式来看，无论是股权投资还是债权投资，均可以承保。而且投资保险制度属于国家或政府的政策性制度，由国家特设机构执行，且常常与政府间协定有密切的关系。申请投资保险的投资者必须符合一定的资格，比如海外投资保险的投保人只限于实行保险国的本国居民和企业，来华投资保险则只限于到中国来投资的居民和企业。当然，在约定的保险事故发生后，保险机构将向投资者补偿所发生的损失，同时取得向造成意外政治损失的第三者即东道国政府索赔的代位权。

投资保险又称政治风险保险(Political Risk Insurance)，承保投资者的投资和已赚取的收益因承保的政治风险而遭受的损失。开展投资保险的主要目的是为了鼓励资本输出和输入。投资保险的保险责任采用列举式，责任范围分为战争险、征用险、外汇险三种。

(三)出口信用保险

出口信用保险(Export Credit Insurance, ECI)是承保出口商在经营出口业务的过程中因进口商的商业风险或进口国的政治风险所遭受的损失的一种信用保险。出口信用保险与一般的商业保险不同。其开办的目的是鼓励和扩大出口，具体的业务方针体现了国家的产业政策和贸易政策。所以，出口信用保险的经营者通常是政府机构或其他受托保险机构，是非营利性的组织，在我国是由中国出口信用保险公司来承保；通常只对本国国民或企业开办，投保的商品也必须是本国生产的；为了避免道德风险，每个出口商必须对自己所有的出口业务全部投保，而不能只投保一部分出口业务；而且，保险公司在承保出口信用保险时也必须要考虑进口国和进口商的风险。出口信用保险有许多种类，可以根据不同的角度进行分类。

按照保险责任起讫的时间分类，出口信用保险可分为出运前保险(Pre-shipment Insurance)和出运后保险(Post-shipment Insurance)。出运前保险的责任起讫是从出口合同生效之日开始直至货物出运时终止，保障因产品不能出口而带来的直接损失。出运后保险的责任起讫是从货物交付承运人直至出口商安全收汇，保障的是收汇风险。

按照出口合同的信用期分类，出口信用保险可分为短期出口信用保险(Short-term Export Credit Insurance)和中长期出口信用保险(Medium and Long-term Export Credit Insurance)。

短期出口信用保险适用于被保险人以信用证(Letter of Credit)和非信用证方式为付款条件，产品全部或部分在中国制造，信用期不超过360天的出口合同，其中的信用证应该是按照《跟单信用证统一惯例》开立的不可撤销的跟单信用证。短期出口信用保险中的商品一般为大批量的、持续的消费性货物，其为从中国出口的应收账款提供收汇风险保障。

中长期出口信用保险适用于收汇期在180天至5年或8年之间的资本性或半资

本性货物的出口项目,例如船舶、飞机等大型交通工具,电站、生产线等成套设备等。这类资本性货物的出口金额大、付款期限长、收汇风险大,与一般性货物的出口有比较大的区别。中长期出口信用保险只适用于使用银行买方信贷、卖方信贷或其他方式签订的贸易金额在100万至1亿美元之间的出口合同[①]。并且出口的大型成套设备和机电产品等资本性货物或半资本性货物国产化率在70%以上,车辆、船舶和飞机等国产化率在50%以上。承保业务的保险期限一般为2～15年。中长期出口信用保险则主要分为出口买方信贷保险、出口卖方信贷保险和出口延付合同再融资保险三种,有时还有海外融资租赁保险。

二、保证保险

保证保险(Guarantee Insurance)是被保证人根据权利人的要求,请求保险人担保自己信用的保险。保证保险的保险人代被保证人向权利人提供担保,如果由于被保证人不履行合同义务或者有犯罪行为,导致权利人受到经济损失,由保险人承担赔偿责任。保证保险是担保中保证的一种方式。一般而言,保证保险的流程如图8-5所示。

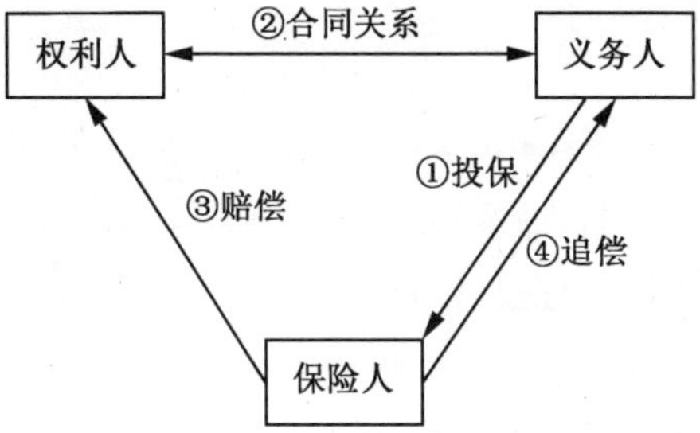

图8-5 保证保险的流程

权利人与义务人达成合同意向但尚未签署合同之前,通常权利人会要求义务人提供保证,并且把保证作为签署合同必备的前提条件之一。此时,义务人向保险公司购买保证保险,请保险公司保证自身的信用。在有了保证保险之后,权利人得以与义务人签署合同,义务人向权利人按照合同约定履行义务。但倘若义务人的信用风险发生且发生了保证保险责任内的违约事项,则保险公司代替义务人向权利人按照合同约定履行义务,然后有权向义务人进行追偿。也就是说,权利人在要求义务人购买保证保险之后,就将义务人可能存在的信用风险转移给了保险人。因此,在保证保险中,通常义务人是投保人,权利人是被保险人。

① 买方信贷即卖方银行(贷款银行)向买方国家银行或买方提供贷款,用于支付买方现汇购买卖方的出口产品。卖方信贷是卖方银行(贷款银行)为支持商品出口而向本国出口商提供的贷款。

保证保险承保的标的也是信用风险，但是与信用保险有着本质的区别。表 8－2 中展示了保证保险与信用保险之间的差别。

表 8－2 保证保险与信用保险的区别

	保证保险	信用保险
投保人	确实保证保险中都是义务人，忠诚保证保险中是权利人	权利人
投保目的	提高自身信用	转移信用风险
风险特征	商业信用风险	商业信用风险和政治风险
保险人风险	可通过反担保降低保险人风险	仅能通过代位求偿追回损失，不确定性较大

（一）确实保证保险

确实保证保险承保被保证人（即义务人）不按合同约定履行义务而造成权利人发生经济损失时，由保险人负责赔偿，再由保险人向被保证人追偿因保证所造成的损失及发生的费用。其中，投保人是义务人，被保险人是权利人。确实保证保险可用于各经济领域内合同的担保。

1. 合同保证保险

合同保证保险（Contract Guarantee Insurance）又称为契约保证保险，指因被保证人不履行合同义务而造成权利人经济损失时，由保险人代替被保证人进行赔偿。合同保证保险主要用于工程的招投标过程和承包过程。具体而言，其包括以下各种保险产品：业主支付保证保险；投标保证保险；履约保证保险；差额保证保险；预付款保证保险；付款/支付保证保险；保修保证保险；工程质量保证保险；司法保证保险；特许保证保险等。

2. 产品质量保证保险

产品质量保证保险（Product Quality Guarantee Insurance）是指因被保险人制造或销售了丧失或不能达到合同规定效能的产品给使用者造成了经济损失时，由保险人对有缺陷产品本身以及由此引起的有关损失和费用承担赔偿责任。凡经国家法定产品检验机构检测，经政府有关部门批准生产，均可以适用产品质量保证保险。依法设立并生产或销售上述产品的企业是义务人，可以作为产品质量保证保险的投保人，产品的购买者或消费者是产品质量保证保险的权利人。此处的产品是指经过加工、制造用于销售的产品。该产品已运离被保险人，并不再为被保险人所有、保管或控制。

产品质量保证保险的保险标的是产品本身的质量，其与产品责任保险具有明显的区别（见表 8－3）。

表 8－3　　产品质量保证保险与产品责任保险的区别

	产品质量保证保险	产品责任保险
风险性质	违约行为，以合同为必要条件，法律依据是合同法	侵权行为，不论是否有合同，法律依据是民法
法律原则	过错责任原则	许多国家采用严格责任原则
责任范围	产品本身的损失及修理、更换产品的费用	第三者的财产损失或人身伤亡
责任承担者	产品的制造者	产品的制造者、修理者、消费者，或销售者甚至承运者
受损方	购买方	任何人
赔偿处理	不超过产品本身的实际价值	不受产品本身实际价值的制约，仅受保险金额限制
诉讼管辖	合同签订地和履行地的法院	被告所在地或侵权行为发生地法院
保险性质	保证保险	责任保险

由于这两者的本质差异，保险公司在经营这两类保险业务时，必须严格区分，以避免因顾客不了解而产生不必要的纠纷。不过，在实务中，保险人一般同时为同一产品承担产品责任保险和产品质量保证保险，以此控制风险、降低费用，提高服务水平。

3. 个人贷款保证保险

个人贷款保证保险（Private Loan Bond Insurance，PLBI）是个人在向银行等金融机构申请贷款时，接受银行要求而向保险公司购买的保证保险。一般而言，由于个人贷款保证保险是银行要求购买的，具有半强制性的特征。如果贷款人不购买，则通常无法获得贷款。因此，只要是年满 18 周岁、具有完全民事行为能力、个人信用记录良好、有稳定收入的公民均可以投保个人贷款保证保险。凡是经金融监督管理部门批准，与投保人签署真实、合法、有效的贷款合同的商业银行等金融机构和具有经营房贷业务许可权的小额贷款公司等非存款类放贷组织，均可以作为被保险人。保险公司通常会为不同主体的贷款业务（比如个人贷款或企业贷款），或不同消费领域的个人贷款业务（比如房贷或车贷），分别提供保险产品。比如个人住房抵押贷款保证保险，个人汽车消费贷款保证保险，高新技术企业小额贷款保证保险等。

（二）忠诚保证保险

忠诚保证保险（Fidelity Bond Insurance）又称为雇员忠诚保险、员工忠诚保险，它是指因雇员的不忠诚行为而使雇主遭受经济损失时，由保险人承担赔偿责任。所谓不忠诚行为，主要是指雇员任何不诚实的行为，包括但不限于盗窃、贪污、侵占、非法挪用、故意误用、伪造、欺骗、舞弊、拿回扣等行为。忠诚保证保险承保的是雇员的品德和信用。

忠诚保证保险是由雇主购买的，雇主是投保人和被保险人，而雇员是被保证人；保险标的是雇员的品德和信用。在雇主与雇员的这种关系中，雇主是权利人，雇员是义务人。根据信用保险和保证保险的定义，权利人购买的应该是信用保险。忠诚保证保险除了付费是由权利人承担之外，其他技术方面的处理与保证保险一致。因此，在本书中仍然把忠诚保证保险列入保证保险的范畴。实际的逻辑关系是，雇主通过购买忠诚保证保险，将雇员因信用风险而可能导致的经济损失转移给了保险公司。

通常要求雇员的欺骗和不诚实行为应符合下列三个条件：被保险人的雇员在保险期间实施欺骗和不忠诚行为；被保险人在保险期间或保险期间结束后 6 个月内或其雇员死亡、被解雇或退休后 6 个月内发现其雇员的不忠诚行为，以先发生者为准；被保险人在发现其雇员不忠诚行为之后 12 个月内向保险人提出索赔。从这里可以看出，忠诚保证保险采用的是期内发生式并结合发现期的处理方式。

投保忠诚保证保险时，可选择只针对一个指名的雇员提供保证的个人保证，针对列表中列明姓名的雇员均提供保证的姓名表保证，针对列表中列明职位的雇员均提供保证的职位表保证，或将企业所有雇员都纳入被保证对象的总括保证。

忠诚保证保险产品还包括公务员保证保险、家政人员忠诚保证保险等。

本章小结

● 财产保险是保险人对被保险人的财产及其有关利益在发生保险责任范围内的灾害事故而遭受经济损失时给予补偿的保险。

● 财产保险的特点在于：财产保险是以财产及其有关利益为保险标的；保险标的必须是可以用货币衡量价值的财产或利益；财产保险业务活动具有法律约束力；对于保险标的的保障功能表现为经济补偿；是属人的合同。

● 财产保险的标的包括有形财产、经济收益和损害赔偿；保障的风险包括自然灾害、意外事故和责任风险。

● 财产保险通常保障财产的直接损失以及相关的费用，有些财产保险中也保障财产的间接损失。

● 全部损失可分为实际全损、推定全损、协议全损及部分全损。而凡不构成全损的损失均是部分损失。在海上保险中，部分损失按其性质可分为单独海损和共同海损。

● 财产在发生损失时可能会产生一些费用。海上保险中把费用损失划分得非常详细，包括施救费用、救助费用、特别费用和额外费用。

● 财产保险产品根据标的不同也包括三大类：有形财产保险、经济收益保险和责任保险。各种保险中又包括了许多不同的产品。

● 有形财产保险中的财产包括静止的财产、运动的财产和增值的财产。其保障的风险也包括静止状态的风险、运动状态的风险和操作的风险。

● 经济收益保险的标的不仅包括因有形财产而产生的经济收益，也包括因合同行为而产生的纯经济收益。

● 财产保险均采用损失补偿型保险的方式，损失补偿型保险又包括定值保险、不定值保险、第一损失保险。

● 免赔额、无赔款优待、共同保险条款等也是财产保险中经常采用的技术处理方式。

● 有形财产保险的种类众多，根据不同保险标的物的风险特征，有相应的保险产品。各保险产品的保险责任与除外责任的差别也较大。

● 责任保险与有形财产保险完全不同，采用第一损失保险，规定赔偿限额，并大多是长尾巴风险，采用期内索赔式，主要保险产品包括公众责任保险、产品责任保险、职业责任保险和雇主责任保险。

● 信用保险和保证保险的保障对象都是义务人的信用风险，只是信用保险由权利人投保，而保证保险由义务人投保。

第九章　人身保险[①]

人身保险的保险标的是人的身体和生命。由于人的身体和生命是无法用金钱来衡量其价值，因此人身保险完全不同于财产保险。除此之外，人身保险中大多数是长期保险，具有储蓄的性质，人身保险的长期保单具有现金价值，并有着一系列特殊的处理和特有的条款。人身保险按保障的对象，分为人寿保险、年金保险、健康保险和意外伤害保险。不同险种也有许多不同保险产品和特有的保险条款。

第一节　人身保险的定义和特点

一、人身保险的定义

《保险法》第二条给出了保险的明确定义："本法所称保险，是指投保人根据合同约定，向保险人支付保险费，保险人对于合同约定的可能发生的事故因其发生所造成的财产损失承担赔偿保险金责任，或者当被保险人死亡、伤残、疾病或者达到合同约定的年龄、期限等条件时承担给付保险金责任的商业保险行为。"在这个定义中"或者"之后实际上就是对于人身保险的叙述。《保险法》第十二条规定："人身保险是以人的寿命和身体为保险标的的保险。"因此，可以将人身保险（Life Insurance）定义为：人身保险是指以人的生命或身体为保险标的，当被保险人在保险期限内发生死亡、伤残、疾病、年老等事故或生存至保险期满时给付保险金的保险业务。人的生命是一个抽象的概念，有生存和死亡两种状态；而人的身体则体现为人的健康和生理机能以及劳动能力。人身保险的保险责任涉及了人的生、老、病、死、伤、残各个方面。

在过去，人身保险又被称为"人寿保险"，所以存在着所谓广义的人寿保险和狭义的人寿保险之说。所谓广义的人寿保险就是指人身保险；而狭义的人寿保险则仅指保障死亡的人寿保险产品。因此，当用"人寿保险"指代一个行业时，则是广义的含义，意

---

① 详细学习有关人身保险学的内容，可以参照《新编人身保险学》，魏巧琴主编，同济大学出版社 2018 年版。

指人身保险；当用“人寿保险”指代一个险种或保险产品时，则是狭义的含义，意指人寿保险产品。

二、人身保险的特点

由于保险标的不同，因而人身保险与财产保险具有完全不同的特点。

（一）保险标的不可估价

人身保险的保险标的是人的生命和身体，而人的生命和身体是无法用货币衡量价值的。在财产保险中，保险标的在投保时用货币衡量出的实际价值就是确定保险金额的客观依据，而人身保险中完全不同。人身保险的保险金额只需要由投保人和保险人双方约定后确定即可。通常是根据被保险人或受益人对人身保险保障的需要程度，以及投保人缴纳保费的能力来确定的。

（二）保险金额定额给付

人身保险金额的确定与给付的特殊性是由于其保险标的无法用货币衡量这一特殊性决定的。除了健康保险中的医疗费用保险是补偿性保险以外，人身保险都是定额给付型保险。前面曾经介绍过，补偿性原则是保险的基本原则，其派生出了重复保险的比例分摊原则和代位求偿原则。人身保险标的的特殊性使得当被保险人发生保险责任范围内的保险责任时不能像财产保险那样根据实际损失程度并以保险金额为最高限额来支付保险赔款。人身保险只能按照保险合同约定的保险金额支付保险金。因此人身保险不适用补偿性原则，也不存在重复保险比例分摊和代位求偿的问题。同时，在人身保险中也没有重复投保、超额投保和不足额投保问题。

但是人身保险中的医疗保险可以采用定额给付型，也可以采用损失补偿型。当医疗保险采用损失补偿型时则适用补偿性原则，保险人对被保险人给付的医疗保险金不超过被保险人实际支出的医疗费用，当然也可以进行重复保险比例分摊和代位求偿。

（三）保险利益的特殊性

由于人身保险的保险标的是人的生命和身体，故人身保险的保险利益与财产保险有很大的不同，两者的主要区别在于以下方面：

（1）在财产保险中，保险利益有量的规定，不仅要考虑投保人有没有保险利益，还要考虑保险利益的具体金额是多少。投保人对保险标的的保险利益就是保险标的的实际价值，其保险利益不应该超过财产的实际价值。如果保险金额超过财产的实际价值，则超出部分因无保险利益而无效。但是在人身保险中，因其保险标的是人的生命和身体，而人的生命和身体是无价的，不能用货币衡量。因此，从理论上来说，人身保险没有金额上的限制。人身保险的保险利益没有量的规定，只考虑投保人有无保险利益，而不考虑保险利益的金额是多少，即保险利益一般是无限的。当然在实际中，人身保险的保险金额要受投保人的缴费能力的限制。在某些特殊情况下，人身保险的保险利益也有量的规定。例如，债权人以债务人为被保险人投保死亡保险，保险利益以债权金额为限。

(2)在财产保险中，保险利益不仅仅是订立保险合同的前提条件，而且也是维持保险合同效力的条件，以及判断保险人是否支付赔款的条件，一旦投保人对保险标的丧失保险利益，即使发生保险事故，保险人也不负赔款责任。但是在人身保险中，保险利益只是订立保险合同的前提条件，并不是维持保险合同效力的条件，也不是判断保险人是否给付保险金的条件。只要投保人在投保时对被保险人具有保险利益，此后即使投保人与被保险人的关系发生了变化，投保人对被保险人已丧失保险利益，但保险合同仍然有效。发生了保险事故，保险人仍然要给付保险金。例如，丈夫为妻子投保了人身保险，夫妻离婚后保险合同仍然有效；企业为雇员投保了某些人身保险，雇员与企业结束劳动合同并调离企业时，经与企业协商，某些保险合同也可以由雇员带走并仍然有效。在这两种情况下，虽然投保人对被保险人已经丧失了保险利益，但人身保险合同并不因此而失效，发生保险事故后，保险人仍要给付保险金。

(四)保险期限的长期性

人身保险合同，特别是人寿保险和养老保险，保险期限至少为十年甚至一生。但财产保险合同通常为一年。因此，许多在财产保险中几乎无关的因素在人身保险中发挥着巨大的作用。

1. 利率因素

人身保险合同中，投保人缴纳保费的时间与保险人支付保险金的时间之间具有很长的间隔，保险人对投保人所缴纳的保费具有保值增值的责任。利率不但是人身保险产品定价中的重要因素，同时还影响着保险公司的最终利润。特别是在传统型人身保险中，保险公司都向投保人提供了一定的利率保证。因此，利率的变动在人身保险中是一个重要的风险。当然，保险期限的时间越长，利率的影响越大。

2. 通货膨胀因素

通货膨胀是经济生活中普遍存在的问题。传统的人身保险中通常是固定利率和固定给付，保险合同规定的预定利率和约定的保险金额不会因为通货膨胀的存在而改变。因此，结合人身保险的长期性，持续的通货膨胀会导致保险实际保障水平下降。这一问题在很长时间内一直困扰着保险公司，同时也刺激了各种新产品的开发。为了避免通货膨胀因素的影响，保险公司开发了投资连结型及万能型等具有创新性的产品。

3. 预定因素的变化

人身保险合同的长期性使保险公司对未来因素的预测变得非常困难，例如死亡率、利率、费用等。利率波动是常态，保险公司的实际收益水平不断波动，但是保险公司承诺给客户的利率是不能因此改变的，显然这给保险公司的经营稳定带来了很大的冲击。利率因素永远是动态的，不可能长期稳定在某个固定值上，而寿险业务又是长期合同，因此对利率因素可能发生的变化及其对寿险业务的影响必须进行非常谨慎的预测。分红保单和利平敏感型保单都在一定程度上克服了利率波动的影响。同时，对于死亡率因素、费用因素等都有类似的问题。一般而言，保险公司对长期因素的预测是十分保守的，只是当公司经营较好时，则通过险种本身的特点或者分红的方法返还给保单持有人。

（五）生命风险的相对稳定性

以生命风险作为保险事故的人身保险的主要风险因素是死亡率。死亡率的变化直接影响人身保险的经营成本，对于死亡保险而言，死亡率越高则费率越高。死亡率受很多因素的影响，例如年龄、性别、职业等。同时死亡率也随着经济的发展、医疗卫生水平和生活水平的提高而不断降低，因此可以说死亡率是变动的。但是根据许多专业机构对死亡率的研究，其结论是死亡率较其他非寿险风险发生的概率波动而言是相对稳定的，所以在人身保险经营中的巨灾风险较小，稳定性较好，因此对于再保险手段的运用是相对较少的。

人身保险与财产保险的区别如表 9－1 所示。

表 9－1　　人身保险与财产保险的区别

	人身保险	财产保险
因标的的无价而产生的区别	保险标的是人的生命和身体	保险标的是有形财产、无形财产、经济收益和赔偿责任
	保险标的是无价的	可以用货币衡量保险标的的价值
	根据保险合同的约定进行定额给付	根据实际损失的金额确定赔付金额
	不适用于补偿性原则、比例分摊原则和代位求偿原则，不存在重复投保、超额投保和不足额投保问题	适用于补偿性原则、比例分摊原则和代位求偿原则，存在重复投保、超额投保和不足额投保问题
	保险金额没有金额上的限制	保险金额不能超过保险财产的实际价值
因保险期限为长期而产生的区别	投保人在投保时对被保险人具有保险利益，保险合同就有效。	投保人在投保时以及发生保险事故时对保险标的都必须具有保险利益，保险合同才有效
	保险期限多为长期	保险期限多为一年
	受利率、通货膨胀等因素的影响更大，预计的未来因素变化更大	几乎不受利率、通货膨胀等因素的影响，对未来的预计也比较准确

续表

	人身保险	财产保险
因生命风险的稳定性而产生的区别	相对而言，出险的概率（即死亡率）的波动较小，基本不具有巨灾风险	出险概率波动较大，具有巨灾风险
	寿险经营的稳定性较好，较少运用再保险	再保险必不可少
转让的区别	保险合同可以转让	保险合同是属人的合同，未经保险人同意不能转让

人身保险除了具有保险的基本作用，即提供经济保障、稳定社会的作用以外，还有投资和储蓄的作用。长期寿险具有很强的储蓄性，这使人身保险成为了一种良好的投资手段，特别是储蓄性比较强的险种和利率敏感型险种，不仅仅可以为保户提供经济保障，同时还可以为保户提供投资收益，分享保险公司的经营成果。随着保险业的发展，人身保险的投资功能越来越明显。

三、人身保险的种类

（一）按保险标的进行分类

人身保险的保险标的为人的生命和身体，因此通常是按照人身保险的保险标的进行分类，分为人寿保险、年金保险、意外伤害保险和健康保险。人寿保险是保障死亡风险的，年金保险是保障生存风险的，意外伤害保险是保障残疾风险的，而健康保险是保障疾病风险的。

1. 人寿保险

人寿保险（Life Insurance）的保险标的是人的生命。保险人通过订立合同，并向被保险人收取一定的保费之后，只要被保险人在保险期限内死亡，保险人则按照合同的规定给付保险金。由于每个家庭中都有一些受赡养的成员，而如果作为家庭经济支柱的人过早死亡，则受赡养人的生活会面临困难。人寿保险就是帮助人们减轻这一风险。人们购买人寿保险主要是为了使自己的家庭获得一定的经济保障。人寿保险还有许多种类，比如定期寿险、终身寿险和两全寿险，还有多种类型，比如普通型、投资连结型、万能型和分红型。

2. 年金保险

年金（Annual）是收付款项的一种方法，在规定的时期或终身以内按年、季度或其他间隔时间支付款项。年金保险是用年金方法给付保险金。年金保险可定义为保险人在被保险人或年金受领者的生存期或特定时期按约定的金额作定期给付，给付条件是被保险人生存。所以，年金保险一般用来提供退休收入。典型的年金保险的特征与人寿保险正好有些相反。

3. 健康保险

健康保险(Health Insurance)是以被保险人的疾病或人体伤害损失为保险标的的保险,保障被保险人因为疾病而产生的医疗费用和其他费用,比如收入损失和护理费用。健康保险还包括许多种类,比如医疗费用保险、疾病保险、失能收入保险和长期护理保险。

4. 人身意外伤害保险

人身意外伤害保险(Personal Accident Insurance)是以被保险人遭受意外伤害事故造成死亡或残废为保险事故的人身保险,例如在旅游、乘坐交通工具、做家务、逛街购物等一些活动中所发生的意外伤害造成的人身伤亡。人身意外伤害保险多为短期险,保险期限从几分钟到一年不等。

(二)根据是否分红进行分类

主要是针对人寿保险进行的分类。按保单是否分红进行分类,人寿保险可以分为分红型保险(Participating Insurance)和不分红型保险(Non-Participating Insurance)。

分红型保险即保险人将每期经营盈利的一部分以红利的形式分配给被保险人。通常是在终身寿险或两全寿险的基础上增加的,即终身寿险(分红型)或两全寿险(分红型)。

不分红型保险则不包括红利,保险公司对未来进行了承诺,无论将来是盈还是亏,都由保险公司承担。

(三)按投保方式进行分类

按投保方式进行分类,人身保险可以分为个人保险(Individual Insurance)和团体保险(Group Insurance)。

个人保险是指一张保险单只为一个被保险人提供保障的保险。

团体保险是指以一张总保单为某一团体单位的所有成员,或其中的大多数员工提供保障的保险。通常在团体保险中,要求投保人数至少应该是总人数的75%。团体保险也有团体人寿保险、团体年金保险、团体意外伤害保险和团体健康保险。由于保障的对象不同,团体保险在许多方面与个人保险不同,将在第十　章中详细介绍团体保险。

案例 9－1　　人身保险产品的市场份额

2017 年，人身保险市场的保费收入为 26 036.30 亿元，其中人寿保险和年金保险的保费收入为 21 455.40 亿元，占比为 82.41%；健康保险的保费收入为 3 992.50，占比为 15.33%；意外伤害保险的保费收入为 588.40 亿元，占比为 2.26%。下图为各年人身保险市场上各险种的市场份额占比，从中可以看到，健康险的发展势头还是比较猛的，意外伤害险一直都是小险种，而人寿保险和年金保险因为具有非常明显的储蓄性特征，保费收入一直较高，市场份额占比也较大。

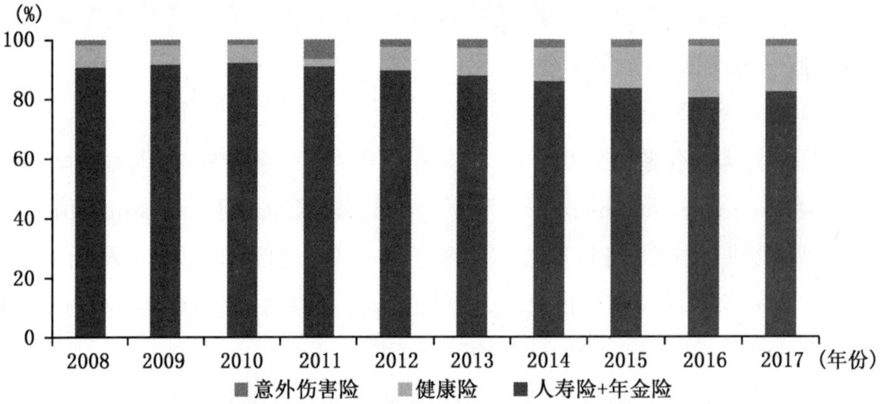

＊本案例中的数据仅考虑了人寿保险公司的保费收入，未考虑财产保险公司的短期健康保险和意外伤害保险的保费收入。

第二节　人寿保险

一、普通型人寿保险

普通型人寿保险是传统的人寿保险产品，是针对个人或某个家庭的保险，它主要是为被保险人提供死亡危险保障的保险，为保险期限内被保险人的死亡提供保障。传统的普通型人寿保险最大的特点就在于“固定”。它的保险金额是固定的，保费（每期交费）是固定的，利率也是固定的。这类保险产品的优点在于，保险公司对于未来的给付金额给予了承诺，无论将来如何，保险公司都将按合同约定的保险金额进行给付；但缺点则在于，固定的金额不具有抵御通货膨胀的能力，投保时看似充足的保险金额，到发生保险事故时可能由于通货膨胀的影响已经微不足道了。传统的普通型人寿保险的主要保险品种包括定期寿险、终身寿险和两全保险。

(一)定期寿险

定期寿险(Term Life Insurance)是以在合同约定期限内,或在被保险人达到一个确定年龄前提供死亡保障。如果被保险人在保险期限内死亡,则由保险人一次性向受益人给付保险金。如果保险期限届满时被保险人仍生存,则保险责任终止,保险人不承担给付保险金的义务,也不退还保险费。

1. 定期寿险的特点

定期寿险的保险期限是一定的,一般规定为 5 年、10 年、15 年、20 年和 25 年不等,选择的保险期限要以保险单期满时被保险人的年龄不超过 70 岁为限。

保单所有人具有续保或转换的选择权,即可续保条款和可转换条款。可续保条款是指当定期寿险保险期满时,投保人可以申请延长保险期限,而不必提供可保性证据,即不需要经过体格检查,不论其身体健康状况如何,都可以延续保险单。可转换条款是指在定期寿险保险期限中,投保人可以申请将定期寿险转换为其他具有储蓄或投资功能的保险,比如终身寿险或两全保险,也无须重新核保。

定期寿险的名义保险费比较低廉。定期寿险的期限相对较短,而且不具有储蓄性质,因此在相同保险金额和相同投保条件下,定期寿险的保险费低于任何一种人寿保险。这是定期人寿险的最大优点。但是对于保险公司而言,购买定期寿险的投保人存在严重的逆向选择。通常,一些身体健康状况不佳或职业危险程度大的被保险人,往往会投保较高保额的定期寿险,为其家属谋取更多的保险金。

所以,根据定期寿险的特点,定期寿险比较适合于低收入家庭,因为其保费比较低廉;比较适合于追求保障的家庭,因为定期寿险的保障性较强。

2. 定期寿险的种类

定期寿险相对比较简单,根据保险金额的变化,可以分为定额定期寿险、递减定期寿险和递增定期寿险。

定额定期寿险的保险金额在保险期限内一直保持不变。

递减定期寿险的保险金额在保险期限内逐年下降,例如家庭收入保险和抵押贷款保险。家庭收入保险的保险期限通常为 20 年,保单规定如果被保险人在保险期限内死亡,保险公司从被保险人死亡之日开始到规定期满为止按保单面额的一定比例给付受益人每月收入。因此,随着时间的流逝,家庭收入保单的保险金额是下降的。家庭收入保险单通常是由有家庭负担的年轻夫妇购买,在被保险人过早死亡的情况下,保险公司向其子女提供生活费用。抵押贷款保险(Mortgage Redemption Insurance)也是一种保险金额递减的定期寿险,其保险金额随贷款余额的下降而下降。如果抵押贷款的借款人在保险期内死亡,保险公司将给付等于借款人所欠抵押贷款金额的保险金。抵押贷款偿还保险的保险期限按照抵押贷款的期限确定,保险期内的保费一般是均衡的，通常是由抵押贷款偿还保险的受益人使用保险金来偿还抵押贷款。有时抵押贷款的放款人要求借款人投保抵押贷款偿还保险作为取得抵押贷款的一项条件，并要求指定放款人为受益人。

递增定期寿险的保险金额则在保险期限内逐年上升，其目的主要是为了防范通货膨胀。保险公司承诺，保险金额将按一定的规律逐年上涨，比如每 5 年上涨 5%，按通货膨胀指数上涨，或者按生活费用指数上涨等，从而使保险金额能够抵御通货膨胀的影响。

(二)终身寿险

终身寿险(Whole Life Insurance)是在被保险人的终身提供死亡保障的长期性保险，保险期限到 100 岁为止。如果被保险人在 100 岁之前死亡，保险人则给付身故保险金。终身寿险具有一定的储蓄性质。

1. 终身寿险的特点

终身寿险的保险期限很长。终身寿险的保险期限通常是到 100 岁，基本上涵盖了整个人生。所以终身寿险相当于保险期限截至被保险人 100 周岁的定期寿险。

终身寿险的保险费是按照均衡保费的形式缴纳的。均衡保费的含义是指每期缴费数额一样，而自然保费则指每期缴费随死亡率的变化而逐步提高。在保险期限的前期，均衡保费会大于自然保费，而在保险期限的后期，则自然保费会大于均衡保费。

均衡保费和自然保费的差值构成了现金价值。这个现金价值是不可没收的现金价值，是属于投保人的权利，当投保人退保时，可以从保险公司领回。所以，终身寿险具有一定的储蓄成分，既提供保险保障，又包含储蓄成分。

2. 终身寿险的种类

(1)根据保费缴纳期限分类

根据保费缴纳期限分类，可以将终身寿险分为连续缴费终身寿险、限期缴费终身寿险和趸缴保费终身寿险。

连续缴费终身寿险(Ordinary Whole Life)又称为终身缴费的终身寿险，即保费终身分期交付。连续缴费终身寿险保险合同明确规定，投保人必须按期缴付保费，直到被保险人死亡为止。如果投保人中途停缴保险费，超过宽限期仍未缴付保费，除非保单另有规定，否则保单将自动失效。

限期缴费终身寿险(Limited-Pay Whole Life)的保险费必须在规定期限内分期缴付，期满后不再缴付保险费。比如缴费期限为 10 年、20 年或 30 年，由投保人自行选择；或者将缴费期限限定为被保险人达到退休年龄。

趸缴保费终身寿险(Limited Payment Whole Life)是投保人在投保时把整个保险期间应缴付的保险费一次全部缴清。趸缴保费终身寿险虽然可以避免停缴保险费引起保单失效的情况发生，但是一次缴清全部保费数额巨大，投保人一般在经济上难以承受。

当然，不同缴费期限的终身寿险在相同的利率环境下，其现金价值的累积速度是不同的。图 9－1 以两全型终身寿险为例阐释了连续缴费终身寿险、10 年限期缴费终身寿险、20 年限期缴费终身寿险和趸缴保费终身寿险中现金价值累积的情况。

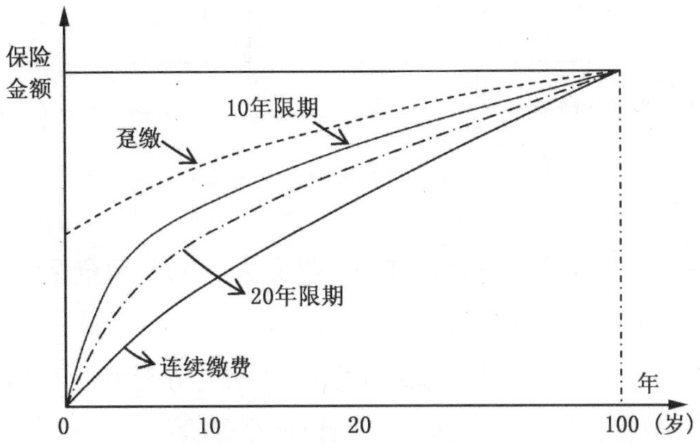

图 9－1　不同缴费期限的终身寿险现金价值的累积

(2)根据是否有满期保险金分类

根据是否有满期保险金分类，可以将终身寿险分为定期型终身寿险和两全型终身寿险。

定期型终身寿险不包括满期保险金。倘若被保险人在 100 岁之前死亡，保险公司一次性向受益人给付身故保险金；倘若被保险人到 100 岁时仍生存，则合同终止，没有任何满期保险金，也不退还保费。这种终身寿险可以看作期限比较长的定期寿险。

两全型终身寿险则包括满期保险金。倘若被保险人在 100 岁之前死亡，保险公司一次性向受益人给付身故保险金；倘若被保险人到 100 岁时仍生存，保险人给付满期保险金，又称为百岁祝寿金。

当然，在其他条件都完全相同的情况下，两种终身寿险的现金价值变化是不同的。图 9－2 以连续缴费终身寿险为例，阐释了两者现金价值变化的不同。

(三)两全保险

两全保险(Endowment Insurance)，又称生死两全保险，是保障加储蓄的保险。如果被保险人在保险期限内死亡，则保险人向受益人给付身故保险金；如果被保险人在保险期满时仍生存，则保险人向被保险人给付满期保险金。两全保险是死亡保险和生存保险的综合，而且具有储蓄的性质。

两全保险是储蓄性极强的一种保险，其保费中包括了储蓄保费。储蓄保费构成了现金价值，既可以用于中途退保时支付退保金，也可以用于期满生存时的生存给付。

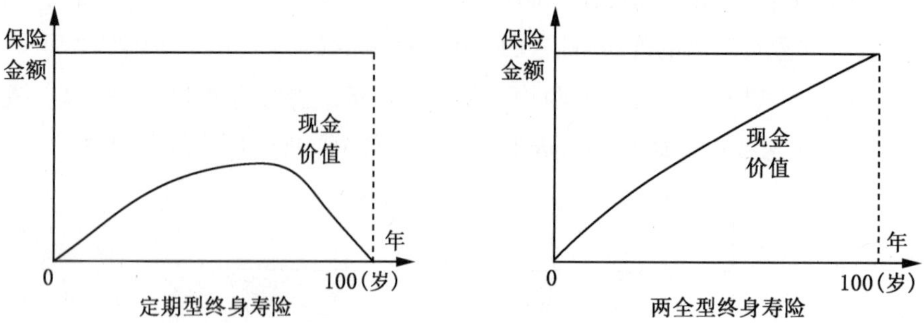

图 9-2 不同终身寿险现金价值的变化

两全保险最能体现人寿保险中保险与储蓄的两重性。所以,两全保险与银行的定期储蓄具有非常明显的同质性,大多在银行销售。

两全保险既保障期内死亡又保障到期生存,是死亡保险和生存保险的结合,无论是生还是死,都可以得到保险人的给付。因此,两全保险不仅可以使受益人得到保障,保障受益人因被保险人死亡而带来的经济损失;同时也能使被保险人本人得到保障,保障被保险人的生存风险。两全保险保单的保险金给付是必然的,所以两全保险的保费比较贵。

(四)普通型特种人寿保险

随着保险技术的提高和保险需求的多元化,在传统的普通型人寿险种的基础上提供了一些混合的寿险险种,以满足人们的特殊需求。这些保险被称为特种人寿保险,但实际上都是普通型定期寿险、终身寿险和两全保险的一些变化。

1. 简易人寿保险

简易人寿保险是一种保险金额低、不必检查被保险人身体的保险。其可能是定期寿险、终身寿险或两全保险。简易人寿保险是按保费单位出售的,而不是按保险金额单位出售。简易人寿保险的被保险人一般是低收入人士,又未经过体检,因而死亡率较高。简易人寿保险由于其保险金额小,保费低廉,通常在农村市场销售。

2. 被保险人数众多的保险

(1)联合人寿保险单:是指一份人寿保险单承保两个或两个以上人的生命,通常互为受益人,例如夫妻。该种保险单在被保险人中有一个人死亡时就给付保险金,合同即告终止。如果两个被保险人在同一事故中同时死亡,可给付两份保险金。所以在联合人寿保单中,受益人的指定和顺位很重要。

(2)最后生存者保险单:最后生存者保险单中也有两个或两个以上的被保险人。但是只有在最后一个被保险人死亡时才给付保险金,所以称为最后生存者保险单,也称为第二生命寿险。与联合人寿保险单相比较而言，最后生存者保单的保费相对比较低。而且在第一个被保险人死亡之后，被保险人可以进行如下选择：水平缴费，提高缴费，或者停缴。

二、创新型人寿保险

创新型寿险是指包含保险保障功能并且在投资账户中拥有一定资产价值的人身保险。它是保险人为了不断适应保险需求的多元化、增强自身在保险市场的竞争力而开发的。创新型寿险，不仅具有保险功能，同时又具有投资功能。

相对于传统的普通型保险产品的"固定"的特点，创新型保险产品的特点则在于"灵活多变"。其保额、保费、利率和现金价值等都是相对可变的，主要目的是为了抵御通货膨胀，其产品主要有分红型、投资连结型和万能型等。分红型保险一般被认为是从传统的普通型人寿保险向创新型人寿保险过渡的产品。

（一）分红型

分红型保险是指保险公司将其实际经营成果多于定价假设的盈余，按一定比例向保单持有人进行分配的人寿保险产品。它只是在传统的普通保险产品的基础上增加了分红，比如两全保险（分红型）、终身寿险（分红型）。

分红型保险的红利来自三个方面，即死差益、利差益、费差益。根据规定，保险公司每一会计年度向保单持有人实际分配盈余的比例不低于当年全部可分配盈余的70%。而且由于不同分红保单在不同年度对死差益、利差益和费差益的贡献不同，每张保单能分配到的红利数额是按照保单贡献的大小来确定的。保险公司在每一会计年度还会向客户寄送分红保险报告，说明分红保险经营状况及分红政策、当年度可分配盈余、保单持有人应获的红利金额及其计算基础和计算方法。

分红型保险的红利是没有保证的，投保人仅仅承担红利部分的风险。分红型保险的红利与投资收益挂钩，在一定程度上能够抵御通货膨胀。这是分红型保险的另一优点。

（二）投资连结型

投资连结型保险（Variable Life Insurance）又称为变额寿险，也是在普通型终身寿险基础上变化而来的。终身寿险（投资连结型）又称为投资连结保险。与普通型终身寿险相比较而言，投资连结保险的保费中包括储蓄保费，保险公司为保险单持有人分立投资账户，把储蓄保费用于投资，并承诺被保险人死亡时的身故保险金随投资现金价值的变动而变动，但规定了一个保证的最低给付金额，投资部分没有保证，投资风险由投保人自己承担。投资连结保险最早于1956年在荷兰开办，随后被西方国家广泛采纳，1976年在美国首次推销给大众。这种产品可以有效抵消通货膨胀对寿险的不利影响。

1. 投资连结保险的做法

投资连结保险在缴费方面与传统的普通型终身寿险相似。例如两者缴纳保费的方式都可以为规则的均衡保费,若没有按期续缴保费,保单就会失效。或者也可以按某种方式进行选择,如选择减额缴清保险,以及保险金额不变的展期保险。一般情况下,失效的寿险保单也可以按复效条款进行复效。

投资连结保险的投资部分相当于是基金定投。保险公司每期收到投保人的保费,在减去费用及死亡保险费之后,将余额存入一个单独的投资账户,并进行货币市场基金、普通股票基金、债券基金以及其他形式的投资。投资部分的管理也与基金一样,按份数购买,且按买入价折算成单位,也可以按卖出价计算现金价值,但是没有最低回报率的承诺。

投资连结保险的保障部分中,保险金额与投资收益以某种方式直接相连。目前有两种相关的方式:其一是最大值,即死亡保险金为保险金额和现金价值中的较大者,称为A型。在A型中,保险金额是固定的,是投保人在投保时确定的。由于保单的现金价值在不断变化,当现金价值大于保险金额时,死亡给付金额就等于现金价值。其二是和的方式,即死亡保险金等于保险金额和现金价值之和,称为B型。在B型中,死亡给付金额与现金价值成正比,如果现金价值增加了,死亡给付金额就会等额增加。

A型死亡给付金额=Max(保险金额,现金价值)

B型死亡给付金额=保险金额+现金价值

所以,投资连结保险的死亡保险金因现金价值的变化而变化,但不管投资收益如何,保险金额都不能低于某限额。

2. 投资连结保险的特点

投资连结保险与保险金额在保险期限内固定不变的普通型人寿保险相比较而言,具有以下特点:

(1)独立的投资账户。是指客户在投保投资连结保险后将拥有一个独立的个人投资账户。个人投资账户是保险公司为投保人单独设立、单独管理的独立于一般保险账户的资金运用账户。保单现金价值计入独立投资账户,独立投资账户内的资产与公司普通账户资产相分离,主要是允许保单持有人直接选择分立账户的投资决策,也是保护保单持有人的资产。

(2)保证最低死亡给付金额。死亡给付金额无论是以最大值的方式,还是以和的方式与现金价值相联系,最低的死亡给付金额都是合同规定的保险金额,它不受保险公司投资效益好坏的影响。而如果投资效益更好,则投资连结保险的死亡给付金额更多。

(3)保险人和投保人承担不同的风险。投资连结保险分立账户投资风险的承担者是投保人。投保人提供了选择投资组合的权利,保险人按照投保人指定的投资方式进行投资,而保险人只负责死亡和费用风险,即保证被保险人有一个最低的死亡给付金额。

投资连结保险具有证券的特征,因此有些国家规定投资连结保险也应该遵守相关的证券法规。例如,1973 年美国联邦证券交易委员会明确规定:投资连结保险产品属于证券的一种,受证券法规的约束。因此,美国的投资连结保险单要同时受联邦证券法和州保险监管部门的管理。

案例 9－2　中国平安保险公司世纪理财投资连结保险条款

【责任条款】

第二条　保险责任:在本合同有效期内,本公司承担下列保险责任:

一、身故保险金:被保险人在保险期间内身故,本公司根据本合同项下的投资单位价值总额或者保险金额,取二者中金额较大者给付身故保险金,本合同终止。

本合同项下的投资单位价值总额根据本公司收到被保险人死亡证明书后的下一个资产评估日的投资单位卖出价和本合同项下的投资单位数计算。

【一般条款】

第一条　投资账户:投资账户的资产以投资单位计量。每期保险费中转入投资账户的部分,均按投资单位买入价计算相应的投资单位数。

【投资单位】指本公司投资账户资产的计量单位。

【买入价】指本公司分配保险费进入投资账户时每一投资单位的价格。

【卖出价】指本公司将投资单位转为现金时每一投资单位的价格。

第三条　投资单位价格:投资账户中的投资单位价格分为买入价和卖出价。

第四条　投资单位数量确定:本公司按照本合同的规定,确定每期保险费转入投资账户的金额并计算相应的投资单位数(计算方法略)。投保人延迟交付保险费时,投资单位的买入价为保险费实际收到日的下一个资产评估日的投资单位买入价。

第五条　投资账户资产管理费:本公司在每个资产评估日收取投资账户资产管理费,投资账户资产管理费收取比例根据投资账户资产类型确定,但每月最高不超过 0.2%。

(三)万能型

万能型(Universal Life Insurance)也是在普通型保险的基础上变化而来的,比如终身寿险(万能型)也称为万能寿险。万能寿险于 1979 年出现于美国,是为了满足那些要求保费支出较低而且方式灵活的寿险消费者的需求而设计的。万能寿险也是抵御通货膨胀的创新型险种之一，它允许投保人根据岁数改变保险金额、保险费及其缴付时间。保费中也包括储蓄保费，并将储蓄保费用于投资，身故保险金也与投资现金价值相关，不但规定了保证的最低给付金额，投资部分也有最低保证。

1. 万能寿险的做法

万能寿险的保费缴纳方式灵活，保险金额可以根据规定进行调整。保单持有人在缴纳一定量的首期保费之后，可以选择在任何时候缴纳任何数量的保费，只要保证保单的现金价值足以支付保单的相关费用，有时甚至可以不再缴费。而且保单持有人可以在具备可保性前提下提高保险金额，也可以根据自己的需要降低保险金额。

万能寿险在投资部分与变额寿险不完全相同。其并没有为每一个客户均开设独立账户，也没有不同投资风格的投资账户让客户选择，万能寿险只有一个万能账户。但是万能寿险中，保险公司要为客户提供一个最低保证收益率，即使保险公司的实际投资收益率较低，也必须按最低保证收益率支付。而对于超过保证收益率的超额部分，保险单持有人和保险公司可以分享这超额的投资收益。

万能寿险在保障部分与变额寿险完全相同。万能寿险的死亡给付金也是以某种方式与投资的现金价值联系的，也是提供了 A 型和 B 型两种死亡给付方式。同理，通常投保人在投保时就确定所购买的保单是 A 型还是 B 型。

万能寿险的经营也具有一定的透明度。每个保单年度末，保险公司都会给保单持有人寄送年报，如保费、死亡给付、利息率、死亡率、费用率、现金价值之间相互作用的各种预期结果的说明，以及保险投资的情况。保单持有人可以了解该保单的内部经营，清楚地知道自己的钱是如何花的。

2. 万能寿险的特点

万能寿险与传统的普通型寿险相比较而言，具有以下特点：

(1)灵活可变。万能寿险保费缴付的灵活性在于在第一个保险年度后实行完全灵活的保险费缴付制。寿险公司要求投保人在第一个保险年度内必须缴付最低的保险费，以后由投保人决定缴付多少保费以及缴付保费的时间，甚至也可以暂停缴费。当然，万能寿险的一个弊端也是由于没有保费缴纳的严格限制，从而使投保人容易退保。在保单生效一年后，投保人可以根据自己的需要向保险公司申请改变保险金额。为了防范逆选择，增加保险金额，需要提供可保性证据，减少保险金额，无须提供可保性证据，但保险单规定了一个最低保险金额，以便保证其保险产品性质。经营万能寿险的保险公司则会以简便手续批准投保人增减保险金额的申请。

(2)保单运作的透明性。寿险公司向客户每年或每半年定期寄送一份保单信息状况表，向客户说明所缴保费如何在提供死亡给付保障、费用和现金价值中间分配，以及死亡给付金、退保金、现金价值所赚的利息、保单抵押贷款、提取现金价值等情况。从而便于客户进行不同产品间的对比，并监督保险公司的经营状况。

(3)最低保证回报率。万能寿险提供了最低保证回报率，因此，投保人承担最低保证回报率以上的风险，而保险人承担最低保证回报率以下的风险。

第三节 人寿保险的专业术语

由于人寿保险中保险标的的特殊性和保险期限的长期性，故其有着与财产保险完全不同的专业术语。当然，其中一些专业术语在其他人身保险如年金保险中也会采用。

一、保费缴纳

保费缴纳方式有趸缴和期交两种方式。趸缴是指一次性缴清所有保费。期交是指分期缴纳保费，通常是每年一次。《保险法》第三十五条规定："投保人可以按照合同约定向保险人一次支付全部保险费或者分期支付保险费。"期交时还规定了缴费期和宽限期。

二、人寿保险的费率构成

费率(Premium Rate)是保险产品的单价，而保费是保险产品的总价。通常，人寿保险的单位是千元保额，因此，费率是基于千元保额的单价。在计算应当缴纳多少保费时，则

$$\text{保险金额}/1\,000\times\text{费率}=\text{保费}$$

人寿保险的费率称为毛费率或总费率，并由三个部分构成：纯费率(净费率)(Pure Premium Rate)、附加费率(Additional Premium Rate)和储蓄保费(Deposit Premium)。其中，纯费率是用于保障的，是为了构成不幸人所得到的保险赔款而分摊给所有幸运的人承担的那一部分。而附加费率是用于保险公司的经营管理的费用的，比如工资、电话、交通等。储蓄保费则是用于投资和储蓄的。因此，倘若该保险产品是纯保障型保险产品，而不具有任何储蓄或投资的特征，则费率中不包括储蓄保费。因此，整体上而言，纯保障型保险产品比投资型或储蓄型保险产品的保费负担要轻松一点。

$$\begin{array}{c}\text{毛费率}\\(\text{总费率})\end{array}=\text{纯费率}+\text{附加费率}+\text{储蓄保费}$$

三、寿险定价三要素

在人寿保险的定价过程中，保险公司计算纯费率时需要用到死亡率，计算附加费率时需要用到费用率。另外，考虑到人寿保险的长期性，还需要用到利率。因此，死亡率、费用率和利率被称为人寿保险的定价三要素，是精算师在计算人寿保险费率的过程中必须要用到的三个参数。

当然，精算师在定价的过程中，是对未来的情况进行预计，所以实际上是采用了预定死亡率、预定费用率和预定利率。这三个数值都是精算师根据对未来经济、金融、保险、人口、投资等诸多方面的综合考虑而确定出来的，并据此计算得到了保费，销售了保险产品。但是当保险期限结束之后，就会得到实际死亡率、实际费用率和实际利率。预定的值与实际的值之间会具有一定的差值。比如，在确定费率时，预计死亡率为1‰，即1 000个人中会死去1个人。结果实际死亡率可能为2‰，即1 000个人中死了2个人；当然，也可能为0.5‰，即2 000个人中才死了1个人……无论如何，实际死亡率与预计死亡率之间总归会存在一定的差值，这个差值就称为死差。同理，实际费用率与预计费用率之间也会存在一定的差值，这个差值称为费差；实际利率与预计利率之间也会存在一定的差值，这个差值称为利差。

从保险公司的角度而言，死差、费差和利差存在"益"和"损"两种情况。比如说，当实际死亡率小于预计死亡率时，即预计死亡率为1‰，即1 000个人中会死去1个人。结果实际死亡率却为0.5‰，即2 000个人中才死了1个人。此时保险公司就少赔了一个人的保险金，相当于有了收益。以此类推则为：

"益"是指对于保险公司而言有收益。实际死亡率小于预计死亡率就产生了死差益；实际费用率小于预计费用率就产生了费差益；实际利率高于预计利率就产生了利差益。

"损"是指对于保险公司而言有亏损。实际死亡率大于预计死亡率就产生了死差损；实际费用率大于预计费用率就产生了费差损；实际利率小于预计利率就产生了利差损。

"益"和"损"实际上是保险公司在未来存在的风险。在传统的普通型人寿保险产品，比如定期寿险、终身寿险、两全保险中，保险公司给了投保人以承诺。无论被保险人死亡时保险公司应该赔偿多少身故保险金，抑或是生存时能拿到多少生存保险金，保险公司事先都明确说明。所以，传统的普通型人寿保险产品的特征在于"固定"，即保险公司给予投保人以承诺，未来的保费收入、投资收益、保险金额等均为固定。实际上，是保险公司自己承担了未来变动的风险。

而在创新型人寿保险产品，比如终身寿险（投资连结型）和终身寿险（万能型）中，保险公司只是说明了游戏规则，承诺将来的身故保险金或生存保险金将会按照什么方法计算得到，但具体多少并不知道，也不予承诺。所以，创新型人寿保险产品的特征在于“投资回报不承诺”，实际上是投保人承担了未来的投资风险。

而分红型保险的特征在于“固定+不承诺”。即保险公司给予投保人以一定的承诺，但红利部分不进行承诺。未来倘若经营有收益，即存在死差益、费差益和利差益时，则保险人以红利的方式与投保人共享。未来倘若经营有亏损，即存在死差损、费差损和利差损时，则由保险人承担。实际上在分红型保险中，是保险公司与投保人一起承担了未来变动的风险。

所以，从人寿保险定价三要素推导出死差、费差和利差，再从风险的承受者的角度分析，就可以明确地看出传统型人寿保险产品和创新型人寿保险产品的本质区别(见表 9-2)。

表 9-2 传统的普通型人寿保险和创新型人寿保险的本质区别

	益	损
传统的普通型寿险	保险人享有	
分红型寿险	保险人与投保人共享	保险人承担
创新型寿险 (投资连结型、万能型)	死差、费差:保险人享有 利差:投保人享有	

四、均衡保费与自然保费

自然保费(Natural Premium)是以人的每一年龄及一年期间的死亡率为基础所制定的各年龄的保险费。其数额等于预期的当年的保障成本。显然，随着人的年龄不断增加，死亡率也不断增加。因此，如果按自然保费缴纳，则每期缴费随死亡率的升高而逐步提高，每年都会有所增加。均衡保费(Level Premium)的含义是指每年缴纳的保费金额相同。实际上，保险人将被保险人不同年龄的自然保费，按照预定利率并结合利息的因素，均匀地分配在每个缴费期限。在实务中，通常都是采用均衡保费，因为每年缴纳的保费是同等金额，方便管理也易于理解，如表 9-3 所示。

表 9-3 自然保费与均衡保费的示例

年龄	死亡率(‰)	自然保费	均衡保费
35	2.51	2.44	16.29
40	3.53	3.43	16.29
45	5.35	5.19	16.29
50	8.32	8.08	16.29

续表

年龄	死亡率(‰)	自然保费	均衡保费
55	13	12.62	16.29
60	20.34	19.75	16.29
70	49.79	48.33	16.29
80	109.98	106.77	16.29
90	228.14	221.49	16.29

但是,由此在均衡保费和自然保费之间就会形成一定的差,这个差值就构成了保单的现金价值(见图 9-3)。比如,在保单前期,均衡保费大于自然保费,投保人相当于多交保费了,此时产生现金价值,并逐步积累,现金价值逐渐增大。到某一个时刻,随着死亡率的增加,自然保费也不断增加,均衡保费小于自然保费,投保人相当于少交保费了,则少交的部分从投保人累积的现金价值中扣除,现金价值开始下降。所以按照预定利率进行计算,当保险期限结束时,正好把现金价值扣完。当然,倘若实际利率高于预定利率,则产生了利差益;若实际利率低于预定利率,则产生了利差损。

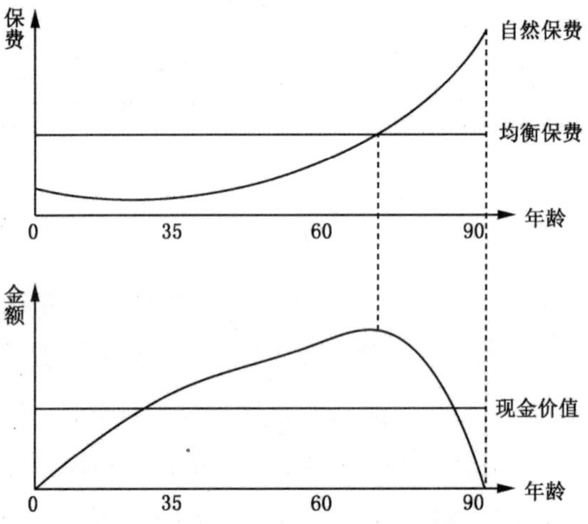

图 9-3 自然保费与均衡保费的差值

五、保单的现金价值

人寿保险单通常都存在现金价值(Cash Value),产生于下列两个方面:

其一,由于长期寿险通常采用均衡保费,而不是自然保费,因此,均衡保费与自然保费的差值就产生了现金价值。

其二,倘若保险产品还具有投资或储蓄的功能,则还包含储蓄保费。储蓄保费也是投保人存在保险公司的钱,是属于投保人的资产。储蓄保费经过投资产生的收益也应该属于投保人。

所以，当投保人退保时，保险人需要将属于投保人的现金价值返还给投保人，因此又称为不可没收现金价值（Non Forfeiture Cash Value）。

六、现金价值的选择权

通常，投保人可以采取不同方式利用保单的现金价值：

1. 领取退保金

在退保时，投保人可以取得退保金，即不可没收的现金价值。领取退保金的方式有三种可供选择：

（1）现金。在退保时，保单所有人可以现金的方式取回现金价值，保险结束。

（2）购买减额缴清保单（Reduced Paid-up Insurance）。投保人可把退保金作为保费一次性缴清来购买减额保费缴清保单，而不再继续支付任何保费，相当于将原保单变更为新保单。由于现金价值的总额可能比需要支付的保费要少，故新保单的保险金额比原保单要小，即保险金额减少，但保险期限相同。

（3）购买定期寿险。投保人可把退保金作为一次缴清保费来购买与原保单保险金额相等的一定时期的定期寿险保单，而不再继续支付任何保费，也相当于将原保单变更为新保单。由于现金价值的总额可能比需要支付的保费要少，故要维持新保单的保险金额与原保单相同，则必须缩短保险期限，从终身寿险变更为定期寿险。

2. 保单贷款

投保人有权向保险公司将现金价值“贷”出。由于现金价值本来就是属于投保人的，所以保单贷款并非真正的贷款。通常投保人无须向保险人支付利息，而且所贷的款项也可还可不还。因此，保单贷款的金额必定是小于保单现金价值的，可以为现金价值的固定比例或小于“现金价值与到期利息之差”的整数。而且基本无须审查，投保人随时可取。但是通常用于临时使用，这是由于现金价值本身累积金额就不算大，而且如果过于宽泛，则不利于维持保单的效力。

3. 自动抵缴保费

大多数具有现金价值的保单都附有此条款，这是缺省值的选项。保险公司会把保单现金价值自动用来垫缴逾期保费，保单继续有效。

七、红利支付方式

在分红保险中，红利来源于定价假设与实际经营成果之间的盈余，即死差益、费差益和利差益。保险公司支付方式有现金红利和增额红利两种。

(一)现金红利

现金红利是指保险公司所设计的分红型人寿保险是以现金的形式提供红利。此时,投保人可以在以下几种方式中选择使用红利:

(1)现金。以现金的形式将红利取出来。

(2)抵缴保费。红利可用来减少下期保费。也就是说,保单所有人可以把红利抵缴保费,则下一期的应缴保费就少了。通常保险公司会发出一份红利通知书,列明红利的具体金额和扣除红利后应缴的保险费具体金额。

(3)留存红利。投保人选择由保险公司保存红利,从而继续投资,取得累积的利息收入。大多数保险公司规定投保人在任何时候都可以提取所累积的红利。

(4)购买增额保费缴清保险(Paid-up Addition)。即把红利用来一次性购买保险并把相关保费缴清,而且原定的应缴保费仍然保持不变并且继续缴纳。则此时相当于多缴保费了,故倘若期限仍然是终身寿险,则保险金额应当增加,故称为增额保费缴清保险。

(5)购买定期寿险。相当于用红利另外再购买一份定期寿险。当然,实际购得的定期寿险金额取决于红利金额、被保险人的年龄和定期寿险的费率。

(6)把保单转化为保费缴清保单或两全保险。即把红利抵缴保费并且缴清,或者把红利作为保障生存部分的保费,而将保险产品转化为两全保险。

当然,保单所有人应该根据自己的经济情况和需要来进行选择。假如收入有限,就应该选择付现金或减少下期保费。假如健康状况欠佳,则选择购买增额保费缴清保险是有利的。假如还需要额外的人寿保险,则可选择购买定期寿险。

(二)增额红利

增额红利是指保险公司不将红利以现金的方式分给投保人,而是在整个保险期限内以每年增加保险金额的方式分配红利,但投保人的应缴保费不变。这与上述投保人自己选择"购买增额保费缴清保险"的道理一样,也相当于给了投保人增加保险金额的权利。因为一般情况下,为了防范道德风险和逆选择,保险公司是不允许投保人在购买了保险之后提高保险金额的。

但是,在增额红利下,增加的保额作为红利一旦公布,则不得取消。而且采用增额红利分配方式时,会存在一些零头等,故保险公司必须在合同终止时以现金的方式给付终了红利,即所谓的"二次分红"。

八、保险金给付方式选择权

在人寿保险中,当被保险人死亡,受益人向保险人请求给付保险金时,除了可以请保险人以一次总付现金的方式给付以外,还可以选择以其他方式进行给付。投保人可以在被保险人死亡之前作出选择,或者把选择权授予受益人:

(1)一次性支付给受益人

(2)按约定期限向受益人分期给付保险金及利息。当然,有固定利率与最低保证利率的选择,同时保险公司在受益人领取时提供转换标准。

(3)按年金给付。即用应支付给受益人的寿险给付金购买一份年金保险,并将寿险保险合同的受益人作为年金保险合同的被保险人。只要其生存,就可以从保险公司领取年金,直至死亡为止。这样可以通过结构给付年金而给寿险保险合同里的受益人提供一个与生命等长的现金流。

九、犹豫期条款

犹豫期是指投保人可以撤销保险合同,全额收回已交保费的约定期限,保险人通常仅仅扣除制作保单的工本费,比如不超过 10 元。通常约定犹豫期为 10 日,实务中大多按照 10 个工作日来处理;若商业银行代理销售的保险产品的保险期间超过 1 年的,则在合同中约定为 15 日。犹豫期通常自保单送达日的次日开始计算,即投保人、被保险人收到保单并书面签收日或接受邮局的邮戳日期。在人寿保险合同中设计犹豫期条款的意义在于:由于人寿保险产品大多为长期产品,消费者可能在购买时没有思考清楚,所以犹豫期给投保人以反悔的机会。同时可保证正确传递保险信息,减少合同纠纷,保护投保人权益。

十、宽限期、失效与复效条款

在期交保费中,投保人一般每年需缴费一次。保险合同中通常设计了缴费期。缴费期是指保单所有人缴纳保费的时期。当然,投保人应当在缴费期内完成缴费。倘若投保人没有在缴费期内完成缴费,则保险合同进入了宽限期。

(一)宽限期条款

宽限期条款规定,续期保费可适当在宽限期中推延而不影响保单效力。《保险法》第三十六条规定:"合同约定分期支付保险费,投保人支付首期保险费后,除合同另有约定外,投保人自保险人催告之日起超过三十日未支付当期保险费,或者超过约定的期限六十日未支付当期保险费的,合同效力中止,或者由保险人按照合同约定的条件减少保险金额。"因此可以看到,我国规定的宽限期为六十日,是从约定的缴费期限结束时开始计算的。

如果投保人在宽限期内补交了所欠的续期保费以及相应的利息,则保险合同继续有效;倘若投保人在宽限期内并未补交所欠的续期保费以及相应的利息,则保险合同效力中止,分红险停止分红、停止派息,保险合同进入复效期。

但是,无论投保人在宽限期内是否补交了所欠的续期保费以及相应的利息,保险合同在宽限期内都是继续有效的。如果被保险人正好在宽限期内死亡，则保险人在向受益人给付保险金时，需扣除投保人所欠交的续期保费以及相应的利息。

（二）复效期条款

如果保单所有人在宽限期内仍未缴付保险费，保单效力中止或者由保险人按照合同约定的条件减少保险金额，停止分红、停止派息，保险合同效力中止，保险合同失效并进入复效期。《保险法》第三十七条规定："合同效力依照本法第三十六条规定中止的，经保险人与投保人协商并达成协议，在投保人补交保险费后，合同效力恢复。但是自合同效力中止之日起满二年双方未达成协议的，保险人有权解除合同。保险人依照前款规定解除合同的，应当按照合同约定退还保险单的现金价值。"我国《保险法》规定的复效期为两年。

在复效期内，投保人可以向保险人申请恢复效力，但是通常会重新经过严格的核保。投保人在申请复效时，首先应当由投保人提出复效申请；而且应当在复效期内提出申请，即当保险合同尚未被撤销的前提下，保险人才会受理投保人的复效申请；然后，保险人会要求投保人重新体检、声明、核保并提供可保性证据，并对投保人和被保险人进行风险审核，包括财务核保和健康核保，就如同投保人重新购买保险一样严格；最后，当保险人审核通过之后，投保人补交保费、欠款及利息，保险合同的效力恢复。此时，某些部分限制条件重新起算，例如自杀条款、不可抗辩条款等期间。尽管申请复效的手续和流程与投保人重新购买保险基本上一致，但实际上对投保人来说，恢复失效保单的效力比重新购买新保单更加有利。因为由于通货膨胀等原因，原保单费率一般低于新单费率；而且新保单没有新单费用，现金价值也恢复了。同时，这样做对保险公司保留住客户也有利。

倘若投保人在复效期内仍然没有提出复效申请，则当复效期结束时，保单效力终止。

有关宽限期、失效与复效条款的总结如图 9-4 所示。

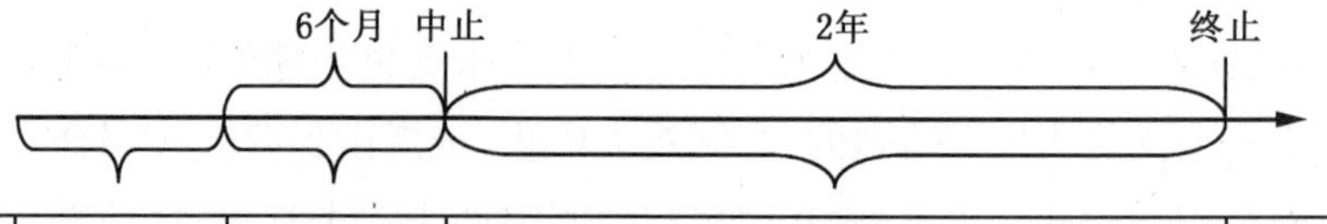

	缴费期	宽限期	失效期	
保单效力	有效	有效	效力中止/成立	效力终止
被保险人身故时的处理	赔偿	赔偿，并减去欠费及利息	不赔偿	不赔偿

图 9-4　宽限期、失效与复效条款

十一、自杀条款

《保险法》第四十四条规定:"以被保险人死亡为给付保险金条件的合同,自合同成立或者合同效力恢复之日起二年内,被保险人自杀的,保险人不承担给付保险金的责任,但被保险人自杀时为无民事行为能力人的除外。保险人依照前款规定不承担给付保险金责任的,应当按照合同约定退还保险单的现金价值。"这说明如果被保险人在保单生效后的两年内自杀,保险人不给付保险金,但会退还保险单的现金价值。

自杀条款的目的是为了减少保险人的逆选择,避免怀有自杀意图的人购买人寿保险。按照法律术语解释,因为人具有强烈保护自己的天性,所以一般认为死亡是一种非故意行为。但是需要注意的是:

第一,"被保险人自杀时为无民事行为能力人的除外"。也就是说,根据近因原则,认为被保险人自杀时为无民事行为能力人时,死亡近因并非自杀。

第二,当保单失效后投保人申请恢复效力的,自杀条款的两年时间需要重新计算。这也是为了防止投保人在申请复效时出现严重的逆选择。

第三,《最高人民法院关于适用《保险法》若干问题的解释(三)》第二十一条规定:"保险人以被保险人自杀为由拒绝给付保险金的,由保险人承担举证责任。受益人或者被保险人的继承人以被保险人自杀时无民事行为能力为由抗辩的,由其承担举证责任"。

案例 9-3　　自杀是否应当获得赔偿

王某为自己投保了一份终身寿险保单,保险金额为 50 万元;也给自己的 3 岁小女购买了终身寿险,保险金额为 10 万元。保险合同成立并生效的时间为 2007 年 3 月 1 日。因王某未履行按期交纳续期保费的义务,王某及其女儿的保险合同效力遂都于 2008 年 5 月 2 日中止。2009 年 5 月 1 日,王某补交了自己及其女儿保险合同中所拖欠的保险费及利息。经保险双方协商达成协议,两份合同效力均恢复。2009 年 10 月 10 日,王某带着自己的 3 岁小女一起自杀身亡。其后,保险合同的受益人便向保险公司提出给付王某保险合同的身故保险金 50 万元,及王某小女保险合同的身故保险金 10 万元,共计 60 万元的索赔请求。而保险公司则认为"复效日"应为合同效力的起算日,于是便以合同效力不足 2 年为理由予以拒赔。王某的受益人遂向法院提起诉讼。

这是一起围绕复效合同效力是以合同成立日,还是以复效日作为起算日的保险纠纷案件。自杀条款和复效条款是人寿保险单中常见的条款。根据我国《保险法》规定，以死亡为给付保险金条件的保险合同，自成立之日起满两年内，如果被保险人自杀，除无民事行为能力人之外，保险人不应当赔偿；自成立之日起满两年后，如果被保险人自杀，保险人可以按照合同给付保险金。另外，根据《保险法》的规定，合同效力中止之日起两年内，经保险人与投保人协商并达成协议，在投保人补交保险费后合同效力恢复(即复效)。很明显，根据《保险法》中有关复效条款的规定，一些限制性条款，例如自杀条款等应当从复效日重新起算。

因此，由于王某是成年人，具有完全民事行为能力，故其在复效之后的两年内自杀，保险公司不予赔偿；但王某的女儿是无民事行为能力人，其虽也在复效之后的两年之内自杀，实际上是成年人王某导致的诱发死亡，保险公司应当赔偿。故保险公司赔偿受益人10万元。

十二、年龄误报条款

在人寿保险中，保险费率与被保险人的年龄密切相关，因此被保险人的年龄务必确保真实。《保险法》第三十二条规定："投保人申报的被保险人年龄不真实，并且其真实年龄不符合合同约定的年龄限制的，保险人可以解除合同，并按照合同约定退还保险单的现金价值。保险人行使合同解除权，适用本法第十六条第三款、第六款的规定。投保人申报的被保险人年龄不真实，致使投保人支付的保险费少于应付保险费的，保险人有权更正并要求投保人补交保险费，或者在给付保险金时按照实付保险费与应付保险费的比例支付。投保人申报的被保险人年龄不真实，致使投保人支付的保险费多于应付保险费的，保险人应当将多收的保险费退还投保人。"

第十六条是有关不可抗辩条款的规定。其中，第三款的规定是："前款规定的合同解除权，自保险人知道有解除事由之日起，超过三十日不行使而消灭。自合同成立之日起超过二年的，保险人不得解除合同；发生保险事故的，保险人应当承担赔偿或者给付保险金的责任。"第六款的规定是："保险人在合同订立时已经知道投保人未如实告知的情况的，保险人不得解除合同；发生保险事故的，保险人应当承担赔偿或者给付保险金的责任。"

这也就是说，在年龄误报方面应当按照如下情况分别处理：

第一种情况：投保人申报的被保险人年龄不真实，并且真实年龄不符合合同约定的年龄限制的。倘若保险人在保险合同成立后两年之内发现，可以解除合同，并退还保单现金价值，并且在知道事实之日起三十日内就必须解除，否则就是弃权就禁止反言；倘若保险人在保险合同成立后两年之后发现，则不得解除合同，弃权就禁止反言。

第二种情况：投保人申报的被保险人年龄不真实，并且真实年龄符合合同约定的年龄限制的。则按照真实年龄处理保费，多退少补。倘若在被保险人死亡时发现被保险人的真实年龄和保单上的年龄不一致，则保险金的给付金额是保费按正确年龄所购买的金额。即如果实际年龄大于保单上的年龄，相当于保单所有人少交了保费，因此给付的保险金要低于保单上的保险金额。反之，如果保单上的年龄高于实际年龄，保险公司会向受益人退还多缴的保险费。

十三、保单转让条款

人寿保险单是可以自由转让的。通常有两种转让方式：绝对转让和质押转让。

绝对转让是把保单所有权转让给一个新的所有人，如把保单捐赠给慈善组织和教育机构。这实际上是变更了投保人，在英美国家比较常见。

质押转让是把一份具有现金价值的保单作为贷款的质押品，只是把某些权利转让给债权人，受让方至多只能取得相当于贷款的保险金，其余保险金付给受益人。保单的质押转让是暂时的有条件的转让，而且质押债权人是生存和身故受益人，转让条件、转让份额及金额是通过批单或背书记录，在以他人为被保险人且有死亡保障时，必须由被保险人同意，同时不得影响不可撤销受益人的利益。

《保险法》第三十四条规定："以死亡为给付保险金条件的合同，未经被保险人同意并认可保险金额的，合同无效。按照以死亡为给付保险金条件的合同所签发的保险单，未经被保险人书面同意，不得转让或者质押。父母为其未成年子女投保的人身保险，不受本条第一款规定限制。"

十四、常见的附加条款

人寿保险合同中还有许多附加条款，供投保人选择。常见的有：

（一）保费豁免条款

保费豁免条款是指在保险合同规定的缴费期内，投保人或被保人达到某些特定的情况（如身故、残疾、重疾或轻症疾病等），由保险公司获准，同意投保人可以不再缴纳后续保费，保险合同仍然有效。

（二）生前给付约定

在人寿保险中，生前给付约定允许被保险人在其生前部分领取死亡保险金。其目的是给被保险人生前的抚慰，希望其在生命的最后一个阶段能够安静祥和。但是生前给付约定通常有比较苛刻的条件，比如，预期被保险人的寿命即将终止，如在180或360天内；曾经动用过此项权利的被保险人则不能再次动用；不适用于减额交清和定期死亡保险。

案例 9-4　　人身保险产品的定名[①]

人身保险产品的定名应当符合下列格式：

“保险公司名称”+“吉庆、说明性文字”+“险种类别”+“(设计类型)”

保险公司名称可用全称或者简称；吉庆、说明性文字的字数不得超过 10 个。附加保险产品的定名应当在“保险公司名称”后标注“附加”字样。团体保险应当在名称中标明“团体”字样。

人身保险分为人寿保险、年金保险、健康保险、意外伤害保险。

人寿保险的险种类别分为定期寿险、终身寿险、两全保险等。

年金保险中的养老年金保险的险种类别为“养老年金保险”，其他年金保险的险种类别为“年金保险”；

健康保险的险种类别分为疾病保险、医疗保险、失能收入损失保险、护理保险等。

意外伤害保险的险种类别为“意外伤害保险”。

人身保险的设计类型分为普通型、分红型、投资连结型、万能型等。分红型、投资连结型和万能型人身保险应当在名称中注明设计类型，普通型人身保险无须在名称中注明设计类型。

第四节　年金保险

一、年金保险的概述

年金(Annuity)是一系列的定期支付，是收付款项的一种方法。它的特点是每隔一定周期收付一个固定的数额，这个周期可以是一年、半年、一季度或者一个月，因为常见的周期是一年，所以习惯上称为年金。例如，职员每个月领取一次工资，就是一种收入年金，它的周期是一个月；房屋承租者每年支付等额的房租，就是一种支出年金，它的周期就是一年。

年金保险是生存保险的特殊形态，是指在被保险人生存期间或某一约定期间内，保险人按照合同约定的金额和方式，有规律、定期地向被保险人给付保险金；若在此期间内被保险人死亡，则保险公司不再给付保险金。

---

① 人身保险公司保险条款和保险费率管理办法(2015 年修订)。

在年金保险中，被保险人也称为年金领取人(Annuitant)。通常投保人投保年金保险的目的，是为了使被保险人的晚年生活得到保障。人们往往从年轻时开始缴纳保费，年老退休后便可以按一定周期领取一笔固定数额的保险金，作为晚年生活的经济来源。年金保险大多用于养老，所以又称为养老年金保险。在年金保险中，保险公司依照合同给付生存者的保险金不仅包括其所缴纳的保费及其衍生利息，而且包括保险期内死亡者所缴纳的保险费及衍生利息。

二、年金保险的特点

年金保险是以被保险人的生存为给付条件的人寿保险。年金保险与人寿保险一样，都是根据相同的原理，使用集合基金的方法，运用生命表上的死亡率和生存率以及复利计算保险费。年金保险与人寿保险比较，有其自身的特性。

(1)人寿保险为被保险人因过早死亡而导致受益人丧失收入的风险提供经济保障，被保险人死亡事故发生得越早，对保险人越不利。年金保险为被保险人的长寿提供收入保障，预防被保险人因寿命过长而依靠自己收入不足以维持生活的风险，被保险人生存的时间越长，则对保险人越不利。

(2)人们投保人寿保险的目的是在死亡事故发生时能为其家属谋求一笔保险金，保障家庭生活的稳定。人们购买年金保险通常以养老为目的，为了保证晚年的生活稳定，避免因寿命过长而可能导致的丧失收入来源或耗尽积蓄。

(3)人寿保险在投保时要严格检查被保险人的身体，防止逆向选择的产生。年金保险投保时无须提供可保性证据，只要能承担保费，任何人都可以参加。

(4)人寿保险的主要功能是积累与创造一笔资金，而年金保险的基本功能是有规则地清偿用人寿保险和其他如储蓄、投资等方法积累或创造的一笔资金。

(5)人寿保险是被保险人在保险期限中死亡时一次性给付保险金。而年金保险是被保险人在保险期限内生存时由保险公司向年金领取人每年、每半年、每季度或每月给付保险金。

(6)人寿保险费计算的基础是生命表中的死亡率，也称为寿险死亡率。年金保险费率计算的基础是生命表中的生存率，也称为年金死亡率。由于年金保险有利于长寿者，为了防范逆选择，寿险死亡率通常都大于年金死亡率。

(7)死亡率改善对年金保险和人寿保险的影响不同。随着生活水平的提高，人们的死亡率会不断下降，这种现象称为死亡率改善。随着死亡率的改善，人们的期望寿命越来越长，因此会导致年金保险的利润空间下降，但导致人寿保险的利润空间增加。

年金保险与人寿保险的区别见表9-4。

表 9-4 年金保险与人寿保险的区别

	年金保险	人寿保险
保障风险	为被保险人的长寿提供收入保障	为被保险人因过早死亡而使受益人丧失收入提供经济保障
投保目的	以养老为目的,避免因寿命过长而导致生活水平下降	为了在死亡事故发生时给家属一笔保险金,保障家庭生活的稳定
不利于保险人的情况	被保险人生存的时间越长,则对保险人就越不利	被保险人死亡事故发生得越早,对保险人越不利
投保条件	无须提供可保性证据,只要有保费的承担能力	投保时要严格检查被保险人的身体,防止逆选择
逆选择	身体健康者更倾向于购买	身体病弱者更倾向于购买
功能	有规则地清偿所积累的一笔资金	积累与创造一笔资金
给付时间	如果被保险人在保险期限内生存,保险公司向年金领取人每年、每半年、每季度或每月给付保险金	在被保险人生存至保险期满时或死亡时由保险公司一次性向受益人给付保险金
费率计算基础	生命表中的生存率	生命表中的死亡率
死亡率改善	导致年金利润空间下降	导致人寿保险的利润空间增加

三、年金保险的种类

年金保险可以从不同的角度进行分类,实际上,不同角度的年金分类是对年金保险中某个角度处理细节的界定。某一特定年金保险就是这些分类的排列组合。

(一)按承保人数分类

按承保人数分类,年金保险可分为单人年金和联合年金。

单人年金是指一个人单独购买的年金保险合同,并以其本人的生存作为给付年金的条件。各国销售的年金,基本上是单人年金。

联合年金是指有两个或两个以上的被保险人,以他们的生存作为年金给付的条件。联合年金包括联合生存年金(Joint-life annuity)、最后生存者年金(Last-survivor annuity)与联合及最后生存年金(Joint-life and last-survivor annuity)三大类。

● 联合生存年金是在合同中指名的两个或两个以上的人共同生存条件下提供规定金额的年金。如果其中一个被保险人死亡,就停止给付年金。联合生存年金的合理性不够。

● 最后生存者年金规定只要两个或两个以上的年金受领者中还有一个人生存就继续给付年金,直到最后一个年金受领者死亡才停止给付,给付金额不发生变化。这种年金的保障显得又有些多余。

● 联合及最后生存年金是以一张保单承保两个或两个以上的被保险人,只要还有一个被保险人生存,就给付年金,但是给付金额随着被保险人人数的减少而进行调整。例如,当两名联合被保险人中一人死亡时,生存者领取原年金的 2/3 或 1/2。这种联合及最后生存年金是最为合理的联合年金产品。

(二)按支付保费的方式分类

按支付保费的方式进行分类,年金保险可分为趸缴年金和期缴年金。

趸缴年金(Single-Premium Annuity)是指年金保险费由投保人在投保时一次性全部缴清,然后于约定时间开始按期由年金领取人领取年金。

期缴年金是指年金保险费是由投保人采取分期缴付方式,如在一个规定时期内按年缴费,也可以按半年、季、月缴费,然后于约定给付开始日起按期由年金领取人领取年金。

(三)按年金给付的日期来分类

按给付年金的日期来分类,年金保险可以分为期首付年金和期末付年金。期首付年金是指年金的给付日期为约定周期的期初,例如年初、月初。期末付年金是指年金的给付日期为约定周期的期末,例如年末、月末。

(四)按年金开始给付的时间分类

按年金开始给付的时间分类,年金保险可分为即期年金和延期年金。

即期年金(Immediate Annuity)是年金领取人从订立年金保险合同之日起,满一个年金期间(Annuity Period)就开始给付年金。年金期间是指相邻两次定期给付的时间间隔。年金期间可以是按年给付、按季给付,或按月给付。由于即期年金在购买后不久保险公司就开始给付,保费通常采用趸缴形式,相应的保单称为趸缴即期年金。

延期年金(Deferred Annuity)是指购买年金保险后,须经一定时期后才开始给付的年金。这个一定时期必须比一个年金期间长。虽然延期年金可以用趸缴保费方式购买,也可以用分期缴费方式购买;但人们通常都在工作时购买延期年金,退休时开始给付。延期年金中有累积期的概念,即购买日期与年金开始给付的日期之间的时期称为累积期。在延期给付年金的累积期内,保险公司把收取的保费用于投资。如果被保险人在年金给付期开始之前死亡,则保险公司向受益人给付年金的累积价值。保险公司向年金领取人提供给付的期间则称为给付期。根据不同的年金产品,给付期直到被保险人死亡或保险合同约定的终止日期止(见图 9-5)。

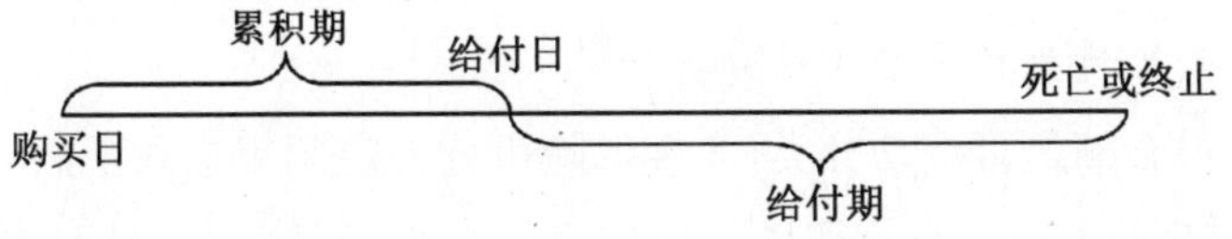

图 9-5　延期年金的累积期和给付期

(五)按年金给付条件分类

按年金给付条件分类,年金保险可分为定期年金、定期确定年金和终身年金。

定期年金(Temporary Life Annuity)是指在一个规定时期期满或被保险人死亡时停止给付年金,以两者先发生者为准,其与定期寿险相似。定期年金的保费相对较低。

定期确定年金(Annuity Certain)是以合同约定的一定时期为给付年金的条件,而不受被保险人是否生存的限制。即在合同约定的时期内,倘若被保险人生存,则向被保险人给付年金;倘若被保险人死亡,则向受益人给付年金直至合同终止。定期确定年金不像是保险,因为它与被保险人的生存没有关系,而更像是零存零取的储蓄。

终身年金(Life Annuity)是以被保险人的生存作为给付年金的条件,直至死亡为止。通常也是到100岁,类似于终身寿险。根据终身年金中是否含有保底条款,还有纯粹终身年金、期间保底终身年金和金额保底终身年金几种。

● 纯粹终身年金(普通终身年金):仅在年金领取人生存期间定期给付的年金。从年金给付日开始,在被保险人生存期间,保险公司按期支付年金。如果被保险人死亡,则停止年金给付,保险责任终止。

● 期间保底终身年金:在纯粹终身年金的基础上增加了一个保底条款,保证在被保险人生存期间定期给付,并保证给付期间不少于约定期间。倘若被保险人在保底期间内死亡,则在余下的几年将向受益人进行给付。保底期间过后,则成为纯粹终身年金。因此,保底期间越长,保费越高。

● 金额保底终身年金:在纯粹终身年金的基础上增加了一个保底条款,它保证在年金领取人生存期间定期给付,并保证年金给付总额至少等于合同约定的金额。一般而言,如果是趸缴保费保单,通常约定年金给付总额等于趸缴保费;如果是期缴保费保单,通常约定年金给付总额等于所交保费(不含利息)。倘若被保险人尚未领完保底金额就死亡,则余下的金额将向受益人进行给付。保底金额支付完后,则成为纯粹终身年金。

由于生命的不确定性,含有保底条款的终身年金能够解除一些消费者担心自己因死得太早而白交保费的担忧,因为无论被保险人何时死亡,当初交的保费基本上是可以拿回来的。

(六)按年金给付金额是否变动分类

按年金给付金额是否变动分类,年金保险可分为定额年金和变额年金。

定额年金(Fixed Annuity)是指每期年金给付额保持不变,并且在投保时就与保险公司约定好了将来的给付金额。与传统型寿险一样,定额年金是固定的、有承诺的,但无法抵御通货膨胀。

变额年金(Variable Annuity)类似于变额寿险,是指年金给付金额随着投资绩效好坏而变动的年金保险。变额年金是由美国教师保险和年金协会(TIAA)设计的。TIAA 是由卡内基基金会于 1918 年设立的,是一个非营利的组织,为教师提供退休金计划,他们设计变额年金的目的也是用来抵御通货膨胀。

变额年金的基本思想是,通过将年金保险未来的给付金额与投资连接起来,从而抵御通货膨胀的影响,保证年金的购买能力。但是与变额人寿保险不同的是,变额年金用累积单位与给付单位表示。两者的价值均随分立账户每期投资收益的变化而变化。在累积期有累积单位的概念,在给付期有给付单位的概念。变额年金中存在着累积单位向给付单位转换的问题(见图 9-6)。

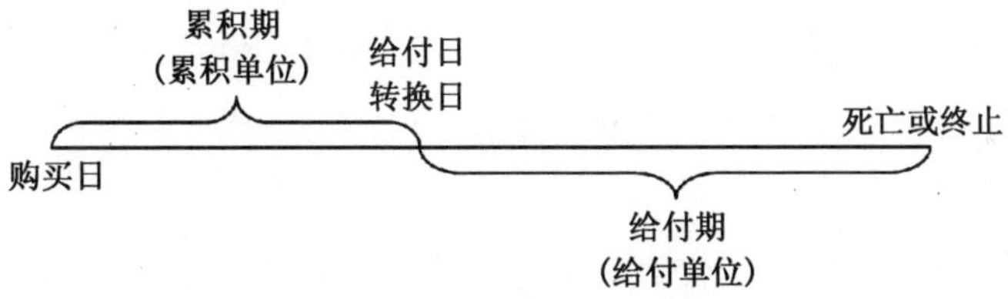

图 9-6 变额年金的转换

在累积期,每次投保人交的保费除以累积单位的单价,则得到了累积单位数。各期的累积单位数不断增加。因此,累积单位数乘以转换日累积单位的单价就是累积价值。在进入给付期时在转换日需转换为给付单位:首先根据累积单位数与转换日累积单位的单价得到累积价值。即累积价值=年金转换日累积单位总数×累积单位单价。其次,按定额年金的价格,以累积价值折合得到定额给付的月给付额,这一步是根据生存率考虑风险分摊的过程。然后,按转换日给付单位的单价,用定额给付的月给付额除以给付单位单价则得到给付单位数。将来,每一期的应给付金额则为:被保险人每期领取的年金额=被保险人的给付单位数×当期给付单位单价。

进入给付期之后,给付单位数在年金给付期内始终保持不变。但是保险公司对分立账户的给付单位价值每年或每月重新评估。所以,给付单位价格会随投资账户业绩上下波动,因此年金给付金额也会相应波动。当然,投保人也有其他选择。例如,投保人在满期给付日,可将变额年金转化为固定给付年金,或一次性领取累积价值。

案例 9-5　　变额年金的转换

老张于65岁退休,他在40岁时购买了一份变额年金保险,经过25年的缴费,退休时他拥有9 000个累积单位。在累积期向给付期的转换日,每个累积单位的价值为15元。在转换日,该保险公司对于一份65岁男性趸缴即期纯粹生存年金,每1 000元保费可以获得的年金给付为每月6.08元(考虑生存率的年金价格)。在转换日,变额年金的给付单位的价值为54元。

则老张在退休时的累积价值为:9 000×15=135 000(元)

倘若按定额年金的年金价格计算,可得到的月给付额为:(135 000/1 000)×6.08=820.80(元)

转换日折算给付单位数为:820.80/54=15.2(个)

则老张当月可以得到的给付为:15.2×54=820.80(元)

若第二个月每个给付单位的价值变为60元,则老张可以得到的给付为:15.2×60=912(元)

若第三个月每个给付单位的价值变为50元,则老张可以得到的给付为:15.2×50=760(元)

四、年金保险的运用

年金保险有许多灵活的运用,其可以与许多保险产品结合使用。

1. 享受保险保障和投资的双重服务

年金保险除了保障被保险人的生存风险之外,由于其是一个期限很长的保险产品,因此具有很强的投资功能。所以,被保险人在购买保险的同时,能够享受到保险公司的投资服务。保险公司作为专业机构,通常可以提供合意的投资回报和投资管理服务。而保险公司也借此发挥了自身投资的长项。

2. 合理延税

在大多数国家,购买年金保险是可以享受到个人所得税的优惠的。一般而言,用于购买保险的资金是投保人扣除个人所得税之后的个人收入。而如果购买养老保险,在规定限额内,由个人缴纳的年金保费可以在税前列支,而递延到给付年金时再缴纳所得税,享受延税待遇;同时,年金保险的保费投资后所获得的投资收益也是递延到给付年金时再缴纳所得税,也可以享受延税待遇。自2018年5月1日起,我国在上海市、福建省和苏州工业园区实施个人税收递延型商业养老保险,投保人所缴纳的保费准予在申报扣除当月计算应纳税所得额时按限额据实扣除,扣除限额按照当月工资薪金、连续性劳务报酬收入的 6%和 1 000 元孰低办法确定。

3. 遗嘱年金

遗嘱年金又称继承年金，它是人寿保险与年金保险的综合。遗嘱年金中，当被保险人死亡时，保险公司向其受益人提供终身年金。如果受益人先于被保险人死亡，保险公司不给付保险金，保险合同终止。实际上就是在被保险人死亡时，保险公司把寿险中的死亡给付金额用于购买一份以寿险受益人为被保险人的趸交纯粹终身年金。也就是在人寿保险金给付选择权中"按年金给付"的含义 。

4. 结构给付年金

结构给付年金(Structured Settlement Annuity)常用于某些人身侵权案件的执行中，损害赔偿金不是一次性付清，而是以趸缴保费即期年金的形式执行。其目的是确保受害人或受害人的亲属在生存期间或强制保障期间能提供定期支付。采用结构给付方式的案件通常涉及一般责任、医疗事故、产品瑕疵、汽车事故、雇员工伤等。上述的遗嘱年金实际上也是结构给付年金的运用。在运用结构给付年金进行给付时，侵权方(或肇事者)一般事先购买了相关的责任保险，例如机动车辆三者险、医疗责任保险等。责任保险的保险公司按照法院判决支付损害赔偿金时，会把损害赔偿金一次性地支付给寿险公司，以购买一个以受害人或受害人亲属为年金领取人的趸交纯粹终身年金保险。

5. 反向抵押年金

例如，某消费者有一处房产，他完全拥有该房产，而且房产贷款已经完全还清。该房产所有人与金融机构(如保险公司)签订协议。保险公司签发一份每月固定给付的终身年金。在房产所有人生存期间，保险公司按月给付年金。而作为对价，房产所有人逐渐放弃房屋产权。当房产所有人身故时，保险公司停止给付，并完全取得房屋产权。这与我们目前抵押贷款买房是相反的，故称为反向抵押年金。实际上，就是房产所有人将房产价值作为保费购买了趸交纯粹终身年金。当房产所有人没有继承人，或房产所有人希望用自己所有的财产来实现自己人身价值的最大化时，通常会采用反向抵押年金。

第五节　健康保险

一、健康保险的定义

健康保险是以人的健康为保险标的，当被保险人在保险有效期内因患病、生育或意外事故而支出医疗费用、护理费用或导致收入损失时，保险人依照保险合同的规定给予经济补偿或给付保险金。健康保险中保险事故发生的主要原因是疾病。疾病是指由于人体内在的原因而造成精神上或肉体上的痛苦或者不健全。健康保险中所指的疾病必须满足下面三个条件。

(1)必须是由于明显非外来原因所造成的。

因外来的、激烈的原因造成的病态视为意外伤害，而疾病是由身体内在的生理原因所致，即是由于某个或多个器官、组织甚至系统病变而致功能异常，从而出现各种病理表现的情况。因此，要以是否是明显外来的原因作为疾病和意外伤害的分界线。

(2)必须是非先天的原因所造成的。

健康保险仅对被保险人的身体由健康状态转入病态承担责任。由于先天原因而造成身体的缺陷则不能作为疾病由保险人负责，例如视力或听力的缺陷或身体形态的不正常等。但是一些潜伏性疾病如果在保险有效期间发作，应当视作与普通疾病一样，列入可保范围之内。

(3)必须是由于非长存的原因所造成的，即偶然性疾病。

人的一生要经历生长、成年、衰老的过程，在机体衰老的过程中也会显示一些病态，然而这是人生必然要经历的生理现象。人到一定年龄以后出现的衰老现象，则不能称为疾病，也不是健康保险的保障范围。但因衰老诱发出其他疾病却是偶然的，需要健康保险来提供保障。

二、健康保险的特点

健康保险属于人身保险的范畴，因此具有与人寿保险一致的特征，但同时还具有某些财产保险的特征。

(一)保险标的是人的身体和健康，具有不可估价性

健康保险保障的是人的健康，疾病给人们带来的损失整体上是不可估价的。但是因疾病而发生的医疗费用、护理费用等是可以确定的，因失能导致的收入减少也是可以确定的。因此，健康保险的给付方式不完全采用定额给付型，也有采用损失补偿型的方式。

(二)多种给付方式

健康保险中有多种给付方式，包括定额给付型和损失补偿型。定额给付型是采用人寿保险中所通行的定额给付原则，保险公司不管被保险人实际支出的医疗费用是多少，只按照保险合同的约定金额给付医疗保险金，如重大疾病保险。损失补偿型则是应用财产保险中通行的补偿性原则，保险公司在保险金额的限度内，按被保险人实际支出的费用赔偿保险金，如住院医疗费用保险等。当然，保险人在赔偿时通常也要考

虑免赔额，并且还要规定一定的赔偿比例。

此时需注意的是，采用定额给付型的健康保险与人寿保险完全一致，不适用补偿性原则，也不存在比例分摊和代位求偿的问题，同时也没有重复投保的问题。而采用损失补偿型的健康保险则与财产保险完全一致，遵守补偿性原则，被保险人不得从损失补偿中获利，也可以进行代位求偿和重复保险的比例分摊。

（三）保险期限长、短期结合

健康保险的保险期限有长期，也有短期。长期健康保险是指保险期间超过 1 年或者保险期间虽不超过 1 年但含有保证续保条款的健康保险。短期健康保险是指保险期间在 1 年及 1 年以下且不含有保证续保条款的健康保险。保证续保条款是指，在前一保险期间届满后，投保人提出续保申请，保险公司必须按照约定费率和原条款继续承保的合同约定。

短期健康保险的保险期限通常为 1 年及以下。所以与财产保险一致，那些在长期人寿保险合同中具有重要地位的如利率、通货膨胀等因素在短期健康险中几乎不会发挥什么作用。而对于长期健康保险而言，除了这些因素具有重要作用之外，医学的发展、新型疾病的滋生等因素也很重要。

（四）费率厘定兼具财产保险和人寿保险的特点

在厘定健康保险的费率时，也需要考虑各种疾病的发生概率，以及伤残率、住院率、平均住院费用、平均住院天数等，并将其作为费率厘定的基本因子。这些费率厘定的基础和方法与财产保险都相同。但是长期健康保险除了要考虑上述因素之外，还要考虑利率、死亡率等，这是与人寿保险一致的。

（五）保险期限内保险事故可能多次发生

健康保险在保险期限内可能多次发生事故，被保险人可能多次患病。这与财产保险相似，并给健康保险的理赔带来了困难。而人寿保险则在保险期限内最多只能发生一次事故，因为人只能死亡一次。所以一般规定，健康保险在保险期限内的累计赔偿金额不得超过保单限额。

（六）损失程度多种多样，承保标准比较复杂

健康保险保障的是疾病，疾病有很多种。这也与财产保险相似。但在人寿保险中，发生的损失就只有一种，即“死亡”。因此，在健康保险中也需要从医学方面对各种疾病进行定义，如什么是脑中风、白血病等。所以，医学的发展对健康保险的影响很大。

（七）具有比较大的道德风险

健康保险的道德风险比较大，比人寿保险的道德风险大得多。究其根本原因，是因为健康保险涉及了三方：保险人、被保险人和医疗服务提供者。三方的目的各不相

同，具有复杂的博弈关系。更多的时候是医患勾结欺骗保险公司，这个特征与财产保险也完全相似。正如机动车辆保险涉及了保险人、被保险人和修车行三方一样，其也存在着非常大的道德风险。

总之，健康险具有人寿保险的特点，但是在许多方面与财产保险又有相似之处，健康保险与人寿保险和财产保险的区别见表 9－5。

表 9－5　健康保险与人寿保险和财产保险的区别

健康保险	人寿保险	财产保险
保险标的是人的身体	保险标的是人的生命	保险标的是有形财产、无形财产、经济收益和赔偿责任
保险标的是无价的，但相关费用是有价的	保险标的是无价的	可以用货币衡量保险标的的价值
健康险的损失金额不完全可以估计	损失金额无法估计	损失金额可以估计
根据保险合同约定进行定额给付，或根据实际损失金额确定赔偿金额	根据保险合同约定进行定额给付	根据实际损失的金额确定赔偿金额
损失补偿型保险适用于补偿性原则、比例分摊原则和代位求偿原则，并存在重复投保的问题	不适用于补偿性原则、比例分摊原则和代位求偿原则，不存在重复投保、超额投保和不足额投保问题	适用于补偿性原则、比例分摊原则和代位求偿原则，存在重复投保、超额投保和不足额投保问题
除长期健康险之外，短期健康保险的保险期限多为 1 年	保险期限多为长期	保险期限多为 1 年
事故发生的概率是费率厘定的基础。除长期产品之外，几乎不受利率、通货膨胀等因素的影响	死亡率、利率、费用率是厘定费率的基础，受通货膨胀等因素的影响更大，预计的未来因素变化更大	事故发生的概率是费率厘定的基础。几乎不受利率、通货膨胀等因素的影响，对未来的预计也比较准确
在保单有效期内，保险事故可能发生多次	在保单有效期内，保险事故最多发生一次	在保单有效期内，保险事故可能发生多次
损失程度可能多种多样，需要精确的技术性定义	损失程度只有一种，定义比较简单	损失程度可能多种多样，需要精确的技术性定义
涉及三方，道德风险较大，有很多技术性限制	一般只涉及两方	涉及三方，道德风险较大，有很多技术性限制

三、健康保险产品

（一）医疗费用保险

医疗费用保险（Medical Expense Insurance）是指以保险合同约定的医疗行为的发生为给付保险金的条件，为被保险人接受诊疗期间的医疗费用支出提供保障的保险。赔偿范围通常包括医生的医疗费和手术费、药费、诊疗费、护理费、各种检查费和住院费及医院杂费等直接损失。

1. 基本医疗保险

普通医疗保险保障了人们基本的医疗需求，例如门诊医疗保险、住院医疗保险和手术费用保险等。

门诊医疗保险是当被保险人因遭受意外伤害或在等待期(连续投保的，不受等待期的限制)后因疾病在保险公司认可的医疗机构进行门诊或急诊诊疗时，对被保险人实际支出的符合当地社会基本医疗保险支付范围的门(急)诊医疗费用，保险公司对每次门(急)诊费用扣除免赔额后，按一定的给付比例给付保险金。给付的保险金一般不超过每次最高给付限额。

住院医疗保险是当被保险人因意外伤害或疾病而在保险公司指定的医疗机构住院治疗时，保险公司对被保险人所产生的住院费用负责赔偿。住院医疗保险有损失补偿型和定额给付型两种。定额给付型是根据住院天数来给付的，通常规定每日的给付限额、免赔天数和最长给付天数。保险人只负责承担超过免赔天数而未超过最长给付天数的住院费用。

手术费用保险则是为被保险人进行外科手术而发生的医疗费用提供保障。一般可以单独投保，也可作为住院医疗保险的附加险投保。

2. 高额医疗保险

高额医疗费用保单中的保险金额很高(如 100 万元)，其有可能是一个总的限额，也可能是每一项医疗费用的限额。高额医疗费用保险通常包括补充大额医疗费用保险和综合大额医疗费用保险。

补充大额医疗费用保险是基于某一基本医疗费用保单而补充签发的，其在某些方面对基本医疗费用保单进行了扩展。例如，为超过基本医疗费用保单保障水平的医疗费用提供补偿；或者为超过基本医疗费用保单保障范围的医疗费用提供补偿。

综合大额医疗费用保险即将补充大额医疗费用保险和基本医疗费用保险结合在一起，在一张保单中提供足够的医疗费用保险。这种保险通常比较适合财富程度比较高而又没有基本医疗的人，例如全职太太等。

(二)疾病保险

疾病保险(Sickness insurance)是指以保险合同约定的疾病发生为给付保险金条件的保险。当被保险人罹患合同约定的疾病时，保险公司按投保金额给付保险金，而不考虑被保险人的实际医疗费用支出，例如重大疾病保险、特种疾病保险等。

重大疾病保险有两种组合形式，一种是就某一种重大疾病提供的保险，其中尤以癌症保险居多。此险种的补偿方式分明细费用定额型和每日费用限额型两种，前者对每一类型的费用约定保险金给付定额，一经确诊，立即一次性支付保险金；后者通常对住院期间的每日费用仅给付合同约定的日保险金额。各项给付合计金额达到最高总额时，合同自动终止。另一种重大疾病保险是针对多种重大疾病的保险，保障的范围一般有心脏病、脑中风等。中国保险行业协会制定的《重大疾病保险的疾病定义使用规范》对这些疾病进行了规范的定义。重大疾病保险不限被保险人的性别，只要年龄符合规定，均可投保，但男女交费的数额有所差异，一般男性高于女性。同时，保险公司还针对男性和女性的不同疾病分别设计了保险产品。

特种疾病保险是专门为被保险人因患特种疾病而发生的医疗费用提供的保险，包括牙科费用保险、眼科费用保险、生育保险、长期护理保险。

（三）失能收入保险

失能收入保险（Disability Income Insurance）又称丧失工作能力收入保险、收入损失保险、收入保险、残疾收入补偿保险等，是指以因保险合同约定的疾病或者意外伤害导致残疾、工作能力丧失为给付保险金条件，为被保险人在一定时期内收入减少或者中断提供保障的保险。

失能收入保险中通常对残疾给予严格的定义。残疾包括永久性全残、暂时性全残、永久性部分残疾和暂时性部分残疾几种情况。当残疾为暂时性时，则补偿在身体恢复前不能工作的收入损失；当残疾为永久性时，则通常给付到 60 周岁或者退休年龄。当残疾是全部残疾时，则大多按原收入的 75％～80％给付；当残疾是部分残疾时，则保险公司就收入下降的部分按 75％～80％给付。与意外伤害保险类似，失能收入保险中通常还规定了观察期。观察期是指在失能后的一段时间内，在观察期中保险人不给付任何补偿，观察期通常为 3 个月或者半年。

（四）长期护理保险

护理保险最初是在 20 世纪 70 年代引入市场的。随着社会人口的老龄化，越来越多的老人需要护理，因此产生了费用需求。长期护理保险（Long-Term Care Insurance）是指以因保险合同约定的日常生活能力障碍引发护理需要为给付保险金条件，为被保险人的护理支出提供保障的保险。

长期护理保险的主要目的是在被保险人因年老体衰而不能从事特定的日常起居活动而需要帮助照顾时，提供经济保障。因此，长期护理保险通常是给付型保险。现代社会的许多因素使得家庭无法提供长期护理服务，社会对长期护理的需求呈上升趋势。

长期护理保险在中国刚刚起步，销售情况不是非常好。但是很多学者都认为，随着中国人口老龄化的加深，长期护理保险在中国的需求也会增加。

四、健康保险合同的特殊条款

在健康保险合同中，采用了一些与人寿保险完全相同的条款，比如犹豫期条款、宽限期条款、复效条款、不可抗辩条款等等，但是也有一些特殊的专业术语和条款。

（一）等待期条款

为了保证保险人的利益，防止被保险人带病投保，健康保险合同中规定了等待期条款，等待期通常为 90 天或 180 天。倘若被保险人在等待期内患病，则保险人对于被保险人因疾病支出的医疗费用或收入损失不予负责；倘若被保险人在等待期之后患病，保险人才会承担责任。如果被保险人要求续保或增加保险金额，为了防范逆选择，也会重新安排新的一段等待期。通常连续续保几个年度之后，则不会再设置等待期了。

（二）免赔额条款

免赔额在财产保险中得到广泛的运用，在损失补偿型的健康保险中也会采用免赔额的制度。免赔额可以采用多种形式，比如每次事故免赔额、保单年度免赔额等；定额给付型健康保险中也有免赔额条款，比如按住院天数进行免赔等，或者也可以采用免赔率的方式。

（三）保险期限与责任期限

与所有保险合同相同，健康保险合同中也设置了保险期限，而且健康保险都采用期内发生式。所以，保险人只对保险期限中发生的保险合同约定的保险事故所造成的损失给予补偿或给付保险金，发生于该保险期限以外的任何事故，保险人不负任何责任。但是以生病住院为例，住院是一个持续的行为，倘若入院在保险期限以内，但住了很久，保险期限结束时仍在住院，此时保险公司的责任应当如何界定呢？

所以，在健康保险中还有责任期限的概念。责任期限是指保险人对医疗费用负责的期间，常见的有 90 天、180 天及 360 天。即保险人只对在保险期限内入院，并且在责任期限以内发生的医疗费用进行赔偿，而对于在保险期限之后入院，或虽在保险期限内入院但超过责任期限的时间内发生的医疗费用不予赔偿。通常，实践中以疾病的诊断之日或规定的治疗日作为责任期限的开始。

（四）续保条款

健康保险通常是 1 年期的。对于计划长期投保健康保险的客户来说，短期的合同给连续投保带来了复杂手续和各项杂费等诸多不便。为了解决连续投保健康保险的问题，保单上加入了一些使所持保单成为连续有效保单的续保条款。所谓续保条款，是指允许保险人继续承保或者中断承保的条款。根据续保条款约定内容对客户的有利程度的不同，续保条款可以分为可撤销保单（Cancelable Policies）、可选择续保保单（Optionally Renewable Policies）、有条件续保保单（Conditionally Renewable

Policies)、保证续保保单(Guaranteed Renewable Policies)和不可撤销保单(Noncancelable Policies)

可撤销保单允许保险人在任何时间解除或者终止保险合同,保险人只需要书面通知被保险人并退还未到期保费即可。根据《保险法》规定,保险人不得解除合同。所以在我国,不存在可撤销的健康保险保单。

可选择续保保单仅允许保险人在合同约定的特定日期终止保险合同,特定日期通常是指保单生效对应日或者缴费日期。当然,也允许保险公司在续保时针对某一类保单增加保费,比如针对某些年龄或者某些地区的保单。

有条件续保保单仅允许保险人在合同所列明的某些特定条件达成时终止合同。这些条件不能与被保险人的健康状况相关,通常是与被保险人到达某个特定年龄或者就业状况有关。如在失能收入保险中可以约定,只有当被保险人失业之后,保险人才可不予续保。有条件续保保单通常仅允许保险公司在续保时针对某一类保单增加保费,而不能针对个体增加保费。

保证续保保单中,在前一保险期间届满后,投保人提出续保申请并缴纳保费的,保险公司必须予以续保,直至被保险人达到合同约定的特定年龄,如 60 岁或者 65 岁。保证续保保单通常也允许保险公司在续保时针对某一类保单增加保费。

不可撤销保单中,保险人不可解除保险合同,并且保险费率也在保单中约定,保险人不可以增加保险费。大部分不可撤销保单的期限截止到被保险人 65 岁,常见于失能收入损失保险,在医疗费用保险中不常见。

(五)既存疾病条款

既存疾病条款规定,在保单生效后的约定期限(如 12 个月或其他期限)内,保险人不对被保险人的既往症负责;但在超过该约定期限后由于既往症所导致的保险责任范围内的损失,保险公司应承担保险责任。既往症是指在保单签发前约定时期(如 6 个月或其他期限)内已经存在,且未在投保单中告知的伤残或疾病。

如在投保时明确告知存在某些既存状况,保险公司可能采取如下几种处理方式:拒绝承保该被保险人;加费承保;以正常费率承保,但通过批单或者附加条款作出对于已经告知的既存状况免责的特别声明等。

例如,一些保单中的既存疾病条款是这样规定的:“当被保险人因既往症而发生的费用损失属于保险责任范围,而且发生在保单生效满 2 年后,保险人才负责给付保险金。如果该病症已列入责任免除条款,则保险人不承担任何费用,包括保单生效满 2 年后发生的费用。”

(六)职业变更条款

职业变动会直接影响被保险人的发病率以及遭受意外伤害的危险。健康保险的职业变更条款通常规定：如果被保险人的职业发生变更，投保人和被保险人应及时通知保险公司。当被保险人转换后的职业仍符合可保的职业范围时，保险人将根据被保险人的职业风险特征调整保额或保费；若被保险人变更的职业在拒保范围内，保险公司有权解除合同。

（七）体检条款

体检条款允许由保险人指定医院、指定医生对提出索赔的被保险人进行体格检查，以便保险人更好地做出是否应该赔付、应该赔付多少的决定。体检条款适用于疾病保险和失能收入损失保险，主要是确保被保险人有义务配合保险公司的安排并参加体检，从而有效地防范道德风险和逆选择。

第六节　意外伤害保险

意外伤害保险简称意外险，投保人向保险人缴纳一定数量的保险费，被保险人在保险有效期间，因遭遇非本意的、外来的（非身体内部原因）、突然的意外事故，在自遭受意外伤害之日起的一定时期内致使其身体遭受伤害而残疾或死亡时，保险人依照合同约定向被保险人或其受益人给付保险金的保险。意外伤害保险的保障性比较强，价格便宜。

一、意外伤害的含义

意外伤害保险承保意外伤害风险。意外伤害是指在被保险人没有预见到或与意愿相违的情况下，突然发生的外来侵害对被保险人的身体明显地、剧烈地造成损伤的客观事实。意外伤害包括意外和伤害两个条件，二者缺一不可。

（一）意外的含义

意外的构成需要具备三个要素：

(1)意外发生的。即事故的发生不是本人意志的结果，事故发生的结果是本人不能预见的，或即使能够预见也无法避免的。首先包括被保险人事先没有预料到的和不是故意的事故，如行人被大风吹下来的广告牌砸伤等。其次，被保险人应该预料到，并且是可以避免的事故，如为了抄近路翻墙跌伤。再次，被保险人虽然可以预见，但在客观上是无法避免的事故；例如，楼房失火、火封住门口和过道，被保险人为了逃生从窗口跳下摔伤。或者虽然可以采取措施避免，但由于法律和职责上的规定或履行应尽义务而不能躲避，如民警与歹徒搏斗中受伤等。以上这些均属于意外事故。但是因被保险人的故意行为而使自己遭受伤害，如自杀、自伤，则均不属于意外事故。

(2)外因造成的。即由被保险人身体外部原因造成的事故,如被车撞伤、飞机失事、烫伤。疾病所致伤害虽不是本人事先能预见到的,但它是人体内部生理故障或新陈代谢的结果,不属于意外事故。

(3)突然发生的。即事故是突然出现的,而不是长年累月形成的。事故与伤害的结果之间具有很直接的因果关系,在瞬息间造成伤害。如飞机坠落等。“突然发生的”的特性将职业病和渐进性失调排除在外,因为这些伤害是长年累积而成的。例如,一些职业病如矽肺等虽然是外来致害物质对人体的侵害,但由于伤害是逐步造成的,就不属于意外事故。

(二)伤害的含义

意外伤害中的伤害是指人的身体受到侵害的客观事实。它由以下四个要素构成:

(1)致害物。即直接造成伤害的物体或物质。致害物应是外来的,即在发生伤害之前存在于被保险人身体之外的物质。

(2)伤害对象。即致害物侵害的客体。在意外伤害保险中,只有致害物侵害的对象是被保险人的身体,才构成伤害。如果是被保险人的肖像权、名誉权、著作权等方面的伤害,则不属于伤害对象。就是说意外伤害保险中的伤害是生理上的伤害,而不是精神或权利上的侵害。

(3)伤害事实。即致害物以一定方式破坏性地接触或作用于被保险人的身体。如果没有伤害的客观事实,那就不构成伤害。

(4)致害物与伤害事实之间存在着直接原因或近因。即致害物直接造成被保险人死亡或残疾,或者致害物是引起直接造成被保险人死亡、残疾的事件或一连串事件的最初、最有效的原因。如果致害物是被保险人死亡、残疾的诱因,如意外伤害使被保险人原有的疾病发作,那么保险人将会比照身体健康者遭受这种意外伤害会造成何种后果给付保险金。

案例 9－6　　意外伤害的定义

案情介绍

某被保险人投保了意外伤害保险,同时附加了意外伤害医疗保险。一天,被保险人因支气管发炎,去医院求治。医院按照医疗规程操作,先为被保险人进行青霉素皮试,结果呈阴性。然后按医生规定的药物剂量为其注射青霉素。治疗 2 天后,被保险人发生过敏反应,虽经医院全力抢救,但医治无效死亡。医院出具的死亡证明是:迟发性青霉素过敏。被保险人的受益人持医院证明及保险合同向保险人提出索赔申请。

案例分析

保险人接到受益人的申请后，内部产生两种不同意见。一种意见是被保险人是在接受疾病治疗过程中死亡的，不属于"意外伤害"的范畴。由于被保险人投保的是人身意外伤害险，并非疾病死亡与医疗保险，因此，保险人不应承担给付保险金的责任。

另一种意见是尽管被保险人是在治疗疾病过程中死亡的，但由于迟发性的青霉素过敏对于医院和被保险人来说均属突然的意外事件，尤其对于具有过敏体质的人来说，不能认为身体仅对某种物质过敏就认定是次健康体。因此，由于青霉素过敏导致死亡，可以比照中毒死亡处理，而不能认为是因疾病导致死亡，只能视为意外死亡。所以保险人应按照人身意外伤害险的保险合同规定，履行给付保险金的义务。

案例结论

后一种意见比较合理。首先，就"意外伤害"的定义而言，是指外来的、突然的、非本意的使被保险人身体遭受剧烈伤害的客观事件。对于被保险人来说，医院按照医疗规程为其注射的青霉素药物，可以认定为"外来的"物质，即具有"外来的"因素。因皮试反应正常，被保险人于接受治疗两天后突发过敏反应，不仅被保险人自己难以预料，而医院也是在被保险人发生过敏反应后才知道。因此，该事件对于被保险人来说，具有"突然的"因素。被保险人去医院接受治疗的目的是医治支气管炎症，没料到会因青霉素过敏反应导致身亡，显然被保险人具有"非本意"的因素。综合上述三个因素，被保险人的死亡完全符合"意外伤害"的定义。

再者，就"意外伤害"的因果关系而言，只有当意外伤害与死亡、残疾之间存在因果关系时，即意外伤害是死亡或残疾的近因时，才构成保险责任。本案中，如果被保险人当初使用的不是青霉素，而是其他药物，很可能既医治好了支气管炎，又平安无事。但由于被保险人不知道自己对青霉素过敏，而医院方也认为可以正常使用青霉素，在这种前提下发生悲剧。很显然，青霉素过敏反应是导致被保险人死亡的直接原因，也是意外伤害的原因。

二、意外伤害保险的特点

与健康保险一样，意外伤害保险兼具人身保险和财产保险的特点。

（一）保险标的是人的身体

由于人的身体无法用货币来衡量价值，所以，投保人应该根据保障的需要和保费的支付能力来确定保险金额。

(二)保险事故比较特殊

意外伤害保险所指的死亡仅限于非故意的、外来的、突然的意外伤害所造成的死亡;而人寿保险中所保障的死亡则可以是生命机能的停止,也可以是疾病引起的,或是外来伤害的结果。意外伤害保险的保险责任与人寿保险有一定的交叉。但意外伤害保险只保障因意外事故而造成的死亡和伤残,而人寿保险不但负责意外伤害引起的死亡,而且还保障因非意外伤害而引起的死亡,然而对于任何原因引起的伤残却不保障。

人身意外保险的保险事故具有一定的季节性。从意外伤害保险的业务数量来看,春秋季节是旅游者意外伤害保险的旺季;游泳者平安保险相对集中在夏季;从出险的概率来看,冬季雪多路滑,跌滑致伤较多;台风季节,舟船事故相对较多。

(三)保险期限短

意外伤害保险的保险期限较短,常以1年为限,有的甚至只有几天或几个小时。如公路旅客意外伤害保险只承保旅客从上车到下车这一段时间,游泳者平安保险的保险期限更短,只有一个场次。而人寿保险的保险期限较长,一般是10年、20年、30年,甚至到被保险人终身。

(四)缴费方式多为趸缴

人身意外保险的保险期限比较短,故其缴费也往往采用一次性缴费方式;而寿险的期限比较长,所以其缴费常采用分期缴费的办法。

(五)对被保险人的年龄没有限制

与人寿保险不同,意外伤害保险与被保险人的年龄关系不大。意外伤害保险的承保条件一般较宽,高龄者也可以投保,对被保险人不必进行体格检查。而人寿保险对被保险人有一定的年龄限制。若保险金额超过一定标准,通常还需要体检。影响意外伤害风险的最主要因素还是职业。

(六)纯保险费是以保险金额的损失率为基础

保险费的计算与财产保险相同,而不同于人寿保险。意外伤害保险中保险人考虑的是被保险人职业、工种或所从事的活动等因素,根据以往各种意外伤害事故发生概率的经验统计来确定费率;而人寿保险则要以生命表为依据,根据各个年龄、不同性别的人的死亡率、生存率以及当时的利息率等因素来确定费率。

(七)可以不出具专门的保险单

在人寿保险、年金保险、医疗保险中,保险人必须向投保人出具专门的保险单,作为保险合同的法定文件。而在意外伤害保险中,保险人可以出具专门的保险单,但在某些情况下,保险人也可以不出具专门的保险单,如公路旅客意外伤害保险,就以车票作为保险凭证，保险人不另外签发保险单。

当然，除了上述这些特点之外，意外伤害保险还有许多与财产保险相似的特点。比如，在保险期限内，损失可能多次发生；损失程度多种多样，损害原因也多种多样等。正是由于意外伤害保险兼具人寿保险和财产保险的特点，所以法律规定财产保险公司也可以经营短期意外伤害保险。

三、意外伤害保险的可保风险

意外伤害保险承保的风险是意外伤害，但是并非保障一切意外伤害。按照是否可保划分，意外伤害可以分为不可保的意外伤害、特约承保的意外伤害和可保的意外伤害三种。

（一）不可保的意外伤害

不可保的意外伤害也就是保险人不应该承保的意外伤害。不可保的意外伤害包括：被保险人在犯罪活动中所受的意外伤害；被保险人在寻衅殴斗中所受的意外伤害；被保险人在酒醉、吸食（或注射）毒品后发生的意外伤害；由于被保险人的自杀行为造成的伤害。通常，保险人把这些不可保的意外伤害都明确列为除外责任。

（二）特约承保的意外伤害

特约承保的意外伤害是保险人考虑到保险责任不易区分或限于承保能力而一般不予承保的意外伤害，只有经过投保人与保险人特别约定，有时还要另外加收保险费后才予承保的意外伤害。特约承保的意外伤害包括：

- 战争使被保险人遭受的意外伤害。由于战争使被保险人遭受意外伤害的风险过大，保险公司一般没有能力承保，只有经过特别约定并另外加收保险费以后才能承保。

- 被保险人在从事登山、跳伞、滑雪、江河漂流、赛车、拳击、摔跤等剧烈的体育活动或比赛中遭受意外伤害的概率比较大，而且不具有普遍性，只有经过特别约定并另外加收保险费以后才能承保。

- 核辐射造成人身意外伤害的后果，往往在短期内不能确定，而且如果发生大的核爆炸，往往造成较大范围内的人身伤害。从技术上考虑和从承保能力上考虑，保险公司一般不承保核辐射造成的意外伤害。

- 医疗事故造成的意外伤害（如医生误诊、药剂师 发错药品、检查时造成的损伤、动手术切错部位等）。意外伤害保险的保险费率是根据大多数被保险人的情况制定的，而大多数被保险人的身体是健康的，只有少数患有疾病的被保险人才存在因医疗事故遭受意外伤害的危险。为了使保险费的负担公平合理，保险公司一般不承保医疗事故造成的意外伤害。

这些特约承保的意外伤害通常都在除外责任之中，经保险人与被保险人特别约定，并由保险人在保险单上签注特别约定或出具批单后方能承保。

（三）可保的意外伤害

可保的意外伤害即是在一般情况下都能够承保的意外伤害。这是意外伤害保险的可保风险。通常，除了不可保意外伤害、特约承保的意外伤害之外，都属于一般可保意外伤害。意外伤害保险的可保风险有：爆炸、倒塌、烫灼、碰撞、雷击、触电、扭折、冻伤、中暑、淹溺、窒息、坠跌、急性中毒、被野兽袭击、车、船、飞机失事，以及劳动操作、使用机器时发生的工伤事故等引起的伤害。

四、意外伤害保险的分类

（一）按照所保危险进行分类

按所保危险进行分类，可把意外伤害保险分为普通意外伤害保险和特种意外伤害保险。

普通意外伤害保险以意外事故造成被保险人死亡或伤残为保险责任，但不具体规定事故发生的原因和地点。也就是说基本不对意外伤害进行进一步的限制，对于绝大多数的意外伤害均承保。例如，我国的学生团体平安保险以在校学生为保险对象，在保险期内，不论被保险人在校内或校外，凡因意外事故或疾病致死或致残，均按合同规定给付保险金。

特种意外伤害保险的保险责任仅限于在特定的时间、特定的地点遭受的意外伤害或由特定的原因造成的意外伤害，例如，旅客意外伤害保险、索道游客意外伤害保险。这类意外伤害保险的保险期限一般较短，甚至极短，有的不具体列明日期，如以一个旅程为保险期。

（二）按照保险责任进行分类

按照保险责任进行分类，意外伤害保险可分为意外伤害死亡残疾保险、意外伤害医疗保险、意外伤害误工保险和综合意外伤害保险。

（1）意外伤害死亡残疾保险。它保障意外伤害造成的死亡或残疾。因被保险人死亡而给付的保险金称死亡保险金，因被保险人残疾而给付的保险金则称残疾保险金。

（2）意外伤害医疗保险。在责任期限内被保险人遭受意外伤害，因该意外伤害在医院治疗所支付的费用，由保险人按合同规定进行医疗保险金的支付。

（3）意外伤害误工保险。被保险人因遭受意外伤害而在一定时期内不能从事有劳动收入的工作，由保险人按合同约定对被保险人或受益人给付误工保险金。

（4）综合意外伤害保险。此种保险是意外伤害死亡残疾保险和意外伤害医疗保险的综合。在其保险责任中，既有被保险人因遭受意外伤害身故或残疾保险金给付责任，也有因该意外伤害使被保险人在医院治疗所花费的医疗费用的医疗保险金给付责任。

一般而言，意外死亡给付和意外伤残给付是意外伤害保险的基本责任，而医疗费用给付和误工给付则是派生责任，通常在附加险中包含。

(三)按照投保方式进行分类

按照投保方式进行分类，意外伤害保险可划分为个人意外伤害保险和团体意外伤害保险两类。

(1)个人意外伤害保险也称普通伤害保险，是投保人或被保险人个人购买的保险，一份保单只承保一名被保险人。

(2)团体意外伤害保险是以各种社会团体为投保人，以该团体的全体在职人员为被保险人的意外伤害保险。意外伤害保险的保单中以团体意外险居多。通过团体承保分散个别风险，使个别职业风险较高的被保险人能以标准费率获得承保，而且操作简单，手续方便。

(四)按保险期限进行分类

按保险期限进行分类，意外伤害保险可以分为一年期意外伤害保险、极短期意外伤害保险和多年期意外伤害保险。

保险公司所开办的大部分意外伤害保险都是一年期的保险。极短期意外伤害保险的保险期限不到1年，往往只有几天、几个小时甚至更短的时间，往往与某一特定活动联系，比如航空意外伤害保险。多年期意外伤害保险的保险期限为1年以上，则由人寿保险公司销售，并与其他人身保险协调考虑。

五、意外伤害保险的特殊条款

(一)保障项目

意外伤害保险的保障项目包括基本保障项目和附加保障项目。

基本保障项目是任何意外伤害保险中都主要承保的内容，包括死亡给付和残疾给付。即当被保险人因遭受意外伤害造成死亡或残疾时，保险人给付死亡保险金或残疾保险金。意外死亡给付和意外伤残给付是意外伤害保险的基本保险责任。

附加保障项目是需要投保人选择并额外支付保费才予以承保的保险责任，亦即派生责任，包括医疗费用给付、误工给付、丧葬费给付和遗属生活费给付等责任。

(二)死亡与残疾的定义

意外伤害保险中，死亡即机体生命活动和新陈代谢的终止。在法律上发生效力的死亡包括两种情况：一是生理死亡，即已被证实的死亡；二是宣告死亡，即按照法律程序定的死亡。《中华人民共和国民法通则》第二十三条规定:“公民有下列情形之一的,利害关系人可以向人民法院申请宣告他死亡:(1)下落不明满四年的;(2)因意外事故下落不明,从事故发生之日起满二年的。”

残疾包括两种情况,一是人体组织的永久性残缺或缺损,如股体断离等;二是人体器官正常机能的永久性丧失,如丧失视觉、听觉、嗅觉、语言机能、运动障碍等。

(三)观察期

在意外伤害保险中有关于观察期的规定。被保险人在保险期限内遭受意外伤害,倘若被保险人立即死亡,则保险公司会立刻赔付;但倘若被保险人没有立即死亡,而是受伤了,此时保险公司通常需要等待一段时间,比如 90 天或 180 天,并于最后一天对被保险人的状态进行残疾鉴定后,据此确定赔付金额。这个期限就称为观察期。

观察期的概念实际上是为了确定残疾程度。如果被保险人在保险期限内遭受意外伤害,治疗结束后被确定为残疾,观察期限尚未结束,则等观察期结束时当然可以根据确定的残疾程度给付残疾保险金。但是如果被保险人在保险期限内遭受意外伤害,观察期结束时治疗仍未结束,尚不能确定最终是否造成残疾以及造成何种程度的残疾,那么就推定观察期结束时被保险人的组织残缺或器官正常机能的丧失是永久性的,即以这一时点的情况确定残疾程度,并按照这一残疾程度给付残疾保险金。以后即使被保险人经治疗痊愈或残疾程度减轻,保险人也不追回全部或部分残疾保险金。反之,即使被保险人加重了残疾程度或死亡,保险人也不追加给付保险金。

(四)意外伤害保险的除外责任

保险公司通常把由于下述原因致使被保险人死亡、残疾列为除外责任:投保人、受益人、被保险人的故意行为;被保险人故意犯罪或拒捕;被保险人殴斗、醉酒、自杀、故意自伤身体及服用、吸食、注射毒品;被保险人酒后驾驶、无有效驾驶执照驾驶及驾驶无有效行驶证的机动交通工具;被保险人患病、流产、分娩;被保险人因整容手术或其他内、外科手术导致医疗事故;被保险人未遵医嘱,私自服用、涂用、注射药物;被保险人从事潜水、跳伞、攀岩、探险、武术、摔跤、特技、赛马、赛车等高风险运动期间;被保险人感染艾滋病病毒(HIV 呈阳性)或患艾滋病(AIDS)期间;战争、军事行动、暴乱或武装叛乱;核爆炸、核辐射或核污染。保险公司之所以把这些责任列为除外责任,主要是因为其是故意造成的,风险比较大,或风险不具有代表性。

(五)意外伤害保险的给付

意外伤害保险是定额给付型保险。在意外伤害保险合同中,死亡保险金的数额由保险合同规定,当被保险人死亡时如数支付。残疾保险金的数额由保险金额和残疾程度两个因素确定。残疾程度一般以百分率表示,残疾保险金的计算公式是:

$$残疾保险金=保险金额\times残疾程度百分率$$

保险行业对于残疾程度百分率已经有着全行业通用的标准定义，各保险公司均遵照执行。意外伤害保险的保险金额不仅是确定死亡保险金、残疾保险金数额的依据，也是保险人给付保险金的最高限额，即保险人给付每一被保险人死亡保险金、残疾保险金，累计以不超过该被保险人的保险金额为限。

当一次意外事故造成被保险人多处伤残时，按总计的伤残程度百分率来计算伤残保险金。如果被保险人身体各部位伤残程度百分率合计超过100%，只能按保险金额全数给付保险金。如果被保险人在保险期内多次遭受意外伤害，每次意外伤害，保险人都必须按合同规定给付，但累计的保险金给付不超过保险金额。

本章小结

● 人身保险是指以人的生命或身体为保险标的，当被保险人在保险期限内发生死亡、伤残、疾病、年老等事故或生存至保险期满时给付保险金的保险业务。

● 人身保险与财产保险完全不同。人身保险的保险标的不可估价，保险金额是定额给付。同时，投保人只要在投保时与被保险人具有保险利益，人身保险合同即具有效力。人身保险是一种长期保险，利率、通货膨胀率等许多因素都对人身保险产生影响。

● 人身保险分为人寿保险、年金保险、健康保险和意外伤害保险。人寿保险的标的是人的死亡，而年金保险与人寿保险正好相反，保障的是生存风险。健康保险保障疾病风险对身体的伤害。人身意外伤害保险保障意外伤害风险对身体的伤害。

● 人寿保险中，传统的普通型人寿保险的主要保险品种包括定期寿险、终身寿险和两全保险；创新型人寿保险包括投资连结型和万能型，都是在普通型终身寿险的基础上创新而来的。分红型保险是传统的普通型人寿保险向创新型人寿保险过渡的保险产品。

● 人寿保险的费率由纯费率(净费率)、附加费率和储蓄保费构成。寿险定价三要素是死亡率、费用率和利率。预定值与实际值之间的差值实际上构成了未来的风险，而传统的普通型人寿保险和创新型人寿保险中，该风险的承担者不同。

● 人寿保险大多按均衡保费缴纳，而非自然保费。均衡保费与自然保费之间的差值则构成了现金价值。现金价值是投保人不可剥夺的资产权利，可以有多种用法。

● 保单红利有现金红利和增额红利两种形式，投保人在现金红利中也有多种选择用法。

● 保险人在给付保险金时，保单所有人可以有以下选择权：一次性支付给受益人；按约定期限向受益人分期给付保险金及利息；按年金支付。

● 人寿保险的特殊条款还有：犹豫期条款；宽限期、失效与复效条款；自杀条款；年龄误报条款；保单转让条款等。

● 年金保险是保障生存的风险，其与人寿保险有诸多的相似之处，也有许多相反的地方。年金保险中也有多种产品：趸缴与期缴；即期与延期；定期、定期确定与终身，包括纯粹终身、期间保底终身和金额保险终身；定额和变额等。年金保险还有许多特殊的运用。

● 健康保险保障人们的疾病风险而带来的损失。有医疗费用保险、疾病保险、失能收入保险和长期护理保险。健康保险的给付方式有定额给付型和损失补偿型,故兼具人寿保险与财产保险的特征。健康保险中有许多特殊的处理办法,如等待期、责任期限、续保条款、既存疾病条款等。

意外伤害保险保障人们由于意外而导致的死亡或残疾。其中,死亡给付和残疾给付是基本给付。健康保险中有观察期的概念,并都采用定额给付型。

第十章　人身保险规划[①]

在人的一生中，人身风险是不断变化的，而且人身保险产品的种类众多，功能繁杂，因此购买人身保险不像财产保险那样简单直接，而是需要根据不同家庭的情况，如收入与开支，老人与孩子，被保险人的年龄与家庭角色，资产与负债等，进行一对一的保险规划。本章介绍了人身保险规划的整体步骤、各种人身保险的保险金额的测算、保费的测算、保险的调整等。只有按照这些步骤逐步实施，才能称得上是做了保险规划，否则就只能称为是买保险。

第一节　人身风险的识别

一、人身风险的种类分析

“人有旦夕祸福，月有阴晴圆缺”，任何人在其一生中都会面临“生、老、病、死、残”的风险。

（一）生活

人只要活着，就需要吃饭、穿衣，就会发生生活费用。如果我们还活着，却没有收入来源，那么我们的生活就会陷入困境。所以，只要我们活着，我们就需要有稳定的生活来源。

在人从出生到自己能独立生活之前的这一段时间中，生活来源是父母，我们必须仰赖父母的抚养。一旦父母由于任何原因而发生“收入中断”，无法再继续承担自己的家庭责任，孩子的生活将步入困境。长大后能够独立工作时，则需要依靠自己的收入而独立生活，但是天灾、人祸、疾病可能会让我们失去工作能力，从而丧失收入来源。老年时，幸福的老人大多靠养老金而生活，而过去的传统则是依靠儿女生活。倘若发生了“白发人送黑发人”的惨剧，则老人的生存也令人担忧。

① 详细学习有关人身保险规划的内容，可以参照《家庭保险规划》，粟芳主编，清华大学出版社 2012 年版。

所以，古时候人们认为人生的三大悲剧就是“少年丧父、中年丧夫和老年丧子”。他们失去了唯一的生活来源之后，就产生了“生”的问题。

（二）衰老——养老风险

即“长寿”的风险。殊不知“长寿”是在社会保障中养老费用不充分时所潜在的一个巨大风险，它实际上也是一种“生活费用”的风险。当前，养老的风险在中国尤其突出。在中国，长期的独生子女政策，人口老龄化问题严重，都让养老的风险日益突出。所以，我们必须在年轻时计划好自己的养老风险，为儿女分忧。

（三）疾病——健康风险

即“健康”的风险。每个人在一生中都会面临疾病的困扰。年轻时可能因为身强力壮极少患病，而对健康风险没有警觉；到了年老时，如果疾病缠身而感受到健康风险，则为时已晚了。如今，不断上涨的医疗费用使得越来越多的人看不起病，吃不起药，无力承担昂贵的医疗费用。特别是对一些长期的慢性病患者而言更是如此。另一方面，随着工作压力大、环境恶化、环境污染等问题日益严重，人们患病的概率也大大增加。疾病对人的折磨也是双重的，不但精神上痛苦，而且经济上更是雪上加霜。

（四）死亡——死亡风险

即“早死”“短寿”的风险。尽管长期来看，每个人最终都会死亡，但是每个人都不知道自己究竟在什么时候会死亡，同时也都希望死亡的时刻能晚一些到来。然而，当今社会的各种风险和意外导致的“早死”风险威胁着每一个人。更为重要的是，“死亡”风险使活着的人产生了“生活”的风险。活着的人有可能因此而失去了唯一的经济来源，从而生活水平急剧下降。

（五）残疾——意外伤害风险

即“意外伤害”的风险。“意外”时时刻刻都威胁着每一个人。与健康风险比较而言，意外伤害是由于外来的、突然的原因所导致的灾难，而健康风险是由于人们内在的身体原因所导致的。灾难和意外发生后，不但会打乱人的正常生活，让人在精神上感到异常痛苦，而且还会发生巨额的医疗费用。如果灾难和意外伤害的后果比较严重，将使人永远残疾，与正常人的生活无缘。那时，人们无法工作，没有收入来源，却必须不断支出各项费用。

二、人身风险的关联分析

人的一生中面临着“生、老、病、死、残”的风险，这些风险会给人的生活带来严重的经济影响。由于“生”与“老”实际上是一种风险，在保险领域中，这些风险的专业名称为意外伤害风险、健康风险、养老风险、死亡风险和生存风险。另一个方面，人生所面对的这些风险并非都是相互完全独立的，各种风险之间存在着千丝万缕的联系（见图 10－1）。

例如,人会由于什么原因而死亡呢?无非是因疾病而死或因意外伤害而死。如果是因意外伤害而死亡,则也属于意外伤害风险的范畴。另外,当人们发生了意外伤害时,除了会导致悲惨的死亡或残疾的结果以外,还可能发生巨额的医疗费用。这些因意外伤害而发生的医疗费用也是健康风险。再者,我们的生活费用除了用于吃饭、穿衣等生活必需品之外,也包含了一些医疗费用。所以,生活费用风险与健康风险也是密切相关的。

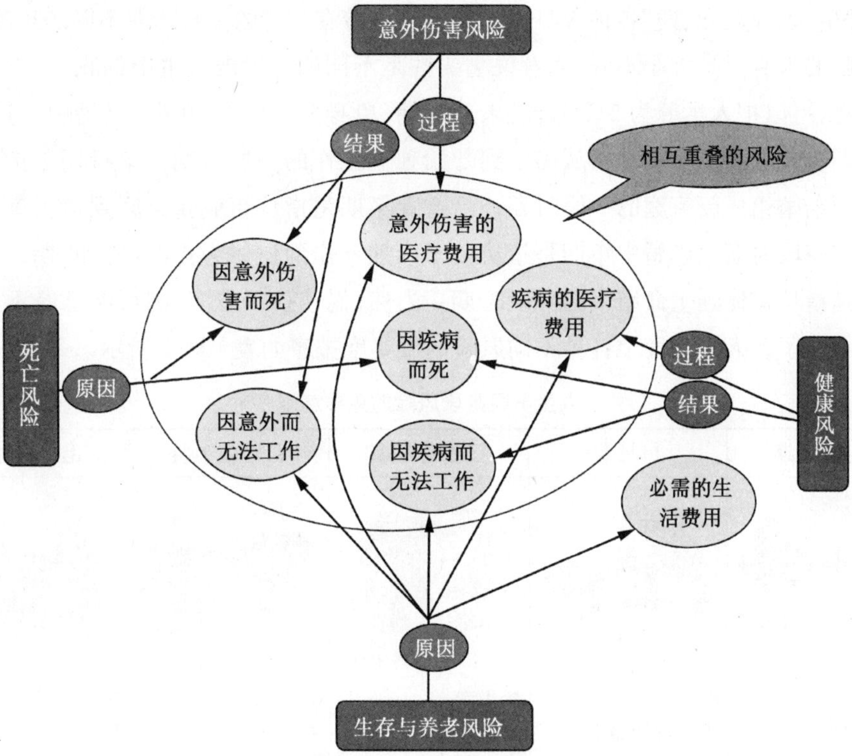

图 10－1 风险的关联性

各种人身风险之间存在着比较复杂的关系。这种关系使我们不可以单独割裂地思考每一种风险,因为一种风险的发生可能会导致另外一种风险的发生,从而发生多米诺骨牌效应,雪上加霜。另一方面,也可以从乐观的角度去思考,如果规避了其中一些风险,即使由于经济实力有限而无法完全规避其他所有风险,但是人身风险之间的相关性使得保障也相互关联了。例如,如果老人由于经济情况不是非常好,没有做好养老保险的计划,而仅仅是花了 100 元购买了保险金额为 10 万元的一般意外伤害保险,没有购买医疗费用保险和养老保险,这种保障明显是非常不足的。那么当老人发生了意外伤害并导致永久性残疾之后,从保险公司那里领来的保险赔偿金不但可以用来弥补老人的意外伤害的损失,也可以用来支付医疗费用或生活费用,比如用于支付保姆费等,并满足生活费用之需。

当然,如果能够构筑充分全面的保障是最好的,这样,各种人身风险都能得到全面的保障。但是如果由于自己的经济能力有限而无法全面建立充分的保障,就可以利用人身风险之间的相关性来适当降低某些风险的保障。

三、人身风险与年龄的关系分析

"生、老、病、死、残"各种人身风险与人的年龄有密切的关系。在不同的年龄段,人所面临的人身风险大小不同,或者说重要性是不同的。根据人生中的收支、责任等不同特点,可以把人生分为 5 个阶段:未成年期、单身期、已婚青年期、已婚中年期、退休老年期。未成年期主要是指从出生到开始独立工作的一段时期。单身期是指从独立工作到结婚组成新家庭的一段时期。已婚青年期是指从组成新家庭到孩子参加工作为止的一段时期。已婚中年期是指从孩子参加工作到退休为止的一段时期。退休老年期是指从退休到生命结束的一段时期。当然,倘若孩子较多,则可能已经不存在已婚中年期了。人生阶段中各种不同风险的重要度排序如表 10-1 所示。

表 10-1　　人生不同阶段风险的重要度排序

未成年期	单身期	已婚青年期	已婚中年期	退休老年期
	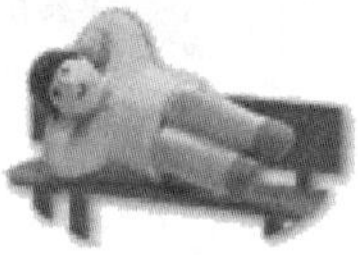			
● 生存 ● 意外伤害 ● 疾病 ● 死亡 ● 养老	● 生存 ● 意外伤害 ● 疾病 ● 死亡 ● 养老	● 生存 ● 意外伤害 ● 疾病 ● 死亡↑↑ ● 养老↑	● 生存 ● 意外伤害 ● 疾病 ● 养老↑↑ ● 死亡↓	● 生存 ● 疾病 ● 意外伤害 ● 养老↑↑↑ ● 死亡↓↓

(一)未成年期

在未成年期,基本上没有任何收入,所有的收入来源都是依靠父母。支出方面,入托费、教育费、生活费用等需求,需要维持平稳的支出。在这个阶段,最重要的就是生存风险,因此如果父母健在,则孩子的童年和青少年的生活将比较幸福美满。所以,未成年期所面临的最大风险就是父母因死亡、残疾或疾病而导致收入中断的风险。

就未成年期的儿童本人而言,在这个阶段面临的主要风险是意外伤害风险和健康风险,应确保自己平安健康。死亡风险的影响相对不大,而养老风险还甚远。

(二)单身期

处在单身期的人们已经参加了工作,有了自己的收入,并需要独立生活。在这个阶段，最重要的仍然是生存风险，要努力地好好活着。但是由于收入来源的不同，所以单身期面临的最大风险是意外伤害风险和健康风险，应确保自己平安健康，正常工作，正常生活。虽然单身期的青年们仍然存在着死亡的风险，但是死亡主要是对父母将来的晚年养老有影响。养老风险似乎也比较远。

（三）已婚青年期

已婚青年期是家庭责任最大的阶段。这个阶段的主要目的是好好活着，好好地承担家庭责任。所以，从个人的角度分析，已婚青年期所面临的风险从大到小排序，意外伤害风险与健康风险仍然排在首位，只有平安健康，才能正常工作，正常获取收入，并承担家庭责任。其次，死亡风险的影响也很大，不容忽视。如果经济方面有余力，也可以开始考虑自己应对养老的风险。

（四）已婚中年期

在已婚中年期，家庭责任差不多已经履行。但这个阶段的主要目的仍然是好好活着。在风险方面，除了仍然面对着意外伤害风险和健康风险以外，“早死”的风险也仍然存在。但是因为自己肩上家庭责任的减轻，“早死”风险对家庭经济的影响也逐渐降低。另外，必须认真考虑自己的养老问题。

（五）退休老年期

在退休老年期，应当安度晚年，这个阶段的主要目的仍然是好好活着。健康风险的影响可能是最大的了，意外伤害风险仍然存在，养老风险也慢慢凸显出来。但是因为家庭责任和社会责任基本上已经履行，孩子已经长大成人并独立生活了，所以死亡风险就显得不是非常重要了。但是从另一个角度而言，由于遗产规划等方面的需求，此时对死亡保险尤其是终身寿险仍然有一定需求。

可以看到，无论在人生的什么阶段，意外伤害和疾病的风险都存在，而死亡风险和养老风险则是根据年龄的不同而差别很大。所以，一般把意外伤害保险和健康保险称为基本品，而把人寿保险和养老保险称为奢侈品。在构造保险规划时，应该根据每个年龄段中各种风险的重要程度的排序来逐一满足，先满足基本品的需求，再满足奢侈品的需求。

第二节 人身风险的评估

一、保障金额的评估步骤

人身风险的评估包括两个方面，其一是根据被保险人的具体情况，如被保险人的年龄、在家庭中的角色、所承担的家庭责任、健康状况、经济收支等，分析出其所面临的特定风险和需要购买的保险产品。其二是根据家庭的经济状况、被保险人的收入情况等确定出应该购买的各保险产品的保险金额。通常在为家庭的人身风险进行保险规划时，应当按照下面的步骤逐步进行(见图 10－2)。

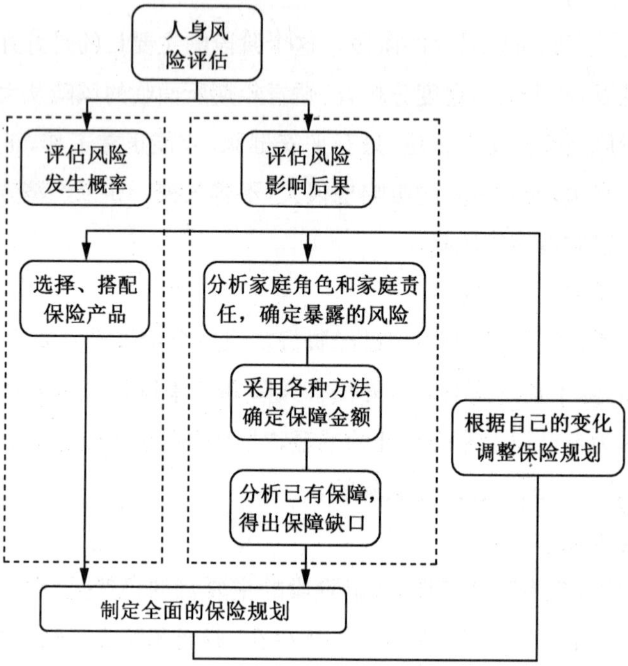

图 10－2　人身风险评估步骤

其中，对风险的发生概率的评估可以从年龄、家庭角色、家庭责任等方面进行。在前面表 10－1 中已经分析出不同年龄段所面临的风险，并对风险进行了排序。因此，这里主要讨论对于保障金额的评估。

二、保障金额的评估原则

在评估保障金额时实际上是进行了一个情景分析。

1. 目标是生活不被改变

在考虑各种人身风险的保障金额时，评估原则是：希望当这些人身风险发生时，家庭的生活水平没有因为风险的发生而发生任何变化，或者说是家庭的生活水平没有因为当事人的死亡、疾病或意外等而下降。这也与“保险让生活不被改变”的功能相一致。

2. 缺口思维，也需考虑投资情况

如果一个家庭有许多投资的资产，例如股票、投资的房产等，那么当灾难发生时，这些投资也可以变现后提供一个现金流，来弥补由此而产生的损失。所以，评估原则是指灾难发生时，在所有投资性的资产都已经变现了之后，保障生活水平不下降还有多少缺口。也就是说，计算时应当按照缺口思维的方式来进行。当然，家庭的经济能力和投资能力就是其风险自留的能力，如果家庭的经济承受能力比较高，能够承受灾难带来的损失，而且不存在缺口，则当然就不需要保险了，即富人不需要为了保障而购买保险。当然，富人也通常会由于其他原因而购买保险(见第二章案例 2－5)。

3. 假设事故发生时间是投保当年

另外还可以假设风险事故发生的时间。当事人在不同的时间发生的风险，对家庭的影响是不同的。一般在最初计算时，都是假设风险发生的时间是在投保当年。这样计算得出的保险金额是最大的。当然，倘若感觉保险金额过高，也可以假设风险发生的时间是在 5 年、10 年后甚至更晚时。这样计算出来的保险金额就会低一些，但相对而言保障性也不是非常高了。

三、死亡风险的保障金额评估

死亡风险的保障金额评估过程非常具有代表性，本书先以人寿保险为例，详细介绍保障金额的评估。在考虑死亡风险保障金额时，通常有三种方法：生命价值法、遗属需要法和倍数法。

(一)生命价值法

生命价值法是考虑个人对家庭的贡献，即从收入的角度来考虑。死亡风险保障金额等于被保险人活着时能够为家庭带来的所有净收入的总和。此时，即使被保险人死亡，其家庭所得到的保险赔偿金相当于被保险人没有死亡时的所有净收入，家庭的生活水平就不会因为被保险人的死亡而发生任何变化。当然，在考虑死亡风险保障金额时，应考虑的是被保险人对家庭的净贡献，也就是不考虑被保险人自己的任何生活费用。生命价值法计算死亡风险保障金额的步骤如下：

● 预计出被保险人在有生之年中各年对家庭的净收入，考虑工资收入的增长、退休导致的工资变化、通货膨胀等因素的影响。

● 预计出被保险人在有生之年自己的净支出，考虑通货膨胀等因素的影响。

● 净贡献等于净收入减去净支出。

● 假定折现率，将被保险人在各年的净贡献折现，计算出在投保当年的总现值，即为保障金额。

案例 10－1　　生命价值法计算死亡风险保障金额

小张现年 30 岁，税后年薪为 10 万元。每年，小张大概要将自己收入的 30% 用于自己的生活开销，对家庭的净贡献大致是 7 万元。根据小张与公司的协议，小张在 60 岁时必须退休。假设小张在退休之后能领取的养老金只够他自己的生活费用。也就是说，假设小张在退休之后对家庭的净贡献为零。另外，考虑小张的工作发展和通货膨胀的影响，假定他年薪的增长速度为 10%，通货膨胀率为 5%，同时假设银行一年期定期利率为 4%。经过计算，可以得到各年净贡献的现值总和为 705 万元。那么小张目前用于死亡的保障金额大致应当为 705 万元。

年龄	复利现值系数 ①	收入 ②	支出 ③	净收入 ④=②－③	净收入现值 ⑤=④/①
30	1.000 0	100 000	30 000	70 000	70 000
31	1.040 0	110 000	31 500	78 500	75 481
32	1.081 6	121 000	33 075	87 925	81 292
……	……	……	……	……	……
58	2.998 7	1 442 099	117 604	1 324 495	441 689
59	3.118 7	1 586 309	123 484	1 462 825	469 057
60	3.243 4	1 744 940	129 658	1 615 282	498 022
合计					7 052 470 元

（二）遗属需要法

遗属需要法与生命价值法相似，也是要考虑资金的时间价值。但不同的是，遗属需要法是从被保险人家属支出的缺口角度入手，考虑被保险人的家属在一生中的各种财务需求满足时所存在的缺口，则缺口为保障金额。

在考虑财务需求时，可以按照下列顺序思考：最为重要的一项就是家属所需要的生活费用；其次是孩子长大所需的教育费用；第三是家庭的负债，即贷款余额；第四是其他财务需求，比如养老基金、应急基金、临终丧葬费用、子女婚嫁金、旅游费用等。当然，如果被保险人的家属本人也在工作，也有一些收入，则被保险人死亡所导致的缺口可能就比较低了。最后，如果被保险人的家庭还有投资的资产，那么也应当先将这些投资性资产变现后去抵充缺口，余下的缺口才是被保险人所需要的保障金额。

用遗属需要法计算死亡保险的保障金额步骤如下：首先，考虑被保险人的家属每年的生活费用、教育费用、负债及一切财务需求。当然不考虑被保险人本人的支出，因为在情景分析中，被保险人已经死亡。其次，考虑如果被保险人死亡之后，被保险人的家庭各年可能产生的收入。当然可以考虑通货膨胀等因素带来的生活费用上涨、被保险人家属由于职业发展而导致的收入增加等其他原因。然后再假定一个银行利率，将被保险人的家属在各年所需要的财务缺口进行折现，并计算出其在投保当年的总现值。最后，考虑家庭已有的投资性资产，用其抵消财务缺口之后所得到的金额就是被保险人所需要的保险保障金额。

案例 10－2　　遗属需求法计算死亡风险保障金额

小张现年 30 岁，张妻是全职太太，现年 28 岁。小张的孩子现年 3 岁。目前，小张税后的年薪是 10 万元。张妻和孩子当年的生活费用及教育费用大致为 6 万元。而且随着通货膨胀率的增加，张妻和孩子的生活费用及教育费用每年大致增长 5%。假设张妻的期望寿命为 75 岁，而当小张的孩子成长到 22 岁时就能独立生活而无须家庭资助了，那时家庭生活费用会降低 50%，但仍按每年 5% 的速度增长。同样，假设银行一年定期利率为 4%。那么经过计算就可以得到，张妻在 75 岁以前、小张孩子在 22 岁以前，所需要的生活费用和教育费用缺口的现值是 233 万元。

张太年龄	孩子年龄	复利现值系数 ①	生活费用缺口 ②	生活费用缺口现值 ③=②/①
28	3	1	60 000	60 000
29	4	1.081 6	63 000	58 247
……	……	……	……	……
46	21	2.106 8	144 397	68 537
47	22	2.191 1	151 617	69 196
48		2.278 8	75 809	33 267
49		2.369 9	79 599	33 587
……	……	……	……	……
74		6.317 8	269 550	42 665
75		6.570 5	283 028	43 075
合计				2 330 999 元

如果小张家还有房贷余额 50 万元，并且小张家的财务需求如下：希望建立一个 5 万元的应急基金，以备不时之需；建立一个 10 万元的养老基金，为妻子的养老做些准备；建立一个 10 万元的教育基金，为孩子将来出国准备；准备临终丧葬费用为 5 万元。小张家目前除了自己居住的房屋以外，还有另外一套价值 100 万元的房屋用于出租，还有股票投资约 20 万元，银行存款大约 1 万元。考虑到小张家目前的负债、财务需求和投资情况，可以计算得到小张的死亡风险需要的保障金额是 192 万元。

妻小生活费用缺口现值		233 万元
财务需求(加上)	房贷余额	50 万元
	应急基金	5 万元
	养老基金	10 万元
	教育基金	10 万元
	临终丧葬费用	5 万元
小 计		313 万元
投资性资产(减去)	投资性房屋	100 万元
	股票	20 万元
	银行存款	1 万元
总计		192 万元

假设张妻也有工作,每年的年收入大致为 2 万元,并且每年也按照 10%在增长,张妻 55 岁退休时,假设退休收入也刚好能满足她自己的养老需求,而且那时他们的孩子也已长大成人了。那么,由遗属需要法计算的生活费用缺口仅为 58 万元(计算过程不再列出)。考虑到小张家庭的负债、投资和各项财务需求之后,小张死亡风险的保障金额则更小,为 17 万元。即 58+80−121=17 万元。

再假设张妻年收入 10 万元,每年也按照 10%在增长。那么,即使没有小张,张妻也能养活自己和孩子,不存在生活费用和教育费用的缺口。即使考虑到其他的负债、投资和各项财务需求,小张的死亡风险保障金额应当为 0 元。即 0+80−121=−41 万,为结余。

但在这种夫妻二人收入都较高时,应该考虑最不期望发生的事情,比如考虑夫妻二人双亡的情况。那么此时应以孩子的缺口为基础,再考虑其他的财务需求、负债和投资等情况来计算。假定小张孩子的年支出为 3 万元,且 22 岁之后就可以独立生活了。同样假定每年的通货膨胀率为 5%,银行一年期利率为 4%。此时可以计算得到小张孩子的生活费用缺口为 64 万元。因此,考虑到其他财务目标、负债和投资的情况,小张夫妇的死亡风险的保障金额应该为 13 万元。则建议小张夫妻各购买 10 万元的人寿保险即可。

孩子生活费用缺口现值		64 万元
财务需求(加上)	房贷余额	50 万元
	应急基金	5 万元
	养老基金	0 万元*
	教育基金	10 万元
	临终丧葬费用	5 万元
小计		134 万元
投资性资产(减去)	投资性房屋	100 万元
	股票	20 万元
	银行存款	1 万元
总计		13 万元

*因为此种情况是小张夫妻都不幸死亡,故不需要养老基金。

(三)简单的倍数法

倍数法是一种简单的估算死亡保险金额的方法。不同的学者认为有不同的倍数。一般而言,有两种倍数法,并且都是依据被保险人或其家庭的收入来确定的。

1. 十一法则

十一法则是以简单的倍数关系估计寿险保障的经验法则。根据"十一法则",家庭需要的人寿保险的死亡风险保额,大约应该为家庭年税后收入的十倍。这里的家庭年税后收入仅仅考虑税收,没有考虑任何的支出。例如,前面案例中,小张太太是全职太太时,小张家的家庭年税后收入仅 10 万元,则应该购买的死亡风险保障金额为 100 万元。

这仅仅是一种估算的方法,不是非常科学。首先,其没有考虑不同家庭的支出情况,更没有考虑不同家庭具体的投资和负债的情况,不能适应所有人或家庭。其次,没有考虑被保险人的家庭角色和家庭责任,而且这种方法所计算出来的保险金额不准确。但是这种方法的合理之处就是简便,考虑了一般经验,能够用于一般的估算和速算。

2. 收入倍数法

另外一种倍数法还要考虑被保险人的年龄,在不同年龄段,应该购买的保险金额为被保险人年税后收入的不同倍数。例如,表 10 - 2 就是根据一般经验所得出的收入倍数。

表 10-2 收入倍数法

年 龄	当前年税后收入的倍数
20～24 岁	20
25～29 岁	18
30～34 岁	17
35～39 岁	15
40～44 岁	12
45～49 岁	11
50～54 岁	9
55～59 岁	8
60～64 岁	6
65 岁以上	5

以前面案例中的小张为例，小张今年 30 岁，年收入是 10 万元，则小张应该购买的死亡风险保障金额为 170 万元。收入倍数法与十一法则相比较而言，考虑了被保险人在不同的年龄所承担的不同社会责任和家庭责任。其次，也考虑了收入随年龄增长而不断增加、责任随年龄增长而不断减小的特征。所以，被保险人的年龄越大，倍数越小。但是，与十一法则相同的是，收入倍数法也不准确，仅仅是一般的匡算而已。

（四）各种方法的比较

三种计算死亡风险保障金额的方法中，倍数法则最为简单，但不太准确，只能称为试算而已。相对而言，生命价值法和遗属需要法略微复杂，并且假设前提和计算结果都更加合理。但两种方法存在明显的相同与不同之处。

两种方法的相同点在于其计算的基本原则是完全一致的，都是为了保证在被保险人的死亡风险发生之后，家庭的生活水平不会下降；其次，两种方法都不考虑被保险人本人的生活费用，因为风险发生后，被保险人本人已经死亡，是不会产生任何生活费用的；第三，两者都考虑了资金的时间价值，采用了折算现值的方法。

其不同之处在于，生命价值法是从收入的角度出发的，遗属需要法是从支出的角度出发的。其次，生命价值法只考虑了被保险人本人的收入，而不考虑家属的收入情况；遗属需要法中考虑的是生活费用的缺口，因此不但考虑了被保险人本人的收入，也考虑了家属的收入。第三，生命价值法仅考虑了被保险人的收入情况，而遗属需要法还考虑了家庭的负债、各种财务目标，以及家庭已经具备的投资情况，考虑问题更加全面。

总而言之，生命价值法和遗属需要法两种方法的出发点是不同的。由于人的生命是无价的，而在投保时却又必须确定一个合理的保障金额，必须把无价的人生定量化。所以，生命价值法从人生价值的角度出发，认为人生的价值就等于所能赚取的收入；而遗属需要法是从需求的角度出发，只要能够保证生活水平不变即可。所以，遗属需要法的保障目标比生命价值法要低一些，也更可取。

表 10－3　　生命价值法与遗属需要法的比较

	死亡风险	
	生命价值法	遗属需要法
相同点	● 保证家庭生活水平不下降 ● 假设被保险人的死亡时间是投保当年 ● 不考虑被保险人本人的生活费用 ● 考虑资金的时间价值	
不同点	从被保险人的收入出发，即从供给出发	从被保险人家属的生活费用缺口出发，即从需求出发
	仅考虑被保险人本人的收入	考虑家属的收入和支出，并考虑家庭的财务目标、现有负债、投资等各种情况
	人生的价值	家属的需要

四、其他人身风险的保障金额评估

各种风险应该具备的保障金额与各种风险的影响后果密切相关。这里所说的保障金额是指理论上有充足财力时应当具备的最为完善的保障。不同风险的保障金额应当有不同的测算方法。一般而言，确定各种风险保障金额的方法如图 10－3 所示。

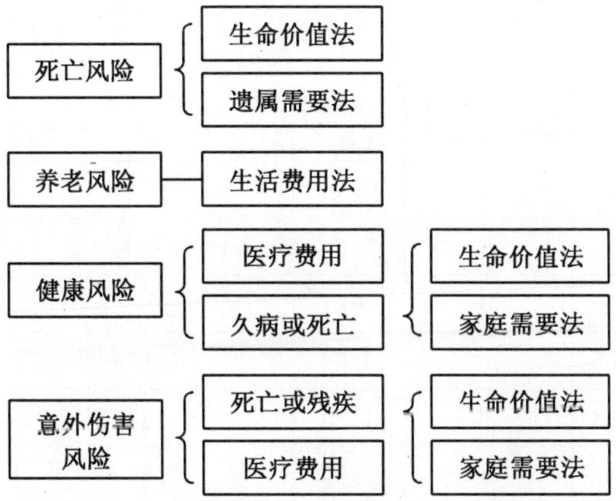

图 10－3　各种风险保障金额的确定方法

（一）养老风险

在考虑养老风险的保障金额时，计算的原则与死亡风险保障金额完全一致，即希望被保险人退休后，家庭的经济状况不会因为退休而发生任何变化，或者说是家庭的生活水平不会因为退休而下降。当然，这一生活水平的下降是以所有投资性资产都变现为前提的，也是以被保险人个人为单位，从缺口的角度来计算的。此时采用生活费用法，步骤如下：

首先考虑被保险人在正常水平下每个月(年)的生活支出费用。而且要注意的是，如果没有购买医疗保险，则这里的生活支出应当考虑医疗费用支出。如果购买了充足的医疗保险，那么生活支出可以仅考虑必要的基本生活的支出。其次，考虑被保险人每月(年)能够从社会保障、企业福利、银行存款利息、房产租金收入等投资性资产方面得到的收入。第三，将每月(年)所需的生活费用减去每月(年)的可能收入，就得到了每月(年)的生活费用缺口。此时可以选择给付金额逐年增加的养老保险产品，让每月(年)从保险公司那里能够领取的养老金给付等于计算所得的每月(年)生活费用缺口。或者再按照资金的时间价值的计算原理进行调整，将生活费用缺口折算成每年相同的费用，并选择能实现该给付的养老保险产品即可。

案例 10－3　　养老风险保障金额的计算示例

小张的父亲现年 58 岁了，即将退休，没有房贷等负债。张爸爸自己有住房一套，如果没有生病，每年的基本生活费用大致需要 3 万元。考虑到通货膨胀的因素，费用年增长率大致为 10%。张爸爸每年从社会保障领取的养老金为 2 万左右，养老金年增长率为 5%。假设张爸爸还有银行存款 10 万元，银行存款的利息为 4%。假设张爸爸的期望寿命为 80 岁，那么张爸爸的生活费用缺口的计算结果如下：

年数	张爸爸年龄	家庭收入①	养老保险给付金额②	家庭投资③	家庭支出 ④＝上年度⑤×1.10	结余 ⑤＝①＋②＋③－④
1	58	2.00	0	10.00	3.00	9.00
2	59	2.10		9.36	3.30	8.16
……	……	……	0	……	……	……
6	63	2.55		4.09	4.83	1.81
7	64	2.68		1.88	5.31	－0.75
8	65	2.81		0.00	5.85	－3.03
……	……	……		……	……	……
23	80	5.85		0.00	24.42	－18.57

可以看到，张爸爸退休初还可以依靠养老金和银行存款而生活，但是到了后面就无法维持原有的生活水平。因此，张爸爸应该购买养老保险来弥补差额。

（二）健康风险

健康风险发生之后，会产生两个方面的经济影响：其一是过程，被保险人生病之后会发生巨额的医疗费用；其二是结果，被保险人生病之后可能导致被保险人久病不起或者死亡，丧失劳动能力并发生收入中断，将来的生活陷入窘迫。

1. 对健康风险影响过程的保障金额

健康保险主要是针对健康风险所导致的过程影响而提供的保障，即保障医疗费用。在确定医疗费用的保障金额时，没有什么确切的计算方法。主要是根据下面三个方面来考虑：

首先是根据自己的身体健康状况来进行判断。如果身体健康状况比较差，则隐含的患病概率比较大。

其次，根据当前的医疗费用水平来进行估定，如果当前的医疗费用普遍处于比较高的水平，看病的药费和治疗费用都比较昂贵，则所需要的医疗费用比较高，健康风险的损失程度也比较大。在分析了健康风险的损失概率和损失程度之后，基本上就能了解自己大致需要的医疗费用。

最后，分析自己的社会保障中医疗保险的水平以及团体保险中医疗保险的水平，估定可能存在的医疗费用缺口。如果社会保障水平比较高，并且所在企业具有比较好的福利，购买了充足的团体保险，则健康风险所需保障金额比较小。

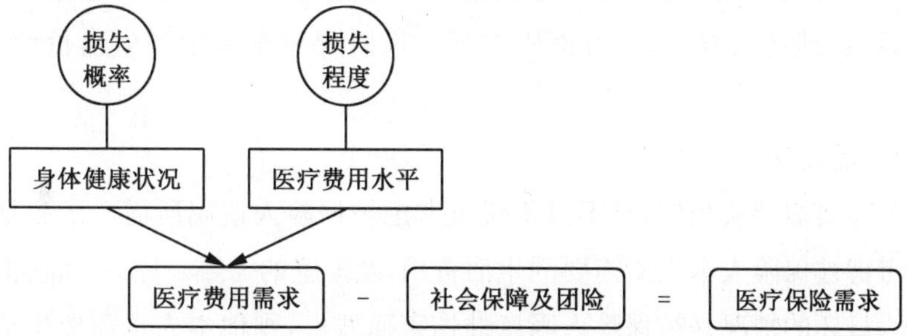

图 10-4　健康风险保障金额的确定方法

2. 对健康风险影响结果的保障金额

健康风险的影响结果和意外伤害风险的影响结果相似，都会使人们丧失工作能力从而失去收入。故采用与意外伤害风险中的生命价值法和家庭需要法来进行计算。

（三）意外伤害风险

意外伤害风险发生之后也会产生两个方面的经济影响：其一是过程，被保险人发生意外伤害之后会发生巨额的医疗费用；其二是结果，被保险人发生意外伤害之后可能导致被保险人残疾或者死亡，丧失劳动能力并发生收入中断，将来的生活陷入窘迫。

1. 对意外伤害风险影响过程的保障金额

这部分也是对于医疗费用的估计，可以采用上述健康风险对过程影响的保障金额评估方法进行评估。

2. 对健康风险影响结果的保障金额

在考虑意外伤害影响结果的保障时，应当考虑残疾或死亡导致被保险人减少的收入。计算原则也是，保证家庭生活水平不因被保险人由于意外伤害导致的死亡或者残疾而变化。确定方法也可以借鉴死亡风险保障金额的方法，但也有一些明显的不同之处。同样，假设意外发生的时间是在投保当年。

(1)生命价值法

如果使用生命价值法确定因意外伤害而导致死亡或残疾的保障金额，不能仅仅考虑个人在各年对家庭净贡献的现值，而应该考虑被保险人在各年的实际收入。因为如果被保险人没有死，而是残疾了，那么一方面他的收入会因残疾而大大减少；而另一方面，由于他还活着，还会继续支出，甚至所需要的生活费用还会因自己的残疾而大大增加。所以，在考虑意外伤害导致的残疾或死亡的保障金额时，应当使用被保险人各年实际收入的现值。同理，按最坏的情况进行计算。在意外伤害事故中，最坏的情况实际上不是死亡，而是导致全残。因此，支出方面也要考虑被保险人本人的消费，因为他还活着，其他方面则与死亡风险保障金额中的生命价值法完全相同。

(2)家庭需要法

这里与遗属需要法相似，只不过不仅仅考虑被保险人遗属所需要的生活费用，而且也应该考虑被保险人本人所需要的生活费用，及家庭的需要。原因和前面是完全相同的。因为最坏的情况是被保险人因意外伤害而残疾，则他本人也需要生活费用，所以需要考虑被保险人全家所需要的生活费用缺口，其他方面则与死亡风险保障金额的遗属需要法完全一致。

(3)简单的倍数法

另外一种方法是依据死亡风险保障金额的大小来进行计算。依照经验，在安排意外伤害风险的保障金额时，意外伤害保障金额至少应当为死亡风险保障金额的 2～3 倍。当然，这种倍数法的优点也是在于比较简单，而缺点则是不太准确。

第三节　风险管理方法的选择

一、确定保费支出

在计算出被保险人所需要的各种风险保障金额之后，还要考虑投保人的保费承担能力。因为保险产品规划是以保费支出的预算为前提的。不同保险产品的功能覆盖面不同，因此不同的保险产品有不同的价格。所以，必须在保费支出的约束下进行保险产品的搭配。大多是根据经验来确定保费支出的，当然，不同人有不同的风险偏好和评估标准。常见的确定保费支出的方法有三种：20％法、收入比例法和“十一法则”。

（一）20％法

20％法的意思是指，每个家庭每年用于保险的支出，应该按照总收入中最多20％的比例来考虑。这里的计算基础是总收入，也就是考虑税收之后的家庭收入，是没有考虑任何家庭支出的情况的。例如，假设小张家的收入是10万元，则粗略计算，小张每年应该将2万元用于保险方面的支出。

很显然，考虑到小张家每年的生活费用支出就需要8万元这一情况，如果再将余钱全部用于保险开支，显然不太合理。因此，20％法不具有广泛的适应性，一般对于中产阶级比较恰当，而对于低收入人群和高收入人群则不太适用。

（二）收入比例法

收入比例法的意思是指，每个家庭每年用于保险的支出，应该根据家庭总收入的情况，分段按不同比例计算保费支出。一般建议的比例是，家庭总收入中小于等于1万元部分的7％，大于1万元并且小于等于2.5万元部分的12％，以及大于2.5万元部分的20％。例如，小张家的收入是10万元，则小张家可以用于购买保险的费用支出上限为1.75万元。计算过程为：10 000×7％＋15 000×12％＋75 000×20％＝17 500(元)。

与20％法相比较而言，收入比例法略微合理一些，考虑了低收入家庭需要把更多的收入花在生活费用中，因此，低收入家庭用于保费支出的比例略低一些，而高收入家庭用于保费支出的比例略高一些。但是收入比例法仍然没有考虑各个家庭具体的支出情况，计算仍然比较粗略。

（三）十一法则

这里和前面的倍数法则中的部分统称为“十一法则”。其含义是指，每个家庭每年可以将净收入的10％用于保险支出。这里的净收入是考虑了每个家庭支出之后的余钱。例如，小张家庭收入为 10 万元，家庭的生活费用等开支为 8 万元，则小张家每年的余钱大约是 2 万元。根据“十一法则”，小张家每年用于保险保费支出的预算为 2 000 元。

与前面两种方法相比较而言，这种方法略微科学一些。它考虑了不同家庭用于生活费用的支出。只有在保障生活费用的前提条件下，余钱才可以用于保费支出等投资方面的支出。另外，这种方法还考虑到保险仅仅是各种理财产品中的一种，因此家庭的余钱也不是都用于保险支出的，而仅仅考虑将 20%的比例用于保险产品支出。

当然，上述三种计算保费的方法都仅仅是经验之谈。在实务中还应该根据每个家庭的消费偏好、对投资的偏好、对风险的偏好等各种情况来判断他们愿意在保险方面的预算。

二、确定商业保险的保险金额

风险管理方法有多种，包括风险回避、风险自留、风险转移和风险控制。在风险评估的基础上，应根据每种风险的损失概率和损失程度，再考虑自身的财力，分析已有的保障情况，再计算保障缺口，确定购买的保险险种和保险金额。

每位当事人所处的工作地位不同，所在的企业不同，其所提供的风险保障是不完全相同的。在进行保险规划时，应当考虑当事人已经具备的各种保障。每个人都处在一个三层的保护之中，即社会保障、企业福利和商业保险。社会保障是国家为所有公民提供的最低保障；企业福利由公司为自己的员工提供，一般通过团险来提供，不同的公司所提供的福利是不同的；商业保险是个人根据自己的需求和经济情况购买的保险，一般称为个险。这三层保障共同构成了保障金字塔。通常自己购买的商业保险是对社会保障和企业保障的一个有效补充。

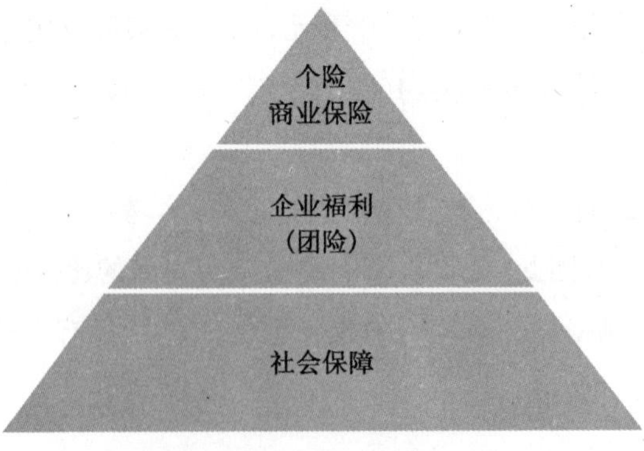

图 10－5　保障金字塔

社会保障是我们保障的基石，其保障面比较广，但其保障力度不够，是不充足的。公司的企业福利是在社会保障基础上的一项补充。但是企业福利要根据自己所在企业的经济情况而定，并不是每个人都能到一个团体福利很好的企业工作。而个人购买的商业保险是最终的补充保障，是自己根据自身的财力和实际情况购买的保障。所以每个人在分析了自己所面对的生、老、病、死、残风险之后，应该考虑自己已经具备的保障，计算出缺口，然后再适当购买商业保险。

仍然按照缺口思维，在计算得到的各种风险保障金额的基础上，扣减被保险人已经具备的社会保障和企业福利，余下的差额就需要被保险人通过个人的商业保险来保障，即所需要的个人商业保险的保险需求。

三、购买人身保险的原则

在为自己的家庭制订人身保险的保险规划时，应当遵守下列基本原则：

（一）全面考虑整个家庭

家庭责任体现在家庭成员相互之间的关系之中，没有家庭关系，就不存在承担家庭责任。在进行保险规划时应该把所有的家庭成员视为一个整体来进行考虑，从家庭的角度考虑风险发生后对家庭所造成的损失。只有这样，才能精确地预计损失影响后果，从而规划出最适合自己家庭情况的保险计划，以更好地体现家庭成员之间相互的责任与关怀。

（二）从家庭角色出发

每个人在家庭中所承担的角色是不同的。实际上，保险本身并不能避免风险的发生，保险只是在风险发生时为我们提供应对风险的财务保障。因此在做保险规划时要考虑每个人在家庭中的具体角色。一般而言，一个家庭中首先应该被保险的成员应该是家庭的经济支柱。如家庭的顶梁柱健在，家庭的收入就不会中断。即使家庭遇到了任何风险，大家团结一致，财务上还可以想办法一起解决。但是如果家庭的顶梁柱不在了，整个家庭的收入就中断了，家庭生活就陷入瘫痪。所以，首先应保障家庭的顶梁柱能平安、健康地活着。

对于不是家庭顶梁柱的其他家庭成员，则应当考虑努力稳定他们所需的开支，让他们的生活费用不因偶尔发生的意外伤害或疾病而产生巨额意外支出。

（三）从风险本身出发

家庭成员由于性别、年龄、健康状况、工作环境、社会保障的情况各异，其所面临的风险类别、风险特征以及风险对家庭的影响结果也是不同的。应当从每个人所面对的风险本身出发，考虑特定风险的发生概率和影响结果，并且考虑每个人所处的不同环境，例如社会保障、公司福利等方面的情况。当然，这里的影响后果主要是指经济上的影响后果。毫无疑问,对影响后果比较严重的风险,理应首先提供保障,建议按照表10-1中各年龄段的风险排序来逐一满足。

(四)注意保费负担

保险不是生活的必需品,而是奢侈品,买多了,则保费负担过于沉重,因此需要在保费预算的限制内搭配保险产品。倘若保险费的预算较为宽松,则可以购买投资型或储蓄型的保险产品,享受保险公司所提供的更多金融服务;倘若保险费的预算较为紧张,则只能购买保障型保险产品,等有了余钱后自己进行投资,或进行保险产品的变更。

第四节 保险规划的调整

在制订了合理的保险规划,并购买了保险之后,这只是初步有了比较健全的保障。生活环境在改变,经济情况在改变,家庭责任也在改变,因此所拥有的保障也应该随着人生的变化而变化。正如同前面分析的一样,单身期、已婚青年期、已婚中年期和退休老年期的保险规划都是完全不同的,那么当自己渐渐从单身期过渡到其他各个时期时,也都应该有不同的保险规划。因此,应该时常检视一下自己的保险规划,看看是否有需要调整的地方,这才是正确的保险观念。

一、调整的时间

(一)常规调整

人生的不同阶段中,家庭责任在发生变化。因此建议从购买了保险开始,一般每隔5～10年,应该对自己的保险规划进行调整。这种调整称为常规调整。

(二)特殊调整

除了常规检查自己的保险规划之外,在下列特殊事件发生时,也应该检查并修改自己的保险规划,这种调整称为特殊调整。

● 经济状况改变:例如收入增加或减少、债务增加或减少、买了房子或车子后有许多贷款需要缴付等。

● 家庭责任改变:结婚、离婚、丧偶、分居等婚姻状况的重大改变;生子、孩子独立生活及结婚、家庭成员死亡等家庭成员的增加或减少;只要是家庭责任加重或减轻,都需要检查及修改自己的保险规划。

● 工作环境变动:创业、更换工作,也就是工作场合的危险性加重或减轻时,都应该检视自己的保单,调整意外伤害保险的保险金额。

● 生涯变动:初次就业、退休、由职场重回校园生活时,也都应该检视自己的保险规划。例如,退休时的家庭责任是最轻的,因此可以将保单重点放在养老保险与医疗保险方面,减少人寿保险的保障。

二、调整的内容

在调整保险规划时应考虑下列内容:

(一)保险金额

已具有的保险金额现在仍然是充分的吗?或者是不是过高?一般而言,人寿保险的保险金额是随着自己的家庭责任而变化的,刚结婚生子时应该最高,而后逐渐下降;而意外伤害保险的保险金额基本上是人寿保险的两倍,其变化的过程也相仿;医疗保险的保险金额应该随年龄而增加。

如何才能调整保险金额呢?首先要看所购买的保险产品中是否具有调整保险金额的功能。如果有这个功能,则可以根据自己的需要向保险公司提出调整保险金额的申请,比如万能寿险。而如果没有这个功能,则只能通过保险单的自动到期来调整保险金额。如果需要增加保险金额,则可以使用原保单加保或是再购买一份保险的方式。

(二)受益人与投保人的资料

当自己的家庭成员发生变化,或者自己的私人居住、通讯等信息发生变化时,或者家庭成员的关系发生了巨大变化时,则要考虑受益人与投保人的资料是否需要修改,受益人是否需要变更,受益人与投保人的住址与其他资料是否需要变更。

(三)保险费

主要应考虑保险费是否需要增加或减少。有些人在投保时,会因为职业或是身体健康的危险性高于一般人而被保险公司提高保费,在保单中附上加费的批注。但是当身体状况已经有所改善或是职业的危险性已经降低之后,当初保险公司加费的理由已经不复存在,此时可以向保险公司提出取消增加保险费的批注,一般来说保险公司不会主动提醒你取消加费的批注。因此,在更换工作时,若是由于工作场所变动,比如由内勤文书人员转为外勤业务员,职业危险性将会增加,此时一定要向保险公司提出申请,增加意外险的费率,以免到时权益受损。

(四)保险产品的功能

保险产品的基本功能是保障,但是有些保险产品的功能包含保障和投资。可能由于当初自己比较拮据,所以购买的是纯保障型的保险产品。而随着经济条件逐渐宽裕,则购买保险的目的可能会发生一定的变化,例如希望具有一定的投资功能等等。此时,可能也需要利用保险产品的转换功能,调整保险产品的组合。

这样，通过常规调整和特殊调整，就能够时时调整自己的保险规划，从而达到两个目的：其一是能够使自己的保险金额时时刻刻都是充足的，不多余也不会不足；其次，能够使自己所承担的保险费比较恰当，以和自己的经济承受能力相当。

本章小结

● 任何人在其一生中都会面临“生、老、病、死、残”的风险。这些风险并非都是相互完全独立的，各种风险之间存在着千丝万缕的联系。

● 在不同的年龄段，人所面临的人身风险大小不同，或者说重要性是不同的。

● 在评估保障金额时实际上是进行了一个情景分析。而且需注意以下原则：目标是生活不被改变；缺口思维，也需考虑投资情况；假设事故发生时间是投保当年。

● 在考虑死亡风险保障金额时通常有三种方法：生命价值法、遗属需要法和倍数法。其中，遗属需要法考虑得最为完善，值得采用。

● 各种人身风险保障金额都有各自不同的评估方法，都是采用缺口思维的方式。

● 常见的确定保费支出的方法有三种：20%法、收入比例法和“十一法则”。

● 社会保障、企业福利和商业保险构成了三层的保障金字塔，个人购买的商业保险为社会保障和企业福利起到了补充的作用。

● 在制订人身保险的保险规划时应当遵守下列基本原则：全面考虑整个家庭；从家庭角色出发；从风险本身出发；注意保费负担。

● 人生的不同阶段中，家庭责任在发生变化。从购买了保险开始，一般每隔5～10年，应该对自己的保险规划进行常规调整。其次，当经济状况改变、家庭责任改变、工作环境变动时，应当进行特殊调整。

● 保险规划的调整内容包括保险金额、受益人与投保人的资料、保险费、保险产品的功能等方面的调整。

第十一章　保险公司的经营与管理

与保险业务的特殊性相一致，保险公司的经营也具有一定的特殊性。从流程来看，保险公司的主要业务经营环节包括产品开发、营销、核保、理赔等，为主要业务经营服务的则有再保险、投资等，当然除此之外，还有其他一般性公司都具有的部门，比如客户服务、财务、信息管理、人力资源等部门。每个环节都有各自不同的含义及重要性。核保与理赔在保险公司中是非常重要的环节，一个守住入口、一个守住出口。了解保险公司的经营与管理有助于理解保险行业的特殊性。

第一节　保险产品的开发设计

一、保险产品开发设计的步骤

保险产品的开发设计是指从产生产品创意直到销售产品时所经历的整个过程。在整个产品开发的过程中，保险公司开发人员必须始终确保正在开发的产品能够满足市场的需求，符合法律和监管的要求，并达到保险公司的财务目标。保险产品开发设计包括以下循环活动：

● 创意(Idea Generation)：保险公司在新产品开发之前，收集各种满足公司需要和特定市场细分需要的新产品立意，通过市场调查、特殊项目以及对竞争对手的监控来获得新产品的创意。

● 创意筛选(Idea Screening)：保险公司对新产品创意进行快速经济的评估，以挑选出值得进一步研究的产品创意。

● 综合业务分析(Comprehensive Business Analysis)：保险公司进行多角度研究以彻底分析每一产品创意的可行性。保险公司也要确定使投资收益最优化的投资策略，并且评估所计划开发的产品是否能满足相关法律和法规的要求。

● 产品技术设计(Technical Product Design)：产品技术设计的主要活动包括设计

合同格式、厘定保险产品的费率，并确保流程、人员配置、平台等各个方面都足以支持产品运转。在技术设计的过程中，精算师和产品开发小组的其他成员要深入研究，以确保新产品有良好的财务状况。

● 新产品实施(New Product Implementation)：保险公司应将新产品的说明及相关文件向监管机构递交，并获得有关产品的各种许可；建立适合新保险合同的信息系统和管理措施；制定宣传和推广产品的计划，并设计培训销售人员和员工的资料；法律部员工则需确保相关广告和培训资料都遵守相关的法律和监管规定；销售队伍接受有关产品销售的培训，并做好开始新产品销售的一切准备工作，开始销售新产品。

● 产品评估(Product Evaluation)：在签发和销售产品之后，保险公司必须不断监控新产品的业绩，并且与产品开发时所设定的预期业绩相比较。如果结果不满意，就应该对新产品稍微调整、放弃或以改进的产品代替。产品监控中所收集的信息也会刺激并产生新创意，从而保险公司又有明确的动机重复新一轮产品开发的循环过程。

其中，综合业务分析一般包括：市场分析、产品设计目标、可行性研究、营销计划和预测。即分析该保险产品是否具有市场需求、是否在技术上可行、应该采取何种营销模式，并对该产品的销售量和盈利能力进行预测。产品的技术设计则包括：设计合同格式、产品的财务设计、新产品设计的建模与测试、预算和计划、新产品实施过程的详细考察、新产品评估等步骤。其中最为重要的就是设计合同格式和产品的财务设计。在产品的财务设计中，精算师将给定产品设计中重要组成部分的一系列假设，比如经营费用、产品失效率、投资收益以及给付成本等。然后运用精算模型进行敏感性测试，判断这些假设的变化将对产品的营利性产生多大的影响。然后，保险公司可以着手实施新产品，取得相关的法律许可，培训营销人员，进行试销售等，最后再对新产品的实施进行评估，并进行改进。

二、保险费率的构成

在保险公司进行保险产品开发时，费率厘定是重要的一个环节。保险费率(Premium Rate)是保险产品的价格，是每单位保险的价格。保险产品的单位通常为千元保额，也有一些财产保险是以百元保额作为单位的。因此，保险费率是保险人按单位保险金额向投保人收取保险费的标准，也是被保险人为获得每一单位保险金额的保险保障应交纳的保险费的比例。保险费率是计算保险费的基础，通常表示为保险金额的千分之多少或者百分之多少。投保人应缴纳的保险费为保险费率和保险金额的乘积：保险费＝保险金额×保险费率。

保险费率是根据保险产品所保障风险的损失概率、损失程度以及保险人相关的经营费用而确定的。保险费率又称为毛费率或净费率，主要包括纯费率(Pure Rate)和附加费率(Surcharge Rate)两个部分。纯费率又称为净费率或自然费率，是根据所保障风险的损失概率和损失程度计算得到的，主要目的是用于满足保险赔偿的需要。附加费率则是根据保险公司经营管理费用而计算的，主要目的是为了弥补保险公司的各项营业费用和支付税金等。由于某些人身保险具有储蓄功能和投资功能，因此还包括了储蓄保费。因此，保险费率的计算公式如下：

保险费率＝纯费率＋附加费率＋储蓄保费

(一)纯费率

1. 保额损失率

纯费率是保险费率中最为基本的部分。以纯费率为基础而收取的保险费主要是用于保险赔偿。因此，纯费率的计算是依据大数法则，将少数不幸事故的损失分摊到每一个投保人。所以，保额损失率(The Loss Rate of the Insured Amount)是计算纯费率的基础。保额损失率是保险期限内保险赔偿总额与总保险金额的比率。

2. 安全附加系数

保险人是根据历年的统计资料，计算出保险期限内的平均保额损失率，以估计未来单位保险金额的有效索赔额，进而确定纯费率水平。但这样确定出来的纯费率并不一定完全精确。因为，平均保额损失率是根据以往的历史资料计算的，而保险标的未来的风险状况可能会发生变化，因此预计的平均保额损失率有可能偏离了实际水平。并且是因基于相对有限的空间和时间范围的历史资料所做出的统计估计，故可能会存在误差。历史数据也不一定反映了可能的极端概率事件，若未来发生了巨灾，则依平均保额损失率得出的费率就难以保证赔付。所以，通常为了保障保险人有足够的赔偿能力，必须在平均保额损失率的基础上考虑安全附加(Additional Safety Factor)，这种附加一般以若干单位的标准差表示。附加的标准差倍数越大，则实际发生的损失金额超过纯费率的概率就越小。一般认为，安全附加取平均保额损失率的10%～20%。在开发新险种时，保险人没有自己的经验数据，可通过对社会平均损失统计资料的利用和调整计算纯费率，或通过判断法估算纯费率。因此，纯费率的计算公式如下：

纯费率＝(1＋安全附加系数)×平均保额损失率

(二)附加费率

保险人经营保险业务时，必然要支出各种费用和税收，比如人工费、核保费、理赔费用等。这些费用也应当由投保人来承担。除此之外，保险公司的股东还需要从保险经营中取得合理的利润，“羊毛出在羊身上”，利润也必须由全体投保人分享。所以，费率除了包括纯费率之外，还包括附加费率，从而反映保险营业成本和期望利润。

通常，附加费率表示为费率的一定比例，其计算基础是保险公司的财务分析。保险公司为保险产品定价时，将分析整理与该保险产品有关的所有费用，比如员工工资、业务费、管理费、代理手续费、税金、意外准备金等项目，并考虑该项目的合理利润。将上述各费用之和与保险金额相比之后即得到附加费率。

附加费率是保险费率中处于次要地位的因素。在竞争比较激烈的市场，保险公司有时可能会通过牺牲利润，甚至牺牲费用的方式来提高自身的竞争能力从而获得业务。另外，保险公司在提高自身竞争能力时，通常采用的办法也只有提高经营效率、压缩附加费用，进而降低附加费率。

（三）储蓄保费

储蓄保费只在具有投资功能或储蓄功能的保险中才存在。无论是财产保险还是人身保险，倘若不但提供风险保障，而且不论保险期限内风险是否发生，保险期间届满时都能得到满期保险金，则在费率厘定时必然存在储蓄保费。同理，“羊毛出在羊身上”，被保险人需要保单到期后返还保费，则就要比纯保障型保险产品多交保费，多出来的保费则称为储蓄保费。储蓄保费再经过投资、累积生息，最后在保险到期时返还给被保险人。所以，当其他情况都完全相同时，纯保障型保险的保费就较为便宜，因为其不包括储蓄保费。

三、保险费率的厘定原则

确定保险费率是保险公司在产品设计过程中最为重要的环节，是保险经营的基础。保险费率的高低直接关系到保险合同双方当事人的利益，也关系到保险人的市场竞争力。因此，保险公司在厘定保险费率时应遵循下列原则。

（一）公平与效率的原则

即保险费率需要遵守公平性。公平性即费率计算上的公平，对相同风险的保险标的应当实行相同的费率，而对不同风险的保险标的实行不同的费率。公平性包括两个方面的含义，一方面，保费收入必须与预期赔偿金额相对称；另一方面，被保险人所负担的保费应当与其所获得的保险权利相一致，保险费率的高低应与保险种类、保险期限、保险金额、被保险人年龄、性别等相对称。因此，从公平性来讲，由于每个标的都是独一无二的，则极端的差别费率思想会认为应当实行一人一价。当然，这是不可能的。所以需要注意的是，保险费率的厘定实际上是一种相对公平。

公平通常是与效率相左的。极端公平的情况下应该一人一价。倘若真如此，则保险公司会花大量的功夫在费率厘定方面，哪怕有些许差别，也要表现出来，如此则失去了效率，同时也与大数法则不符。而在极端有效率的情况下，则是采用统一价格，“一刀切”的方式简单又快捷。但如此则又失去了公平，无论风险高低，费率却完全相同。所以，保险费率的厘定实际上是一种相对公平，依据大数法则寻求平均的规律，然后根据个体特征进行微调而已，从而在公平与效率之间寻求一个平衡点。

（二）合理与充分的原则

这里包含两个方面的内容：合理性与充分性。其中，合理性是指保险费率水平应与保险标的的风险水平和保险人经营水平相一致。保险费率水平不能过高，倘若投保人缴付的保费多于他们获得的实际价值，则保险人会获得超额利润，过高的费率显然不符合公众的利益。

充分性是指保险费率的厘定必须保证保险公司有足够的资金来源和赔偿能力，能够应付正常赔款支出及合理的营业费用、税收和公司的预期利润，并能积累一定的保险准备金，应付异常的灾害事故。充分性实际上是指保险费率的水平不能过低，从而保证保险人有充足的赔偿能力。

因此，保险费率水平不宜过高，也不宜过低，而应当与保险标的的风险和保险公司的经营水平相一致。

（三）稳定灵活的原则

包括稳定性和灵活性两个方面。其中，稳定性是指保险费率一经确定，在一定时期内应保持相对稳定，不要过分频繁地变动。灵活性是指保险费率虽然要保持相对稳定，但随着损失风险和经济状况的变化，保险费率也能够进行灵活的变化，以确保保险费率的公平和合理。

因此，保险费率应当在一定时期内保持稳定，以保证保险公司的信誉；同时，也要随着风险的变化、保险责任的变化和市场需求等因素的变化而调整，具有一定的灵活性。

（四）简明可接受性

简明性是指保险费率制度应该简明，容易被人理解。过于复杂的费率制度不利于使用，或者会提高保险公司的经营成本。可接受性即保险公司所采用的费率因子应当符合法律规定，符合人们的价值观念和习惯。比如，数据显示，相对于其他颜色的车辆，红色车辆发生事故的概率比较高，但是倘若因为投保车辆是红色的，就要被收以较高的保费，消费者可能会对此产生不理解甚至不认可的情绪，那么就不能考虑这一费率因子。这也正如人身保险中有些国家规定采用混合生命表而不能按男女分别定价一样，会被认为是性别歧视。

（五）促进防灾防损

促进防灾防损是指保险费率制度应鼓励投保人和被保险人主动采取防灾防损的措施，从而有助于减少损失。即厘定费率时要反映投保人和被保险人的风险防范措施，给予相应的费率优惠；并且对保险公司参与防灾防损活动时所发生的费用，也应该在厘定费率时加以考虑。除此之外，还可以在续保时采用无索赔折扣等措施，进一步鼓励大家做好防灾防损的工作。对防灾工作做得好的投保人可以降低其费率；对无损或损失少的被保险人实行优惠费率;而对防灾防损工作做得差的被保险人实行高费率或续保加费。

第二节 保险公司的营销管理[①]

一、保险营销的含义

保险营销是指在变化的市场环境中,以保险为商品,以市场交换为中心,以满足被保险人的需要并实现保险企业目标的一系列整体活动。保险营销的最终目的是为保险公司组织和争取保险业务。一个完整的保险营销过程应该包括三个步骤:第一是确定个人和组织机构的目标和需求;第二是进行产品设计、开发和定价;第三是制定和落实针对准客户的产品促销和分销的方法。具体来看,主要包括保险市场的调查与研究、保险市场细分、新险种开发、保险营销渠道选择、促销策略、售后服务等。

保险营销不同于保险推销。保险营销的重点在于投保人的需要,是围绕满足投保人的需要而进行的整体营销,即从搜寻保险市场上的需求一直到完成险种设计以及对投保人投保后的服务等一整套营销活动。而保险推销的重点则在于保险产品本身,主要是为了销售保险产品而进行的活动。保险营销不仅仅包含保险推销,而且还包括保险市场预测、设计新险种、协调保险企业的内部环境、外部环境以及经营活动的目标,促进保险企业在竞争中取胜等内容;保险营销还是一种注重长远利益的保险企业活动,亦即在注重促销的同时还注重树立保险企业的形象,为保险企业的发展做出预测与决策,而保险推销则侧重于短期利益,是一种为获得眼前的销售利润而采取的行为。从保险企业的角度来看,保险营销要求保险企业建立一套远比保单推销复杂的营销系统,来完成包括调查分析、实际营销、售后服务在内的一系列活动。

二、保险营销的管理程序

保险公司要想使保险营销的各项活动有条不紊、行之有效,就必须制定并遵循一定的营销管理程序。保险营销管理程序主要由分析保险市场机会、研究和选择保险市场、制定营销策略这三个阶段组成。

---

① 详细学习有关保险营销的内容,可参照《保险营销学》(第四版),粟芳编著,上海财经大学出版社 2018 年版。

（一）保险市场环境分析

随着经济的不断发展，保险市场上的需求逐渐增加，公众的保险意识也逐渐增强。应当说在保险营销领域，充满着各种机会。但要及时发现和抓住机会，就要求保险公司必须注重对保险市场营销环境的分析，环境分析是保险营销活动的立足点。营销环境包括微观环境和宏观环境。微观环境由保险公司内部各部门、保险客户、保险竞争对手、保险中介人和社会公众组成，其影响着保险公司服务于目标市场的能力，并与保险营销形成了协作、竞争、服务和监督的关系。宏观环境由社会环境、经济环境、政治环境和法律环境组成，它们直接或间接地对保险营销活动产生制约，对保险营销有着深远影响。

（二）目标市场的选择

保险市场上客户的需求是多种多样的，任何一家保险公司不论其经营规模和能力有多大，都不可能满足一切保险需求者的需要，而只能依据保险公司的自身情况和市场情况对市场进行细分，确定最适合自己的、最能发挥其优势的目标市场，以自己有限的能力和资源来满足目标市场中特定消费者的需要。

（1）营销调查与预测。研究和选择目标市场，首先要对保险市场信息进行营销调查和预测。营销调查的内容包括保险需求的调查、保险环境的调查和保险商品的销售调查等；营销预测的内容包括市场规模和需求的测定。

（2）对保险市场进行细分。保险市场细分的主要标准包括地理区域因素（如区分城市市场和农村市场），人口统计因素（即按照年龄、性别、家庭结构、收入水平、职业、文化程度等划分不同的保险消费群），心理因素（即根据影响消费者购买保险的心理因素进行细分），行为因素（即根据消费者的投保行为将保险市场进行细分）。

（3）选择适当的目标市场。保险公司选择目标市场时，必须首先考虑潜在目标市场的适度规模和潜力，即市场具有一定的购买力并能给公司带来足够的保费收入，且存在尚未满足的需求和尚未充分发挥的潜力。其次还要考虑潜在目标市场结构应具有吸引力。最后，保险公司仍须将其本身的目标与其所在的细分市场的情况做综合考虑。

（4）制定目标市场的战略。一般来说，可供选择的市场覆盖战略有三种：无差异性营销战略、差异性营销战略或集中性营销战略。这三种目标市场营销战略各有利弊，保险公司要结合本身的能力，考虑具体险种的特点，做出适当选择。

（5）市场定位策略。选定目标市场后，保险公司要根据市场竞争情况和本公司的条件，确定本公司险种在目标市场上的竞争地位，即市场定位。

（三）制定营销策略

营销策略主要有商品策略、价格策略、分销策略和促销策略。保险公司对这些策略要进行综合分析，以选择能实现营销目标的最有效、最优化的组合。

（1）商品策略。包括商品组合策略、商品生命周期策略和新险种开发策略。商品组合策略，即指保险公司根据市场需求、公司经营能力和市场竞争等因素确定保险商品保障机能的结合方式，其中包括对商品组合广度、深度和密度的有效选择。商品生命周期策略，即区分保险商品从进入市场到退出市场所经历的投入期、成长期、成熟期和衰退期四个阶段，分别采取不同的营销策略。新险种开发策略，即开发能够给消费者带来新的利益和满足的险种。一般而言，新险种是具有创新构思的险种，在使用性能或经济性能方面优于原有的险种或具有新的用途。

（2）价格策略。价格策略一般包括定价方法策略、优惠价策略、差异价策略等。定价方法策略分为低价策略和高价策略。低价策略是指以低于原价格的水平而确定保险价格的策略。这种定价策略主要是为了迅速占领保险市场，打开新险种的销路，更多地吸收保险资金，为保险公司资金运用创造条件。高价策略是指以高于原价格水平而确定保险价格的策略。某些保险标的的风险程度太高，尽管市场上有保险需求，但保险公司都不愿意经营，因此保险公司往往对此类险种采用高价策略。

（3）分销策略。分销策略也就是营销渠道策略，即对如何将保险商品送到顾客手中进行决策。营销渠道一般有三种：直接销售、间接销售，或是两者的结合。此外，随着金融一体化和科技的发展，我国保险营销还出现了一些新的渠道，如银行保险和网络保险。

（4）促销策略。促销策略包括广告、个人推销、营业推广、公共关系和企业识别系统策略五种形式。保险公司运用这些促销方式把保险商品信息传递给广大消费者，同时激励和引导他们的购买行为。

三、保险营销渠道

营销渠道又称为分销渠道、销售渠道和分销体系，是指为了完成市场交换活动而进行的一系列营销活动的组织和个人所形成的系统。保险营销渠道就是指保险产品从保险公司转移到客户的过程中所经历的途径，它也是由一系列的组织和个人所形成的一个完善的系统。也可以这样讲，保险营销渠道实际上是保险公司就向保险客户提供销售服务的主体、时间、地点等方面进行的决策，是就保险公司与保险客户之间的沟通方式所进行的决策。保险营销渠道具有信息流的特色。保险营销渠道作为保险公司与保险客户之间的桥梁，它消除和克服了保险公司与客户在时间、地点等方面的各种矛盾，为保险公司与保险客户之间的沟通起到了非常重要的作用。保险营销渠道所承担的主要功能有销售产品、信息沟通和资金融通等。保险公司有包括直接营销和间接营销的多种营销渠道，如图 11－1 所示。

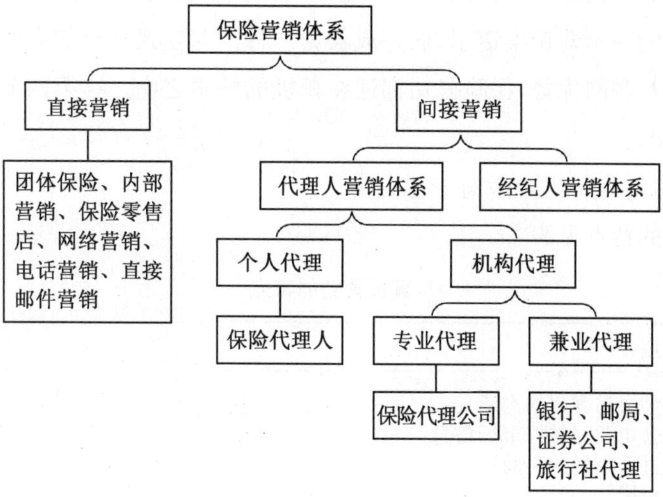

图 11－1　保险营销体系

（一）直接营销

直接营销也称为直销制。保险公司直接通过自己的员工，利用各种宣传手段直接向各种客户销售保险商品。直接营销体系中的各员工是属于保险公司的直属员工，是在保险公司领取固定薪水的正式员工。

1. 直接营销的方式

直接营销的方式主要有：

（1）直接邮件营销：是指保险公司以印刷品的方式通过邮寄来销售产品或提供广告信息的一种营销方式。

（2）电话营销：指通过电话来产生销售的一种营销渠道。电话营销又分为拨入、拨出两种不同的营销方式。拨入电话营销是指保险公司提供一个免费的电话，供消费者进行产品咨询或订购产品。拨出电话营销是公司为了销售而与目标市场中的个人进行电话沟通，建立关系，并最终完成销售的一种营销方式。

（3）保险零售店：是一种传统的零售方式，其销售模式与一般商品基本相同。保险公司在目标客户比较集中的某些地点设立店铺式的销售点。保险零售店中的员工通常是在保险公司领取薪水的、有从业资格的正式员工。他们能够面对面地为客户提出选择建议。

（4）团体营销：即团体保险的营销过程。保险公司大多通过自己的员工销售团体保险。由于团体保险与个人保险在诸多方面有所不同，保险公司在团体营销、核保等过程中也有着非常特别的处理。在第三节中将详细介绍团体保险的情况。

（5）网络营销：是指客户通过网络获取保险公司的信息、保险产品的信息等，并通过网络完成购买行为的一种营销渠道。近年来，随着互联网的发展，互联网已经不仅仅是保险公司的一个营销渠道了，而是成长为一种经营模式。比如众安保险等。但是如何充分运用互联网优势，保险公司都还在积极的探索之中。在第四节中将详细介绍团体保险的情况。

2. 直接营销的特点及适合产品

直接营销的特点见表 11－1。

表 11－1 直接营销的特点

直接营销的优点：
● 便于保险公司与客户的沟通 ● 便于保险公司及时掌握市场信息 ● 节约产品进入市场的时间 ● 节约销售费用 ● 便于保险公司的掌握和控制 ● 不容易被竞争者所替代
直接营销的缺点：
● 建立困难，需要各种直接营销渠道，需要资金和时间 ● 没有专业化分工，需要单独设立各种销售部门 ● 分散了保险公司的精力，不利于公司资源的优化配置

由于直接营销所具有的"直接"的特点，保险公司通常会专门为直接营销而设计产品。这些用于直接营销的产品具有与其他营销渠道的产品完全不同的特点。

在直接营销体系中，消费者通常根据保险公司所提供的信息而做出是否购买的决定，没有保险代理人与消费者进行面对面的沟通交流和解释。因此，消费者做出购买决定时，只能够依据自己的知识和经验来理解保险资料。当然，保险公司在进行直接营销时，往往也会提供一些免费的电话或者一些咨询岗，消费者有疑问时也可以进行询问。但由于保险公司所提供的询问资源的有限性，消费者往往无法如同与保险代理人那样进行充分的交流。同时，由于保险产品的无形性和复杂性，直接营销的这些特点注定了在直接营销体系中所销售的产品必须是比较简单容易的保险产品。这些产品的简单容易主要体现在申请简易化、核保简便化、管理简单化和付费方便化四个方面。

申请简易化的意思是指通过直接营销而销售的产品应该足够简单，容易向消费者解释清楚，材料上面的文字也必须通俗易懂。即使仅受过中等教育的普通消费者，也能通过自己的知识清楚地理解产品的含义。因此，要求产品的宣传资料、投保书等材料应该尽可能简洁明了，相关的费率说明、赔偿条件也应该简单。

核保简便化是指通过直接营销而销售的产品应该具有简单的核保条件，或者基本上无须进行核保。例如，在寿险中，直接营销的产品通常都是无须进行体检就直接通过核保的，消费者在填写投保书时也仅仅是提供了性别、年龄等基本信息。这样，保险公司没有对准保户进行体检就直接接受了风险。因此，直接营销的产品必须具有简单的核保条件，否则就无法直接便利地完成销售的环节。

管理简单化是指通过直接营销而销售的产品简化或消除了保险销售中的许多成本。直接营销中所销售的产品都是近乎完全相同的标准品，这简化了保险公司的管理。保险公司不需要再对客户增加保额、降低保额、提取红利等个性化方面的信息进行管理。但是由于直接营销缺乏代理人协助解决问题或处理投诉，这在某种程度上又加大了保险公司的客户服务的工作量。保险公司必须提供便捷的电话或网络服务。

付费方便化是指通过直接营销而销售的产品应该具有简单明了的费率，并且缴费的方式应该灵活便捷。费率的简单有助于消费者理解保险产品，而客户可以通过信用卡、委托扣款或电子支付的方法缴费则使直接销售更加便捷。

图 11－2 中表现了各种保险产品采用直接营销渠道的适应程度。

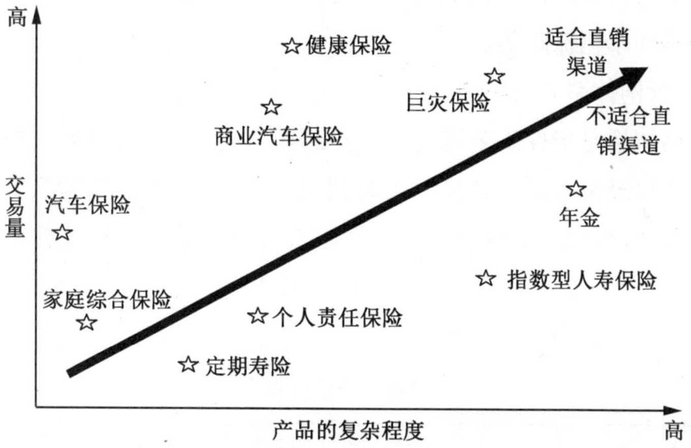

图 11－2　各种保险产品采用直接营销渠道的适应程度

（二）间接营销

间接营销是指保险公司与投保人之间不进行直接接触，而是通过一个或者几个，通过一层或者几层保险中介把保险产品出售给客户。经纪人和代理人是间接营销体系中主要的保险中介。保险中介不能真正代替保险公司承担保险责任，只是参与、代办、推销，或者提供专门技术服务等，促成保险商品销售的实现。间接营销体系与直接营销体系通常相互补充，能相互弥补不足。

1. 间接营销的方式

间接营销主要是通过保险中介进行销售，包括保险经纪人和保险代理人。第六章中已详细地介绍了保险代理人和保险经纪人的概念。

(1)代理人营销体系

代理人营销体系是保险公司通过保险代理销售保险产品的营销方式。保险代理可以是机构,也可以是个人。因此,代理人营销体系又分为个人代理和机构代理两大类。代理人营销体系是寿险领域内的一种普遍的营销模式。代理人在保险市场中主要承担开创新业务、保全现有业务并为保单所有人提供服务的角色。

个人代理是指保险公司采用分公司营销制度时所使用的保险代理人制度。

机构代理是保险公司通过保险代理机构销售保险产品的营销方式。这些保险代理机构包括保险代理公司、银行、旅行社、邮局、证券公司营业部、车辆销售和管理部门等一些组织。根据保险代理机构所从事业务的单一性,可把机构代理又分为专业代理和兼业代理两类。专业代理是指专门从事保险代理业务的机构,例如通过保险代理公司代理保险业务;而兼业代理是指因自身的业务特点和便利而附带从事保险代理的机构。例如,银行代理保险公司销售银行保险,旅行社代理保险公司销售旅行意外伤害险,邮局、证券公司营业部代理保险公司销售投资分红保险,车辆销售、管理部门代理保险公司销售机动车辆保险等。

(2)经纪人营销体系

经纪人营销体系是指保险公司通过保险经纪人与客户进行撮合并最终完成销售的营销方式。保险经纪人是代表投保人的利益,为投保人设立保险方案、选择保险产品,并从保险人处获得佣金的保险中介。经纪人营销体系多用于财产保险的领域。

2. 间接营销的特点

间接营销的特点如表 11 - 2 所示。

表 11 - 2　　间接营销的特点

间接营销的优点:
● 有利于保险公司集中力量进行保险产品的创新,提供高质量的服务 ● 有利于保险公司节约流动资金,减少流动资金的占用额 ● 有利于借助中介迅速占领市场
间接营销的缺点:
● 容易被竞争者所替代 ● 不利于与消费者沟通,无法直接了解市场信息 ● 销售费用比较高,需要支付佣金 ● 推广新产品的所需时间较长 ● 不利于保险公司的控制

案例 11－1　　寿险公司营销渠道的占比

不同营销渠道有着不同的特征。其中人寿保险产品因其产品的复杂性，对营销渠道特别依赖。经过多年发展，目前人寿保险公司的保费收入主要依赖于保险代理人的个人代理业务，以及银行与邮局的代理业务。这两个营销渠道是人寿保险市场最为重要的营销渠道。

2017 年，寿险公司银邮代理业务原保险保费收入 10 584 亿元，同比增长 10.53%，占寿险公司业务总量的 40.65%，同比下降 3.50 个百分点；个人代理业务原保险保费收入 13 065.64 亿元，同比增长 30.43%，占寿险公司业务总量的 50.18%，同比上升了 4.00 个百分点；公司直销业务原保险保费收入 1 751.89 亿元，同比增长 8.43%，占寿险公司业务总量的 6.73%，同比下降 0.72 个百分点。结合 2012 年和 2013 年的数据来看，个人代理业务和银邮代理业务始终都是寿险公司保费收入的主要来源。

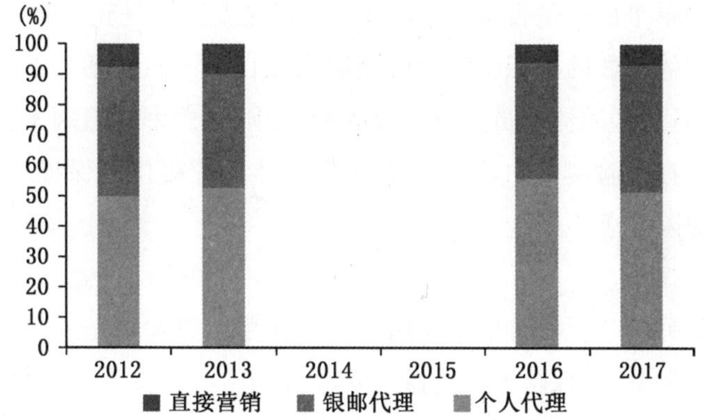

第三节　团体保险

一、团体保险的概念

团体保险是以团体为保险对象，用一张总的保险单对一个团体中的成员提供保险保障的保险。它并不是一个险种，而是一种承保方式或者营销渠道。团体保险中，投保人是团体，组织在职人员集体投保，被保险人是这个团体中的成员。通常，团体是指政府机关、社会团体、企事业单位等独立核算的单位。在职人员是指在投保单位领取工资的正式员工，那些已经退休或离职的员工、临时工、合同工则不应该参加团体保险。

团体保险的产品与个人保险相似，也包括保障生老病死残的各种产品，例如团体人寿保险、团体养老保险、团体健康保险和团体意外伤害保险等。其中，公司养老金计划即团体养老保险是雇员福利计划的一个重要组成部分，通常也称为企业补充养老保险或企业年金。公司养老金计划由雇主举办，有的也由雇主和工会联合举办，向雇员提供补充社会保险计划养老金的退休收入。

二、团体保险的特性

与保险公司签发的其他不同形式的保险相比较而言，以团体作为投保主体的团体保险具有完全不同的风险，并由此衍生出许多其他特性。

（一）团体核保

团体保险最重要的特性是由团体核保取代了个人核保。在团体保险业务中，风险选择的对象是基于团体而不是基于个人。承保时保险公司只关心整个团体的可保性，而不计较团体中单个成员是否可保。团体核保的主要目的是获得团体的人数，或者更重要的是这个团体人数的累积将产生可预测的死亡率或患病率。如果能获得足够多的团体人数，并且这些团体成员具有相似的特性，则死亡率或患病率将可以被更为准确地预测。所以在保险实务中，团体保险不需要体检或提供可保证明就可以承保，这与一般的个人保险显著不同。

（二）使用总保单

团体保险的另一个重要特性是使用一张总保单。总保单是一份记载内容详尽的文件，它记载着每一个被保险人和受益人的姓名、年龄、性别、保险金额，及保险条款的详细内容，例如保险责任和除外责任等。团体保险用一张总保险单为团体中的所有人提供保险保障，每个被保险人只是持有一张保险凭证。保险凭证上主要记载向被保险人提供有关索赔的信息。保险凭证是被保险人投保的证明，它和主保单一起节省了保险成本。

（三）较低的成本

团体保险的费率整体上都低于个人保险的费率。这主要是因为在团体保险方式中使用了集体管理的方式，从各个环节节省了保险公司的经营成本。

（1）简便的手续。团体保险用一张总的保险单承保成千上万个被保险人，简化了承保、收费、会计等手续，节约了保险公司的业务管理费用，节约了代理人的佣金支出。

（2）免体检。团体保险中，通常不需要对被保险人进行体检，这样就节约了保险公司的核保费用、医疗体检及检验报告的费用，降低了保险公司的费用开支。

（3）消除了逆选择的影响。团体保险一般是对最低投保人数的限制以及对投保比例的限制，从而消除了逆选择的影响。许多在个人保险中用于防范逆选择的措施，例如体检等，在团体保险中都不需要了。所以，团体保险的整体成本比较低。

除此之外，团体保险也能够降低被保险人个人的投保成本。因为投保团体往往必须为职工负担部分或全部保费，并且，团体保险本身的费率就比个人保险低。因此被保险人能以较低的保费获得较高的保障。

（四）合同设计的弹性化

相对于个人保险合同，团体保险比较有弹性，例如较大规模团体的要保人经常在合同设计及制定条款上有一些自己的要求。虽然保险合同一般遵循既定的模式，而且包括特定的条款，但在大部分实务中，只要是合同本身并未增加过多的复杂管理程序，不会引起严重的逆向选择，并不违反法律法规的要求，保险合同均可依照投保人的目标而制定。团体保险的投保人对保险合同条款的设计是有一定选择性的。

（五）使用经验费率

在团体保险中，由于各团体所面临的危险程度是不同的，所以团体保险的保险费率是根据各团体所面临的危险程度而定制的。这不同于个人保险中所采用的死亡表。厘定团体保险费率通常需要考虑投保团体所属的行业、职业特点、构成团体的成分（年龄、性别、收入水平等）以及历史理赔记录等。其中，理赔记录是决定费率高低的主要因素，需要根据前几个连续年度的团体理赔记录来确定次年度的保险费率。并且第二年的费率通常是根据第一年实际赔付的情况在第一年费率的基础上进行调整。倘若实际赔付小于预计赔付，则第二年会减费；倘若实际赔付高于预计赔付，则第二年将会加费。

三、团体保险的风险控制方法

在团体核保的过程中，为了控制团体保险中可能出现的逆选择，稳定保险公司的财务业绩，保证团体保险的承保质量，通常会考虑以下因素。

（一）投保团体

投保的团体应该是有特定业务、独立核算的正式的法人团体。参加保险并不是该团体的主要目的，而只是附带于团体的福利。团体的成员必须不以购买保险为目的而集聚在一起。

（二）团体的被保险人

要求团体的被保险人是能够参加正常工作的正式的在职人员。病休职工、退休职工、临时工一般不能成为团体保险的被保险人。职工参加正常工作，实际上就是一种健康的证明。在坚持正常工作的在职人员中采用团体保险的方式承保，可以消除逆选择的影响，保证承保对象总体达到了平均健康水平。另外，由于团体成员富有流动性，不断有年老的员工退出，年轻的员工进入，因此以正式员工为投保对象也能使整个团体的平均年龄趋于稳定。所以，在一个团体中，尽管具体成员的身体素质之间存在差别，但就整个团体而言，采用团体保险的方法承保可以保证承保对象总体达到平均健康水平。

（三）团体保险最低投保人数

团体保险规定了最低投保人数的限制。团体保险对最低投保人数有两方面的限制：一是投保团体中总人数的要求，即一个团体内参加团体保险的人数一般不得少于一个规定的最低值。二是对投保团体参加保险的人数占总团体人数比例的要求，为了避免发生团体中体质较差的成员参加保险，而身体健康的成员不参加保险的这种情况，即仅投保风险程度较高的人员。一般规定，如果保费由雇主、雇员分担，则至少有全部合格职工人数的75%参加，合同才能生效；如果保费全部由雇主负担，则全部职工必须100%参加。

（四）保险金额的限制

尽管团体保险中不太可能存在逆选择，但仍然有可能存在一些有权影响团体保险的人为了自己的私利而使团体保险的设计有利于自己。因此，为了消除逆向选择的行为，如体质差者企图尽可能提高保险金额，而体质健壮者则愿意降低保险金额，团体保险对保险金额进行了一定的限制。首先，保险金额不得自选，被保险人只能对号入座。比如，整个团体的所有被保险人的保险金额都完全相同；或者按照被保险人的工资收入、职位、工龄等因素分别制定每个被保险人的保险金额。这种做法是先制定一个统一的标准，然后按照每个人的具体情况制定保险金额。雇主或雇员均无权自由增减保险金额。在保险实务中，计算保险金额的具体方法可由投保团体与保险人具体协商确定。其次，即使采用了差别保额，也对最高保额与平均保额之间的差距进行限制，倘若超过了一定的标准，则享用高保额的个别人也必须参加体检等，对其进行严格地核保。

团体保险最大的特性就是团体性，个人保险最大的特性就是个体性。个人保险是团体保险的有效补充。两者之间具有比较大的差别。表11－3中列出了团体保险和个人保险的区别。

表11－3　　团体保险和个人保险的区别

	团体保险	个人保险
费率因素	投保团体所属的行业、职业特点、构成团体的成分（年龄、性别、收入水平等）以及历史理赔记录等	投保个体的职业特点、年龄、性别等
保单条款的修改	保单可以根据投保人的需求进行修改，协议合同	保单是格式合同，不可以修改，附和合同

续表

	团体保险	个人保险
保单持有	团体持有一份总保单，每个被保险人只有一张保险凭证	每个被保险人都有一张保险单
核保的要求	通常不要求被保险人体检	大多数产品要求被保险人进行体检
保险金额的限制	保险金额根据某一体系设计，被保险人只能对号入座，不能自选	可以根据自己需要选择保险金额
投保人数的限制	通常有最低投保人数或者最低投保比例的限制，没有达到要求，保单就不能生效	没有任何限制，即使只销售了一份保单，保单也有效
控制风险的方法	通过控制团体的风险控制团体保险的风险。例如选择投保团体、被保险人的资格、人数、保险金额的控制等	通过控制个人的风险控制个人保险的风险。例如要求体检、选择被保险人的职业、性别、年龄等
保费水平	保费比较低，不但是因为团体保险的运作方式降低了成本，而且还因为雇主通常都要承担一部分保费	保费相对而言比较高。因为个人保险的运作方式成本比较高，而且保费全部由自己承担
保险需求的满足	产品不具有个性，只能够满足基本需求	可以根据自己的需求选择产品，最大化地满足自己的保险需求

第四节　互联网保险

一、互联网保险的含义

互联网保险是指实现保险信息咨询、保险计划书设计、投保、交费、核保、承保、保单信息查询、保全变更、续期交费、理赔和给付等保险全过程的网络化。网络保险无论从概念、市场还是经营范围上，都有广阔的发展空间。在互联网保险刚出现时，人们认为这只是一种营销渠道而已，并称之为网络营销。认为网络营销只是保险企业通过网络开展电子商务，如通过互联网买卖保险产品和提供服务。后来，随着互联网的发展，互联网在保险经营管理的过程中不断渗透，不仅仅局限于营销阶段，还包括保险企业的内部活动，保险企业之间，保险企业与非保险企业之间以及与监管机构、税务部门等政府机构之间的信息交流和活动。

互联网保险的基础是现代电子技术及网络通信技术，它不仅仅是一种营销模式，而是一种与市场变革、市场竞争及营销观念转变有着紧密联系的经营模式。在互联网保险中，保险公司通过网络平台，对保险公司的产品和品牌进行宣传并提供服务，客户可以通过网络平台完成线上的投保、保全以及理赔等相关保险服务。互联网保险建立了一个与消费者直接沟通的途径，从而更有效地完成保险公司和客户之间的交易活动。当然，根据平台的不同，互联网保险不仅包括在 PC 终端上浏览的网站型互联网保险，还包括在移动终端手机上使用的移动性互联网保险。前者包括保险公司自建网站、支付宝等第三方网络保险平台以及专业互联网保险公司等；后者则包括移动 Web 服务和 App 应用、移动业务平台等。

二、互联网保险的存在形式

从互联网保险所依据的平台来进行分类，互联网保险包括基于 PC 终端的网站型互联网保险和基于移动终端的移动型互联网保险。不同的平台还包括不同的类型（见表 11 - 4）。

表 11 - 4　　互联网保险分类

平台类型	分　类		举　例
网站型	保险公司自建网站 第三方网络保险平台 专业互联网保险公司		平安人寿保险官网 支付宝、慧择网 众安保险
移动型	营销员移动展业平台		
	客户自愿投保平台	移动 Web 服务 移动 App 应用	

（一）保险公司自建网站

这是保险公司自己建立的官方网站，是典型的 B2C 营销模式。这种模式以保险公司的官网为网络保险产品的销售平台，面向消费者提供各种保险产品信息以及保险产品销售、理赔服务、客户资料查询、公司重大事件披露等多方面的消息。不但让客户能够了解保险公司并增强信任感，同时也简化了保险销售流程，促进了保险产品的创新和销售。

（二）第三方网络保险平台

第三方网络保险平台有两种模式。一种模式是保险公司借助第三方电子商务平台实现保险产品的交易，如保险中介、兼业代理的网站。这是典型的 B2B 模式。在这种模式下，电子商务平台汇总了多家保险公司的保险产品，并提供良好的交易信用环境。客户可以进行综合的对比与筛选，在短时间内找到自己需要的产品。采用这种模式的如慧择网。慧择网平台上集中了新华保险、泰康人寿、合众人寿等多家保险公司的不同保险产品。消费者可以按照保障期限、保障额度、年龄等各种条件筛选保险产品。

另一种模式是保险公司依托第三方网络平台建立自己的官方旗舰店。这属于 B2C 模式。在这种模式下，第三方网络平台通常是消费者所惯用和熟悉的购物平台，具有安全放心的购买环境和稳定庞大的客户群体，保险公司通过借助第三方网络平台的优势，顺利实现保险产品的销售。采用这种模式的如天猫购物平台上的泰康人寿官方旗舰店等。

（三）专业互联网保险公司

专业互联网保险公司是真正的没有实体经营的部门，只通过互联网实施保险产品的开发、生产、销售、理赔等一系列服务的保险公司。截至2018年年底，国内有4家专业互联网保险公司，分别为众安在线、泰康在线、安心财产、易安保险。这些专业互联网保险公司完全依托于互联网，凭借强大的渠道资源优势进行保险产品的销售。在互联网保险市场的开拓过程中，专业互联网保险公司均选择与其他保险公司具有差异的发展路径，根据互联网保险的特征开发出适合于互联网保险销售的保险产品，在细分的保险市场上进行精耕细作。

（四）移动型互联网保险

移动型互联网保险是通过手机的APP实现的互联网保险。随着手机使用越来越广泛，网络性能不断提高和费用不断下降，移动终端比PC终端更加便捷。因此，各种保险主体都开发了在移动终端上进行交易和服务的APP。包括保险公司和保险中介公司等，甚至一些保险代理人也有着自己的APP，为客户提供服务。与基于PC终端的网站相比较而言，移动终端的APP不仅具有相同的产品介绍、销售、理赔等服务，还可以实时给消费者推送各种信息，信息更新的频率略高于网站，而且避免了被动等待，比网站要更加主动一些。

三、互联网保险的特点

（一）互联网保险的优势

与传统的保险企业经营方式相比，互联网保险具有选择广泛、降低成本、无地域或时间限制和保护隐私的特点。并且对于传统保险公司来说，互联网保险还可以有效降低成本，最大限度地满足客户的个性化需求。此外，利用互联网大数据可以精准划分客户群，有针对性地设计保险产品，并有针对性地进行推送和投放；通过互联网平台可以获取更多客户资源，打造品牌优势，提高竞争力；运营成本低，通过互联网营销无须投入大量的营销员，节省人力资源；及时传递和反馈信息，透明度和信息对称性高，有效改善销售误导问题等。

1. 精准划分客户群，设计个性化保险产品

互联网保险特别是基于移动终端的移动型互联网保险，能够利用互联网技术和大数据分析，收集客户的相关信息，比如客户的年龄、性别、职业、日常生活习惯、家庭结构、有无家族疾病史等基本信息，不同背景的客户具有不同的投保需求。互联网保险可以根据大数据分析客户的相关信息，按照不同的投保需求将客户群体进行细分，进

而有针对性地设计保险产品，最终将设计出来的个性化的保险产品精准投放给目标客户群体。这种以客户为中心的精准营销的成功概率远远高于向客户盲目推销保险产品的成功概率。传统营销模式实际上是以产品为中心，导致保险公司的服务与客户的需求不完全匹配。互联网保险有效地解决了这一问题。

2. 获取大量客户资源，打造品牌优势

客户资源是成功销售保险产品的必备前提。传统的保险营销需要通过营销员和代理机构的努力来获取新客户资源。由于人力和资源的限制，通过这种途径获取的客户资源是极其有限的，但互联网保险可以很好地解决这个问题。随着互联网技术的迅猛发展，网络已是生活中必不可少的组成部分，并成为进行有效沟通的主要媒介。互联网保险中，消费者随便点点手指，就能从保险公司的网站上得到各种信息。并且保险公司通过与第三方电子商务平台合作，能够非常容易地利用第三方平台的影响力扩大自己的客户资源，提高自己的知名度和影响力，打响自己的品牌，进而攻占未来的市场。

3. 快捷方便，不受时空限制

通过互联网开展保险业务，保险公司只需支付低廉的网络服务费，就可以一天 24 小时在全球范围内进行经营，同时跨越了代理人、经纪人等中介而直接与保户进行业务往来，大大缩短了投保、承保、保费支付和保险金支付等业务环节的时间。网上在线产品咨询、电子保单发送到邮箱等都可以通过轻点鼠标来完成。保险公司通过互联网可以有效地与各种人群相互联系，特别是保险中介无法接触或不愿接触的客户，这样就能获取更多的业务，规模经济将更加突出，因而从理论上更加符合“大数法则”，有利于保险公司的经营稳定性。可以说互联网保险不仅增加了业务量，而且在客户的质量方面也得到了优化。

4. 透明度较高，客户的自主性较强

传统保险营销的一个比较明显的弊端就是由于信息不对称造成销售误导现象频发。而在互联网保险中，保费透明，保障权益也清晰明了，消费者可以获得保险公司、保险产品与服务的详细信息，知晓其他客户对该保险公司、保险产品和服务的评价，并进而货比三家，即在线比较多家保险公司的产品，从而挑选与自己需求吻合的保险产品。在整个流程中，客户是在主观认识并学习各种保险产品之后独立做出决策，能有效改善销售误导的问题。并且倘若客户有任何疑问，互联网保险所提供的沟通渠道使保险公司与客户之间实现了零距离接触，避免了传统营销模式中代理人传递和反馈信息的滞后和失真。供需双方在高透明度的环境下进行交易，降低了销售信息的不对称性，有效减小了被销售误导的可能性。

5. 经营成本低，保费低廉

保险公司通过互联网能快捷、低成本地获取各方面的信息资料，既赢得了时间，又减少了机会成本，还在很大程度上节省了公司的人力、物力、财力，降低了公司的运营成本。成本的降低不仅使保险公司增加赢利，而且由于各种费用的减少，降低各险种的保险费率，从而也让保户受益。国际著名的管理和技术咨询公司美国 Booz-Allen & Hamito 公司的一份研究报告表明："互联网将导致整个保险价值链降低成本 60% 以上，特别是在销售和客户领域成本更会剧减。成本的降低加上便利和客户化的服务，将促使顾客以电子方式购买保险单。"该公司还计算出：经营财产和意外保险、健康和人寿保险的保险公司通过互联网向客户出售保单或提供服务，将比通过电话或代理人出售保单节省 58%～71%的费用。

（二）互联网保险的弱势

但是，任何事物都不是完美的，互联网保险还是存在着一些明显的缺点。

1. 展业仍然具有一定的被动性

网站型互联网保险只能提供保险信息供消费者选择和购买，但无法控制浏览自己网站的消费者的数量和种类，也无法控制浏览量和浏览频率。保险公司只能通过预先设定好的问题或网页来向消费者解释有关的知识，无法影响或"迫使"他们作出最终购买的决策。移动型互联网保险虽然能够基于大数据技术有针对性地推送一些保险产品信息，希望客户能点开看一看并购买，但仍然无法对他们的购买行为产生决定性的影响力。互联网保险公司能够做的就是提供信息，大范围推送信息，然后坐等消费者的投保单。因此，互联网保险进行展业时有些被动，无法像代理人那样通过面对面察言观色，并进而采取一些策略来最终促成销售。

2. 受消费者文化水平的制约

消费者的文化水平从两个方面影响着互联网营销的成功性。首先，消费者的文化水平决定了他们所浏览的网站种类。随着互联网的普及，年轻一代更熟悉这个时代，而知识相对落后的老年人则不常使用互联网。同时，受过教育、有一定经济实力和文化程度的消费者才会主动产生浏览保险网站的想法。如果从来不浏览保险网站，那么肯定不会购买互联网保险。另外，消费者的文化水平决定了消费者对于保险知识的理解及保险消费习惯。互联网保险中，由于没有保险代理人面对面的解释，消费者只能自己阅读保险产品的信息，并自己加以理解。尽管互联网保险都提供了咨询的窗口，但仍比不上面对面解释那么有效。而保险产品又具有一定的复杂性和无形性，文化水平较低的消费者就无法理解这些保险产品，从而不可能完成购买行为。

3. 互联网保险公司无线下网点，客户理赔难

我国现有的互联网保险公司大多不设立分支机构，只设立一个总部负责公司的整体运营，但客户却覆盖全国。因而在总部之外的其他地区的客户发生理赔时，仅依靠网络渠道进行线上交流，难以直接与保险公司进行线下沟通与交流，调查取证具有一

定的难度，最终导致理赔服务跟不上，大大降低了客户的投保体验，严重损害保险公司在客户心中的信誉。另外，倘若互联网保险公司需要派出理赔专员到客户所在地区进行理赔调查，则由于不熟悉当地的人事、风俗习惯以及经济发展状况，该过程中发生的调查成本要远高于分支机构遍布全国的传统保险公司，这在一定程度上压缩了互联网保险公司的利润。比如，我国首家互联网保险公司众安在线只有上海的总部，而在全国各地均不设立分支机构。但众安在线的客户遍布全国各地，发生复杂理赔时，由于调查取证难、成本高、耗时长等诸多问题，理赔服务难免跟不上。理赔服务跟不上的问题是互联网保险公司急需攻克的一大难题。迄今为止，四家互联网保险公司都仍然在低利润水平上徘徊。

4. 某些广受欢迎的特定产品，保险公司难以独立运作

某些特定的保险产品大多是附着在相关主业上，场景嵌入性较强，价格较低。消费者往往与主业一起购买。比如淘宝网上的退货运费险，电商平台往往将运费险与商品一起搭售给消费者，由于保费只有几毛钱，价格相当低廉，消费者在购物时大多会一起购买。也有一些在旅游网上随机票一起捆绑销售的航空意外险等。这些保险产品的场景嵌入性极强，保险公司虽然获得了部分保费收入，但需要通过第三方电商平台才能完成销售，在销售过程中没有主动权，无法与第三方平台讨价还价。保险公司难以独立完成此类互联网保险产品的研发与应用。倘若不与第三方电商平台等机构合作，则又失去了客户资源与发展机会。

5. 销售的产品大多为简单产品

客户通过互联网平台购买保险产品时，大多只会购买设计简单的产品。对于设计复杂的产品，客户面对晦涩难懂的文字条款时会产生排斥心理，如果没有专业人员指导，极有可能会因为心存疑虑而放弃购买意愿。但是大多数寿险产品具有条款复杂、内容专业、定价方式独特、保单期限较长等特点，客户单纯通过互联网，很难全面了解复杂的寿险产品。因此，当前互联网保险大多停留在销售传统保险产品中的简单产品，或者先通过设计简单的产品收集客户信息，后期再根据客户偏好安排专业人士去沟通。当然，互联网保险产品还需要进一步进行创新。

6. 安全性不足

毋庸置疑，互联网存在各种各样的技术风险漏洞，安全性不足。比如，软硬件系统引自国外，导致互联网保险的不稳定性增加；其次，计算机通信系统存在一定缺陷，开放的网络通信系统，安全密匙管理不善，黑客、木马和病毒的入侵，以及应用软件安装过程中的病毒植入且难以隔离等，造成了客户个人信息的被盗风险加大。而且用户上网仍然没有实现完全的实名制，信息安全风险较大。网络用户的安全意识不足或操作失误，以及智能终端设备的遗失，都非常容易造成用户信息被盗。

所以，保险公司在开展互联网保险时，必须要考虑互联网保险的优缺点。保险公司应该针对那些具有一定文化水平和经济实力的消费者展业，并提供相对比较简单易懂的产品。同时，还应该设计通俗的产品说明等，促进消费者的理解。保险公司还应该提供一些后续跟进的途径，对消费者的疑问进行解答，最大限度地影响消费者的抉择，不懈地进行互联网保险产品的创新，并提高互联网保险的安全性。

表 11－5　　互联网保险的特点

互联网保险的优点
● 精准划分客户群，设计个性化保险产品 ● 获取大量客户资源，打造品牌优势 ● 快捷方便，不受时空限制 ● 透明度较高，客户的自主性较强 ● 经营成本低，保费低廉
互联网保险的缺点
● 被动展业 ● 消费者的文化水平制约着网络营销的成功 ● 互联网保险公司无线下网点，客户理赔难 ● 某些广受欢迎的特定产品，保险公司难以独立运作 ● 销售的产品大多为简单产品 ● 安全性不足
适合互联网保险的产品
● 适合进行直接营销的产品。即简单、通俗易懂的产品，标准化的产品
保险公司采用互联网保险的注意事项
● 目标客户是具有一定文化水平和经济实力并经常使用互联网的人群 ● 设计简单通俗的产品说明 ● 提供后续跟进、解释和说明的辅助手段 ● 不断进行互联网保险产品的创新

四、适合互联网保险的产品特点

互联网保险与传统的保险公司经营模式不同，互联网保险营销也与传统的营销渠道不同，对消费者而言，便利、价格、安全和保密是其在进行保险购买时考虑的重点因素。因此，互联网保险商品的设计应该尽量简单易懂，投保要求应尽量简化，并适合消费者的特殊需求。例如，有些学者对汽车保险和住宅保险的网络交易抱乐观的态度，因为在一些国家和地区这些保险具有强制性，而其他一些险种却具有选择性。这也是首家互联网保险公司众安在线也选定进军非寿险的原因。通常，可以在网络上销售的保险险种应该具有以下特性：高度的价格敏感性、产品复杂程度低、投保手续简单、核保要求低。表 11－6 对于一些特定险种在这方面的特点进行了深入分析。对于付款方式则强调便利性与电子交易的安全性。

表 11-6 互联网保险销售的产品特点分析

特点	投资连结保险	万能寿险	终身寿险	定期寿险	意外伤害保险	医疗费用保险	财产与责任保险	
							汽车保险	住宅保险
价格敏感性	低	低	低	高	高	高	高	高
产品复杂性	高	高	高	低	低	中等	低	低
核保要求度	高	高	高	中等	低	中等	中等	低
是否适合网络销售	不适合	不适合	不很适合	适合	适合	后台跟进	适合	适合
与客户的关系性质	长期	长期	长期	长期	短期	长期	短期	短期

第五节 保险公司的核保

一、保险核保与承保管理

为了获得利润，使实际赔付率处于不超过预定赔付率的水平，保险公司必须对自己所接受的风险进行控制。这些风险控制不仅体现在投保人递交投保申请时，还体现在保险公司签发保单并开始承保时。所以，核保也有两层含义。广义的核保不仅包括投保环节的保险业务要约、承诺、审核、订费以及最终签订保险合同的过程，还包括签署合同之后在承保环节对风险和保险责任的控制。狭义的核保则仅包括前者，而将签署合同之后对风险的控制称为承保管理。

本文采用狭义的核保含义，即保险核保是指保险人对投保人的投保申请进行审核后同意接受并与之签订保险合同的全过程。保险核保是守好保险公司的风险入口。在核保环节必须尽量扩大核查面，在保证业务数量的同时，保证所承保业务的质量，从而使保险经营保持稳定与盈利。

二、保险核保的程序

保险核保的过程如图 11-3 所示。

(一)接单初审

投保人填写了个人保险投保单后，保险人应该对投保单进行初步审核，主要是检查资料的齐全性、投保单的填写项目的齐全性、投保单内容的正确性等。

(二)保险核保

1. 核保的含义

保险核保又称为风险选择，是指保险公司对可保风险进行评判与分类，进而决定

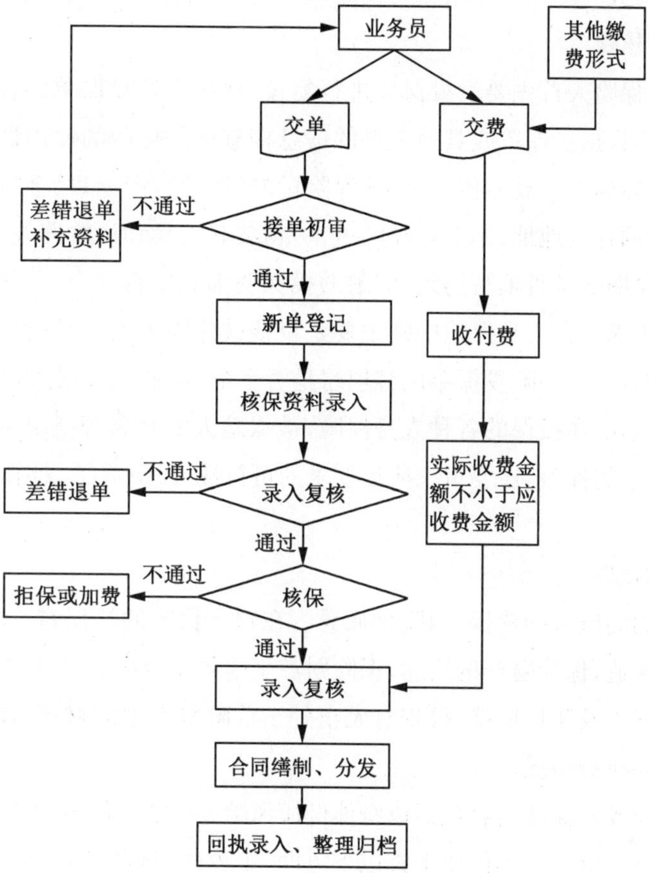

图 11-3　保险人核保的程序

是否承保，以什么样的条件承保的分析过程。在保险实务中，核保是保险承保工作的前提和核心。

核保的重要性主要体现在以下方面：核保可以淘汰不适合承保的投保申请；对承保的保险标的或被保险人分别确定采取何种费率，是否要限制保险金额或是否有责任免除事项；可以及时发现保险欺诈。因此核保工作的好坏直接关系到保险合同能否顺利履行，关系到保险企业的承保盈亏和财务稳定。

2. 核保的内容

核保的内容主要是指依据保险利益原则和最大诚信原则，对投保人的资格、保险标的、风险及保险费率等内容进行严格的审核。

(1)审核投保人的资格

主要是审核投保人是否具有合法的当事人资格，是否对保险标的具有法律上承认的利益即保险利益，是否具有合法的动机。保险人审核投保人资格的目的是为了防止投保人或被保险人为骗取保险赔款而投保，必须确保投保人是投保而不是投机。

（2）标的的核保

在核保时，保险人首先要对投保单进行复核，详细审核投保单的各项内容。在财产保险中主要是根据投保单或其他资料的信息核查保险标的的使用性质、所处环境、防灾设施、安全管理等。具体包括：审核保险标的、保险财产项目、金额与企业账目是否相符，保险标的存放地址、车船行驶区域、货物装载工具和运输路线是否填写清楚，保险日期和保险期限是否填写清楚，应附的投保明细表是否齐全，所附的单证、表册、数字是否符合要求。在人身保险中则主要是审核被保险人的年龄、性别、身体健康状况等。具体包括：人身保险投保单内容填写是否齐全、真实，尤其是被保险人的健康情况是否如实填写，团体投保的各种人身保险，被保险人的姓名等情况是否在清单上列明，对有特殊要求的保险，还要审核所提要求的可行性、保险责任、期限、保额及适用费率水平等项目。

（3）风险的核保

对保险标的的风险的核保，因险种而异。在财产保险的核保时，通常要考虑保险财产的性能或构造，保险财产的用途，保险财产坐落的位置以及其周围环境（险位），保险财产的重要部位及防护措施，检查有无正处于危险状态中的财产，检查各项安全管理制度的制定和执行情况。

个人寿险业务核保的内容包括以身体健康风险为中心的医务审查和以职业、道德风险为中心的事务审查。具体要审查以下方面：年龄；同健康有关的风险因素，例如体格、既往症、现症、家庭病史；同健康无关的风险因素，例如职业、习惯或嗜好、道德危险因素、财务状况。

与人寿保险相比较，由于健康保险的保险种类多样化，所以对风险因素的评估显得更为重要。健康保险中由于被保险人几乎都是投保人，又是受益人，因此不必过多地考虑可保利益问题。健康保险中更多的是要考虑与健康有关的因素，例如年龄、职业、逆选择、道德危险因素等。

由于团体保险与个人保险的区别，团体寿险核保与个人寿险核保也完全不同。在对新业务进行核保时，团体核保人员主要考虑团体的资格、团体的规模、团体成员的投保资格、团体的业务性质、参保率、团体成员的流动率、保险金额的确定等因素。而在对续保业务进行核保时，则要考虑团体的理赔经验、参保率等因素。

3. 核保结果

在核保人员完成核保之后，就应该作出承保决策。主要是根据每一笔业务的实际情况确定其所适用的费率，保证保险费率的合理性。承保决策主要有正常承保、附条件承保和拒绝承保三种。正常承保是指被保险人或被保险标的的风险与标准风险基本相当，即保险公司按标准费率承保保险标的的风险，出具保险单。附条件承保是指被保险人或被保险标的的风险略大于标准风险，保险公司通过增加限制性条件或加收附加保费的方式予以承保，出具保险单。如果投保人的投保条件明显低于保险人的承保标准，即被保险人或被保险标的的风险明显大于标准风险，保险人就会拒绝承保。

（三）单证管理

承保人作出承保决策后，由签单员缮制保险单或保险凭证以及办理批单手续，并进行归档管理。通常按照下列程序进行：复核员按签单要求对投保单、验险报告、保险单、批单以及其他各种单证是否齐全，内容是否符合要求，计算是否正确，进行认真的复核。然后加盖公章及复核员的名章，由保险内勤人员清分发送，收取保险费。最后将投保单、保险单和批单副本装订成册归档。

三、保险公司的承保管理

保险合同成立并生效之后，保险公司开始承担保险责任。在承保的过程中，保险公司要开展承保管理，依据自身的承保能力控制自己的风险，尽量防止和避免道德风险和心理风险。保险人在控制保险责任时主要从以下几个方面入手。

（一）控制逆选择风险

逆选择的含义是指那些有较大风险的投保人试图以平均的保险费率购买保险。逆选择意味着投保人没有按照应支付的公平费率去转移自己的风险损失。如果保险人所承保的业务中带有逆选择倾向的投保人太多，保险人就会面临亏损。所以，保险人承保管理的目的之一就是控制逆选择的发生。通常，保险人通过不承保或者有条件地承保不符合保险条件者，控制投保人的逆选择。

（二）控制保险责任

除了常规风险以外，对于一些具有特殊风险的保险标的，保险人需要与投保人充分协商保险条件、免赔金额、责任免除和附加条款等内容后特约承保。这样既能满足被保险人的特殊需要，又控制了保险责任，使保险人支付的保险赔偿金额接近预期的损失金额。

（三）控制人为风险

人为风险是保险人在承保时比较难以防范的风险，尤其是随着保险欺诈水平不断提高而不断增加。在实务中通常要防范和控制道德风险与心理风险。从保险的角度来看，保险人控制道德风险发生的有效方法就是将保险金额控制在适当的额度内。在财产保险中体现为避免超额承保，并在条款中规定以实际损失为赔偿之限。而在人寿保险中，保险人则应该注意保险金额与投保人的收支状况是否一致，投保人与被保险人之间是否具有保险利益等，并对投保人的收入来源和保险记录进行调查。

实际上，心理风险比道德风险更难以防范，因为任何国家的法律对道德风险都有惩罚的方法，而且保险人也规定对被保险人故意造成的损失不予赔偿。但心理风险既非法律上的犯罪行为，保险人也难以制定适当的规定进行限制。保险人在核保时只能采用限额承保、规定免赔额或免赔率等方法，让投保人自己也承担一部分损失，从而刺激被保险人克服心理风险因素，主动防范损失的发生。

(四)办理再保险

再保险是保证保险企业的偿付能力、分散保险公司风险的主要手段。在下一节将略微详细地介绍再保险。在保险人承保的过程中，保险人应该对超过自身承保能力的风险合理安排再保险，科学选择再保险方式，准确地确定自留额，并选择合适的再保险人。第六节将详细介绍再保险。

四、续保

续保是指一个保险合同即将期满时，投保人在原有保险合同的基础上向保险人提出续保申请，保险人根据投保人当时的实际情况，对原有合同条件稍加修改而确定是否继续对投保人签约承保的行为。续保是以特定合同和特定的被保险人为对象的。续保对于保险人而言，可以稳定公司的业务量，利用与投保人之间建立起来的老关系减少展业的工作量，降低营业费用。对投保人而言，续保不仅可以获得持续不断的可靠的保险服务和保险保障，而且还可以得到在体检、服务项目以及保险费率等方面的优惠。续保对保险双方均是有利而无弊的。

保险公司在续保时也要做好承保管理。当被保险人提出续保申请时，保险人应对保险标的及时作出再审核，避免保险期中断。如果保险标的的危险程度增加或减少，保险人应对保险费率作出相应的调整。保险人还应根据上一年的经营状况和赔付情况，适当调整承保条件和保险费率。并考虑通货膨胀因素，使续保后的保险金额与物价或生活费用指数的变化相一致。

第六节 再保险

一、再保险的基本概念

再保险(Reinsurance)也称为分保，是保险人为了分散风险，在原保险的基础上通过签订分保合同，将其承保的部分或全部风险责任向其他一个或多个保险人进行保险的方式。《保险法》第二十八条规定："保险人将其承担的保险业务，以分保形式部分转移给其他保险人的，为再保险。应再保险接受人的要求，再保险分出人应当将其自负责任及原保险的有关情况书面告知再保险接受人。"这是目前我国关于再保险最权威的定义。所以，再保险又可称为"保险公司的保险"。

通常，投保人是为了转移风险而与保险人签订原保险合同，而保险人为了保证其偿付能力和经营的稳定性，必须采取某种方式分散所承担的风险。分散风险的方式有多种，主要有限制保险金额、共同保险与再保险。这些方式各有千秋。一般而言，保险人通过限制保险金额和共同保险可以控制自己所承担的风险，而通过再保险则可以分散自身的风险。

在再保险业务中，分出保险业务的一方称为原保险人(Original Insurer)，又叫分出公司(Ceding Company)；分入保险业务的一方称为再保险人(Reinsurer)，又叫分入公司(Ceded Company)或接受公司。原保险人与被保险人之间的关系称为原保险，再保险人与原保险人之间的关系称为再保险。

分入公司对于分入的再保险业务，还可以通过订立转分保合同的方式，将其再转分给其他保险人，这种行为称为转分保或再分保。双方当事人分别称为转分保分出人和转分保分入人。在国际再保险市场上，专门从事分保接受人介绍、安排再保险业务并从中取得劳务报酬的公司或个人叫分保经纪人。分保经纪人取得的报酬称为分保经纪人佣金。分保经纪人是分保分出公司和分保接受公司的中间商，在各国保险公司之间起着桥梁和媒介的作用。分保经纪人一般不办理分保手续，不承担保险责任，但是可以为双方传递信息、代理检验、委托理赔以及代理结算等。

分出公司办理了再保险业务之后分出公司自留的那部分保险业务或保险责任称为自留额，又叫自负责任；分出公司分出的那部分保险业务或保险责任称为分保额，又叫分保责任。与投保人需向保险人交纳保险费一样，分出公司将保险责任转移给分入公司时也要缴纳相应数量的保险费，称为再保险费或分保费；同时，由于再保险人通常将保险业务的各项事宜交由原保险人单独处理，原保险人在展业及管理过程中付出了一定的人力、物力和财力，因此在向分入公司分出业务时，需要向分入公司收取一部分费用作为业务费用开支的补偿，这种由分入公司支付给分出公司的费用报酬称为分保手续费或再保险佣金(Reinsurance Commission)。当分入公司所经营的再保险合同有一定盈余时，分入公司通常会根据分保费付给分出公司一部分费用，这被称为盈余佣金。

二、再保险的功能和作用

保险人可以运用再保险扩大其承保能力，将承保的责任在国内和国际范围内分散，使灾害事故责任均衡化。再保险的基本功能便是风险或保险责任的再分散。可以从微观与宏观两个角度来分析再保险的功能和作用。

（一）微观方面

再保险的微观作用主要体现在对保险人业务、财务和管理等方面的积极作用。

1. 再保险对保险人业务经营上的作用

首先，再保险能增强保险人的承保能力，增加其业务量。《保险法》第一百零二条规定："经营财产保险业务的保险公司当年自留保险费，不得超过其实有资本金加公积金总和的四倍。"第一百零三条规定："保险公司对每一危险单位，即对一次保险事故可能造成的最大损失范围所承担的责任，不得超过其实有资本金加公积金总和的百分之十；超过的部分应当办理再保险。"这些规定正是为了保证保险人的偿付能力，使其在财务状况允许的范围内承保业务，从而保护了被保险人的利益，但同时也限制了保险人的业务量。对保险人来说，自然希望能尽量多地接受保险业务，但他们往往因为财务能力不足而无法承保大额标的，如保险金额高达几亿元或几十亿元的卫星、核电站等。而再保险就是解决这个矛盾的有效途径。保险人通过再保险可将超过自身财务能力的那部分业务分给其他保险人。

其次，再保险能控制保险人的责任，保证经营的稳定性。保险人在承保业务时，不仅要考虑自身的承保能力，还要考虑承保标的的风险大小。为了保证经营的稳定性，保险人可以拒绝承保风险大的标的，也可以采取各种承保控制的措施有条件地予以承保。但实际业务中，保险人因为与投保人存在长期合作关系或希望承保一些较大的项目，往往也会接受风险大、质量差的保险业务。或者某些保险险种的业务经营在年度间有波动性，会出现亏损。此时，保险人可通过再保险将自己已经承保的业务分给其他保险人，从而使风险控制在合理的范围内，达到经营稳定的目的。

2. 再保险对保险人财务上的作用

首先，再保险可以降低保险人的经营成本，增加保险人的收入。保险人在经营过程中所花费的成本主要包括对被保险人的赔款和营业费用，保险人通过分出业务进一步分散风险，从而使保险赔付率稳定。在营业费用方面，一方面，再保险人参与保险人营业费用的分摊，另一方面，由于规模经济效应，营业费用支出并不是按业务规模扩大的同比例增加，这样保险人的营业费用率就降低了。

其次，再保险可以增加保险人的收入。保险人的收入主要来源于保险费的收取。由于再保险扩大了保险人的承保能力，保险人的业务量增加，保费收入自然随之增加。同时，再保险人必须支付给保险人相应的分保佣金作为保险人营业费用的补偿。不仅如此，当保险人分出的业务产生盈余时，再保险人还会支付盈余佣金给保险人，以作为对保险人经营业绩的一种肯定和鼓励。

再次，再保险可以增加保险人的可运用资金，有利于财务稳定。根据各国保险法的规定，保险人要提存未到期责任准备金和未决赔款准备金。如果保险人办理了比例再保险，就可以由再保险人提存未到期责任准备金和未决赔款准备金。由于再保险人提存的准备金一般留存在保险人那里，作为再保险人履约的保证金，而再保险准备金从提存到支付或返还以前，有一段时间间隔，这便成为暂时闲置的资金，保险人可以加以运用，如进行投资等，使资金保值增值。

3. 再保险对保险人管理上的作用

再保险可以促进保险人加强管理。再保险业务与直接保险业务相比，涉及面更加广泛，对保险人的业务水平和专业知识都有更高的要求。保险人不仅要正确评估自己承保的风险，合理确定自留额和分保额，以确保保险费不会过多地流失；而且还要了解国际保险市场信息，以寻找合适的再保险人，选择最优的再保险方式，进行合理的再保险安排。所以，再保险要求保险人具备更加丰富和全面的专业知识，尤其要提高风险管理和业务管理水平，才能与国际接轨。因此，再保险可以推动保险人加强管理。

（二）宏观方面

1. 再保险为保险业的健康发展提供保障

通过建立再保险关系，处于不同国家和地区的保险人加强了联系和合作，形成了联合的巨额保险基金，增强了整个保险业应付巨灾的能力，使风险在世界范围内得到分散。特别是新的保险公司或专业自保公司有了再保险作后盾，就可以得到技术上和财务上的支持，改善经验不足和财力匮乏的状况，保证业务稳定发展。另外，世界上有些发展中国家还利用再保险作为宏观调控国内保险市场的经济手段，培育和发展国内保险市场。

2. 再保险间接保障了社会公众的利益

再保险是保险人的保险，是对保险人偿付能力的有效保障。而对保险人偿付能力的保障，归根结底还是为了保证被保险人乃至社会公众的利益。此外，如果没有再保险，如有大额业务，一个保险人可能没有足够的承保能力，投保人可能要与多个保险人签订共同保险合同，才能达到分散风险的日的。通过再保险，投保人只需与一个保险人签订合同，再由保险人进行再保险即可，不必向多个保险人投保。这样便简化了投保手续，为社会公众转移风险提供了便利，从而也间接保障了社会公众的利益。

三、再保险方式

再保险作为保险人转移和分散风险的一种手段，其方式是多种多样的，但归纳起来可以分为两大类：比例再保险和非比例再保险。

（一）比例再保险

比例再保险是指分出公司和分入公司分别对总承保额承担一个固定的比例，按照这个比例来分配保险费，也按照这个比例来承担保险责任。比例再保险是以保险金额为基础来确定分出公司和分入公司各自责任的一种方式，充分显示了原保险人和再保险人利益的一致性，也最能显示再保险双方当事人共命运的原则。比例再保险可以分为成数再保险、溢额再保险和成数溢额混合再保险三种形式。

成数再保险是指原保险人将每一危险单位的保险金额，按照约定的比例分给再保险人的再保险方式。双方按照这个比例分摊保险费和保险责任。在这种形式中，再保险双方当事人的权利和义务是对等的。这种方式的最大特点是"严格按比例"，同时也是最简单和分摊最彻底的再保险方式。成数再保险的手续比较简单，再保险合同双方的利益一致。但是成数再保险缺乏灵活性。故成数再保险比较适用于新创办的保险公司或新开办的保险险种。

溢额再保险是由原保险人和再保险人签订协议，对每个危险单位确定一个由原保险人承担的自留额，保险金额超过自留额的部分称为溢额，分给再保险人。按照溢额再保险方式，原保险人事先确定一个自留额，再保险人以自留额的一定倍数约定分保限额。在溢额再保险中，自留额与保险金额之比称为溢额再保险的自留比例，分保额与保险金额之比称为溢额再保险的分保比例。溢额再保险的手续繁琐、费时费力，但分出公司可以根据具体业务种类、质量和性质以及自身的财务状况来灵活地确定自留额，特别是对大额或高额业务的处理较有弹性。溢额再保险是保险实务中运用最为广泛的再保险方式。

（二）非比例再保险

非比例再保险是以保险赔款金额为基础来计算分出公司自留责任和分入公司接受责任的一种分保方式，也称为超额损失再保险，即当保险标的的损失金额超过分出公司和分入公司约定的分出公司自留的额度和标准时，分入公司承担超过部分的一定额度。非比例再保险有两个赔偿责任限额：一是分出公司的自留责任限额，即非比例再保险的起赔点；二是分入公司承担的最高责任限额。这两个限额通常由再保险双方当事人在合同中约定，一旦发生保险事故，就按照规定的限额进行赔付。非比例再保险包括多种方式，其中最常用的主要有险位超赔再保险、事故超赔再保险、赔付率超赔再保险三种。

险位超赔再保险是以每一危险单位所发生的赔款金额为基础来计算原保险人的自负责任和分入公司的分保责任的一种再保险方式。险位即危险单位。在这种方式下，对每一危险单位发生的保险赔款，双方都要约定分出公司自负的金额和分入公司接受的金额。如果发生的保险赔款在分出公司自负金额之内，则由分出公司自己负责赔偿；若发生的保险赔款超过了分出公司的自负额，则由分入公司进行赔付。

事故超赔再保险是以一次事故中所造成的总赔款金额为基础来确定分出公司自负责任和分入公司接受责任的一种超赔分保方式，也称为巨灾超赔保障。在这种形式下，不论一次事故中涉及了多少个危险单位，保险金额有多大，只要总赔款金额在分出公司的自负责任限额之内，就由分出公司承担赔付责任；当总赔款金额超过分出公司自负责任限额时，则其超过部分的一定额度由分入公司承担。

赔付率超赔再保险是以某一业务在一定时期的赔付率为基础来确定分出公司自负责任和分入公司接受责任的再保险方式。赔付率即赔款金额与保险费的比例。即在约定的某一时期（一般为一年）内，当赔付率超过一定标准时，由再保险人就超过部分负责至某一赔付率或金额，两者以低者为限。由于这种再保险可以将分出公司某一年度的赔付率控制在一定的标准之内，所以对于分出公司而言，又有停止损失再保险或损失中止再保险之称。

四、再保险安排

再保险安排是指分出公司如何运用各种再保险形式与接受公司建立再保险关系。再保险安排的基本方式有临时再保险、合约再保险和预约再保险三种。

（一）临时再保险

临时再保险是分出公司根据承保业务的需要，将有关风险或责任进行临时分出的再保险安排。临时再保险在安排时需要将分出业务的具体情况和分保条件逐笔告知对方，接受公司是否接受和接受多少均可自主决定。同样，分出公司也可自主决定是否分出和分出多少。分出公司和接受公司对临时再保险业务均有自由选择权，对双方不具强制性。由于临时再保险是对风险的临时分出安排，因此往往是分出公司针对个别特殊保单或危险单位采取的临时处理风险的措施。临时再保险业务条件清楚，分保费支付较快。但由于临时再保险是逐笔安排的，手续相对繁琐，增加了营业费用开支。此外，分出公司一般须在临时再保险安排完毕，才能对原被保险人承保，因而时间性很强。

临时再保险比较适用于新开办的或不稳定的业务。由于新开办业务时，业务量较少且不稳定，尚不够条件组织合约再保险，而采用临时再保险方法可以探索经验，为业务的进一步发展创造条件。临时再保险也适用于合同规定的除外业务或不愿列入合同的业务。

（二）合约再保险

合约再保险是分出公司和接受公司预先订立分保合同，分出公司按照合同的规定将有关风险或责任转让给接受公司的再保险安排。合约再保险也称固定再保险，合同将业务范围、地区范围、除外责任、分保佣金、自留额、合约最高限额、账单编制和结付等分保条件用文字予以固定，明确双方的权利和义务。因此合约再保险对分出公司和接受公司均有约束力，订约双方无自由选择权，分出公司有义务按合同规定分出，接受公司有义务按合同规定接受。合约再保险是预先订立的，所以往往不定期，除非缔约一方根据合同注销通知的规定，事先通知对方终止合同，否则，合同长期有效。正因为时间长，业务多，分保条件较临时再保险优越，对合约双方都较有利。同时合约再保险约定，分出公司要将业务放入合同，那么就必须将某一险种的全部业务放入合同，不能有所挑选，以免逆选择，同时也可简化手续。

由于合约双方的关系是固定的，因此，对原保险人来说，可以保证风险和责任的及时转移，有利于经营稳定；而对再保险人来说，则可以得到数量较多且较为均衡的稳定业务来源，有利于风险的分散。合约再保险的优越性决定了合约再保险具有广泛的适用性，既可以运用于比例再保险方式，也可以运用于非比例再保险方式。

（三）预约再保险

预约再保险是介于临时再保险和合约再保险之间的一种再保险安排，往往作为合约再保险的补充。对分出公司来说，预约再保险具有临时再保险的性质，分出公司可以选择是否分出；对接受公司来说，预约再保险具有合约再保险的性质，接受公司必须按预约再保险的规定接受分入，没有选择余地。分出公司可以根据业务的实际情况，灵活自由地决定是否办理分保，而一旦需要分保，就可利用所拥有的分保主动权，自动安排分保。但预约再保险对接受公司具有约束力，凡属预约分保范围内的业务，分出公司一经分出，接受公司就必须接受，没有挑选余地。由于预约再保险是预先约定合同的业务范围，分出公司对于一些特殊业务，如超过合约再保险合同限额的业务，无须临时安排再保险，而只需放入预约再保险，接受公司就无条件地接受，较临时再保险手续简单，节省时间。但预约再保险的弊端表现在接受公司对预约再保险业务的质量不易掌握，预约再保险业务的稳定性一般较差。

预约再保险业务的不确定性决定了预约再保险常常是作为合约再保险的补充。分出公司对于一般业务可由合约再保险处理，如遇大额业务，合约再保险不能满足，则可用预先订立的预约再保险作补充，不用与接受公司临时磋商，及时有效地分散风险。对于接受公司来说，有了较好质量的合约再保险作基础，即使承诺接受稳定性较差的预约再保险业务，也是考虑到合同双方长期的合作关系。

案例 11－2　　中国法定再保险的变迁与监管

法定再保险(Compulsory Reinsurance)是指按照国家的法律、法规,原保险人必须将其承保业务的一部分向国家再保险公司或由政府指定的再保险公司进行分保,即由国家法律规定强制实施。由于法律本身具有强制性,这种再保险也称强制再保险。一国实行法定再保险的目的主要在于以下方面:通过法定再保险对该国保险市场实施保护,从而扩大该国保险市场的承保能力,减少对外国公司的再保险依赖,控制分保费外流;加强政府的监督管理,维护保单持有人的利益;积聚资金,提高保险业的偿付能力。但是由于法定再保险指定了办理再保险的公司,而且履行法定再保险责任的公司大多是本国保险公司,所以,在世界经济一体化进程中,在打破贸易壁垒的要求下,法定再保险逐渐被取消。

中国法定分保业务起始于 1985 年。国务院颁布的《保险企业管理暂行条例》,要求各保险公司必须向中国人民保险公司办理 30%的法定分保业务。1995 年 6 月,《保险法》第 101 条规定:“除人寿保险业务外,保险公司应当将其承保的每笔保险业务的 20%按国家有关规定办理再保险。”据此,各家保险公司向中保再保险公司进行法定分保,后被称为中国再保险公司。1999 年,中国保监会制定的《法定分保条件》规定:法定分保业务范围是指除人寿保险业务外的承保业务;法定分保业务的计费基为每笔保险业务毛保费收入的 20%。2001 年中国加入世贸组织时承诺,将每年降低 5%的法定再保险比率,直至 2006 年时,中国的法定再保险业务完全取消,代之以各家保险公司自由办理再保险的商业再保险业务。

2010 年 5 月,中国保监会出台了《再保险业务管理规定》,并于 2015 年 10 月 19 日进行了修订。其中就再保险比率方面做了如下规定,但均不再指定办理再保险的保险公司:

第十条　保险人应当依照《保险法》规定,确定当年总自留保险费和每一危险单位自留责任;超过的部分,应当办理再保险。

第十一条　除航空航天保险、核保险、石油保险、信用保险外,直接保险公司办理合约分保或者临时分保的,应当符合下列规定:

(一)以比例再保险方式分出财产险直接保险业务时,每一危险单位分给同一家再保险接受人的比例,不得超过再保险分出人承保直接保险合同部分的保险金额或者责任限额的 80%;

(二)每一临时分保合同分给投保人关联企业的保险金额或者责任限额,不得超过直接保险业务保险金额或者责任限额的 20%。

第七节　保险公司的投资管理

保险资金运用是指保险公司为了扩充其保险偿付能力并分享社会平均利润，利用所筹集的保险资金在资本市场上进行的以获取收益为目的的经营活动。保险是一种分散风险的经济手段，包括风险在时间上的分散和在许多人之间的分担。这一特性使得保险成为资金集中、管理和分配的一种特殊方式。保险公司通过展业和承保，聚集了大量资金。由于保险资金在筹集和使用过程中存在时间差和数量差，因此保险经营过程中存在着数额不菲的闲置资金。而要保证保险资金保值增值，保险公司必须对保险资金进行合理的利用，投资则是必然的途径。同时，保险业间的竞争也导致了保险公司保费下降，利润减少，保险公司必须通过投资来维持生存。所以，在现代保险公司的业务管理之中，投资业务和承保业务是保险公司的两个核心业务，是保证保险公司正常运营的不可或缺的两个车轮。

一、保险资金的来源

保险公司可用于投资的资金主要来源于资本金和准备金。此外，公积金和公司未分配盈余也可用于投资。《保险资金运用管理办法》第三条规定：“本办法所称保险资金，是指保险集团(控股)公司、保险公司以本外币计价的资本金、公积金、未分配利润、各项准备金以及其他资金。”

(一)权益端

(1)资本金。资本金是保险公司的开业资本。各国保险法都对资本金的最低数额作出了规定，但具体规定有所不同。《保险法》规定：“设立保险公司，其注册资本的最低限额为人民币2亿元。保险公司的注册资本必须为实缴货币资本。”保险公司的资本金作为公司的所有者权益部分，是保险公司的自有资金，不存在偿付责任。而且，在正常情况下，保险公司的资本金除了上缴部分保证金外，基本上处于闲置状态。因此，这部分资金具有较强的稳定性和长期性，一般可作为长期投资。

(2)公积金。公积金也是保险公司的总准备金，是从保险公司的税后利润中计提的，它是用于应付特大灾害事故损失的一项专用准备金。公积金只有在当年的保险业务经营发生亏损并且当年的投资利润还不足以弥补时才动用，因此在正常的情况下，公积金是长期沉淀的，是保险公司长期投资的一项主要的资金来源。

(3)未分配利润。未分配利润也是暂存于保险公司而未向股东进行分配的资金，也是保险公司资金运用的来源之一。

(二)负债端

为了保证保险公司履行经济补偿或给付的义务,确保保险公司的偿付能力,保险公司应按规定从保费收入中提存各种责任准备金。与资本金的性质不同,责任准备金是保险公司的负债,但由于保险经营的时间差和数量差,使得这部分资金掌握在保险人的手中,成为保险投资的主要资金来源。

(1)法定准备金。即按照《保险法》要求计提的各种准备金。包括未到期责任准备金和赔款准备金,有关准备金的提存规定在第十二章中介绍。

(2)存出(或存入)分保准备金。存出(或存入)分保准备金是指保险公司的再保险业务按合同约定,由分保分出人扣存分保接受人部分分保费以应付未了责任的准备金。存出(或存入)分保准备金通常根据分保业务账单按期扣存和返还,扣存期限一般为12个月,至下年同期返还。

(3)储蓄保费。在投资型或储蓄型保险中,投保人都需要交纳储蓄保费,这些储蓄保费将来会返还给投保人或被保险人,而且通常还对投资回报率具有一些保证。因此,这些储蓄保费也构成了保险资金运用的主要来源。

二、保险资金运用的原则

保险公司利用资金进行各种形式的投资行为,以实现增加盈利的目的。因此,保险公司在运用保险资金时必须遵循以下原则。

(一)安全性原则

这是保险投资业务的首要原则。对保险公司来说,用于投资的资金主要来源于投保人缴纳的保费,是对全体被保险人的负债,最终要赔偿或给付给被保险人或受益人。如果保险资金运用的方式不安全,不仅会造成保险公司的经营困境,也会损害被保险人或受益人的利益。因此,保险资金用于投资时要注意投资方式的选择和资本结构的合理化,保证安全性。《保险法》第一百零六条规定:"保险公司的资金运用必须稳健,遵循安全性原则。"

(二)流动性原则

流动性又称变现性,是指在不损失价值的前提下将资产立即转换为现金的能力。由于保险事故的发生具有偶然性和不确定性,故保险公司随时都有受到索赔的可能。如果资金没有很好的流动性,则无法及时向被保险人或受益人进行赔付,势必会影响正常经营,并损害被保险人或受益人的利益。

(三)收益性原则

保险投资的目的就是使保险资金保值增值,投资收益也是其收入的重要来源。收益越高,保险公司的偿付能力越强,就可以进一步降低费率,扩大经营规模。人寿保险的投资收益率高于预定利率的部分还可以用于红利分配。但收益的高低与风险大小是成正比的，收益率越高，风险也越大。因此，进行投资选择时既要考虑安全性，又要兼顾收益性，应尽量做到两者的统一。

除了这些基本的原则以外，保险公司在运用保险资金时，还应该注重多样性原则。因为投资是要承担一定风险的，如果投资的方式较单一，一旦出现问题，就会造成很大的损失。因此，保险资金运用的面要广，形式应尽可能多样化，以分散投资的风险。此外，保险资金运用还要符合国家的有关政策和法律规定，合法投资，为社会带来益处。

三、保险资金运用的方式

《保险法》第一百零六条规定："保险公司的资金运用限于下列形式：银行存款；买卖债券、股票、证券投资基金份额等有价证券；投资不动产；国务院规定的其他资金运用形式。"

（一）银行存款

银行存款作为保险投资的形式，安全性好，流动性强，能满足保险公司保险金支付的需求，但是银行存款收益率低，不能满足保险资金保值增值的要求。因此，一般除了根据现金流量测试确定的日常支付所需外，不应将太多的资金存于银行。

（二）债券

债券是依照法定程序发行，约定在一定期限内还本付息的有价证券。债券的发行人是政府、与政府有关的公用事业单位、银行和信用较高的公司。债券的发行需要一定的法定审批程序，受到法律保障，安全性较好。债券的收益包括到期的本金和利息，还包括资本利得。由于债券的利率固定，利息支付与发行债券企业的业绩无直接关系，有些发行者还建立了偿债基金，再加上债券的市场价格较稳定，因此债券的收益有保证。债券是一种流动性较强的证券，证券市场愈发达，债券的流动性越强。债券可分为政府债券、金融债券和企业债券三种，它们的安全性、流动性、收益性也存在差异。

(1)政府债券。政府债券是政府为了筹集资金进行公共投资或者为了弥补财政赤字而发行的信用证券。政府债券是以一国政府的信誉为担保，无任何信用风险，国债投资是一种最安全的投资方式。政府债券的收益率比同期银行存款利率高，但比其他债券低，同时投资于政府债券的利息收入，可以享受免税优待。

(2)金融债券。金融债券是由银行或非银行金融机构为筹集信贷资金而向社会发行的一种债务凭证。金融债券信用较高，利率也不低，一般为中长期债券。

(3)企业债券。企业债券是公司为筹措资金而发行的债务凭证。企业债券期限较长,发行者多为一些一流的大型企业。但一般企业债券的信用度不及政府债券和金融债券,因此其利率一般高于其他债券。我国企业债券的发行一般须经过中国人民银行批准,发行单位一般是经营状况良好、资信度高的企业。鉴于企业债券的信用风险,保险公司投资时应选择债券信用评级在AA级以上的债券。

(三)股票

股票是股份公司发给股东作为股权凭证并借以获得股息收入的一种有价证券。股票可分为普通股和优先股两种。股票投资的特点是收益高、流动性好,但是风险大。股票收益来自股息收入和资本利得,股息收入完全取决于公司的经营状况,资本利得则取决于未来股票价格的走向,而未来股票价格更受到公司经营状况及相关的政治、经济、社会、心理等因素的影响,波动剧烈。优先股股息固定,股息率不随公司经营状况波动,派息后于公司债券还本付息,而先于普通股,当公司破产清算时,对公司剩余财产的请求权也后于公司债券而先于普通股。因此,优先股的投资风险比公司债券大、比普通股小,优先股的预期收益比公司债券高、比普通股低。为了保证保险投资的安全,各国对股票投资均有严格的比例限制。

(四)证券投资基金

证券投资基金是指通过发售基金份额募集资金形成独立的基金财产,由基金管理人管理、基金托管人托管,以资产组合方式进行证券投资,基金份额持有人按其所持份额享受收益和承担风险的投资工具。证券投资基金是以集资的方式集合资金用于证券投资。集资的方式主要是向投资者发行基金券,将众多投资者分散的小额资金汇集成一个较大数额的基金,对股票、债券等有价证券进行投资。证券投资基金是利用信托关系进行证券投资。即投资人将本人的财产委托给可以信赖的第三者,让其按照本人的要求加以管理和运用的行为。证券投资基金是间接的证券投资方式。投资者购买基金份额后,基金以自己的财产投资于证券市场,显然投资者的证券投资是间接的。

(五)不动产

不动产投资是指保险资金用于购买土地、建筑物或建造住宅、商业建筑物等的投资。不动产投资具有安全性好、收益高、项目投资金额大、期限长、流动性差的特点。鉴于不动产投资的流动性差,各国保险法规对不动产投资也规定了严格的比例限制。

保险投资除了上述形式外,还可以投资于各类同业拆借、黄金、外汇等。由于每种资金运用方式的性质、风险度、收益性等各不相同,因此保险公司在资金运用时必须将投资项目、投资结构、投资比例合理地加以配置。我国对保险资金的运用方式一直有着比较严格的限制。

案例 11－3　　保险业的资金运用现状

2018 年 12 月底，保险业的资金运用余额为 164 088.38 亿元，较年初增长 9.97%。其中，银行存款 24 363.50 亿元，占比 14.85%；债券 56 382.97 亿元，占比 34.36%；股票和证券投资基金 19 219.87 亿元，占比 11.71%；其他投资 64 122.04 亿元，占比 39.08%。

下图是 2013～2018 年保险业各渠道资金的占比。可以看到，随着保险公司资金运用渠道逐步放开，银行存款已经不再是占比第一的渠道了，而且下降的趋势比较明显。取而代之的是债券。保险业资金运用的最大渠道在近年来都是债券，基本稳定在 35%左右的份额。其他渠道的投资占比明显有所提升。

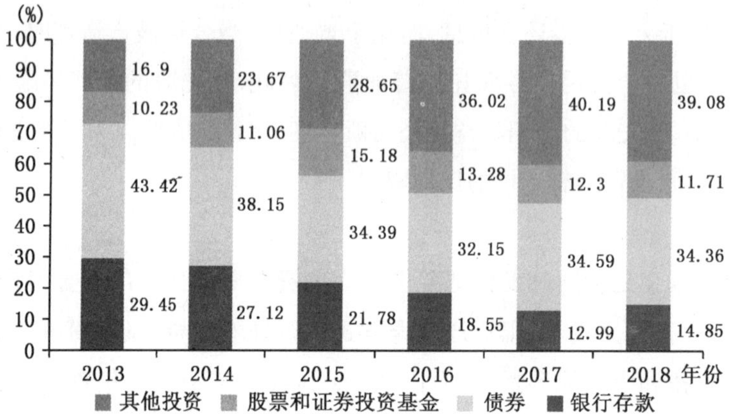

第八节　保险公司的理赔管理

一、保险理赔的含义

保险理赔是指保险标的发生保险事故后，保险人根据保险合同及有关法律法规的规定对被保险人的索赔申请进行赔偿处理的过程。保险理赔是保险经济补偿职能的具体体现，投保人购买保险的目的就是为了在保险事故发生时能及时得到补偿。理赔过程既是被保险人享受保险权益的具体反映，也是保险人履行其保险责任的重要环节。

在保险理赔的环节中，保险人主要需遵守近因原则和补偿性原则，并具体完成以下工作：确定造成保险标的损失的真正原因，确定标的的损失是否属于保险责任，确定保险标的的损失程度和损失，最终确定被保险人应得的赔偿金额。

保险理赔对保险人的意义是很明确的：保险人通过保险理赔实现对投保人的承诺，使被保险人能及时获得合同规定的补偿；通过理赔可以树立公司的良好形象，从而进一步促进承保，扩展公司业务；理赔过程也是对承保业务质量的检验，可以对以后的承保积累有价值的经验。对投保人而言，理赔的意义更是显而易见。被保险人经过保险人的理赔可以获得对损失的补偿，减少损失，保障了生产或生活的稳定。

二、保险理赔的原则

保险公司在进行理赔时要严格遵守以下三条基本原则：

（一）遵守信用原则

重合同、守信用是保险理赔时应该遵守的首要原则。保险人和被保险人之间的权利义务关系都是通过保险合同来实现的，因此双方都应该恪守合同规定，在处理赔案时既不能任意扩大保险责任范围，也不能缩小责任范围，严格按照合同条款的规定受理赔案并确定损失。

（二）实事求是原则

虽然保险合同对双方的责任作了明确规定，但实际情况可能多种多样、错综复杂，单靠遵照保险合同是不够的。因此，保险人必须在遵守合同规定的同时，根据实际情况，合情合理地加以分析与处理。

通融赔付就是实事求是原则的一个体现。通融赔付是指虽然按照保险合同条款的规定，保险人可以不赔，但是由于一些其他原因的影响，保险人给予全部或部分赔偿。通融赔付是对保险损失补偿原则的灵活运用，其有利于保险事业的稳定、社会的稳定，并有利于维护保险业的信誉。

（三）公平、公正、合理的原则

公平、公正、合理原则体现在“主动、迅速、准确、合理”这八字方针上。这是理赔工作质量的重要标准，也是保险公司信誉的集中表现。所谓“主动、迅速”，是指保险公司在处理赔案时积极主动，不拖延时间，及时进行现场查勘，及时赔付。而所谓“准确、合理”，是指理赔人员在处理赔案时应该分清责任，合理定损，准确进行赔款计算，避免错赔或滥赔的现象。

《保险法》对于保险公司的理赔工作进行了明确的时间界定。其中，第二十三条规定：“保险人收到被保险人或者受益人的赔偿或者给付保险金的请求后，应当及时作出核定；情形复杂的，应当在三十日内作出核定，但合同另有约定的除外。保险人应当将核定结果通知被保险人或者受益人；对属于保险责任的，在与被保险人或者受益人达成赔偿或者给付保险金的协议后十日内，履行赔偿或者给付保险金义务。保险合同对赔偿或者给付保险金的期限有约定的，保险人应当按照约定履行赔偿或者给付保险金义务。保险人未及时履行前款规定义务的，除支付保险金外，应当赔偿被保险人或者受益人因此受到的损失。任何单位和个人不得非法干预保险人履行赔偿或者给付保险金的义务，也不得限制被保险人或者受益人取得保险金的权利。”第二十四条规定：“保险人依照本法第二十三条的规定作出核定后，对不属于保险责任的，应当自作出核定之日起三日内向被保险人或者受益人发出拒绝赔偿或者拒绝给付保险金通知书，并说明理由。”第二十五条规定：“保险人自收到赔偿或者给付保险金的请求和有关证明、资料之日起六十日内，对其赔偿或者给付保险金的数额不能确定的，应当根据已有证明和资料可以确定的数额先予支付；保险人最终确定赔偿或者给付保险金的数额后，应当支付相应的差额。”

三、保险理赔的程序

保险公司在进行理赔管理时基本上应该遵照图 11－4 中的步骤进行。

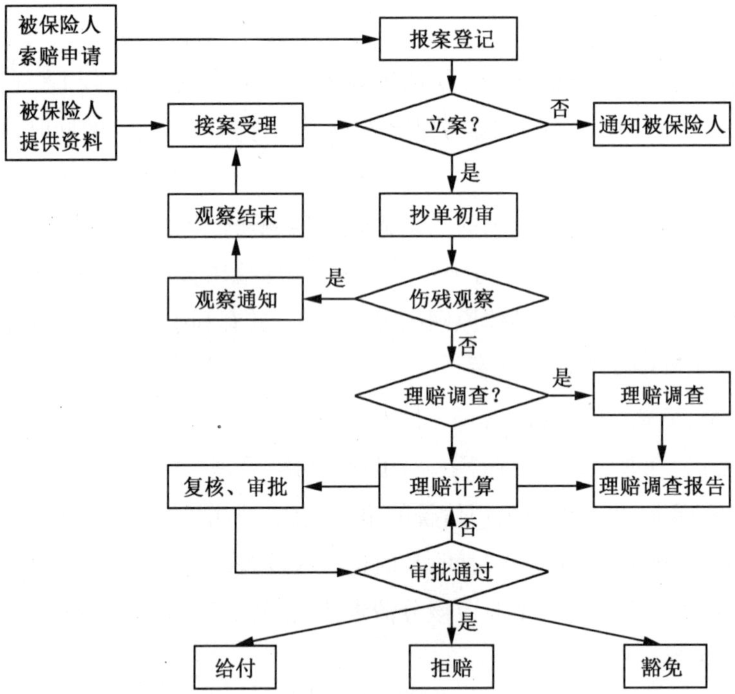

图 11－4　保险公司的理赔流程

根据图 11－4 中所列出的保险公司的理赔流程，保险公司在进行理赔时，主要包括以下五个程序。

(一)接受出险通知

保险标的发生保险事故时,投保人、被保险人或者受益人得知后,应及时将事故发生的时间、地点、原因等有关情况通知保险人,并提出索赔申请。报案可以通过电话、电传、书信或直接到保险公司办事地点,报案既可以采取书面形式,也可以采用口头形式,但必须随后及时补发正式的书面通知,并提供各种必备的索赔单证,例如保险单、账册、发票、出险证明书、损失清单等。

当然,《保险法》对于被保险人的索赔时效也有明确规定,第二十六条规定:"人寿保险以外的其他保险的被保险人或者受益人,向保险人请求赔偿或者给付保险金的诉讼时效期间为二年,自其知道或者应当知道保险事故发生之日起计算。人寿保险的被保险人或者受益人向保险人请求给付保险金的诉讼时效期间为五年,自其知道或者应当知道保险事故发生之日起计算。"

(二)单证审核

保险人接到出险通知后,首先应查抄底单,验证保险单是否有效,以决定是否有必要进行理赔。审核的内容包括受损失人是否是被保险人,保险事故是否发生在保险期限内,索赔人对保险标的是否具有保险利益,损失是否由保险责任范围内的原因造成的等等。同时,理赔人员还应审核有关单证的有效性。比如人身保险中,应对死亡赔案的死亡证明、残废赔案的残废证明等的合法有效性进行审核。

(三)进行损失调查

如果通过了单证审核,就应及时进行损失调查,派人到出险现场进行实际勘察,了解和掌握有关损失的第一手资料。进行损失调查的主要内容包括:

(1)查明出险的时间和地点,确定是否在保险合同规定的范围内。

(2)查清出险原因,确定近因。保险理赔人员应深入细致地调查并协同有关部门以确定损失原因,必要时还应向专家咨询或请专业部门作技术鉴定。

(3)核实损失金额。保险公司要对其承担赔偿责任的损失金额进行核实,准确核定损失程度和赔偿金额,编制赔款计算书。

(4)认定索赔权利。保险合同中规定的被保险人的义务是保险人承担赔偿责任的前提条件。如果被保险人违背了这些事项,保险人可以此为由不予赔偿或扣减赔款。

(四)支付赔款

保险公司完成以上审核和查勘的工作后,就可对被保险人或受益人进行赔付。赔付后,保险公司应整理并保存有关理赔的所有文件和单证,以及现场查勘的照片、录音录像、文字资料等,将其归档处理,以便日后查阅。

(五)损余处理

灾害事故发生后,往往会残留一部分尚具有经济价值的损余物资。保险条款中对处理这些损余物资有着明确的规定，保险财产受损后的残余部分应当充分利用协议作价折归被保险人，并在赔款中扣除，必要时可由保险公司处理。

本章小结

● 保险公司的主要业务经营环节包括产品开发、营销、核保、理赔等，为主要业务经营服务的则有再保险、投资等，除此之外，还有其他一般性公司都具有的部门，如客户服务、财务、信息管理、人力资源等部门。

● 保险产品的开发设计是指从产生产品创意直到销售产品时所经历的整个过程。

● 保险费率是根据保险产品所保障风险的损失概率、损失程度以及保险人相关的经营费用而确定的。保险费率又称为毛费率或净费率，包括纯费率和附加费率，有时还包括储蓄保费。

● 保险公司在厘定保险费率时应遵循公平与效率的原则，合理与充分的原则，稳定灵活的原则，简明可接受性和促进防灾防损的原则。

● 保险营销是指在变化的市场环境中，以保险为商品，以市场交换为中心，以满足被保险人的需要并实现保险企业目标的一系列整体活动。

● 保险营销体系包括直接营销与间接营销。直接营销是保险公司直接通过自己的员工，利用各种宣传手段直接向各种客户销售保险商品，比较适合申请简易化、核保简便化、管理简单化和付费方便化的保险产品。间接营销是指保险公司与投保人之间不进行直接的接触，而是通过保险中介把保险产品出售给客户，包括经纪人和代理人。个人代理和银邮代理是目前寿险市场上贡献最大的两大渠道。

● 团体保险是以团体为保险对象，用一张总的保险单对一个团体中的成员提供保险保障的保险。团体保险的保险产品与个人保险相似，但团体保险具有与个人保险完全不同的特征。

● 网络营销不仅仅只是一种保险公司的营销渠道，而是一种新型的保险公司经营模式，称为互联网保险。互联网保险具有许多优势，但也并非所有保险产品都适合采用互联网保险的模式进行销售。

● 保险核保又称为风险选择，是指保险公司对可保风险进行评判与分类，进而决定是否承保，以什么样的条件承保的分析过程。不仅体现在新保阶段，续保阶段也需要进行核保。

● 再保险是保险人为了分散风险，在原保险的基础上通过签订分保合同，将其承保的部分或全部风险责任向其他一个或多个保险人进行保险的方式。保险人可以运用再保险增强其承保能力，将承保的责任在国内和国际范围内分散，使灾害事故责任均衡化。

● 保险资金运用是指保险公司为了扩充其保险偿付能力并分享社会平均利润，利用所筹集的保险资金在资本市场上进行的以获取收益为目的的经营活动。投资业务和承保业务是保险公司的两个核心业务，是保证保险公司正常运营的不可或缺的两个车轮。

● 保险理赔是指保险标的发生保险事故后，保险人根据保险合同及有关法律法规的规定对被保险人的索赔申请进行赔偿处理的过程。保险公司在进行理赔时要严格遵守信用原则、实事求是原则和公平、公正、合理的原则。

第十二章　保险市场与监管

保险市场不单指保险交易的场所，而是指保险产品交换的关系总和。保险市场由保险主体和客体构成。保险市场的供给和需求也有着独有的特征，并受不同因素的影响。为了维护保险市场的规范发展，各国都进行了不同模式的保险监管，对保险经营过程和经营结果进行多方位的监管。目前，监管朝着“以偿付能力监管为核心”的方向发展，逐步放松对保险公司经营过程的监管。

第一节　保险市场

保险市场(Insurance Market)是现代市场体系的一个组成部分，是商品经济发展的产物。保险市场是保险产品交换关系的总和或是保险产品供给与需求关系的总和。在保险市场上，交易的对象是保险公司为消费者和企业所面临的风险提供的各种保障。

保险市场由保险主体和保险客体构成。保险市场的主体是保险产品的买方和卖方，即为交易活动提供各类保险产品的卖方和供给方，以及实现交易活动的各类保险产品的买方或需求方。当然，保险市场上还有诸多为促成保险交易起辅助作用的保险中介。保险市场的客体就是保险产品。

一、保险市场的主体

1. 投保人

投保人(Applicant)是保险市场上的需求方，是保险产品的买者。投保人可能是自然人，也可能是企业、团体等。投保人可能为自己投保，也可能为他人投保。当投保人为他人投保时，被保险人和受益人是与投保人有关的利益方，投保人、被保险人和受益人统称投保方，是保险市场主体的组成部分。第六章中已经介绍了投保人、被保险人和受益人的概念及其要求，在此不再赘述。

2. 保险人

保险人(Insurer)是在保险市场上出售各种保险产品的保险经营机构,是保险市场上的供给方。保险人提供各类保险产品,承担、分散和转移他人的各种风险。保险人以各类组织形式出现在保险市场上。

与其他一般的企业一样,保险公司都是享有独立的经济权利,并且具有独立的经济利益,自负盈亏、自主经营的企业。在保险市场中,由于保险公司的承保业务、经营范围等因素的不同,也可以把保险公司分成许多不同的种类。例如,按其承保业务的方式可分为原保险公司和再保险公司。根据经营范围可分为专业保险公司和综合性保险公司。根据经营目标不同,保险公司可分为商业保险公司和政策性保险公司。

根据其组织形式不同,保险公司可分为国有保险公司、保险股份有限公司、相互保险公司和个人保险组织。保险主体的组织形式是指在一个国家或地区的保险市场上,保险人采取何种产权结构经营保险业务。在国际上,保险主体的组织形式多种多样,所有制关系也各不相同。

(1)国有保险公司

国有保险公司(State-owned Insurance Company)是国家授权投资机构或国家直接投资经营保险业务的有限责任保险公司。通常,投资者只有国家一个,股东也只有一个。从组织结构来看,国有独资保险公司不设股东会,只设立董事会、总经理和监事会。国有独资保险公司多为资金力量雄厚的大公司,经营规模大,从而分散风险的能力较强,并且在经营过程中注重社会效益,有利于国家政策的实施。许多国家有国有保险公司,一般经营政策性的或商业保险不愿承保的强制性保险或巨灾保险。

(2)股份保险公司

股份保险公司(Capital Stock Insurance Company)与其他行业的股份制公司完全一样,具备相同的特征,是典型的现代企业组织形式。它由发起人根据《公司法》和《保险法》设立,法律具体规定了公司发起人的人数、公司债务的限额、发行股票的种类、税收、营业范围、公司的权力、申请程序、公司执照等。公司将全部资本分成等额股份,由股东以其所持股份份额为限对公司承担责任。公司的组织结构由三部分构成,即股东、董事会和高级经理人员。股东是公司的所有人,股票是所有权证书。在股东大会上,股东选举董事会,并对公司的重大决策,如公司合并、解散,进行投票表决。董事会受股东的委托执掌决策大权,并对重大过失、欺诈、使用公司资产为个人目的而损害公司利益的行为向股东负责,但对正常业务判断错误不负直接责任。高级经理人员由董事会任命,负责贯彻和执行企业的经营方针,并向董事会负责。在股份保险公司中,股东与投保方分别是不同的人。

股份保险公司的规模较大,财力雄厚,可以有效分散风险,保障被保险人的利益。

股份保险公司最大的优点在于,其资金是来自各个不同的股东,资金的来源比较广泛,更容易分散风险和进行筹资与融资;其次,股份保险公司是向社会发行股票,这样能有效提高公司的知名度,同时也起到宣传公司的作用。但是股份保险公司也存在一些不足之处。由于公司的权力由股东控制,在经营的过程中就可能为了追求利润而忽略投保方的利益。而对于有些风险大、利润低的险种,市场上虽有需求,但股份保险公司却通常不愿承保。

(3)相互保险公司

相互保险公司(Mutual Insurance Company)作为保险业特有的公司组织形态,是指有可能发生某些风险的经济组织为达到共同保险保障的目的而采取公司形式建立的非营利型的保险组织,是投保方为了给自己办理保险才合作成立的。

相互保险公司是以会员之间相互保险为目的的一种社会互助形式。相互保险公司没有股东,投保人根据公司章程的规定可作为法人的组成人员(会员)向公司交纳保险费,公司根据合同约定的赔付形式从事相互保险活动。也就是说,相互保险的参加者既是保险公司的所有者(即保险人),也是投保方。相互保险公司的会员是保险人和投保方的统一体。保险公司的资金来自会员,当经营有剩余时,将剩余资金分给各会员或者补充以后的保险费;当经营亏损时则削减部分保险金,或向各会员继续征收保费以弥补亏损。当保险合同终止时,会员与公司的保险关系随之消失。一般而言,相互保险公司主要由成员代表大会、董事会、监事会及经理层组成。公司的所有者就是具有双重身份的投保方。

相互保险公司是当前世界保险市场上的主流组织形式之一,在全球保险市场上占有重要地位。相互保险公司的经营成本较低,这为经济条件相对较差的人们寻求保险保障提供了机会。相互保险不以营利为目的,所有的资产和盈余都用于投保方的福利和保障。相互保险公司通过所有权关系取代了市场交易,这为降低费率提供了条件。同时,没有利润压力使得相互保险公司更为重视那些对投保方有利的长期保险项目。由于相互保险公司的投保方具有双重性,公司能灵活调整保险费率,从而可以有效避免利差损、费差损等问题。

但是,相互保险公司利用资本市场的能力有限,从而保障能力也有限。它们不能以发行股票的形式向社会募集资金,主要依靠留存盈余来增强承保能力,不能充分利用资本市场限制了相互保险公司的发展速度。基于这个原因,自1998年起,寿险领域部分相互保险公司出现了转制为股份制公司的趋势,这被称为相互保险股份化,转制的主要原因是为了向社会募集资金、提升公司核心竞争力和偿付能力。但在产险领域,这个趋势目前还不明显。相互保险公司的组织形式比较适合于寿险业务和农业保险领域。随着市场的发展,目前相互保险公司的相互性也已日趋淡薄,与股份保险公司的差别不大，甚至也开始营利了。

相互保险公司与股份保险公司的区别如表 12－1 所示。

表 12－1 相互保险公司与股份保险公司的区别

	相互保险公司	股份保险公司
企业主体	会员，会员与保险参加者是同一人	股东，股东并不限于保险参加者
权力机关	会员大会	股东大会
董事	不以会员为限	只能是股东
资金来源	会员	股东
保险费的形式	资金剩余时分别向会员摊还，不足时向会员征收	确定保费，剩余时计入营业利润，不足时由股东填补
保险契约的性质	互助性，非营利性，免征营业所得税	营利性，要征营业所得税
利益处理	保险公司的剩余必须先支付借入资金及其利息，而后才能由会员享有	股东对利益有全权处理权

(4)个人保险组织

个人保险组织是指以个人名义经营保险业务的组织。最早的个人保险组织是英国的劳合社(Lloyds')。

英国劳合社创建于 1688 年 2 月 18 日，其前身是爱德华·劳埃德在伦敦泰晤士河畔开设的咖啡馆。起初劳合社并没有保险公司的概念，为保险承保的都是个人，每个个人承保人按照承保险种组成不同规模的组合，组合人数不限，少则几十人，多则上千人。每个组合中都设有积极承保人，又称承保代理人。1995 年之前，劳合社的成员都是具有雄厚财力并愿承担无限责任的个人。自 1995 年起，也开始吸收实力雄厚的法人参加，出现了公司会员(Corporate Member)，他们只需要承担有限责任。并允许个人会员(Individual Member)退社，或合并转成有限责任的会员。自此，个人保险组织逐渐淡出劳合社，劳合社逐渐以公司法人为主要承保力量。从 2003 年起劳合社已不再接受以无限责任形式加入的个人会员。

在中国，随着国有保险公司股份制改革的深入，我国保险市场上纯粹的国有保险公司已经基本不存在。大多数中资保险公司采取股份有限公司形式，且都以发起方式设立。除此之外，我国也开始尝试股份有限公司和国有独资公司以外的农业保险公司。2004 年 11 月，监管机构批准筹建阳光农业相互保险公司，这是中国第一家相互制保险公司。《保险法》不允许个人保险组织的存在，因此，我国没有个人保险组织。

二、保险中介人

保险中介人(Insurer Intermediary Agency)是为保险交易双方提供服务的专门组

织或个人。保险中介人的范围比较广泛，既包括活动于保险人与投保人之间，充当保险供需双方的媒介，把保险人和投保人联系起来并建立保险合同关系的人；也包括独立于保险人与投保人之外，以第三者身份处理保险合同当事人委托办理的有关保险业务的公估、鉴定、理算等事项的人。保险中介人的服务能提高保险市场效率，降低交易成本。保险中介人包括保险经纪人、保险代理人、保险公估人、保险律师、保险理算师、保险精算师、保险信用评级机构等。这些中介机构为交易双方提供了一些有价值的信息，改善了保险交易中的信息不对称的状况，从而提高了交易效率。第六章中已详细地介绍了保险代理人和保险经纪人的概念。

案例 12－1　　我国保险市场主体的发展

截至 2017 年末，全国共有保险集团公司 12 家，保险公司 182 家，保险资产管理公司 24 家，其他公司 4 家。全国共有省级（一级）分公司 2 055 家，中支和中支以下营业性机构 81 138 家。截至 2017 年末，保险高管人员 5.53 万人，从业人员 118.19 万人，保险代理人员 806.94 万人。

截至 2017 年末，全国共有保险专业中介机构 2 601 家。其中，保险中介集团 5 家，保险专业代理机构 1 784 家（全国性保险专业代理 234 家，区域性保险专业代理 1 550 家），保险经纪公司 487 家，保险公估公司 325 家。全国保险专业中介机构注册资本达到 396.6 亿元，同比增长 9.4%；总资产达到 649.6 亿元，同比增长 12.6%。

三、保险市场的客体

保险市场的客体即具体的保险产品，它是保险市场上供求双方所交易的对象，是以保险合同为载体的。保险产品是一种特殊的金融服务，具有许多与一般商品不同的特性。

1. 保险产品是复杂商品

保险产品是一种金融商品，其具有比较复杂的内涵，是一种复杂商品，无法用简单明了的词语描述保险产品的功能。相对而言，财产保险产品比较简单，就是在保险标的出险后给予一定的经济赔偿，具有转移风险的功能，然而在保险产品的保险责任和除外责任的表述和介绍上比较复杂。而人身保险产品是一种更为复杂的金融产品，其期限长，缴费方式和提取方式多种多样，大众消费者比较难以理解。

2. 保险产品是无形商品

保险产品是一种以风险为对象的特殊商品，是一种无形商品。这种不可感知性表现在形状的不可感知、性能的不可感知以及质量的不可感知。保险公司无法把保险产品展示给消费者,更无法让消费者试用保险产品。保险产品实际上是一种服务,并且是一种对未来所提供服务的承诺。

3. 保险产品没有生产过程

一般有形产品通常要经历设计开发、生产、销售三个主要环节。而由于保险产品的无形性,保险产品几乎没有生产过程。保险产品一经设计开发出来,马上可以投入市场进行销售。在保险产品设计中,保险人要进行许多研究,以彻底分析每一产品创意的可行性。精算师和产品开发小组成员要深入研究,以确保新产品有良好的财务状况,然后就开始了新产品的实施,最后再进行产品的评估。因此,在完成了保险产品的技术设计之后,就立刻开始销售保险产品了,几乎没有经历生产过程。保险产品没有生产过程,这使得保险产品的推出可以非常迅速。

同时,保险产品这种无形商品一旦设计出来,其初始质量都是相同的。符合监管机构各种技术标准的保险产品都是合格产品,不可能出现次品。但是由于保险公司在后续所提供的客户服务的质量不同,故给消费者留下了不同的质量印象。保险公司要提高自己产品的质量,只有从客户服务入手,提高客户服务的质量。

4. 保险产品的供给基本上没有限制

无形的产品没有生产过程,因此从理论上来说,保险产品的供给永远能够满足需求。只要有需求,就会源源不断地提供保险产品。或者说,哪里有需求,只要被保险公司所捕获,就可以立刻进行供给。因此,保险公司在供给保险产品时基本上没有量的限制,不会造成供不应求的局面。

但是,为了控制保险公司总体的风险,为了实施保险公司的战略计划,或者为了控制某一风险单位在保险公司中的份额,有时也为了平衡每个产品在保险公司中的份额等原因,保险公司会在总量上控制某种保险产品的销售:或有阶段地撤退出某种商品的销售,限制每个人能够购买的份数,限制总的保险金额,抑或控制自己在某保险项目中的份额等。这些都是保险公司具体的营销策略。

5. 保险产品消费具有滞后性

一般商品在买回来之后可以立刻开始消费,然而保险产品的消费具有一定的滞后性。消费者在购买了保险产品之后,可能从来不会消费,也可能在将来某一个时刻消费,或者在将来某一个时期内长时间地消费。例如,消费者购买了机动车辆保险,如果在保险期限内一直没有出险,那么尽管消费者购买了保险产品,但并没有享受到任何服务,或者说没有消费这个商品。如果消费者在保险期限内出险了,那么消费者在索赔时可以享受到保险公司的服务。

6. 保险产品消费的长期性

这在寿险产品中比较突出。寿险产品都是长期产品，保险期限通常是 10 年、20 年甚至终生。消费者要长时间地消费这些商品，保险产品的消费具有长期性。如果消费者购买的是养老保险，那么在经历了缴费期并开始偿还期之时，消费者就开始消费这个产品了，并且要在死亡之前一直都享受着这个产品。保险产品实际上是对未来服务的一种承诺。

7. 保险产品的价格固定性和隐蔽性

保险产品的价格即保险费率，是指被保险人为获得每一单位保险金额(通常为千元)的保险保障而需交付保险费的比率。以寿险为例，保险产品的价格是根据经验生命表中的死亡率、利息率以及保险公司的费用率来制定的，经过科学计算，一经确定，其变化的可能性很小。而且在销售时不允许讨价还价，买方只能作出取与舍的决定，没有与卖方商议价格的余地。

并且由于各保险公司所采用的预定利率、费用率等因素不同，导致保险产品的实际价格不同。而且，由于每个保险的保险责任、除外责任、选择权、定点医院、偿还时间和偿还金额之间不具有完全的可比性，所以保险产品的价格具有隐蔽性。任何比较两个保险产品价格的行为都是片面的。保险产品与一般商品的区别见表 12－2。

表 12－2　　保险产品与一般商品的区别

保险产品	一般商品
复杂的金融商品，功能、特性比较难以描述	功能、特性非常明显，简单明了
无形的服务	有形的商品
只有设计开发与销售过程，没有生产过程	必须经历设计开发、生产、销售过程
同一产品的质量完全相同，没有次品	同一产品中也可能有次品，存在质量问题
供给上基本没有量的限制，不会供不应求	有供给的限制，会发生供不应求
消费具有滞后性，在一段时期以后才会开始消费	购买后可以立刻消费
可以在长期内消费，消费期有时可为终生	消费具有时间限制
价格固定，不能讨价还价	还有讨价还价的余地
价格比较隐蔽，并不是直接反映为一定的货币单位，价格难以比较	明码实价，直接反映为一定的货币单位，便于比较

第二节 保险市场的供求

一、保险需求的含义及特征

(一)保险需求的含义

保险需求是指在特定时期和一定费率水平上,投保人在保险市场愿意而且能够购买的保险商品的数量,也就是有效需求的概念。保险需求的产生源于风险的客观存在和人们对风险所致经济损失承受能力的有限性。保险需求实际上是投保人对保险保障的需求,这可以用保险金额或保费收入加以计量。

与一般商品不同,保险需求的表现形式有两个方面:一是体现在物质方面,当发生意外事故和自然灾害时,人们的经济损失能得到合理补偿;二是体现在精神方面,即在投保以后,人们减轻了后顾之忧,可以提高工作效率和生活质量。由于保险交易的特殊性,保险需求除须具备"对商品的需要和相应的支付能力"两个条件外,还必须满足以下方面:需求者即投保人有能力履行其义务,因为无行为能力和限制行为能力者与保险人签订的保险合同无法律效力;投保人对保险标的必须具有法律认可的、经济上的利害关系,即存在可保利益。

(二)保险需求的特征

保险需求具有以下特征:

1. 保险需求的客观性

风险的存在是客观的,不以人的意志为转移,保险作为一种应对风险的方法,对它的需求也是客观的。但是在现实生活中,并不是所有人都选择购买保险,原因有许多。一方面是由于人们选择了其他的风险管理方式,更多的原因则是人们没有意识到保险需求。

2. 保险需求的非渴求性

保险需求的非渴求性是指消费者不会迫切地购买保险产品,因为人的天性是比较重视当下的。虽然风险是客观存在的,但未来具有不确定性,人们会存在一种侥幸心理,认为风险的出现是偶然现象,发生的概率会很小,所以买不买保险不是十分重要。另外,有些保险属于长期投资,比如养老金保险,一些人认为这是几十年以后的事情,年轻时投资有点太早。

3. 保险需求的避讳性

趋吉避凶是人的本能,人们往往对诸如"死亡""疾病""事故"之类的词语采取避讳的态度。因此，人们对保险有着本能的排斥情绪。这也是保险营销处于困难境地的主要原因。

4. 保险需求的差异性

一般商品都具有标准体，但是保险产品不同，尽管很多险种有标准合同，但是没有完全相同的保险标的，所以保险需求是存在差异的，也就是个性化比较强。保险人是否承保、费率的高低都要严格按照保险标的风险情况来确定。同样都是车辆，车型、车龄、车辆使用用途不同，驾驶员不同等，都会导致保险的实际情况不同。

5. 保险需求的高弹性

相比一般的产品而言，消费者对保险产品的需求弹性比较大。许多外部环境的变化都会引起投保人以及潜在的投保人购买决策的变化。如经济环境、人口环境的变化，自然灾害的发生等，都制约着保险人的投保决策。比如，市场利率上升，投保人可能会认为传统寿险的投资回报太低，为了追求更高的投资收益而退保或选择投资连结类的险种。另外，个人因素的变化也会对购买决策产生影响，例如收入水平、健康状况、生活经历等。

二、影响保险需求的因素

保险需求及购买行为受到了各种因素的影响。当然，影响保险需求的最主要的因素是风险。风险越大，对保险产品的渴求就越深。但是风险是无形的，并不是每个人都能意识到。风险的认识受到了许多因素的影响，因此，保险需求也会受到其他许多因素的影响。我们将这些影响因素分为三类：产品因素、个人因素、社会因素。

（一）产品因素

1. 保险费率

费率即保险产品的价格，而产品的需求一般与价格呈反向关系。当保险费率上升时，保险需求量减少；保险费率下降时，保险需求量增加。

2. 互补品与替代品的价格

互补品即使用功能互补的两种或两种以上的产品，其需求量一般呈同向变化。汽车保险是汽车的互补品，附加险是基本险的互补品，所以，汽车价格的升降会引起汽车保险需求量的减少或增加；而基本险费率的增减也会引起附加险需求量的减少或增加。

替代品是指使用功能在一定程度上可相互替代的产品，替代品的需求量一般呈反向变化。比如，储蓄是储蓄型人寿保险产品的替代品。所以，存款利率的升降会减少或增加储蓄型寿险产品的需求。

（二）个人因素

1. 人口因素

人口因素主要包括年龄、性别、收入、种族、教育程度、家庭构成、婚姻状况、职业和生命周期阶段等。人口特征能够极大地影响消费者行为。

从年龄上看，不同年龄的人具有不同的保险需求。从收入上看，不同收入阶层的人对投保的险种、购买的保险金额等也有很大的差异。从职业上看，从事危险程度较高工作的人的保险需求明显高于危险程度低的工作的人。从生活方式上看，有的人喜欢及时行乐，有的人喜欢脚踏实地、有条不紊地生活。从心理动机上看，有人购买保险产品是为了满足安全保障，有人则是侧重于投资。从认知和态度上看，每个人对外界事物的认识、理解都会受个人的经历、学习、经验、教育程度等因素的影响。

2. 形势因素

形势因素包括购买决策的重要性、时间压力等，它在消费者购买决策中起着重要作用。如果时间充裕，消费者通常会推迟决策。形势因素在人寿保险营销中非常重要。例如，当较为亲近的人死亡或生病时，这个人会倾向于认为他对保险产生更大的需求。当人们的家庭责任增加时，如结婚、生子、升职等，他们的保险需求也会增大。

（三）社会因素

1. 文化与亚文化

文化对消费者行为具有深刻的影响，因为它决定了特定社会中成员可接受或不可接受的行为方式。文化对投保人的影响主要表现为人们的投保意识、投保动机等方面的差异。例如，中国传统文化中的“养儿防老”等思想，反映了人们投保意识薄弱的特点。

亚文化是一个人种、地区、宗教、种族等所表现出来的强烈的足以使其成员从整个文化或社会中独立出来的行为方式。有的地区把保险特别是寿险看作一种不吉利的事情，很避讳谈到“保险”这个词。

2. 社会阶层

社会阶层是指社会中按某种层次排列，较同质且具有持久性的团体。用来区分不同社会阶层的常用因素包括职业、收入来源和数量、居住地、私人财产金额、教育水平及家庭背景等。同一阶层的人有相似的社会经济地位、利益、价值取向。按收入水平来划分，社会阶层分为高收入、中收入和低收入阶层。对于中收入阶层来说，他们对保险产品有着强烈的需求，而且也具备购买能力。

3. 参考群体

参考群体是指那些对人们的价值观、态度、行为有着直接或间接影响的群体。它可以分为基本群体和次级群体两种。基本群体是指小到可以让群体成员面对面地相互交往的参考群体。家庭通常是个人所属的最重要的基本群体。次级群体是由享有共同爱好和技能的成员组成的团体。与基本群体相比,次级群体更为正规。一般来说,消费者将其购买行为与他们所属的参考群体保持一致的准则和标准,包括保险产品的选择、品牌选择和消费者购买保险产品的方法。

4. 家庭影响

现今社会,家庭的样式有很多种,包括双亲家庭、单亲家庭、有祖父母或其他亲戚的扩展型家庭以及由无亲属关系的其他人组成的家庭。购买保险的决策通常是由家庭成员共同决定的。

5. 角色和地位

角色是指处于特定地位的个人应做出为社会所期待的行为模式。地位是指与参考群体中的其他成员相对照,个人在社会中所处的地位。不同的角色和地位决定了消费者的投保行为。

三、保险供给的含义及特征

保险供给是指在特定时期和一定费率水平上,市场上各家保险企业愿意并且能够提供的保险商品的数量。保险供给可以用保险市场上的承保能力来表示,它是各个保险企业的承保能力之总和。

保险供给也有两种表现形式:一是有形的保险供给,即对投保人所遭受的保险事故导致的损失给予经济或物质上的补偿;二是无形或精神方面的保障供给,保险产品可以使被保险人遭受的事故损失得到补偿,从而提供了一种安全感。

保险供给包括质和量两个方面的规定性:质的规定性是指各保险产品的品种和质量,如承保风险范围、保障程度、补偿方式等;量的规定性是指某险种提供的经济保障的额度或保险企业为全社会所提供的经济保障额度,这可以用保险金额或赔付总额来加以衡量。

正如前面所分析的一样,保险供给在理论上是没有限制的,但是实际上要受到承保能力、监管政策等方面的限制。

四、影响保险供给的因素

影响保险供给的因素可以分为两大类:公司因素和外部因素。

(一)公司因素

1. 保险费率

价格是影响产品供给的主要因素。保险费率与保险供给具有正相关关系,保险费率提高会刺激保险供给的增加,反之,保险供给减少。

2. 保险产品成本

保险产品成本通过影响保险费率从而影响保险供给。在某一费率水平上，保险产品的成本越高，则利润率越低，从而产品的供给减少；保险产品的成本越低，则利润率越高，保险供给就会增加。影响保险产品成本的因素包括业务结构、营销方式、准备金规模、预定利率、通货膨胀等，这些因素的变化都会影响保险供给水平。

3. 保险技术

保险产品的开发与供给是以风险处理技术的发展为前提的。保险业的专业性和技术性比较强。由于保险技术水平的限制，保险企业无法设计出相应的保险产品来满足多方面的保障需求；同时，保险技术的进步也可能增加了新的风险，使原来不可保的风险转化为可保风险，抑或降低风险处理的成本，从而导致保险供给的增加。

4. 保险公司的资本实力

保险公司的资本实力影响到保险供给总量。保险公司的资本实力是提供保险供给的基础和保证。如果不考虑资本实力而盲目供给，势必会影响保险公司的偿付能力，甚至破产。

（二）外部因素

1. 互补品和替代品的价格

除了保险产品之外，其他产品与保险产品之间可能存在着两种关系：互补和替代。当某种产品的互补品价格上升时，该产品也会随之涨价，从而增加这种产品的供给量。当某种产品的替代品价格上升时，这种产品的生产者就会转向其替代品的生产，从而减少了这种产品的供给量。

2. 市场监管

由于保险经营的特殊性，各国都对保险市场进行严格监管，不但控制其经营的各个方面，例如定价、经营规模等，还监管保险公司的偿付能力。这些严格的监管控制了保险公司的经营规模和承保能力，从而影响了保险供给的能力。我国《保险法》规定："经营财产保险业务的保险公司当年自留保险费，不得超过其实有资本金加公积金总和的四倍。"即保险供给的规模受制于保险公司资本金和公积金水平。

3. 政府政策

为了实现特定的政策目标，政府可以对有关保险产品（如农业保险）给予税收优惠和补贴，这类政策也会增加保险供给。

4. 市场规范程度

市场的竞争规范程度会影响保险的供给。竞争无序的市场会抑制保险公司的创新和发展能力，从而减少保险供给。竞争有序的保险市场会促进保险公司的创新能力和开拓能力，从而促进保险供给的扩大。

第三节　保险监管体系

一、保险监管的概念

保险监管是指一个国家通过法律和行政手段对本国保险业进行监督和管理。保险监管通常由两部分构成：一是国家通过制定有关保险法规，对本国保险业进行宏观指导和管理；二是国家专门负责保险监管职能的监管机构依据法律或行政授权对保险业进行行政管理，以保证保险法规的贯彻与执行。

保险企业经营的产品具有高风险性，同时又具有广泛的社会性。保险公司经营状况的好坏直接影响到广大公众的利益，甚至影响到社会的稳定。而且，相对而言，消费者在与保险公司的关系中处于弱势地位，因此，为了保障被保险人的利益，对保险业进行有效的监督管理和正确引导是非常必要的。

保险监管的核心目标是保证保险人的偿付能力，从而保证保险人具有充足的保障能力；其次是规范保险市场，维护保险业的公平竞争；防止保险欺诈，从而防止骗保骗赔的行为发生；确保保险费率的公平合理；弥补行业自行管理的不足；等等。

整体上，保险监管的目标可以概括为提高效率、维护公平和保持稳定。尽管保险监管部门对保险市场的参与者具有比较大的监管权利，但是在监管过程中，监管部门还应遵循依法监管、适度竞争、公开监管和不干预保险公司自主经营等基本原则。

二、保险监管体系

随着保险业的不断发展，保险市场已形成了政府监管与行业自律相结合的现代保险监管体系。现代保险监管体系是由保险监管法规、保险监管机构和保险行业自律三大部分构成的。

(一)保险监管法规

保险监管法规又称保险业法，是国家在对保险业进行管理的过程中所形成的权利与义务关系的一种法律规范。其内容可分为两部分：一是有关保险监管对象的规定；二是有关保险监管机构授权的规定。保险监管法规作为保险法律体系的一个组成部分，一般以保险单行法规的形式出现。比如，1985 年国务院发布了《保险企业管理暂行条例》；1995 年全国人民代表大会颁布了《中华人民共和国保险法》，并分别于 2002 年 10 月 28 日、2009 年 2 月 28 日、2014 年 8 月 31 日和 2015 年 4 月 24 日进行了修改。目前，我国已经形成了以《保险法》为核心的保险法律法规体系，并在实践中不断发展完善。

(二)保险监管机构

1. 保险监管机构的设置

保险监管机构是指国家对保险业进行监管的主管机关，在不同国家有着不同的称谓，并且形式多样。同时，一个国家在不同的时期也有不同的主管机关。整体上来看，各国保险监管机构的设置一般有两种情况：一是设立直属于政府的保险监管机构，或者是在直属于政府的某个机构下设立保险监管机构。

英国保险行业的监管部门是英国政府负责商业贸易事务的贸工部下属的保险局，贸工大臣对合格的保险组织颁发营业许可证，并有权请求法院对有欺诈行为的公司裁决停业。美国保险监管实行的是各州监管为主、州际合作和联邦监管为辅的体制。州政府内设有保险署，由保险监督官负责。大多数州的保险监督官由州长任命，个别州由选举产生。各州监督官组成全国保险监督官协会(NAIC)，负责协调各州的保险立法与保险署的监管工作。不过，联邦监管的权力也有逐渐扩展的趋势。日本保险业监管的主管部门是财务省(大藏省)。而德国保险行业的监管部门为德国联邦政府的保险管理局。

我国的保险业最早是由中国人民银行负责监督管理。后来为了加强监管力度，实行分业监管，于1998年11月18日建立了中国保险监督管理委员会(简称“中国保监会”)。在中国保监会的带领下，保险监管从无到有，到逐步完善并与国际接轨，形成了一整套的监管法律法规体系。2018年3月，根据第十三届全国人民代表大会第一次会议批准的国务院机构改革方案，将中国保险监督管理委员会的职责整合，组建中国银行保险监督管理委员会(简称“银保监会”)；将中国保险监督管理委员会审慎监管基本制度的职责划入中国人民银行；不再保留中国保险监督管理委员会。

2. 保险监管机构的职责

当前，银保监会是中国商业保险的主管部门，主要职责包括：

● 拟定保险业发展的方针政策，制定行业发展战略和规划；起草保险业监管的法律、法规；制定业内规章。

● 审批保险公司及其分支机构、保险集团公司、保险控股公司的设立；会同有关部门审批保险资产管理公司的设立；审批境外保险机构代表处的设立；审批保险代理公司、保险经纪公司、保险公估公司等保险中介机构及其分支机构的设立；审批境内保险机构和非保险机构在境外设立保险机构；审批保险机构的合并、分立、变更、解散，决定接管和指定接受；参与、组织保险公司的破产、清算。

● 审查、认定各类保险机构高级管理人员的任职资格；制定保险从业人员的基本资格标准。

● 审批关系社会公众利益的保险险种、依法实行强制保险的险种和新开发的人寿保险险种等的保险条款和保险费率，对其他保险险种的保险条款和保险费率实施备案管理。

● 依法监管保险公司的偿付能力和市场行为；负责保险保障基金的管理，监管保险保证金；根据法律和国家对保险资金的运用政策，制定有关规章制度，依法对保险公司的资金运用进行监管。

● 对政策性保险和强制保险进行业务监管；对专属自保、相互保险等组织形式和业务活动进行监管。归口管理保险行业协会、保险学会等行业社团组织。

● 依法对保险机构和保险从业人员的不正当竞争等违法、违规行为以及对非保险机构经营或变相经营保险业务进行调查、处罚。

● 依法对境内保险及非保险机构在境外设立的保险机构进行监管。

● 制定保险行业信息化标准；建立保险风险评价、预警和监控体系，跟踪分析、监测、预测保险市场运行状况，负责统一编制全国保险业的数据、报表，并按照国家有关规定予以发布。

但是，银保监会履行的是一种对保险业的行政管理职能，是通过对保险公司偿付能力和市场行为的监督管理来保护被保险人的合法权益。对于保险消费者即广大的投保人、被保险人和受益人与保险公司之间的保险纠纷，保险监管机构没有直接裁判的权力。

（三）保险行业自律

保险行业自律通常是指以保险同业公会或行业协会的面目出现的保险行业自律组织。这是保险人或保险中介人自己的社团组织，具有非官方性的特点，是政府监管的一种补充形式。保险行业自律组织加强了保险人的横向联系，对维护保险市场秩序、增强保险市场活力、弥补政府行为的不足等方面发挥着不可忽视的作用。如英国的保险经纪人协会、日本的人寿保险人协会等。

在我国，除中国保险行业协会外，有三家以上保险公司分公司的地区也可以成立地区保险行业协会。目前，全国各省、自治区、直辖市基本上成立了各地区保险行业协会，如北京市保险行业协会、上海市保险同业公会、新疆保险行业协会等，还有以某险种为主组成的行业协会，如汽车保险行业协会、航运业保险行业协会等。这些保险行业协会对于沟通保险信息和加强行业自律起着越来越重要的作用。

三、保险监管的框架与模式

（一）保险监管框架

保险监管涉及商业保险公司经营管理的方方面面。保险监管框架中主要包括两个方面的监管：其一是针对经营过程的监管；其二是针对经营结果的监管。

1. 经营过程的监管

针对保险公司经营过程的监管又称为正常层次的监管。意思是说，针对保险公司经营管理整个过程中的各个环节都有相应的监管措施。

根据保险公司的经营管理的整个过程，正常层次的监管包括：市场准入监管，经营范围的监管，保险费率和条款的监管，市场行为监管，保险资金的运用形式和限额监管，准备金的提存规定，再保险的规定等，并规定了保险监管机构的监督检查职能。

2. 经营结果的监管

针对保险公司经营结果的监管即偿付能力（Solvency）监管。偿付能力是指保险公司所具有的清偿到期债务的能力，即确保保险公司有能力按照保险合同的约定向被保险人给付保险金或当责任范围内的事故发生后能及时赔偿被保险人的损失。

（二）保险监管模式

不同国家根据其不同的经济环境和法律环境可以选择不同的保险监管方式。经济学家一般从三个角度来看待政府对保险业的监管：经济、安全和信息。各国保险监管的方式有所不同，监管的严格程度也有所不同。但是根据保险监管中对于经营过程和经营结果监管的不同偏重程度和严格程度，可以将保险监管模式分为三种类型。

1. 英国型

英国型的监管是一种弱势监管，是以偿付能力监管为核心，只管结果，而不论过程的监管方式。属于这种监管类型的主要是欧盟国家，其主要特征是保险条款、保险费率由市场调节，政府不直接干预保险公司的承保和资金运用，而把保险监管重点放在偿付能力额度监管。欧盟的 Solvency II 创造了偿付能力监管的典范。

这种形式的监管给予了保险公司很大的经营自由度，同时也赋予了更大的责任。在这种监管形式下，保险公司在设计保险产品、确定保险费率和承保条件时享有很大的余地，监督者的精力集中于公司的财务状况和偿付能力上，只规定保险公司应该保持的法定偿付能力额度。如果保险公司的实际偿付能力额度保持在法定偿付能力额度上，则认为保险公司是有偿付能力的，一般不会过多地干预保险公司的具体经营。

这种监管方式的根据在于，认为保险公司只要在法律和道德范围内以负责的态度经营，政府就不应该干预。因此，这种制度能充分发挥保险公司的积极性，促进保险市场的产品多样化，促进保险市场的活力。但是从理论上讲，这种制度要求加强对保险中介机构的监管，因为中介机构承担了保证市场透明度、指导消费者选择最能满足其需要且适合其收入特点的产品和费率的任务。

这种类型的监管主要有三个特点：一是保险公司必须维持与其承担的风险相一致的最低偿付能力额度，公司承担的保险业务的风险越大，则要求具有越高的最低偿付能力额度；二是寿险业务的风险由准备金和风险保额来衡量，非寿险业务的风险则由保费收入或赔款支出来度量，每类风险的系数通常在精算模型的基础上，根据经验修正来确定；三是保险公司的实际偿付能力额度为认可资产和认可负债的差额。如果保险公司的实际偿付能力额度低于最低偿付能力额度，政府将根据其低亏的程度，采取不同的干预措施，如限期补充资本金、限制签发新保单等。

"英国型"保险监管的重点在偿付能力额度监管，但实际上也间接地控制了正常层次的监管。在这些国家，保险条款和费率由市场调节，保险经纪人可以充分利用其专业知识和信息，为投保人以最便宜的费率购买最优的保险保障，因而保险经纪人发挥着重要的作用。

2. 北美型

北美型的监管是强势监管，与弱势监管相对立，其特点是既从定性的角度通过对保险经营各环节的监管来保证偿付能力的充足，又从定量的角度通过最低偿付能力额度的监管保证被监管保险公司时刻都处于偿付能力充足的状态。属于这种类型的主要有美国各州、加拿大等。美国是这一类型的典型代表，它的保险市场从最初的少监管到后来的严格监管，经历了漫长的过程。

这是对市场行为、偿付能力和信息披露等诸多方面都要求相当严格的一种监管方式，强调对保险条件和费率的预防性监督。费率的条件、保单利率、红利分配、一般保险条件等均有明文规定，并在投放市场前需受到监管部门严格和系统的监督，这样就可以使消费者对保险产品做到心中有数，以此弥补信息不对称带来的不公平。但是这种监管模式的后果则是限制了保险公司的创造力，使保险产品的差异变小，不利于应付随时可能出现的新风险，也不利于保险公司最大化地经营和分散公司的风险。

通常，这种类型的监管机构将实施两个层次全方位的偿付能力监管，政府既监管条款、费率等经营管理活动，同时又监管最低偿付能力额度。以美国各州的寿险监管为例，保险条款、费率大多采取事前需报保险监督局进行审批的制度，偿付能力监管主要通过基于各类监管报表分析的非现场检查和现场检查来实现。除此之外，美国和加拿大还设计了很多偿付能力额度监管的方法，如风险资本要求、保险公司预警系统、资产负债管理、现金流测试等动态的偿付能力的管理方法。

3. 原日本、德国型

原日本、德国型的特点在于，只从定性的角度，对保险公司经营的各个环节进行严格监管，并且推定，保险公司只要在日常经营过程中遵照了这些规定，就是或就应该是偿付能力充足的。属于这种类型的主要有 1996 年以前的日本和 1994 年 7 月 1 日欧盟保险市场一体化之前的德国。

其特点是除了一些特别保险外，保险市场都执行统一的保险条款和保险费率，禁止保险市场进行价格竞争。政府主要执行正常层次的监管，即监管保险条款、费率，以及各项准备金的提存、资金运用和再保险，不监管保险公司的最低偿付能力额度。由于这类市场执行统一的条款和费率，保险经纪人就失去了生长的土壤，因此，日本和德国长期以来主要通过代理人推销保险业务，没有经纪人制度，也没有建立偿付能力额度监管。值得注意的是，欧共体从 1994 年 7 月 1 日开始推行保险市场一体化，德国不得不改变做法，执行“英国型”的偿付能力监管模式。日本也迫于日美关贸谈判的压力，于 1996 年修改保险法规，逐步放松保险条款和费率的管制，引进保险经纪人制度，建立类似于“北美型”的偿付能力监管制度。但是日本和德国的一些保险监管者仍然坚持认为“他们以前的管理模式是成功的，并建议中国在开放保险费率竞争、引进保险经纪人制度时一定要慎重”。

各国的国情不同，因此，在对保险公司偿付能力的监管上也不尽相同。但是如果进一步分析，三种形式实际上并没有实质性差异。因为倘若保险经营的各个环节处理不当，费率定得不合适，保险准备金不充足，保险投资不符合法律规定，那么保险公司的实际偿付能力额度就必然会受到影响，就可能不符合最低偿付能力额度的要求，偿付能力就可能面临不充足的状态。所以，对正常层次的监管实际上也同样间接地对偿付能力进行了监管。反之，通过对偿付能力的具体监管而不对保险经营的各环节进行直接规定，也同样会影响保险经营的具体操作，因为偿付能力充足是在各项业务均合法合规的基础上而实现的。由此可得出：三种不同形式的监管只在于采用的是直接控制还是间接控制而已，实质上并没有根本性的差别，这种实质上的一致性是由偿付能力本身的内在特性所决定的。

显然，中国的监管是典型的属于“美国型”的严格监管，不断监管保险经营管理的每一个环节，而且还有偿付能力监管制度。近年来，随着“放松监管、还市场以活力”的呼声越来越高，各国监管都向“以偿付能力为核心监管，逐步放松对于正常层次的监管”的方向发展，并称为“管住后端，放开前端”的监管模式。中国已经进入了“偿二代”时期。

第四节 市场准入及条款费率的监管

一、市场准入的监管

各国都有主权意识，不是任何一家保险公司都可以在世界任何一个国家卖保险。进入一国保险市场通常都需要得到该国监管机构的批准，否则都是非法营业。

在中国，只有依照保险法成立的保险组织，才可以合法经营保险。《保险法》第六条规定:“保险业务由依照本法设立的保险公司以及法律、行政法规规定的其他保险组织经营,其他单位和个人不得经营保险业务。”未经中华人民共和国保险监管机构的批准,任何公司、组织和个人都不得到中华人民共和国境内销售保险。同时,为了保护本国的保险行业,监管机构也鼓励中国的公司应当优先向境内的保险公司办理保险。《保险法》第七条规定:“在中华人民共和国境内的法人和其他组织需要办理境内保险的,应当向中华人民共和国境内的保险公司投保。”

当前,我国金融业还实行的是分业经营,银行、保险、证券、信托均实行分业经营。《保险法》第八条规定:“保险业和银行业、证券业、信托业实行分业经营、分业管理,保险公司与银行、证券、信托业务机构分别设立。国家另有规定的除外。”

(一)设立保险公司的要求

《保险法》第六十七条规定:“设立保险公司应当经国务院保险监督管理机构批准。国务院保险监督管理机构审查保险公司的设立申请时,应当考虑保险业的发展和公平竞争的需要。”所以,未拿到监管机构批准的牌照,是不可以开始营业的。同时监管机构审批时,并非符合条件的公司全部能得到批准,而是要根据保险行业的发展战略与竞争情况适时开展。

《保险法》第六十八条规定:“设立保险公司应当具备下列条件:主要股东具有持续盈利能力,信誉良好,最近三年内无重大违法违规记录,净资产不低于人民币 2 亿元;有符合本法和《中华人民共和国公司法》规定的章程;有符合本法规定的注册资本;有具备任职专业知识和业务工作经验的董事、监事和高级管理人员;有健全的组织机构和管理制度;有符合要求的营业场所和与经营业务有关的其他设施;法律、行政法规和国务院保险监督管理机构规定的其他条件。”此时需注意,上述条件仅是必要条件,而非充分条件。即申请开办保险公司必须具有上述条件,但具备了上述条件,并非就能得到牌照。监管机构还要视保险市场的整体情况而定。

资本金两亿元也是最低要求而已,有可能被提高。《保险法》第六十九条规定:“设立保险公司,其注册资本的最低限额为人民币 2 亿元。国务院保险监督管理机构根据保险公司的业务范围、经营规模,可以调整其注册资本的最低限额,但不得低于本条第一款规定的限额。保险公司的注册资本必须为实缴货币资本。”

(二)经营范围的监管

保险公司有许多种类,如财产保险公司、人身保险公司、再保险公司、专业保险公司等。每一种保险公司有自己独特的经营范围。

《保险法》第九十五条规定:“保险公司的业务范围:人身保险业务,包括人寿保险、健康保险、意外伤害保险等保险业务;财产保险业务,包括财产损失保险、责任保险、信用保险、保证保险等保险业务;国务院保险监督管理机构批准的与保险有关的其他业务。保险人不得兼营人身保险业务和财产保险业务。但是经营财产保险业务的保险公司经国务院保险监督管理机构批准，可以经营短期健康保险业务和意外伤害保险业务。保险公司应当在国务院保险监督管理机构依法批准的业务范围内从事保险经营活动。”也就是说，各家保险公司只能在各自的营业范围内经营，不可混业经营。对于一些专业保险公司，比如健康险公司、农业险公司、车险公司、再保险公司等，则只能经营所批准的一个险种。

《保险法》第九十六条规定：“经国务院保险监督管理机构批准，保险公司可以经营本法第九十五条规定的保险业务的下列再保险业务：分出保险；分入保险。”即原保险公司可以经营再保险业务，但再保险公司只能经营再保险业务。

（三）保险公司变更的监管

保险公司的重大事项都必须报监管机构批准，无论是高管的任职还是相关变更事项，都是如此。《保险法》第八十四条规定：“保险公司有下列情形之一的，应当经保险监督管理机构批准：变更名称；变更注册资本；变更公司或者分支机构的营业场所；撤销分支机构；公司分立或者合并；修改公司章程；变更出资额占有限责任公司资本总额百分之五以上的股东，或者变更持有股份有限公司股份百分之五以上的股东；国务院保险监督管理机构规定的其他情形。”

二、条款费率的监管

各国保险监督管理机构都对保险费率的厘定进行了严格监管。保险公司在厘定费率时必须遵守有关法律的规定，同时还必须注重保险公司的业务准则，使保险费率不仅能帮助保险公司收取足够的保险费以支付赔款和相应的费用，而且有利于保险公司市场竞争力的提高，并不增加投保人的负担。

（一）审批制与备案制

在我国，保险产品有审批制和备案制两种。保险公司应当依据法律、行政法规和保险监管机构的有关规定制订保险条款和保险费率，并对保险条款和保险费率承担相应的责任，并由总公司向监管机构申请保险条款和保险费率的审批或者备案。

1. 审批制

审批制是指保险产品的条款和费率需要经过监管机构的批准之后方能在保险市场上公开销售。《保险法》第一百三十五条规定：“关系社会公众利益的保险险种、依法实行强制保险的险种和新开发的人寿保险险种等的保险条款和保险费率，应当报国务院保险监督管理机构批准。国务院保险监督管理机构审批时，应当遵循保护社会公众利益和防止不正当竞争的原则。其他保险险种的保险条款和保险费率，应当报保险监督管理机构备案。保险条款和保险费率审批、备案的具体办法，由国务院保险监督管理机构依照前款规定制定。”因此，下列保险险种应当实行审批制：

- 关系社会公众利益的保险险种
- 依法实行强制保险的险种
- 新开发的人寿保险险种

对于应当申请审批的保险条款和保险费率，在监管机构批准前，保险公司不得经营使用。国务院保险监督管理机构审批时，应当遵循保护社会公众利益和防止不正当竞争的原则。监管机构可以委托保险行业协会或保险公司拟订主要险种的基本保险条款和保险费率。

2. 备案制

除上述需审批的险种之外的其他险种，均采用备案制。即在向监管机构报备的同时就可以进行销售。监管机构可以根据市场情况对险种范围进行调整。当然，保险公司对已经备案的保险条款中的保险责任或者保险费率进行修改调整的，应当重新报监管机构备案。

除了上述的几类需审批的险种之外，其他保险产品的条款和费率的制定权都交给了保险公司。这不仅体现了市场化的原则，也是整顿市场秩序的治本之举。

《保险法》第一百三十六条规定：“保险公司使用的保险条款和保险费率违反法律、行政法规或者国务院保险监督管理机构的有关规定的，由保险监督管理机构责令停止使用，限期修改；情节严重的，可以在一定期限内禁止申报新的保险条款和保险费率。”

(二)法律责任人和精算责任人

监管规定，保险公司应当指定一名法律责任人(Legal Responsible Person)和一名精算责任人(Actuary Responsible Person)，分别负责保险条款和保险费率的法律和精算事务。可以说法律责任人和精算责任人是保险公司中技术性含量较高的专业人士，也是该领域内职业发展的最高职位。保险公司指定的法律责任人和精算责任人，应当经监管机构核准之后才有效。保险公司在审批或备案保险产品的条款和费率时，则应该提交由精算责任人签署的精算报告和出具的精算责任人声明书，以及由法律责任人出具的法律责任人声明书。

当然，监管机构对法律责任人和精算责任人进行了比较严格的监管。保险公司应当向法律责任人和精算责任人提供其承担工作职责必需的信息，并充分尊重法律责任人和精算责任人的专业意见。保险公司应当加强对法律责任人和精算责任人的管理，建立健全法律责任人和精算责任人内部管控、问责等机制。保险公司法律责任人和精算责任人的内部管理制度应当报送保险监管机构。

1. 法律责任人

保险公司法律责任人应当具备下列条件：在中华人民共和国境内有住所；属于公

司正式员工，且在公司内担任部门负责人及以上职务；通过律师资格考试或者国家统一司法考试，或者有其他经历足以证明其具备良好的法律专业能力；具备连续三年以上国内保险或者法律从业经验；过去二年内未因违法执业行为受到行政处罚；未受过刑事处罚等。

法律责任人主要是对保险产品的条款承担责任，具体责任则是确保保险条款：符合《中华人民共和国保险法》等法律、行政法规和监管机构的有关规定；不损害社会公共利益，不侵害投保人、被保险人和受益人的合法权益；保险合同要素完备、文字准确、语言通俗、表述严谨等。

2. 精算责任人

符合下列条件的人员，经监管机构核准后可以担任保险公司的精算责任人：中国精算师，或者通过中国准精算师资格考试部分科目（包括数学基础Ⅰ、数学基础Ⅱ、复利数学、风险理论、非寿险精算数学与实务），或者经保险监管机构认可的精算人员；从事保险精算工作或相关工作 3 年以上；在中华人民共和国境内（不含港澳台地区）有住所；无违法犯罪记录；在执业中，无不良记录。

符合下列条件的人员，每年经监管机构核准后可以担任保险公司的精算责任人，但累计担任的时间不得超过 5 年：获得国外精算专业资格；从事保险精算工作或相关工作 5 年以上；在中华人民共和国境内（不含港澳台地区）有住所或固定办公场所；无违法犯罪记录；在执业中，无不良记录。

精算责任人主要是对保险产品的费率承担责任：精算报告内容完备；精算假设和精算方法符合通用精算原理和监管机构的有关规定；对有利益演示的产品，利益测算方法符合通用精算原理和监管机构的有关规定；保险费率厘定合理，结果满足充足性、适当性和公平性原则等。

第五节 市场行为的监管

市场营销是保险公司经营过程中的重要环节，竞争非常激烈。因此，这个领域也是监管机构重点监管的范畴。《保险法》第一百一十五条规定："保险公司开展业务，应当遵循公平竞争的原则，不得从事不正当竞争。"

一、禁止性的保险公司市场行为

《保险法》第一百一十六条作出了详细的规定。可以看出，监管机构在对市场行为进行监管时，主要是从以下几个方面进行监管。

(1)维护保险交易行为的公平性,保护投保方的利益。比如欺骗投保人、被保险人或者受益人;对投保人隐瞒与保险合同有关的重要情况;阻碍投保人履行本法规定的如实告知义务,或者诱导其不履行本法规定的如实告知义务;拒不依法履行保险合同约定的赔偿或者给付保险金义务。由于投保方在保险交易过程中处于弱势地位,无论是保险知识、保险技术还是对法律的了解方面都不及保险公司,因此,这些法条是约束保险公司的行为,要求保险公司遵守最大诚信原则,同时也不得误导消费者违反最大诚信原则。

(2)维护保险交易的合法性。挪用、截留、侵占保险费;委托未取得合法资格的机构从事保险销售活动;利用开展保险业务为其他机构或者个人牟取不正当利益;泄露在业务活动中知悉的投保人、被保险人的商业秘密。保险资金是备受各方垂涎的资源,由于保险消费的滞后性,使得许多人想从保险资金中牟利。这些法条明文禁止了保险公司的不当行为,从而更好地保护保险资金专款专用,保护客户信息,并维护了保险市场的规范。

(3)约束保险欺诈的行为。故意编造未曾发生的保险事故、虚构保险合同或者故意夸大已经发生的保险事故的损失程度,进行虚假理赔,骗取保险金或者牟取其他不正当利益;利用保险代理人、保险经纪人或保险评估机构从事以虚构保险中介业务或者编造退保等方式套取费用等违法活动。实务中,一些保险欺诈行为不仅仅是投保方实施的,保险中介,甚至保险公司也参与其中。这些法条明确指出,保险公司的这些行为也是违法行为,都将遭受相应的惩罚。

(4)保持公平竞争的市场氛围。比如给予或者承诺给予投保人、被保险人、受益人保险合同约定以外的保险费回扣或者其他利益;以捏造、散布虚假事实等方式损害竞争对手的商业信誉,或者以其他不正当竞争行为扰乱保险市场秩序。保险市场竞争的激烈程度难以想象,再加上保险产品的诸多特质,使得保险公司之间为了抢业务而施展十八般武艺,其中不乏诋毁同行等不正当的竞争行为。这些法条明确指出哪些行为是保险公司在竞争过程中不应该采用的。

二、禁止性的保险中介市场行为

保险中介在保险交易的过程中也起到了非常关键的作用。因此,《保险法》也对保险中介的市场行为给予了严格的监管。

《保险法》第一百三十一条规定:“保险代理人、保险经纪人及其从业人员在办理保险业务活动中不得有下列行为:欺骗保险人、投保人、被保险人或者受益人;隐瞒与保险合同有关的重要情况;阻碍投保人履行本法规定的如实告知义务,或者诱导其不履行本法规定的如实告知义务;给予或者承诺给予投保人、被保险人或者受益人保险合同约定以外的利益；利用行政权力、职务或者职业便利以及其他不正当手段强迫、引诱或者限制投保人订立保险合同；伪造、擅自变更保险合同，或者为保险合同当事人提供虚假证明材料；挪用、截留、侵占保险费或者保险金；利用业务便利为其他机构或者个人牟取不正当利益；串通投保人、被保险人或者受益人，骗取保险金；泄露在业务活动中知悉的保险人、投保人、被保险人的商业秘密。”

可以看到，《保险法》第一百三十一条的内容与第一百一十六条的内容相仿，也都是为了维护保险交易行为的公平性，保护投保方的利益；维护保险交易的合法性；约束保险欺诈的行为；保持公平竞争的市场氛围。

第六节 资金运用的监管

投资业务是保险经营中的重要核心业务。有关资金运用的监管主要是从三个方面开展的：其一是就资金运用的渠道进行监管；其二是资金运用的模式、流程及工作步骤；其三是就各种渠道的投资比例进行监管。目前是遵照 2018 年 4 月 1 日实施的《保险资金运用管理办法》执行。

一、资金运用的渠道

《保险法》第一百零六条规定：“保险公司的资金运用必须稳健，遵循安全性原则。保险公司的资金运用限于下列形式：银行存款；买卖债券、股票、证券投资基金份额等有价证券；投资不动产；国务院规定的其他资金运用形式。保险公司资金运用的具体管理办法由国务院保险监督管理机构依照前两款的规定制定。”《保险资金运用管理办法》第六条规定：“保险资金运用限于下列形式：银行存款；买卖债券、股票、证券投资基金份额等有价证券；投资不动产；投资股权；国务院规定的其他资金运用形式。”

(一)允许的投资行为

银行存款是指正规商业银行的存款，而且商业银行应该满足下列规定：资本充足率、净资产和拨备覆盖率等符合监管要求；治理结构规范、内控体系健全、经营业绩良好；最近三年未发现重大违法违规行为；信用等级达到监管机构规定的标准。

保险资金投资的债券应当达到监管机构认可的信用评级机构评定的，且符合规定要求的信用级别，主要包括政府债券、金融债券、企业(公司)债券、非金融企业债务融资工具以及符合规定的其他债券。

保险资金投资的股票主要包括公开发行并上市交易的股票和上市公司向特定对

象非公开发行的股票。保险资金开展股票投资，分为一般股票投资、重大股票投资和上市公司收购等，监管机构根据不同情形实施差别监管。

保险资金投资证券投资基金的，其基金管理人应当符合下列条件：公司治理良好、风险控制机制健全；依法履行合同，维护投资者合法权益；设立时间一年（含）以上；最近三年没有重大违法违规行为；设立未满三年的，自其成立之日起没有重大违法违规行为；建立有效的证券投资基金和特定客户资产管理业务之间的防火墙机制；投资团队稳定，历史投资业绩良好，管理资产规模或者基金份额相对稳定。

保险资金投资的股权应当为境内依法设立和注册登记，且未在证券交易所公开上市的股份有限公司和有限责任公司的股权。而且应当使用自有资金，也就是说来自权益端的资金，而不能是来自负债端的资金。保险公司对其他企业实现控股的股权投资，应当满足有关偿付能力监管规定。保险公司不符合偿付能力监管要求的，该保险公司不得向非保险类金融企业投资。实现控股的股权投资应当限于下列企业：保险类企业，包括保险公司、保险资产管理机构以及保险专业代理机构、保险经纪机构、保险公估机构；非保险类金融企业；与保险业务相关的企业。即向保险行业的上下游或者熟悉的领域投资，以控制风险。

保险资金可以投资资产证券化产品。资产证券化产品是指金融机构以可特定化的基础资产所产生的现金流为偿付支持，通过结构化等方式进行信用增级，在此基础上发行的金融产品。保险资金可以投资创业投资基金等私募基金。创业投资基金是指依法设立并由符合条件的基金管理机构管理，主要投资创业企业普通股或者依法可转换为普通股的优先股、可转换债券等权益的股权投资基金。

保险资金可以投资设立不动产、基础设施、养老等专业保险资产管理机构，专业保险资产管理机构可以设立符合条件的保险私募基金。所谓不动产，是指土地、建筑物以及其他附着于土地上的定着物。

（二）禁止的投资行为

保险集团（控股）公司、保险公司从事保险资金运用，不得有下列行为：存款于非银行金融机构；买入被交易所实行“特别处理”或“警示存在终止上市风险的特别处理”的股票；投资不符合国家产业政策的企业股权和不动产；直接从事房地产开发建设；将保险资金运用形成的投资资产用于向他人提供担保或者发放贷款，个人保单质押贷款除外；监管机构禁止的其他投资行为。

这些明文禁止的投资行为的目的是为了控制保险公司的风险。

二、资金运用的模式

资金运用具有一定的规模效益，而且安全性非常重要，所以，保险公司应当按照

“集中管理、统一配置、专业运作”的要求，实行保险资金的集约化、专业化管理。即由法人机构统一管理和运用，分支机构不得从事保险资金运用业务。

（一）资金托管

首先，保险资金应当交由第三方托管，即存放在第三方机构中，而不是保存在保险公司。保险公司应当选择符合条件的商业银行等专业机构，实施保险资金运用第三方托管和监督。托管的保险资产独立于托管机构固有资产，并独立于托管机构托管的其他资产。托管机构因依法解散、被依法撤销或者被依法宣告破产等原因进行清算的，托管资产不属于其清算财产。

托管机构从事保险资金托管时的主要职责包括：保险资金的保管、清算交割和资产估值；监督投资行为；向有关当事人披露信息；依法保守商业秘密；法律、行政法规、监管机构规定和合同约定的其他职责。不得有下列行为：挪用托管资金；混合管理托管资金和自有资金或者混合管理不同托管账户资金；利用托管资金及其相关信息谋取非法利益；其他违法行为。

（二）资金使用

资金运用的模式通常有两种，其一是自行投资，其二是委托第三方进行投资。《保险资金运用管理办法》第二十六条规定：“保险公司根据投资管理能力和风险管理能力，可以按照相关监管规定自行投资或者委托符合条件的投资管理人作为受托人进行投资。”

投资管理人是指依法设立的，符合监管机构规定的保险资产管理机构、证券公司、证券资产管理公司、证券投资基金管理公司等专业投资管理机构。

保险公司委托投资管理人投资的，应当订立书面合同，约定双方的权利与义务，确保委托人、受托人、托管人三方职责各自独立。受托人应当执行委托人资产配置指引，根据保险资金特性构建投资组合，公平对待不同资金。

保险公司委托投资管理人投资的，不得有下列行为：妨碍、干预受托人正常履行职责；要求受托人提供其他委托机构的信息；要求受托人提供最低投资收益保证；非法转移保险利润或者进行其他不正当利益输送；其他违法行为。

投资管理人受托管理保险资金的，不得有下列行为：违反合同约定投资；不公平对待不同资金；混合管理自有、受托资金或者不同委托机构的资金；挪用受托资金；向委托机构提供最低投资收益承诺；以保险资金及其投资形成的资产为他人设定担保；将受托资金转委托；为委托机构提供通道服务；其他违法行为。

三、资金运用比例的监管

有关资金运用的比例，监管机构也在严格监管和不断调整之中。根据 2014 年的

《关于加强和改进保险资金运用比例监管的通知》，保险公司投资资产（不含独立账户资产）划分为流动性资产、固定收益类资产、权益类资产、不动产类资产和其他金融资产等五大类资产，也设置了诸多监管比例。

（一）设立大类资产监管比例

投资权益类资产的账面余额合计不高于本公司上季末总资产的30％，且重大股权投资的账面余额不高于本公司上季末净资产。账面余额不包括保险公司以自有资金投资的保险类企业股权。

投资不动产类资产的账面余额合计不高于本公司上季末总资产的30％。账面余额不包括保险公司购置的自用性不动产。保险公司购置自用性不动产的账面余额不高于本公司上季末净资产的50％。

投资其他金融资产的账面余额，合计不高于本公司上季末总资产的25％。

境外投资余额，合计不高于本公司上季末总资产的15％。

（二）设立集中度风险监管比例

为防范集中度风险，针对保险公司投资单一资产和单一交易对手制定保险资金运用集中度上限比例。

投资单一固定收益类资产、权益类资产、不动产类资产、其他金融资产的账面余额，均不高于本公司上季末总资产的5％，投资境内的中央政府债券、准政府债券、银行存款、重大股权投资和以自有资金投资保险类企业股权，购置自用性不动产，以及集团内购买保险资产管理产品等除外。投资上市公司股票有权参与上市公司的财务和经营决策，或能对上市公司实施控制的，纳入股权投资管理，遵循保险资金投资股权的有关规定。单一资产投资是指投资大类资产中的单一具体投资品种。投资品种分期发行，投资单一资产的账面余额为各分期投资余额的总和。

投资单一法人主体的余额合计不高于本公司上季末总资产的20％，投资境内的中央政府债券、准政府债券和以自有资金投资保险类企业股权等除外。单一法人主体是指保险公司进行投资而与其形成直接债权或直接股权关系的具有法人资格的单一融资主体。

（三）设立风险监测比例

为防范资产的流动性、高波动性等风险，针对流动性状况、融资规模和类别资产等制定监测比例，主要用于风险预警。保险公司存在以下情形的，应当向监管机构报告，并列入重点监测。

流动性监测：投资流动性资产与剩余期限在1年以上的政府债券、准政府债券的账面余额之和占本公司上季末总资产的比例低于5％，财产保险公司投资上述资产的账面余额之和占本公司上季末总资产的比例低于7％，未开展保险经营业务的保险集团(控股)公司除外。关于其他流动性风险指标,执行中国银保监会相关规定。

融资杠杆监测:同业拆借、债券回购等融入资金余额之和占本公司上季末总资产的比例高于20%。

类别资产监测:投资境内的具有国内信用评级机构评定的AA级(含)以下长期信用评级的债券,账面余额之和占本公司上季末总资产的比例高于10%,或投资权益类资产的账面余额之和占本公司上季末总资产的比例高于20%,或投资不动产类资产的账面余额之和占本公司上季末总资产的比例高于20%,或投资其他金融资产的账面余额之和占本公司上季末总资产的比例高于15%,或境外投资的账面余额之和占本公司上季末总资产的比例高于10%。集团内购买的单一保险资产管理产品,账面余额占本公司上季末总资产的比例高于5%。

(四)内控比例管理

保险公司应当根据有关规定,按照资产负债管理和资产配置要求,制定分散投资管理制度和风险控制措施,严格控制大类资产投资比例、高风险(类)资产投资比例、行业和单一品种以及单一交易对手投资比例等。同时,还应当制定流动性风险、信用风险、市场风险等风险预警监测比例。保险公司应当密切监控相关风险敞口,确保其在自身风险承受能力和资本覆盖能力之内。

保险公司应当制定流动性风险管理方案,包括流动性风险管理体系和治理结构,管理策略和重要政策,识别、计量和监测流动性风险的主要方法和程序,流动性风险状况评价指标,压力测试和应急预案等,切实防范流动性风险。

第七节 准备金监管

保险公司是典型的负债经营模式。一般企业的利润都等于收入减去支出即可,但保险公司的利润除了收入减去支出之外,还要减去各种准备金。因为准备金是保险公司的负债,并非保险公司的收入。所以,准备金在保险公司经营过程中非常重要。准备金的计提直接关系到保险公司的利润水平,因此,保险公司在计提准备金时,必须按照国家监管的规定严格执行。《保险法》第九十八条规定:“保险公司应当根据保障被保险人利益、保证偿付能力的原则,提取各项责任准备金。保险公司提取和结转责任准备金的具体办法,由国务院保险监督管理机构制定。”人寿保险和财产保险的准备金有一些细微的差别。

一、非寿险责任准备金

（一）非寿险责任准备金的种类

我国有关准备金的监管规定是2005年颁布的《保险公司非寿险业务准备金管理办法（试行）》。其中首先规范了保险公司必须计提的准备金种类，保险公司非寿险业务准备金包括未到期责任准备金、未决赔款准备金和监管机构规定的其他责任准备金。

未到期责任准备金（Unearned Premium Reserve）是指在准备金评估日为尚未终止的保险责任而提取的准备金，包括保险公司为保险期间在一年以内（含一年）的保险合同项下尚未到期的保险责任而提取的准备金，以及为保险期间在一年以上（不含一年）的保险合同项下尚未到期终止的保险责任而提取的长期责任准备金。

未决赔款准备金（Outstanding Loss Reserve）是指保险公司为尚未结案的赔案而提取的准备金，包括已发生已报案未决赔款准备金（Incurred and Reported Outstanding Loss Reserve）、已发生未报案未决赔款准备金和理赔费用准备金。已发生已报案未决赔款准备金是指为保险事故已经发生并已向保险公司提出索赔、保险公司尚未结案的赔案而提取的准备金。已发生未报案未决赔款准备金又称为IBNR准备金（Incurred but not Reported），是指为保险事故已经发生，但尚未向保险公司提出索赔的赔案报案而提取的准备金。理赔费用准备金（Claims Expense Reserve）是指为尚未结案的赔案可能发生的费用而提取的准备金，其中包括为直接发生于具体赔案的专家费、律师费、损失检验费等而提取的直接理赔费用准备金，以及为非直接发生于具体赔案的费用而提取的间接理赔费用准备金。

除了未到期责任准备金和未决赔款准备金之外，监管机构还规定了保险公司应当提取的其他责任准备金，如巨灾风险责任准备金等。这些准备金则是在其他规定中另行处理的。

（二）未到期责任准备金

未到期责任准备金又称为保费责任准备金，是从保费的角度提取的。提取该准备金的原因在于，我国的会计年度是从每年的1月1日至12月31日，而保单年度则是随意地从任意一天开始直至365天结束。因此，保单年度与会计年度之间存在着不一致的现象。当保险公司在销售保险产品时，在保单年度之初向投保人预收了一年的保费，这实际上是保险公司的负债，而不是保险公司自己的资产；而当会计年度结束需要进行会计核算时，则保险公司只赚取了已经过去了的部分保单年度所对应的保费，这部分称为已赚保费（Earned Prcmium）。而对于未来尚未经历的部分保单年度所对应的保费，即未赚保费（Unearned Premium），则不属于保险公司的资产，而是负债，故应当计提准备金，而不能算作是当期收入。

未到期责任准备金的提取应当采用下列方法的其中之一：以月为基础计提的二十四分之一法；以天为基础计提的三百六十五分之一法；对于某些特殊险种，根据其风险分布状况可以采用其他更为谨慎、合理的方法。其中，对于机动车辆法定第三者责任保险，应当采用三百六十五分之一法评估其未到期责任准备金。由于准备金的提存影响保险公司的利润水平，因此，未到期责任准备金的提取方法一经确定，不得随意更改。

（三）未决赔款准备金

未决赔款准备金是从赔款的角度来提取的准备金。其原因是，在保险公司理赔的过程中，需要时间进行调查、理算等，因此各个环节之间必定会存在一定的时间延迟，而实际上在被保险人提出索赔的时候，虽然这部分赔款还没有赔出去，但在未来可能要赔出去；故从那时起，这部分未来可能发生的赔款就已经不是保险公司的资产了，而是被保险人的资产、保险公司的负债，所以必须把这部分钱作为准备金，从收入中扣除。除此之外，在处理赔案的过程中还会发生各项费用，这些费用在未来也是必然会发生的，因此也要提前作为准备金，从收入中扣除。所以，未决赔款准备金包括了已发生已报案未决赔款准备金、已发生未报案未决赔款准备金和理赔费用准备金，分别针对保险公司处理赔款过程中存在的各种延迟。

除此之外，还有一些事故已经发生了，但是尚未向保险公司提起索赔，因此需要为这类赔案提存已发生未报案未决赔款准备金（IBNR 准备金）。特别是针对长尾巴风险而言，由于其在事故发生与发现之间的时间间隔较长，因此已发生未报案未决赔款准备金（IBNR 准备金）显得尤其重要。相对而言，短尾巴风险在事故发生与发生和索赔之间的间隔较短，已发生未报案未决赔款准备金（IBNR 准备金）相对而言不是那么重要。

对已发生已报案未决赔款准备金，应当采用逐案估计法、案均赔款法以及监管部门认可的其他方法谨慎提取，而且不得扣减为相应赔案所预付的赔款。对已发生未报案未决赔款准备金，应当根据险种的风险性质、分布、经验数据等因素采用至少下列两种方法进行谨慎评估与提取：链梯法，案均赔款法，准备金进展法，B—F 法等其他合适的方法。并且，应当根据评估结果的最大值确定最佳估计值。对于直接理赔费用准备金，应当采取逐案预估法提取；对间接理赔费用准备金，采用比较合理的比率分摊法提取。对含投资或储蓄成分的保险产品，其风险保障部分也应该按照与保障型保险产品一样的方法，提取未到期责任准备金和未决赔款准备金。

二、人身保险责任准备金

人身保险的责任准备金也是从保费和赔款两个角度提取的。只是由于人身保险产品大多为长期产品，其中包含了诸多的储蓄保费，以及来源于均衡保费和自然保费差值部分的多交保费，故人身保险的责任准备金金额更大。一般而言，寿险公司70％左右的负债都是准备金。

人身保险责任准备金的种类与财产保险相似。首先，针对期限较短的一年及一年以内的保险产品，也是需要提取未到期责任准备金和未决赔款准备金，将保费准备金和赔款准备金分开列示。针对期限长于一年的保险产品，则将未到期责任准备金和未决赔款准备金合并起来考虑，根据不同的险种来计提，分别称为寿险责任准备金和长期健康险责任准备金，提存方法等与财产保险基本一致。

第八节　偿付能力监管

偿付能力(Solvency)是指保险公司清偿到期债务的能力，即保险公司有能力按照保险合同约定给付被保险人保险金或责任范围内的事故发生后能及时赔偿被保险人损失。当前各国的保险监管模式都逐步采用了以偿付能力监管为核心，逐步放松对过程的监管这一模式，即“放开前端、管住后端”的监管模式，给予保险公司日常经营以足够的自由度。我国的保险监管也是如此，偿付能力监管一直是监管的核心，并经历了多次变化。

我国的偿付能力监管在借鉴国外先进经验的同时，也紧密结合当前国情，特别是我国保险业特殊的发展状况。2003年3月24日，保监会发布并实施《保险公司偿付能力额度及监管指标管理规定》，这是在原《保险公司最低偿付能力及监管指标管理规定》的基础上所作的重大修订。2008年9月1日，《保险公司偿付能力管理规定》开始实施，偿付能力的监管更加规范化，此称为“偿一代”。2009年《保险法》规定：保险公司应当具有与其业务规模和风险程度相适应的最低偿付能力。保险公司的认可资产减去认可负债的差额不得低于国务院保险监督管理机构规定的数额；低于规定数额的，应当按照国务院保险监督管理机构的要求采取相应措施达到规定的数额。

“偿一代”实施了大约8年的时间，2015年保监会根据欧洲的Solvency II监管规则，推出了《保险公司偿付能力监管规则1号——17号》，从此，中国的偿付能力监管步入了“偿二代”时期。

一、“偿二代”的整体情况

中国第二代偿付能力监管制度体系的中文名称为“中国风险导向的偿付能力体系”(简称“偿二代”),英文名称为 China Risk Oriented Solvency System(简称 C-ROSS)。其特征是以风险导向的偿付能力监管体系。“偿二代”的目标在于:第一,要科学全面地计量保险公司面临的风险,使资本要求与风险更相关。第二,守住风险底线,确定合理的资本要求,提高我国保险业的竞争力,建立有效的激励机制,促进保险公司提高风险管理水平,促进保险行业科学发展。第三,积极探索适合新兴市场经济体的偿付能力监管模式,为国际偿付能力监管体系建设提供中国经验。“偿二代”的整体框架由制度特征、监管要素和监管基础三大部分构成,如图 12 - 1 所示。

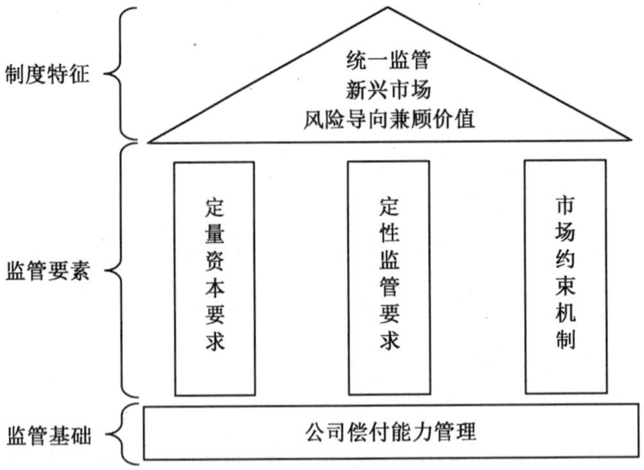

图 12 - 1　“偿二代”整体框架

“偿二代”的制度特征是基于我国保险市场环境和发展阶段特征的一种现实选择,是开展偿付能力监管各项工作的出发点。统一监管是指由监管机构根据国务院授权,依照法律、法规统一监督管理全国保险市场。新兴市场是指“偿二代”根据我国保险市场仍处于发展初级阶段的特征,更注重保险公司的资本成本、定性监管,以及各项制度的可操作性。风险导向兼顾价值则是指防范风险是偿付能力监管的永恒主题,“偿二代”的资产负债评估能适时、恰当地反映保险公司面临的实际风险状况及变动,资本要求要更加全面、准确地反映保险公司的各类风险,监管措施要更具有风险针对性。

监管要素是偿付能力监管的三支柱,是偿付能力监管的重要组成部分。三支柱分别从定量资本要求、定性监管要求和市场约束机制三个方面对保险公司的偿付能力进行监督和管理,主要规范偿付能力监管的内容、原则、方法和标准。第一支柱定量资本要求主要防范能够量化的风险，主要包括五部分内容：一是第一支柱量化资本要求，具体包括：(1)保险风险资本要求；(2)市场风险资本要求；(3)信用风险资本要求；(4)宏观审慎监管资本要求，即对顺周期风险、系统重要性机构风险等提出的资本要求；(5)调控性资本要求，即根据行业发展、市场调控和特定保险公司风险管理水平的需要，对部分业务、部分公司提出一定期限的资本调整要求。二是实际资本评估标准，即保险公司资产和负债的评估标准和认可标准。三是资本分级，即对保险公司的实际资本进行分级，明确各类资本的标准和特点。四是动态偿付能力测试，即保险公司在基本情景和各种不利情景下，对未来一段时间内的偿付能力状况进行预测和评价。五是监管措施，即监管机构对不满足定量资本要求的保险公司，区分不同情形，可采取的监管干预措施。

第二支柱定性监管要求是在第一支柱的基础上，进一步防范难以量化的风险，如操作风险、战略风险、声誉风险、流动性风险等。第二支柱共包括四部分内容：一是风险综合评级，即监管部门综合第一支柱对能够量化的风险的定量评价，和第二支柱对难以量化风险(包括操作风险、战略风险、声誉风险和流动性风险)的定性评价，对保险公司总体的偿付能力风险水平进行全面评价。二是保险公司风险管理要求与评估，即监管部门对保险公司的风险管理提出具体监管要求，如治理结构、内部控制、管理架构和流程等，并对保险公司风险管理能力和风险状况进行评估。三是监管检查和分析，即对保险公司偿付能力状况进行现场检查和非现场分析。四是监管措施，即监管机构对不满足定性监管要求的保险公司，区分不同情形，可采取的监管干预措施。

第三支柱市场约束机制，是引导、促进和发挥市场相关利益人的力量，通过对外信息披露等手段，借助市场的约束力，加强对保险公司偿付能力的监管，进一步防范风险。其中，市场力量主要包括社会公众、消费者、评级机构和证券市场的行业分析师等。第三支柱主要包括两项内容：一是通过对外信息披露手段，充分利用除监管部门之外的市场力量，对保险公司进行约束；二是监管部门通过多种手段，完善市场约束机制，优化市场环境，促进市场力量更好地发挥对保险公司风险管理和价值评估的约束作用。

监管基础表明，保险公司内部偿付能力管理是外部偿付能力监管的前提、基础和落脚点，两者既相互依存，又相互制约、相互促进。内部偿付能力管理是保险公司的“免疫系统”和“反应系统”。科学有效的内部偿付能力管理制度和机制可以主动识别和防范各类风险，对各类风险变化及时作出反应。

二、第一支柱量化资本要求

(一)偿付能力充足率

“偿二代”的第一支柱量化资本要求中，评价保险公司偿付能力状况的指标有三个：核心偿付能力充足率(Core Solvency Margin Ratio)、综合偿付能力充足率(Comprehensive Solvency Margin Ratio)和风险综合评级(Comprehensive Risk Rating)。其中，核心偿付能力充足率是指核心资本(Core Capital)与最低资本(Minimum Capital)的比率，反映了保险公司核心资本的充足状况。综合偿付能力充足率是指核心资本和附属资本(Supplementary Capital)之和与最低资本的比率，反映了保险公司总体资本的充足状况。风险综合评级则是综合第一支柱对能够量化的风险的定量评价和第二支柱对难以量化风险的定性评价，对保险公司总体的偿付能力风险水平进行全面评价所得到的评级，评级结果反映了保险公司综合的偿付能力风险。

核心偿付能力充足率＝核心资本/最低资本

综合偿付能力充足率＝(核心资本＋附属资本)/最低资本＝实际资本/最低资本

核心偿付能力充足率、综合偿付能力充足率反映了保险公司量化风险的资本充足状况，风险综合评级反映公司与偿付能力相关的全部风险的状况。

(二)实际资本

实际资本(Real Capital)是指保险公司在持续经营或破产清算状况下可以吸收损失的经济资源。实际资本等于保险公司认可资产(Admitted Assets)减去认可负债(Admitted Liabilities)后的余额。

实际资本＝认可资产－认可负债

认可资产是保险公司依据规定，以偿付能力监管为目的所确认和计量的资产。偿付能力监管体系中的认可资产，不同于财务会计报告体系中的资产，需要根据偿付能力监管的目的，进一步考虑确认和计量的差异，对资产金额进行适当调整。例如，有迹象表明保险公司到期不能处置或者对其处置受到限制的资产(如被依法冻结的资产、由于战乱等原因无法处置的境外资产等)，在偿付能力监管体系中，不能确认为认可资产，或者其确认和计量的原则不同于财务会计报告体系中的资产。

认可负债是保险公司依据规定，以偿付能力监管为目的所确认和计量的负债。偿付能力监管体系中的认可负债，不同于财务会计报告体系中的负债，需要根据偿付能力监管的目的，进一步考虑确认和计量的差异，对负债金额进行适当调整。例如，保险公司的资本性负债在偿付能力监管体系中，其确认和计量的原则可能会不同于财务会计报告体系中的负债。

保险公司偿付能力监管与一般财务会计报告体系完全不同。根据一般企业的会计准则,倘若没有“认可”二字,资产减去负债则等于所有者权益。但是保险会计准则中,加上了“认可”二字,则是考虑了资产与负债的风险之后的价值。

根据资本吸收损失的性质和能力,实际资本分为核心资本和附属资本。其中,核心资本是指在持续经营状态下和破产清算状态下均可以吸收损失的资本。核心资本分为核心一级资本和核心二级资本。附属资本是指在破产清算状态下可以吸收损失的资本。附属资本分为附属一级资本和附属二级资本。各种资本在永续性和次级性方面有着明显差别(见表 12-3)。

表 12-3　各种资本的清偿顺序

<table>
<tr><th></th><th>资本种类</th><th>期限</th><th>清偿顺序</th><th colspan="2">规定比例</th></tr>
<tr><td rowspan="2">核心资本</td><td>核心一级资本</td><td>没有期限</td><td>受偿顺序排在最后</td><td colspan="2"></td></tr>
<tr><td>核心二级资本</td><td>无到期日或不低于10年</td><td>列于保单持有人和一般债权人之后,先于核心一级资本</td><td colspan="2">不得超过核心资本的30%</td></tr>
<tr><td rowspan="2">附属资本</td><td>附属一级资本</td><td>期限不低于5年</td><td>列于保单持有人和一般债权人之后,先于核心资本</td><td></td><td rowspan="2">不得超过核心资本的100%</td></tr>
<tr><td>附属二级资本</td><td>期限可以低于5年</td><td>列于保单持有人和一般债权人之后,先于附属一级资本</td><td>不得超过核心资本的25%</td></tr>
</table>

(三)最低资本

最低资本是指保险公司为了应对市场风险、信用风险、保险风险等各类风险对偿付能力的不利影响,依据监管机构的规定而应当具有的资本数额。最低资本的计算在“偿二代”中是重点和核心的内容,而且是比较复杂的部分。

保险公司最低资本由三部分组成:

(1)量化风险最低资本,即保险风险(Insurance Risk)、市场风险(Market Risk)、信用风险(Credit Risk)对应的最低资本。保险风险是指由于死亡率、疾病率、赔付率、退保率等假设的实际经验与预期发生不利偏离而造成损失的风险。市场风险是指由于利率、汇率、权益价格和商品价格等的不利变动而遭受非预期损失的风险。信用风险是指由于交易对手不能履行或不能按时履行其合同义务,或者信用状况的不利变动而导致的风险。

(2)控制风险最低资本,即控制风险(Control Risk)对应的最低资本。

(3)附加资本(Additional Paid-in Capital),包括逆周期附加资本、国内系统重要性保险机构的附加资本、全球系统重要性保险机构的附加资本以及其他附加资本。

三、第二支柱定性监管要求

第二支柱反映的是难以量化的风险，包括操作风险（Operation Risk）、战略风险（Strategy Risk）、声誉风险（Reputational Risk）和流动性风险（Liquidity Risk）等。这一支柱中的风险比较难以量化，因此采用“专家打分”的方式，由监管机构进行风险综合评级。风险综合评级，即分类监管，是指监管机构根据相关信息，以风险为导向，综合分析、评价保险公司的固有风险和控制风险，根据其偿付能力风险大小，评定为不同的监管类别，并采取相应监管政策或监管措施的监管活动。

分类监管的评价包括以下内容：对操作风险、战略风险、声誉风险和流动性风险共四类难以量化的固有风险进行评价；综合偿付能力充足率及上述四类难以量化风险的评价结果，评价保险公司的综合偿付能力风险。其中，操作风险是指由于不完善的内部操作流程、人员、系统或外部事件而导致直接或间接损失的风险，包括法律及监管合规风险（但不包括战略风险和声誉风险）。战略风险是指由于战略制定和实施的流程无效或经营环境的变化，而导致战略与市场环境和公司能力不匹配的风险。声誉风险是指保险公司的经营管理或外部事件等原因导致利益相关方对保险公司负面评价从而造成损失的风险。流动性风险是指保险公司无法及时获得充足资金或无法以合理成本及时获得充足资金以支付到期债务的风险。

在对操作风险、战略风险、声誉风险、流动性风险的固有风险进行评价的基础上，银保监会结合保险公司的偿付能力充足率指标，得到对保险公司偿付能力风险的综合评级。

四、评估结果与惩罚措施

分类监管评价结果综合反映保险公司偿付能力风险的整体状况，包括资本充足状况和其他偿付能力风险状况。监管机构按照偿付能力风险大小将保险公司分为四个监管类别：

- A类公司：偿付能力充足率达标，且操作风险、战略风险、声誉风险和流动性风险小的公司；
- B类公司：偿付能力充足率达标，且操作风险、战略风险、声誉风险和流动性风险较小的公司；
- C类公司：偿付能力充足率不达标，或者偿付能力充足率虽然达标，但操作风险、战略风险、声誉风险和流动性风险中某一类或几类风险较大的公司；
- D类公司：偿付能力充足率不达标，或者偿付能力充足率虽然达标，但操作风险、战略风险、声誉风险和流动性风险中某一类或几类风险严重的公司。

监管机构在市场准入、产品管理、资金运用、现场检查等方面，对 A、B、C、D 四类保险公司及其分支机构实施差异化监管政策。

对 B 类公司，监管机构可根据公司存在的风险，采取以下一项或多项具有针对性的监管措施，包括但不限于：风险提示；监管谈话；要求限期整改存在的问题；进行专项现场检查；要求提交和实施预防偿付能力充足率不达标或完善风险管理的计划。

对核心偿付能力充足率或综合偿付能力充足率不达标的 C 类公司，除可采取对 B 类公司的监管行为外，还可以根据公司偿付能力充足率不达标的原因采取以下一项或多项具有针对性的监管措施，包括但不限于：责令调整业务结构，限制业务和资产增长速度，限制增设分支机构，限制商业性广告；限制业务范围，责令转让保险业务或者责令办理分出业务；责令调整资产结构或交易对手，限制投资形式或比例；责令增加资本金，限制向股东分红；限制董事和高级管理人员的薪酬水平；责令调整公司负责人及有关管理人员。

对操作风险、战略风险、声誉风险、流动性风险中某一类或某几类风险较大的 C 类公司，除可采取对 B 类公司的监管措施外，还可采取以下监管措施：对操作风险较大的 C 类公司，针对公司存在的具体问题，对其公司治理、内控流程、人员管理、信息系统等采取相应监管措施；对战略风险较大的 C 类公司，针对公司在战略制定、战略执行等方面存在的问题，采取相应监管措施；对声誉风险较大的 C 类公司，针对公司产生声誉风险的原因，采取相应监管措施；对流动性风险较大的 C 类公司，针对公司产生流动性风险的原因，根据有关规定采取相应监管措施。

对 D 类公司，除可采取对 C 类公司的监管措施外，还可以根据情况采取整顿、责令停止部分或全部新业务、接管以及监管机构认为必要的其他监管措施。

五、偿付能力风险管理评估

“偿二代”中，监管机构还会对保险公司进行偿付能力风险管理的能力与水平进行评估（SARMAR 评估）。这也是采用“专家打分”的方式，由监管机构对保险公司有关偿付能力风险的管理能力进行评估，从而确定保险公司控制风险的水平。首先，监管机构根据保险公司的发展阶段、业务规模、风险特征等，将保险公司分为Ⅰ类保险公司和Ⅱ类保险公司，分别提出偿付能力风险管理要求。

偿付能力风险管理评估包括：偿付能力风险管理的制度健全性，即保险公司的偿付能力风险管理基础、环境、目标和工具等是否科学、全面、合规；偿付能力风险管理的遵循有效性，即保险公司的偿付能力风险管理制度、机制是否得到持续的、有效的实施。具体的评估指标包括：风险管理基础与环境；风险管理目标与工具；保险风险管理；市场风险管理；信用风险管理；操作风险管理；战略风险管理；声誉风险管理；流动性风险管理。

监管机构在评估时，可以根据需要采用材料调阅、现场查验、问卷调查、质询谈话、穿行测试等方式。倘若涉及分支机构的，则也会抽取必要数量的分支机构进行符合性测试；必要时也会对保险公司集中核算、委托投资、信息技术服务、销售、理赔等外包业务的受托方进行延伸评估，根据延伸评估的结果进行综合评定。

监管部门进行评估以后，根据各项风险管理要求的制度健全性和遵循有效性，每项风险管理的评估结果包括“完全符合”“大部分符合”“部分符合”和“不符合”四类。监管机构根据四类评估结果给予监管评分。其中，完全符合是指执行程度达到100％；大部分符合则指执行程度达到80％～100％；部分符合指执行程度达到50％～80％；不符合指执行程度为50％以下。每项风险管理具有不同的权重，将得分与权重相结合，则得到最终结果。这一结果虽然不像监管的硬性指标那样具有强制性，但是结果的好坏表示该家公司偿付能力风险管理的水平和能力，也会影响保险公司的形象与声誉。

第九节　破产与保险保障基金

一、保险公司的破产

倘若保险公司的偿付能力不充足，必须被评为D类公司，此时，监管机构可以根据情况采取整顿、责令停止部分或全部新业务、接管以及监管机构认为必要的其他监管措施。倘若被监管机构接管后仍然回天无力，无法让保险公司走上正常的经营道路，则保险公司可能会破产。当然，进入保险市场需要经过监管机构的批准，退出保险市场也需要经过监管机构的批准。

《保险法》第八十九条规定：“保险公司因分立、合并需要解散，或者股东会、股东大会决议解散，或者公司章程规定的解散事由出现，经国务院保险监督管理机构批准后解散。经营有人寿保险业务的保险公司，除因分立、合并或者被依法撤销外，不得解散。保险公司解散，应当依法成立清算组进行清算。”第九十条规定：“保险公司有《中华人民共和国企业破产法》第二条规定情形的，经国务院保险监督管理机构同意，保险公司或者其债权人可以依法向人民法院申请重整、和解或者破产清算；国务院保险监督管理机构也可以依法向人民法院申请对该保险公司进行重整或者破产清算。”人寿保险公司所经营的保险产品大多为长期产品，而且投保方购买了保险之后，随着时间的流逝，年龄也逐渐增大。倘若人寿保险公司破产了，则不仅仅是退还现金价值那么简单，因为此时年迈的投保方可能很难再获得保险保障了。所以，一般而言，人寿保险公司是不能轻易破产的，即使破产，也会有许多方法来弥补投保方的损失。

第九十一条规定："破产财产在优先清偿破产费用和共益债务后，按照下列顺序清偿：所欠职工工资和医疗、伤残补助、抚恤费用，所欠应当划入职工个人账户的基本养老保险、基本医疗保险费用，以及法律、行政法规规定应当支付给职工的补偿金；赔偿或者给付保险金；保险公司欠缴的社会保险费用和所欠税款；普通破产债权。破产财产不足以清偿同一顺序的清偿要求的，按照比例分配。破产保险公司的董事、监事和高级管理人员的工资，按照该公司职工的平均工资计算。"

第九十二条规定："经营有人寿保险业务的保险公司被依法撤销或者被依法宣告破产的，其持有的人寿保险合同及责任准备金，必须转让给其他经营有人寿保险业务的保险公司；不能同其他保险公司达成转让协议的，由国务院保险监督管理机构指定经营有人寿保险业务的保险公司接受转让。转让或者由国务院保险监督管理机构指定接受转让前款规定的人寿保险合同及责任准备金的，应当维护被保险人、受益人的合法权益。"

二、保险保障基金

保险保障基金（Insurance Protection Fond）就是根据《保险法》由保险公司缴纳形成，按照集中管理、统筹使用的原则，在保险公司被撤销、被宣告破产等情形下，用于向保单持有人或者保单受让公司等提供救济的法定基金。2004 年 12 月 29 日，中国保监会实行了《保险保障基金管理办法》。

保险保障基金分为财产保险公司保障基金和人寿保险公司保障基金，分别由财产保险公司和人寿保险公司缴纳，并形成两个独立的基金，分别用于财产保险业和人身保险业。

（一）保险保障基金的缴纳

保险公司应当按照下列比例缴纳保险保障基金：财产保险、意外伤害保险和短期健康保险，按照自留保费的 1%缴纳；有保证利率的长期人寿保险和长期健康保险，按照自留保费的 0.15%缴纳；无保证利率的长期人寿保险，按照自留保费的 0.05%缴纳。当前，我国保险保障基金还是采用均一费率制，无论什么保险公司，偿付能力是否充足，都是按照统一的费率进行缴费。当然，也有学者在研究如何调整保险保障基金的费率，使其更加完善合理。

有下列情形之一的，可以暂停缴纳保险保障基金：财产保险公司、综合再保险公司和财产再保险公司的保险保障基金余额达到公司总资产 6%的；人寿保险公司、健康保险公司和人寿再保险公司的保险保障基金余额达到公司总资产 1%的。

（二）保险保障基金的管理

保险监管机构委托专业的投资管理机构运用保险保障基金，使其保值增值。保险保障基金的资金运用应当遵循安全性、收益性和流动性原则，在确保资产安全的前提下实现资产的保值增值。一般而言，保险保障基金的资金运用，限于银行存款、买卖政府债券和监管机构规定的其他资金运用形式。保险保障基金不得运用于股权投资、房地产投资和其他各类实业投资。

可以看到，保险保障基金的运用更加保守，主要是为了确保保险保障基金的安全性。

（三）保险保障基金的使用

保险保障基金主要用于以下方面：当保险公司被撤销或者被宣告破产时，向投保人、被保险人或者受益人提供救济；向依法接受其人寿保险合同的保险公司提供救济；在保险业面临重大危机，可能严重危及社会公共利益和金融稳定的情形下可以动用保险保障基金；国务院规定的其他情形。

但是，下列业务不属于保险保障基金的救济范围：保险公司在境外直接承保的业务和从境外分入的业务；保险公司的政策性保险业务；监管机构认定不属于保险保障基金救济范围的其他保险业务。

具体的使用办法则是根据财产保险与人寿保险有不同的处理。

1. 财产保险

保险公司被撤销或者被宣告破产，清算财产不足以偿付保单利益的，保险保障基金按照下列规则对非人寿保险合同的保单持有人提供救济：

- 保单持有人的损失在人民币5万元以内的部分，保险保障基金予以全额救济；
- 保单持有人为个人的，对其损失超过人民币5万元的部分，保险保障基金的救济金额为超过部分金额的90％；保单持有人为机构的，对其损失超过人民币5万元的部分，保险保障基金的救济金额为超过部分金额的80％。

2. 人寿保险

一般而言，人寿保险公司被撤销或者被宣告破产的，其持有的人寿保险合同，必须转让给其他人寿保险公司。不能同其他人寿保险公司达成转让协议的，由监管机构指定人寿保险公司接收。被撤销或者被宣告破产的保险公司的清算资产不足以偿付人寿保险合同保单利益的，保险保障基金可以按照下列规则向保单受让公司提供救济：

- 保单持有人为个人的，救济金额以转让后保单利益不超过转让前保单利益的90％为限；
- 保单持有人为机构的，救济金额以转让后保单利益不超过转让前保单利益的80％为限。

可以看到,保险保障基金是在保险公司破产清算时保障保单持有人利益的最后防线。至此可以看到,保险公司从进入市场到退出市场、进入市场之后的各个环节、过程与结果均有严格的监管。

本章小结

● 保险市场由保险主体和保险客体构成。保险市场的主体是保险产品的买方和卖方,即投保人与保险公司。保险公司有国有保险公司、保险股份有限公司、相互保险公司和个人保险组织。保险市场的客体就是保险产品,这是一种复杂的金融产品。保险中介人包括保险经纪人和保险代理人等,共同努力促成保险交易的达成。

● 保险需求是指在特定时期和一定费率水平上,投保人在保险市场愿意而且能够购买的保险商品的数量,也就是有效需求的概念。保险需求具有客观性、非渴求性、避讳性、差异性和高弹性等多种特征,并受到产品、个人和社会等多种因素的影响。

● 保险供给则是指在特定时期和一定费率水平上,市场上各家保险企业愿意并且能够提供的保险商品的数量,也受到保险公司和外部因素的共同影响。

● 保险监管是指一个国家通过法律和行政手段对本国保险业进行监督和管理,由保险监管法规、保险监管机构和保险行业自律三大部分构成,其目标是为了维护保险市场的公平与规范发展。保险监管框架中主要包括针对经营过程的监管和针对经营结果的监管。不同监管重点构成了不同的监管模式。

● 正常层次的监管包括:市场准入监管,经营范围的监管,保险费率和条款的监管,市场行为监管,保险资金的运用形式和限额监管,准备金的提存规定,再保险的规定等,并规定了保险监管机构的监督检查职能。

● 偿付能力监管是保险监管的核心内容,是在保险公司破产前发出的预警信号。当前,中国已经进入了“偿二代”监管时期。

● 当保险公司偿付能力不足时,监管机构会介入并进行接管。倘若接管之后仍然经营不好,则可能进入破产程序。保险保障基金就是在保险公司被撤销、被宣告破产等情形下,用于向保单持有人或者保单受让公司等提供救济的法定基金。保险保障基金是保障投保方的最后一道防线。